区块链
赋能多层次资本市场

丁竞渊 王一军 应晓明 著

图书在版编目（CIP）数据

区块链赋能多层次资本市场 / 丁竞渊，王一军，应晓明著. -- 北京：中信出版社，2021.2
ISBN 978-7-5217-2756-2

Ⅰ.①区… Ⅱ.①丁… ②王… ③应… Ⅲ.①区块链技术 – 应用 – 资本市场 – 研究 Ⅳ.① F830.9-39

中国版本图书馆 CIP 数据核字（2021）第 023061 号

区块链赋能多层次资本市场

著　　者：丁竞渊　王一军　应晓明
出版发行：中信出版集团股份有限公司
（北京市朝阳区惠新东街甲 4 号富盛大厦 2 座　邮编　100029）
承　印　者：北京诚信伟业印刷有限公司

开　　本：787mm×1092mm　1/16　　印　张：24.5　　字　数：347 千字
版　　次：2021 年 2 月第 1 版　　印　次：2021 年 2 月第 1 次印刷
书　　号：ISBN 978-7-5217-2756-2
定　　价：72.00 元

版权所有·侵权必究
如有印刷、装订问题，本公司负责调换。
服务热线：400-600-8099
投稿邮箱：author@citicpub.com

目 录

序　言 ___ V
前　言 ___ IX

第一章 / 001
资本市场从混沌到秩序

第一节　标准化驱动美国资本市场分层 ___ 003
第二节　中国多层次资本市场的独特道路 ___ 018
第三节　个性化与标准化的螺旋上升 ___ 038

第二章 / 061
区块链如何构建信任机制

第一节　去中心化后谁来背书 ___ 063
第二节　分布式账本：雁过留声 ___ 066
第三节　共识机制保障一致性 ___ 075
第四节　智能合约：让协议跑起来 ___ 092
第五节　跨链技术：实现价值流通 ___ 096
第六节　BaaS：让区块链触手可及 ___ 108

第三章 / 113
区块链设计原则：场景决定形态

第一节　区块链适用场景的特征 ____115
第二节　市场角色、区块链形态与节点构成 ____119
第三节　把数据所有权还给用户 ____124

第四章 / 131
共识机制的取舍

第一节　不可能三角 ____133
第二节　场外市场中如何选择共识机制 ____142
第三节　权威认证共识机制 ____147
第四节　责、权、利的统一 ____152
第五节　场外市场交易基础设施的参考架构 ____158

第五章 / 163
用智能合约规范交易行为

第一节　让合约走向智能 ____164
第二节　智能合约的运行机制 ____169
第三节　智能衍生品合约与 ISDA 通用领域模型 ____172
第四节　构造场外市场中的智能合约体系 ____189

第六章 / 195
交易对手方信用风险管理

第一节　交易对手方信用风险计量原理 ____196
第二节　区块链对交易对手方信用风险计量的改善作用 ____205
第三节　区块链对交易对手方信用风险管理的改善作用 ____211

第七章 / 219
数据治理重塑信用评价体系

第一节　信用评级的是是非非 ____221
第二节　如何解决信用评级中的数据问题 ____228
第三节　基于交易行为的信用评级 ____233
第四节　让信用在市场间流转 ____241

第八章 / 247
监管与系统风险监测

第一节　黑天鹅与灰犀牛：风险的传染与扩散 ____249
第二节　让监管实现"No Fog" ____259
第三节　基于复杂网络的系统风险监测模型 ____266

第九章 / 273
多层次资本市场典型场景

第一节　场外衍生品市场 ____274
第二节　银行间债券市场 ____289
第三节　大宗商品现货市场 ____304
第四节　区域性股权市场 ____317

然而，当前资本市场各层级发展水平并不一致。场内市场在交易品种、交易方式、监管模式等方面的标准化程度高，采用交易所中心化管理方式，数据治理完善，信用水平统一，市场效率和透明度高。而场外市场为满足个性化、定制化的投融资需求，难以实现标准化，主要采用柜台（over the counter，缩写为OTC）交易模式。但这导致了此类市场信用水平不统一、信用风险难以计量与管理、市场效率和透明度低、监管难度大、局部风险容易传导扩散为系统性风险等诸多问题。如何有效改善场外市场的信用水平、提高市场效率和透明度、加强监管，是促进多层次资本市场体系发展，使其更好地服务实体经济、中小企业，必须要思考的问题。

国际上有关规范场外市场的传统思路是在"规则"层面以中心化、标准化思维为特征的。例如，在2009年G20（二十国集团）匹兹堡峰会上提出的有关加强场外市场监管的措施包括：提高交易品种的标准化程度，建设交易报告库，提高中央对手方（central counter party，缩写为CCP）清算的比例，提高交易保证金要求，等等。但这些措施的实际执行效果并不理想，这是因为场外市场的功能特点使其难以像场内市场那样，通过设立交易所和采用集中交易、集中监管来解决规范管理的问题。上述措施试图使场外市场向场内市场靠拢，从而牺牲了场外市场的灵活性，提高了交易门槛，不利于满足个性化、定制化的投融资需求。而受限于场外市场的交易技术手段和数据治理水平，这些措施的实施难度大、监管成本高。不仅如此，多样化的投融资需求如果不能在正规市场上得到满足，就可能流向非正规交易场所，极易引发系统性、区域性金融风险，甚至影响社会稳定。

近年来，金融科技的出现为解决上述问题提供了全新的思路，其中区块链技术具有尤其重要的意义。规范场外市场的难题本质上是缺乏"信任中心"来构建市场的"信任机制"。区块链利用密码学原理、分布式容错、共识机制等关键技术，使实现"去中心化信任机制"成为可能，使得市场信用可以不再依赖"信任中心"，而是依靠市场参与者与监管机构的共同监督。

引入区块链技术，将完善场外市场的思路（从传统的"规则"层转换到"技术机制"层），从而既保留场外市场的灵活性特征，又可获得类似场内市场规范管理的效果。这将是改革场外市场运行机制、监管模式和交易基础设施的新思路，具有重要的探索价值。

《区块链赋能多层次资本市场》一书的创作团队由具有长期的金融从业经历、丰富的投资研究经验和深厚的金融科技背景的金融工作者组成。他们在区块链的金融场景应用领域中进行了深入的理论研究和项目实践，并取得了业界认可的成绩。这本书结合国际前沿动态和原创性研究成果，深入剖析了区块链技术与资本市场的本质联系，探讨了区块链在多层次资本市场中的典型应用场景、关键技术、决策思路和主要应用价值，为我们展示了一场即将到来的由技术机制驱动的金融市场改革远景。我相信这本书对金融工作者、区块链技术开发人员、金融科技爱好者都具有重要的参考价值，希望这本书能引发读者的深入思考，能激发其创新灵感。让我们共同迎接未来充满魅力的金融市场！

中国人民银行上海总部党委委员、副主任

2020 年 8 月 18 日

前　言

　　资本市场与货币市场是金融市场的两大组成部分。按照一般定义，货币市场主要涉及短期借贷，而资本市场主要交易中长期资产。资本市场中的最主要品种为股票与债券，还包括基金、中长期信贷和衍生品，如远期、期货、互换（掉期）和期权等。现代资本市场的结构形态复杂，可以按照交易品种、市场功能、是否集中交易、覆盖区域范围、发行和募集方式等特征进行划分，"多层次资本市场"就是对这种复杂形态的一种表述。资本市场的各层次既不是泾渭分明的，也不是一成不变的。各层次相互交错，彼此依赖，并随着资本市场的发展，在经历了一次次繁荣、危机和崩溃后，在纠错和规范中不断演进。

　　回顾历史，在资本市场长期发展过程中，导致资本市场发展出这样复杂的分层结构的因素是什么？在当前的多层次资本市场体系中，还存在哪些短板？这些短板又是由哪些内在问题导致的？在资本市场的未来发展趋势中，又会有哪些值得我们探索的思路？这些当然都是非常大的话题，并不是本书能够完全回答的。但是，我们也注意到，在多层次资本市场体系的演进过程中，市场的多样化投资需求、投资者信用水平和交易信息的透明程度都是重要的影响因素。资本市场的结构形态、运行机制和技术手段的进化都与这三方面因素相适应。

　　信息技术革命是蒸汽机、电力技术之后的第三次技术革命，信息技术在资本市场的演进过程中也起到了关键性作用。20世纪60年代，自动报价机[①]实现了与电子显示屏的连接，让整个交易大厅的人都可以同步看到股价信息，信息技术开始在资本市场中崭露头角。而到了20世纪70年代，纳斯达克（NASDAQ）市场和跨市场交易系统开始运营。NASDAQ其实是National Association of Securities Dealer Automated Quotation System（美国证券交易商协会自动报价系统）的缩写，从一开始就使用计算机处理柜台市场中那些不在交易所挂牌的证券信息，并允许不同做市商（market maker）相互竞争，从而大幅提高了市场的透明度和降低了交易成本。跨市场交易系统将包括纽约证券交易所（NYSE）和纳斯达克在内的九个美国主要证券市场连接在一起，这使得无论发生在哪个市场的交易信息都可以被及时获取。在20世纪70年代投入运营的还有债券电传系统和路透社开发的全球外汇实时报价系统，前者让银行的债券部门能够实时跟踪债券价格，成为美国国债的电子交易市场，后者则使得全球外汇交易员可以24小时不间断交易。20世纪90年代进入互联网时代以后，ECN（electric communication network，电子通信网络）交易变得普及。ECN是一种电子交易系统，它通过计算机平台对证券交易进行全自动撮合，这使得交易场所对人工交易的依赖大幅降低，许多交易所甚至关闭了交易大厅。进入21世纪以后，量化对冲、高频交易这样的全新交易模式开始崛起，并涌现了许多像文艺复兴科技公司[②]这样的量化对冲基金公司。大数据、人工智能等被认为是第四次技术革命的新兴技术也在投资领域受到了追捧。

信息技术对资本市场结构的影响是深刻的。纳斯达克使原来被称为"路边交易"、难登大雅之堂的柜台市场与挂牌证券市场并驾齐驱。纳斯达克市

[①] 1867年，爱德华·A.卡拉汉发明了第一台股票自动报价机，能把从交易所大厅通过电报传来的股票价格自动打印到纸带上。

[②] 文艺复兴科技公司由数学家詹姆斯·西蒙斯创办，完全采用数学和统计模型进行投资，是量化投资基金公司的典型代表。文艺复兴科技公司旗下的"大奖章基金"在1994—2014年的年化回报率高达71.8%（扣除管理费和业绩报酬前）。詹姆斯·西蒙斯本人曾和华裔数学家陈省身合作提出Chen-Simons（陈–西蒙斯）几何理论。

场运营仅一年，其日均交易量就超过了华尔街排名第二的美国证券交易所（AMEX），也超过了所有地区性交易所的总和。时至今日，纳斯达克市场与纽约证券交易所并称美国两大证券交易市场。这是因为纳斯达克利用先进的计算机系统降低了市场信息的不对称，提高了交易透明度，通过做市商之间的竞争提供更好的报价，从而对投资者产生了巨大的吸引力。纳斯达克保持了柜台市场上市条件相对宽松的特点，但信息技术的应用又提高了柜台市场的整体信用水平。这在20世纪90年代对新兴的高科技企业起到了鼓励扶持的作用。伴随着硅谷的崛起，纳斯达克孕育了许多像微软、英特尔这样的著名企业。伴随着互联网而普及的ECN交易通过计算机系统自动撮合买卖双方的交易订单，使得交易不再依赖于做市商的双边报价，原来的"报价驱动"交易模式也转向"订单驱动"交易模式。由于不存在原来做市商的买卖价差[①]，交易成本得以进一步降低。这对原来的做市商们形成了巨大的冲击，也影响了原本的市场格局，纽约证券交易所和纳斯达克这样的老牌市场也不得不改造自己的系统或与ECN公司合并，以应对ECN带来的挑战。

值得注意的是，在过去几十年中，信息技术对资本市场结构形态的影响，总的来说是朝着标准化方向发展的，这类似于制造业中以生产线为代表的工业化大生产取代传统手工作坊。只有将交易品种和交易方式标准化，我们才能在更大的市场中获得更好的价格，这也就是所谓的市场的价格发现功能。只有通过会员制、保证金这样的门槛将市场参与者的信用水平标准化，我们才能在交易中只需关注价格而不必担心交易对手方信用风险（counterparty credit risk，缩写为CCR）。标准化也便于实现信息的处理和传播，这样才能提高交易效率和透明度，降低交易成本。

但是，为什么标准化的模式在资本市场中并没有取得垄断地位，资本市

[①] 买卖价差是做市商进行双边报价时，买价（bid）和卖价（ask）之间的差值。买卖价差是做市商的主要利润来源，也是投资者支付的交易成本，同时也是市场流动性好坏的重要指标。买卖价差小意味着流动性好，反之意味着流动性差。

场反而呈现出不同市场层级并存的复杂结构形态呢？我们认为，这是资本市场中差异化的投融资需求导致的。例如，柜台市场最初就是那些无法进入交易大厅的经纪人，坐在路边的马车上交易那些不在交易所挂牌的证券。而到了互联网时代，新兴的科技初创企业达不到在交易所挂牌上市的要求，但又有强烈的融资需求，因此仍然需要纳斯达克、分值市场这样的柜台市场。再如，某些投资者需要交易一种特殊的金融衍生品，来满足其精细化的风险管理需求。这样的需求很难在场内市场得到满足，只能求诸场外衍生品市场。

总的来说，多层次资本市场体系中标准化程度高的市场，其交易模式、运行机制、监管规则都更为完善，采用的技术手段更为成熟，风险管理水平更高，因而处于较高层级；而标准化程度低的市场则正好相反，其缺乏完善的交易基础设施，监管漏洞大，面临较大的市场风险和信用风险，处于较低层级。由于不同层级的市场之间相互交错和彼此依赖的关系，低层级市场的市场和信用风险有向高层级市场传递、扩散的可能。如何在保持低层级市场个性化特征的同时，使其获得接近高层级市场的规范管理效果，是完善多层次资本市场体系的重要课题。

较低层级的市场之所以缺乏完善的交易基础设施和有效的监管手段，是因为其交易品种和交易方式的标准化程度较低，在传统技术条件下难以实现集中式的交易和结算。以场外衍生品市场为例，在 2008 年全球金融危机中，场外衍生品，特别是信用违约互换（credit default swap，缩写为 CDS）[①]，对系统风险的传导与扩散起到了推波助澜的作用。因此，在 2009 年 G20 匹兹堡峰会上，各国一致同意加强对场外衍生品市场的监管，主要措施包括：建设交易报告库并对交易信息进行集中登记，加强集中清算制度的建设，提高非集中清算衍生品的资本金要求，建设非集中清算衍生品的保证金

---

① 信用违约互换是指一定期限内，买卖双方就指定的信用事件进行风险转换的合约。信用违约互换的买方向卖方支付一定费用（信用违约互换点差），当出现信用事件（通常为债券违约）时，由卖方向买方赔付因违约遭受的损失。

制度，等等。在此后十余年间，业界与学术界对这一问题持续进行了许多有益的探索，但其市场环境和监管环境并未得到根本性的改善。其根本原因在于，这些措施仍然是对场内市场中心化、标准化思路的延续，而与场外市场的个性化、定制化特征不相适应。

区块链技术的诞生为这个问题提供了一种新的解决思路。区块链随着第一种加密数字货币——"比特币"（Bitcoin，缩写为 BTC）的发布而受到广泛关注。在比特币白皮书中，中本聪（Satoshi Nakamoto）解释了当前完全依赖金融机构作为"可信第三方"的电子支付模式存在的弊端，进而提出一种基于密码学原理而不依赖可信第三方的新电子现金支付系统，也就是比特币网络。比特币网络允许任何人匿名地加入，同时也不存在银行、交易所、政府机构等具有公信力的机构作为交易背书。[1] 因此，比特币网络必须被假定是一个"不可信"的环境，也就是说任何参与者都有可能发生欺诈行为。作为比特币等加密数字货币的实现技术，区块链技术的根本目标就是解决"如何在一个不可信的环境下建立信任机制"这一几乎是悖论的问题。为此，区块链采取了三项主要措施：首先是利用加密哈希函数、梅克尔树、时间戳等技术实现"账本"技术；其次是在区块链网络的所有节点都留存账本的副本，即"分布式账本"，并将其置于所有参与者的共同监督之下；最后是采用共识机制来协调区块链各节点的行为，所有交易都必须经过共识机制的认可，从而保证区块链系统的一致性。这些措施既是一种全新的数据治理模式，赋予了区块链数据不可篡改、可追溯、可审计的特性，又是一种全新的行为模式，让区块链系统实现了基于成员之间共识的自组织[2]管理。其革命性意义在于，交易活动所依赖的信用和安全保障，第一次从具有权威或公

---

[1] 当前有很多比特币或其他数字货币交易所，这些交易所从事的是传统法币与数字货币及其衍生品的交易。比特币等数字货币在其系统内部的交易，是不需要交易所参与的。
[2] 自组织是指一个系统中的成员在内在机制的驱动下，无须外部监督，自行实现系统目标。自组织理论主要由三个部分组成：耗散结构理论（dissipative structure）、协同学（synergetics）和突变论（catastrophe theory）。区块链技术依靠共识机制实现了自组织系统的特征。

信力的人或组织转向一种技术机制，即所谓的"去中心化信任机制"。

另一个重要的区块链项目"以太坊"（Ethereum，缩写为ETH）引入了智能合约技术。智能合约是一组程序代码和数据的集合，以数字签名交易的方式部署于区块链网络中，可以用于"执行合约条款的计算机化交易协议"。在金融领域中，许多交易，特别是衍生品交易，都具有合约性质，即在一个较长的时间期限内，交易双方（或多方）根据预先约定的条款，可能发生多次不同方向的支付或交付。采用智能合约作为此类交易的电子交易协议，可以起到防止合约被篡改的作用，并可为合约提供一种中立的自动执行机制。交易的任何一方均不能干预，但都可以验证智能合约的执行，使蓄意或意外违约的可能性降至最低。智能合约使区块链从单纯的转账支付进化到可以处理任意业务，且其执行的中立性仍然不依赖任何中介化机构。智能合约进一步丰富了区块链作为"去中心化信任机制"的内涵，极大地扩展了区块链技术的适用场景。

如前文所述，多层次资本市场体系中的许多板块，如区域性股权市场、场外衍生品市场、银行间债券市场、大宗商品市场等，因标准化程度低而难以采用场内集中交易模式。询价交易、双边清算、直接转账支付是这类市场的典型交易模式，其交易安全主要依赖双边授信[①]，交易对手方信用风险管理是其面临的主要挑战。我们认为，这类市场的内在结构具有天然"去中心化"或"非中心化"特征。如果基于区块链技术去构建这类市场的交易基础设施，那么这与传统的中心化解决方案相比具有明显的优势。

首先，区块链网络可以将市场参与者联系起来，让市场信息无障碍地流通，从而形成统一的大市场，提高市场的效率与透明度。这符合"市场的

[①] 双边授信（bilateral credit）是相对于集中授信（centralized credit）而言的。集中授信指由市场组织者授予参与交易的各交易主体一定交易额度的行为，与集中清算模式相对应；双边授信指交易主体双方之间相互直接授予对方一定交易信用额度的行为，与双边清算模式相对应。

边界不超过信息能够及时到达的范围""最好的价格出自最大的市场"这样的古老规律。其意义类似于纳斯达克和跨市场交易系统对传统柜台市场的改进，而区别在于区块链网络并不依赖交易所这样的中心化机构。

其次，分布式账本、共识机制和智能合约可以有效地提升市场的数据治理水平，保障交易安全和降低违约风险，从而实现市场的"去中心化信任机制"。特别是智能合约，它可以实现交易品种和合约规则的个性化定制，这便使"满足个性化投资需求"与"市场规范化管理"两大目标得到了统一。就像在制造业中，标准化生产线实现了生产效率和质量管理的大幅提升，但也造成了产品的同质化；而网格制造、智能制造、3D（三维）打印等技术又反过来满足了用户个性化定制产品的需求，促进了工业生产方式的螺旋式发展。同样，区块链在资本市场领域的应用，也将推动市场运行机制的螺旋式发展。

再次，区块链可以实现全市场交易数据的存证，从而为构建市场的信用评价、交易对手方信用风险管理等体系提供高质量的数据基础。在投资者信用水平不统一的场外市场，对交易对手方信用水平的计量直接关系到定价和风险管理。而投资者也可以通过良好的历史交易行为得到更好的信用评级，并在未来交易中获得更优的报价或授信条件。这体现了区块链实现"数据资产确权"为用户带来收益的效果。[1]

最后，区块链系统可以通过DApp[2]、外部访问接口和跨链技术实现与外部系统或其他区块链系统的数据交互和互操作。这为多层次资本市场体系中不同层级的市场之间的数据、信用、资产和价值交换提供了技术条件。例如，场内市场的品种作为场外衍生品合约的挂钩标的、一个市场的资产作为另一个市场交易的担保资产、不同市场信用数据的互认等，均可通过这些技

---

[1] 区块链的核心价值之一是将数据的所有权还给了用户（而不是被中介化机构控制），并帮助拥有数据所有权的用户通过分享数据、资源和能力来获得更合理的回报和收益。

[2] DApp（decentralized application，去中心化应用）指运行在分布式计算机系统上的计算机程序。本文中的DApp专指运行于区块链系统上的去中心化应用。

XV

术来实现。各层级市场可通过区块链技术机制消除"信息孤岛",以实现更为灵活、紧密、规范的衔接,从而形成多层次资本市场的协作生态。

当前,区块链技术在资本市场的应用价值已获得广泛关注。早在 2015 年,纳斯达克就发布了基于区块链技术的私募股权交易平台 Nasdaq Linq。此后,纳斯达克陆续与多家金融机构合作,将区块链技术作为全球金融基础设施向外输出。2017 年,纳斯达克与瑞士证券交易所签署协议,将一种基于分布式账本技术的解决方案应用于瑞士证券交易所的柜台市场产品。2019 年,纳斯达克宣布将利用区块链技术发行股票。而在 2018 年,tZero(区块链和金融科技商业应用公司)和波士顿证券交易所也向美国证券交易委员会申请建立一个受监管的交易平台,将虚拟货币视为有价证券进行交易。纽约证券交易所、伦敦证券交易所、东京证券交易所也分别实施了基于区块链的金融基础设施研究、数字货币相关的金融衍生品上市交易、区块链技术公司上市等举措。

除股权市场外,区块链智能合约在场外衍生品市场的独特作用也引发了许多国际金融机构的兴趣,它们提出将智能合约作为场外衍生品合约的电子交易协议,即智能衍生品合约。美国财政部金融研究办公室从形式语言理论角度证明了利用智能合约实现场外衍生品合约的电子交易协议的可行性。国际掉期与衍生品协会(ISDA)对智能衍生品合约的概念、复杂性、构建方案等问题进行了研究,提出了"ISDA 通用领域模型",为构造智能衍生品合约设计了实用开发框架。巴克莱银行对将区块链智能合约应用于权益互换、互换期权等交易进行了评估,并于 2016 年公布了一项基于分布式账本的香草利率互换合约原型交易测试。巴克莱银行还联合纳斯达克和瑞银集团共同投资了美国区块链公司 R3CEV,研发了一种基于分布式账本技术、以资产背书的电子现金货币——通用结算币,以用于实现场外衍生品的"通证化市场"。

中国资本市场起源于 20 世纪 80 年代初小型国有企业和集体企业的股

份制尝试，从 1986 年首只股票开展柜台挂牌交易至 2020 年仅 34 年，从 1990 年上海证券交易所和深圳证券交易所成立至 2020 年仅 30 年。尽管中国资本市场发展历史较短，发展经验和市场成熟度与西方资本市场相比有较大差距，但也正因为如此，中国资本市场在发展过程中可以借鉴西方资本市场的经验与教训，更可以利用最先进的技术手段获得后发优势。例如，美国采用的电子撮合和网上证券交易是在 20 世纪 90 年代中期发展起来的，而上海证券交易所在 1994 年就首次通过交易系统网上竞价发行股票。1997 年，沪深两市均实现电子报盘自动撮合，"红马甲"正式退出交易大厅。同年，华泰证券也率先推出 A 股网上交易[①]。2000 年左右，网上交易已在全国普及。可见，中国资本市场的信息化历程与国际发展趋势基本同步，在当前人工智能、大数据、区块链、云计算等新一代信息技术爆发式增长的时期，中国资本市场的信息化水平还有望获得跨越式发展。

自 2001 年深圳证券交易所筹建创业板以来，中国开始逐步探索构建多层次资本市场体系和提供多样化产品结构，以满足多样化的融资需求和风险偏好。自 2003 年十六届三中全会首次明确提出"建立多层次资本市场体系"以来，中央反复强调多层次资本市场的重要性。而区块链也被中央列为《"十三五"国家信息化规划》超前布局的战略前沿技术、我国自主创新的下一个重要突破口和新基建信息基础设施。鉴于多层次资本市场体系中不同市场在功能定位、市场参与者信用水平、投资者风险偏好等方面的差异，多层次资本市场中的交易制度灵活多样，信息披露制度和监管模式呈现出分层次、多元化的特点。我们认为，在多层次资本市场的复杂形态结构中，有许多场景适合运用区块链技术去解决长期以来的痛点。推动区块链技术在多层次资本市场中的应用研究，既有利于资本市场运行机制、监管模式的创新，探索有中国特色的多层次资本市场发展模式，也有利于抢占金融科技研究与

---

① 本书作者之一王一军先生时任华泰证券副总裁，是 A 股实现网上交易模式的亲历者和见证者。

应用制高点，争夺相关标准制定权。

中国证券业协会于2019年组织开展了主题为"深化金融供给侧结构性改革，推动证券业实现高质量发展"的重点课题研究工作。本书创作成员代表东海证券股份有限公司申报并立项研究的"区块链在场外衍生品市场组织中的应用研究"课题，获得中国证券业协会2019年优秀重点课题奖。鉴于场外衍生品市场与多层次资本市场体系中一些组成部分具有相似特征，为进一步深化和扩展课题研究的价值，我们从金融工作者和金融科技爱好者的视角创作了本书。本书的目标读者首先是对区块链和其他金融科技感兴趣的金融同行和监管层，我们希望本书能够抛砖引玉，让这类读者从金融行业自身的视角去理解区块链技术，从而思考促进多层次资本市场发展的新思路。本书的目标读者其次是区块链和金融科技行业从业者，我们希望本书能帮助这类读者从资本市场发展脉络和领域特征的角度去考虑区块链的适用场景和技术决策问题。最后，我们也希望本书能成为所有对相关问题感兴趣的读者的普及读物，希望大家共同探讨区块链技术应用与金融创新的话题。

第一章
资本市场从混沌到秩序

"多层次资本市场"是一种具有中国特色的表述，在英文中通常称为"资本市场结构"（structure of capital market）。"多层次资本市场"这一表述体现了中文的简洁和丰富内涵，它言简意赅地描述了当前资本市场结构的特点：由处于不同层级，承担不同功能，面向不同投资者，交易规则、运行机制、监管要求各不相同的多个市场板块构成。以美国证券市场为例，美国证券市场分为证券交易所市场和柜台市场。前者以纽约证券交易所为代表，包括十几家活跃的证券交易所，交易所之间还不断上演并购与重组的大戏。后者以纳斯达克为代表，包括纳斯达克全国市场和纳斯达克小盘股市场，不过纳斯达克在2006年1月13日获得了证券交易所牌照，转型为真正的证券交易所。除纳斯达克外，美国的柜台市场还包括由柜台公告板（over the counter bulletin board，缩写为OTCBB）市场和粉单（pink sheet）市场组成的分值市场，[1]从事大宗交易的第三市场[2]和第四市场[3]，以及场外衍生品市场，等等。中国证券市场也可以分为主板市场、深圳证券交易所中小板市场、创业板市场等场内市场，以及全国性场外市场（新三板）、区域性场外市场等场外市场。2019年6月13日，上海证券交易所科创板开板，进一步丰富了中国多层次资本市场。

然而，资本市场结构并不是从一开始就层次分明的。美国资本市场经历了近300年的长期演化历史，甚至"股票""债券""经纪人"这样

---

[1] 目前柜台公告板市场和粉单市场的交易量已转向美国场外交易集团（OTC Markets Group）旗下的OTCQX（场外证券市场最高层级）、OTCQB（场外证券市场中间层级）和OTC Pink（粉单开放市场）。
[2] 第三市场产生于20世纪60年代。当时由于交易所最低佣金限制和大宗交易成本很高，所以投资者通过场外交易商以协商的佣金进行大宗交易，从而形成第三市场。
[3] 第四市场类似于第三市场，但特指以计算机网络进行大宗交易的场外交易市场。

的术语也是到近代才开始具有今天的含义的。即使是中国这样具有后发优势的新兴资本市场，其层次结构也不完全是一次性顶层设计的结果。当前的多层次资本市场体系仍然在持续发展演化，其交易模式和技术手段不断创新，以适应经济社会发展的需求。在本章中，我们将简单回顾和比较中美资本市场的发展历史，探讨驱动资本市场分层的根本原因，分析当前资本市场层次结构的不足和制约其发展的因素，展望资本市场的发展方向，探索促进中国资本市场发展的新思路。

第一节　标准化驱动美国资本市场分层

一、规则与技术的交错演进

18世纪，纽约的经纪人通常在咖啡馆或自己的办公室，甚至路边的马车上进行股票交易。1792年年初，约翰·萨顿和他的合伙人本杰明·杰等人在华尔街22号建立了一个拍卖中心，并称之为证券交易所。拍卖人在交易所内拍卖股票，并根据交易量收取佣金，从此证券交易便有了场内和场外之分。但是，许多外围的经纪人参加拍卖会只是为了探听最新的股价，然后在场外以更低的佣金出售同样的股票。为了阻止场外经纪人的价格战，场内经纪人在1792年5月17日签订了一个协议：

> 我们作为公共股票买卖的经纪人，特此郑重承诺和相互保证，自今日起我们不会以低于交易额0.25%的佣金向任何人买卖股票，并且将在交易中给予彼此优先权。

这就是著名的《梧桐树协议》(Buttonwood Agreement)，其本质是经纪人为了避免因价格战而形成的价格同盟（见图1-1）。25年后，纽约证券交易所正式成立。由于《梧桐树协议》确立了会员利益优先的原则，所以它一向被认为是纽约证券交易所的起源。尽管《梧桐树协议》的内容非常简单，但它已经具备了现代证券交易所市场的几个基本特点：首先，出现了固定交易场所，将市场分为场内和场外；其次，交易所是会员制的，只有会员才可以在交易所中进行交易，其他经纪人或客户必须通过会员交易并支付佣金；最后，出现了最初的"标准化"，即对佣金比例的规定。1817年，纽约证券交易委员会在章程中进一步规定了对证券拍卖流程、经纪人会员资格、禁止"对敲"交易等方面的要求。

图 1-1　梧桐树协议原文

资料来源：Leite B W. Market Structure Dictionary[OL]. 2016[2020-08-17] http://market-structuredictionary.com/market_structure_dictionary/b.

在此后100多年的时间里，华尔街的资本市场经历了多次繁荣与萧条，成为美国历史的重要组成部分。来自华尔街的资本支持了伊利运河的修建，促进了美国铁路网的建成，影响了西进运动，帮助美国北方打赢了南北战争。但此时的美国资本市场仍然没有建立起规范的秩序。受限于监管规则的缺失和技术手段的落后，市场信息严重不透明，过度投机、内幕交易、操纵市场、庞氏骗局等几乎每天都在上演，操纵集团甚至可以肆无忌惮地印制股票——通过给股票"注水"来改变市场的供求关系。尽管交易所严格的会员制将大多数经纪人拒之门外，但场外交易仍然盛行，场外市场的交易量经常超过场内市场。

美国资本市场的每一次重大危机都会促使华尔街进行深刻调整，以修补资本市场在运行中的漏洞。这些调整有的是市场的自律行为，有的则是来自政府的监管规则或法规，这说明资本市场的参与者有着超越各自利益的共同利益。例如，在1867—1868年范德比尔特与德鲁的伊利铁路股票之战中，非公开印制的"注水股"严重扰乱了市场。这使得纽约证券交易所和公开交易所于1868年合作，共同颁布了规则，要求所有在交易所拍卖的股票都要进行登记，任何新股发行都必须提前30天通告。经纪商们必须做出选择，如果要留在证券交易所内，就必须改变操纵市场的陋习并接受自律监管。这是华尔街针对一级市场证券发行和销售最初的自律规则。进入20世纪后，美国各州陆续颁布蓝天法案，从州一级约束一级市场。在1929年股灾后，第一部联邦证券法，即《1933年证券法》诞生，弥补了各州蓝天法案对跨州证券发行和销售缺乏执行力的漏洞。这是从行业自律规则上升到联邦法律的典型案例。而遵循同样自律规则的纽约证券交易所和公开交易所于1869年正式合并后，其日均交易量逐步超过10万股，交易所市场终于成为名副其实的"主板"。

再如，在1929年大萧条期间，股市的下跌和美联储错误的通缩政策导致大量银行倒闭。这也促使罗斯福总统签署了《1933年银行法》，成立联邦存款保险公司对5万美元以下存款提供保险，以免再次发生挤兑事件，并将银行分为从事储蓄业务的商业银行和从事证券承销业务的投资银行。美国的金融分业经营持续了 66 年,直到 1999 年《1933 年银行法》被废除,美国通过了《金融服务现代化法案》才允许金融混业经营。但在 2008 年金融危机后,《多德－弗兰克法案》(Dodd-Frankie Act)又再次对金融混业经营进行修正和限制,禁止商业银行从事对冲基金、私募股权基金等高风险自营交易,限制衍生品交易。2017 年后,《多德－弗兰克法案》被全面修订,放松金融监管。我们可以预见,资本市场在金融监管和市场发展之间寻找平衡点的摇摆还将继续下去。

第二次世界大战前后,美国资本市场中投资者结构和投资逻辑的变化也促进了资本市场的规范化。查尔斯·E. 梅里尔在 1940 年成为美林证券的直接合伙人,他将目光瞄准了美国中产阶级这一新兴客户群体,革命性地将连锁店运营模式引入证券经纪业务,并向投资者提供证券投资的基本知识,开创了现代经纪业务和投资者教育的先河。美林证券也在 20 世纪 40 年代末成为美国最大的经纪公司。而几乎同一时代的本杰明·格雷厄姆开创了"证券分析"这一领域。格雷厄姆倡导基本面研究和寻找价值被低估的股票,并著有《证券分析》和《聪明的投资者》两部传世之作,被誉为"现代证券分析之父"。梅里尔将格雷厄姆的证券分析方法运用到经纪业务中,建立了庞大的研究部门,并为客户提供投资建议和市场评论,也由此诞生了"证券分析师"这一职业。

现代经纪业务与现代证券分析对资本市场的共同要求就是,建立完善的上市公司信息披露制度。在《1933 年证券法》对初始信息披露提出要求之后,1934 年的《证券交易法》又确立了证券市场的持续信息披露制度。20 世纪 80 年代,美国证券交易委员会逐步出台了"综合披露"制度和"框架注册"制度,使上市公司的信息披露标准化。20 世纪 90 年代后,美国证券交易委员会建立了电子数据收集分析与检索系统,要求所有法定披露信息一律采取电子化申报方法。2002 年的《萨班斯－奥克斯利法案》(Sarbanes-Oxley Act)则在安然公司和世界通信公司财务欺诈事件的背景下，进一步提高了对财务报告可靠性、信息披露实时性的要求，以及提出建立一个独立机构来监管上市公司审计，等等。我们可以认为，规范、严格的信息披露制度也成为资本市场信任机制的一部分，不同的信息披露要求也与资本市场的不同层次相对应。

除了规则层面的变化外，技术的进步也显著地改变了资本市场的格局，使分布在不同地区的资本市场统一在一起，并与日益完善的交易制度一起推动了资本市场结构的演进。在信息技术出现以前，市场信息只能依靠人力通信，一条消息从波士顿传到纽约需要一个星期的时间。此后出现了烽火台和旗语台通信，但是烽火台只能传递单一信息，旗语台造价昂贵且易受天气影响。19世纪30年代，费城和华尔街之间铺设了一条旗语线路，纽约证券交易所的开盘价格可以在30分钟后传到费城。但通信技术的真正革命是19世纪50年代电报技术的出现，它可以在几秒钟之内把纽约的股票价格传送到费城和其他任何地方。1866年，大西洋海底电缆投入使用，将当时世界上最大的两大资本市场（伦敦和纽约）连接起来。而在1867年，爱德华·A.卡拉汉发明了股票自动报价机。股票自动报价机可以将电报传来的股票价格自动打印到纸带上，从而取代了电报报务员的人工操作，这使得美国的经纪人都可以直接跟踪每一笔交易。由于市场的边界不超过信息能够及时到达的范围，在电报技术出现之前，费城、波士顿和其他地方的资本市场仍然保持了其重要性和独立性。而在电报技术出现之后，交易活动很快向纽约集中，使纽约真正成为美国的金融中心。

第二次具有革命性意义的信息技术进步是计算机和互联网，证券业是最早应用计算机技术的行业之一。20世纪60年代，由于美国养老基金和保险资金的入市以及共同基金规模的迅猛扩张，美国证券市场的机构投资者很快超越了个人投资者，并占据主导地位。1961年，机构投资者的交易量仅占纽约证券交易所的26.2%，个人投资者的交易量占

51.4%，其他为交易所会员的自营交易；而到1969年，机构投资者的交易量已经占到42.4%，个人投资者的交易量则下降到33.4%。机构投资者的投资组合更加多样化，换手率更高，导致了市场交易量的快速增长。这为交易所和经纪公司的后台工作带来了极大的压力，纽约证券交易所不得不通过缩短交易时间来应对。1965年，新的股票自动报价机实现了与电子显示屏的连接，而不再需要纸带。1971年，英特尔推出第一款微处理器，使计算机变得越来越便宜，体积也越来越小，计算机的大规模商用成为可能。计算机使交易所和经纪公司繁重的后台工作从人工转向自动化，市场的日交易量不断创新高。

有趣的是，计算机系统在证券业的大规模应用不仅深刻地影响了证券业，也反过来影响了计算机产业本身的发展。在诞生之初，计算机主要用于科学计算，包括核武器研制、火炮的弹道计算、飞机设计中的结构力学或流体力学计算等，这也是为什么计算机要叫"计算机"。1943年，IBM（国际商业机器公司）总裁托马斯·J.沃森曾预言："世界计算机市场份额为5台。"但是，随着微处理器的出现和计算机实现小型化，这个预言成了一个著名的笑话，计算机被大规模应用于商业，计算机的用途从以科学计算为主转向以处理业务逻辑为主。商用计算不涉及高深的数学问题，但其业务逻辑非常复杂，传统的软件开发方法导致这类软件系统出现开发周期长、质量难以保证、代码难以维护等一系列问题，被称为"软件危机"。典型的例子如美国银行信托软件系统开发案，原计划9个月完成、预算2 000万美元的项目，实际耗时近5年，投入6 000万美元，却仍然无法完成。美国银行最终不得不放弃这一系统，将340亿美元的信托账户转移出去，并因此失去了6亿美元的信托业务。为了解决软件危机，计算机科学领域诞生了结构化软件开发方法，开创了"软件工程"这一子学科。

互联网对资本市场的影响则更为巨大。1969年10月29日，斯坦福大学和加州大学洛杉矶分校的计算机实现了首次连接，互联网的雏形阿帕网（Arpanet）诞生了。20世纪70年代还陆续出现了一系列互联网关键技术和应用，如电子邮件、传输控制协议（TCP/IP协议）、调制解调器、电子公告栏（BBS）、互联网多角色游戏（MUD）[①]、新闻组（Usenet）等。而资本市场跟进使用互联网技术的步伐也非常迅速。早在1971年，世界上第一个电子股票市场"美国证券交易商协会自动报价系统"开始上线运行，这就是我们现在所熟知的纳斯达克。纳斯达克将分布在美国各地的500多个柜台市场做市商连接在一起，形成一个统一的股票报价市场。这些过去的"路边交易者"再也不必挤在交易所大厅的门外打探最新的股价，也不必再依靠电报、电话和股票自动报价机，只需要坐在计算机屏幕前就可以实时获得真实的报价信息。而1975年，美国国会下令建立一个跨市场交易系统，并于1978年投入使用。跨市场交易系统将纽约证券交易所、美国证券交易所、波士顿证券交易所、辛辛那提证券交易所、中西部证券交易所、费城证券交易所、芝加哥期权交易所以及纳斯达克等九个美国主要证券市场连接在一起，不管哪个市场发生交易，人们都能通过系统及时获取。从20世纪70年代开始，以Instinet为代表的一些经纪公司开始研发计算机支持的电子交易撮合系统，开创了ECN交易模式。ECN市场依托于计算机网络，将客户的定价交易订单放在统一的订单簿中，并由计算机自动撮合价格匹配的买单和卖单。ECN交易完全摒弃了传统交易模式的中间人机制，彻底摆脱了做市商的人为干预，市场价格完全由客户的定价订单驱动，交易成本也大幅降低。随着20世纪90年代互联网的普及，更多的公司开始提供ECN交易服务，客户可以通过ECN平台交易在美国和世界各主要证券市场上市的股票，ECN市场占美国证券市场的份额也越来越大。

[①] 目前，风靡世界的网络游戏《魔兽世界》就源自1979年开发的互联网多角色游戏。互联网多角色游戏完全基于文本的虚拟世界，将角色扮演游戏、互动、剧情和网上聊天结合在了一起。

在美国资本市场近 300 年的发展历程中，一条重要的线索就是通过不断提高市场的标准化水平来解决市场的信任机制问题。信用是资本市场赖以存在的基础，但事实上没有任何一笔交易可以百分之百保证不出现违约，是否发生违约以及违约会造成多大的损失是一个概率问题，这种情况因而被称为"信用风险"①。资本市场存在着形形色色具有不同投资偏好和风险承受能力的投资者群体，以及具有不同融资需求和风险特征的融资者群体，这造成了市场参与者的信用水平不统一。事实上，资本市场中的价格本身不仅反映了供求关系，还反映了交易对手的信用水平，信用高的交易对手应该获得更好的价格，只有在相同信用水平上的价格才可以相互比较。因此，市场参与者的信用水平不统一是资本市场信任机制问题的来源。也就是说，资本市场需要一种信任机制来尽可能消除信用风险，即使无法消除也要实现对信用风险的度量，让市场参与者可以了解自己的交易处于怎样的信用水平，进而实现对信用风险的管理。

提高市场的标准化水平，包括交易品种、交易场所、交易模式、运行机制、监管方式等方面的标准化，就在一类特定市场中实现了一种与之相对应的信任机制，可以使具有一定标准化水平的市场与一定的信用水平相对应。无论是前面提到的《梧桐树协议》让场内与场外市场相区分，还是《1933 年证券法》提高一级市场证券发行的透明性，美国金融市场在混业与分业经营之间的长期拉锯，以及上市公司信息披露制度的不断完善，都是资本市场在长期演进过程中逐步实现标准化以解决信任机制问题的例子。

在资本市场实现标准化的过程中，信息技术也起到了重要的推动作用，甚至反过来改变了资本市场的格局。首先，信息技术的进步提高了

---

① 信用风险是借款人由于各种原因未能及时、足额偿还债务或银行贷款而违约的可能性。发生违约时，债权人或银行必将因为未能得到预期的收益而承担财务上的损失。投资活动是一个不确定事件，在金融领域通常用概率的方法加以描述，即用数学期望表示预期收益或回报，用方差或标准差表示风险。

信息传播的速度，扩大了信息传播的范围。我们知道，资本市场中的价格来自投资者对信息的反应。①"天下武功，唯快不破"，信息传播的速度决定了市场的透明度，信息传播的范围决定了市场的边界。其次，利用信息技术处理交易，本身就包含了对市场标准化的要求。例如，在期货、期权、权证等衍生品交易中，我们如果要实现场内自动撮合交易，就必须实现衍生品合约在挂钩标的、收益结构、到期日、行权价、合约规模等要素上的标准化。最后，信息技术的运用还会改变资本市场各组成部分的标准化程度，进而影响信用水平、市场透明度、交易效率等诸多方面，从而改变不同组成部分在资本市场体系中的地位。

  正如我们前面提到，"纳斯达克"本身就是对自动报价系统的简称，它将原来分散在美国各地的柜台市场报价搜集起来集中处理，从而形成了一个全新的证券市场。纳斯达克自诞生以来就展开了与纽约证券交易所的市场份额竞争，其日均交易量多次超过后者。众所周知，柜台市场的信用水平逊于纽约证券交易所这样的场内市场。但是，纳斯达克的"报价蒙太奇"系统在保留柜台市场固有的基于做市商的分布式市场结构的同时，又将其连接在一起形成了一个虚拟的电子柜台市场模型，从而大幅改善了柜台市场的透明度，并扩大了柜台市场的边界。同时，得益于20世纪90年代的互联网浪潮，纳斯达克为大量达不到纽约证券交易所上市条件但快速成长的新兴中小企业提供了理想的融资平台。正是信息技术的应用导致了资本市场结构的改变，促使了纳斯达克的快速扩张。

  然而，最早应用电报、电话技术发明股票报价机的纽约证券交易所也在持续采用最新的信息技术与纳斯达克展开竞争。1968年，纽约证券交易所建立了实现有价证券传输的"中央证书服务"系统，中央证书服务后来演变为有价证券的"信用存管公司"，信用存管公司又和美国有

---

① 无论是有效市场理论的支持者还是行为金融学的支持者，都赞同这一观点，他们的分歧仅仅在于投资者对这些信息是如何做出反应的。

价证券清算公司合并为"信用存管与清算公司"，实现了场内证券交易的中央存管和清算模式。1978年，纽约证券交易所上线了面向会员和专家的"特定订单回转"（designated order turnaround，缩写为DOT）系统，实现了交易订单的电子传输。该系统在1984年升级为"超级DOT"，在2002年升级为"匿名超级DOT"。同样在1978年，纽约证券交易所还通过跨市场交易系统实现了与美国其他主要交易所的连接，从而形成了一个美国统一的场内证券市场。ECN交易在21世纪迅速崛起之后，对纽约证券交易所和纳斯达克原有的以做市商为主的交易模式形成了巨大的冲击。纳斯达克在其新一代交易系统"超级蒙太奇"中兼容了做市商和ECN的交易机制，并在2005年收购了最早创造ECN交易的Instinet公司。纽约证券交易所则在2006年与ECN交易巨头之一群岛证券交易所合并，以适应新市场环境下的竞争。

二、复杂纷呈的格局

时至今日，美国资本市场在经过长期演进后已形成了一个具有复杂形态的多层次格局，如图1-2所示。美国证券市场体系的最顶端是面向超级跨国企业的纽约证券交易所、纳斯达克全球精选市场和纳斯达克全球市场；第二层是面向高科技企业、中小企业的全国性市场，包括纳斯达克资本市场和美国证券交易所；第三层则是地区性交易所，包括芝加哥证券交易所、辛辛那提证券交易所、费城证券交易所、波士顿证券交易所、太平洋交易所。这三个层次的证券市场目前均属于场内（交易所）市场，但其中纳斯达克的情况比较特殊。纳斯达克本来是由美国各地的柜台市场的自动报价系统演变而来的证券市场，但1998年11月纳斯达克兼并了美国证券交易所，组建了纳斯达克-美国证券交易所市场集团公司，并在2006年1月13日被美国证券交易委员会批准成为美国全国性证券交易所，具备公开发行股票资格。

第一章 资本市场从混沌到秩序

证券市场

- 超级跨国企业
  - 纽约证券交易所 | 纳斯达克全球精选市场 | 纳斯达克全球市场
- 高科技企业、中小企业全国性市场
  - 纳斯达克资本市场 | 美国证券交易所
- 地区性交易所
  - 芝加哥证券交易所 | 辛辛那提证券交易所 | 费城证券交易所
  - 波士顿证券交易所 | 太平洋交易所
- 场外衍生品市场
  - 利率衍生品 | 固定收益衍生品
  - 权益衍生品 | 商品衍生品 | 外汇衍生品 | 信用衍生品
- 批发（大宗）市场
  - 第三市场 | 第四市场
- 零售（分值）市场
  - OTCQB | OTCQX | 粉单市场

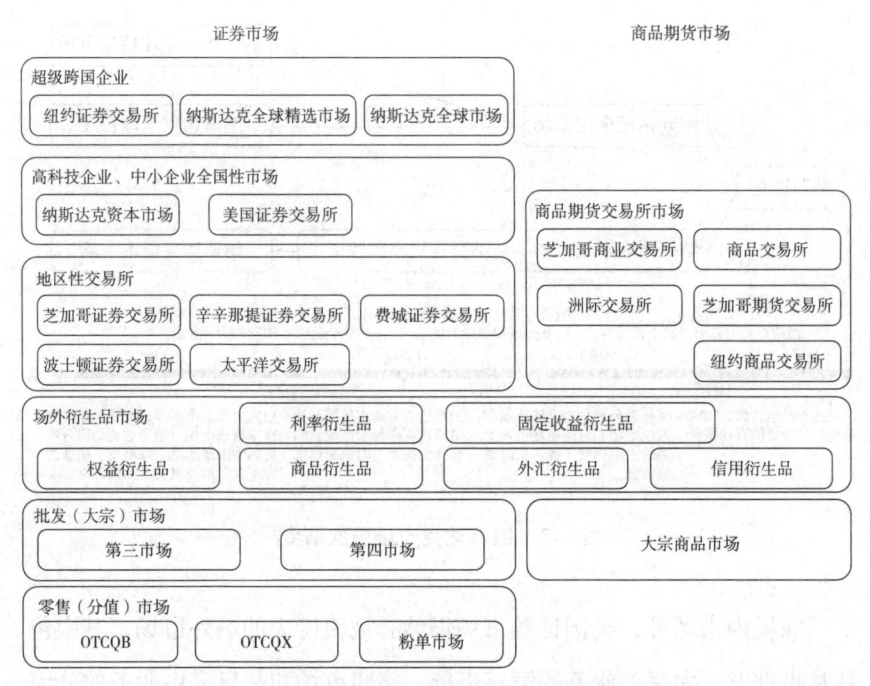

商品期货市场

- 商品期货交易所市场
  - 芝加哥商业交易所 | 商品交易所
  - 洲际交易所 | 芝加哥期货交易所
  - 纽约商品交易所
- 大宗商品市场

图 1-2 美国多层次资本市场体系（证券、期货）

当前，纳斯达克市场已经演变为纳斯达克全球精选市场、纳斯达克全球市场、纳斯达克资本市场三大层次（见图 1-3）。其中，纳斯达克全球精选市场的上市标准与纽约证券交易所一样是世界最高标准。尽管如此，纳斯达克的做市商交易模式仍然带有柜台市场的痕迹。例如，纳斯达克并不像纽约证券交易所那样要求做市商必须为市场提供最后的流动性[①]，但纳斯达克要求多个做市商为同一只股票做市，即竞争性做市商制度；而纽约证券交易所则由一个做市商为一只股票做市，即单一做市商制度。

---

① 纽约证券交易所要求做市商为市场提供最后的流动性，也就是即使市场出现巨大波动或单边市场，做市商仍然有义务与客户成交，这可能会导致做市商破产。但纳斯达克并不要求做市商这样做，做市商在出现单边市场时可以不接受客户的订单。在 1987 年"黑色星期一"股灾后，为了提高纳斯达克的流动性，保障个人投资者的利益，美国证券交易委员会出台新法规，要求将小于 1 000 股的交易订单送到"小订单执行系统"（SOES）中撮合，即采用类似 ECN 交易的方式来弥补纳斯达克做市商机制的缺陷。"小订单执行系统"后来被"报价蒙太奇"和"超级蒙太奇"系统取代。

```
                                          ┌─── 纳斯达克全球精选市场
                    纳斯达克全国市场 ──────┤
                    ↗                     └─── 纳斯达克全球市场
       纳斯达克 ───┤
                    ↘
                    纳斯达克常规市场 ── 纳斯达克小盘股市场 ── 纳斯达克资本市场
```

| 1971 | 1982 | 1987 | 1992 | 1997 | 2006 |

纳斯达克设立第一套上市标准（1971）

纳斯达克诞生，为2 500余只场外证券提供自动报价（1975）

将挂牌公司分为全国市场和常规市场。全国市场引入更高的上市标准，提供实时成交信息（1982）

纳斯达克常规市场更名为纳斯达克小盘股市场，同时开始提供实时成交信息（1987）

纳斯达克全国市场增加公司信息披露和治理的要求（1992）

纳斯达克小盘股市场引入与纳斯达克全国市场相同的治理要求（1997）

引入更高上市标准，成立纳斯达克全球精选市场。纳斯达克全国市场更名为纳斯达克全球市场。纳斯达克小盘股市场更名为纳斯达克资本市场（2006）

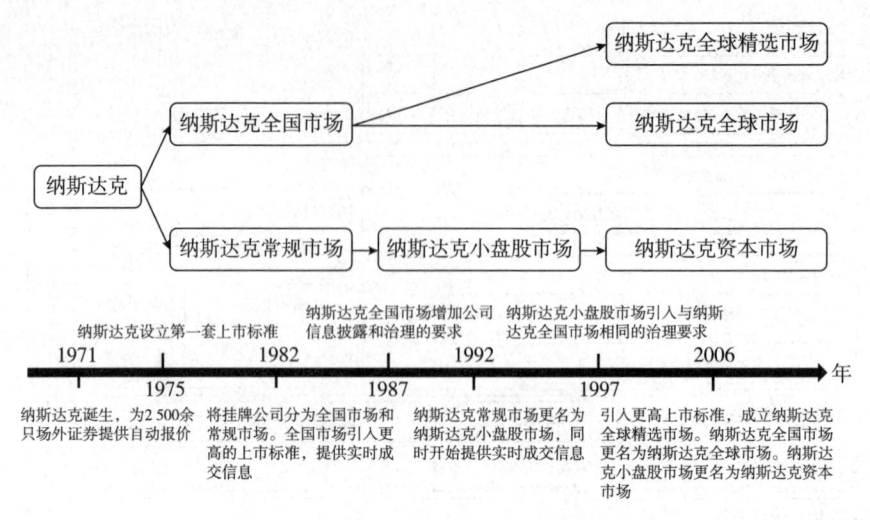

图1-3 纳斯达克市场层次演变

除场内市场外，美国证券市场仍然有规模庞大的场外市场，其中包括从事批发（大宗）业务的第三市场、第四市场和从事零售业务的分值市场，包括OTCQB、OTCQX和粉单市场。第三市场交易的仍然是在交易所挂牌上市的股票，但是由非交易所会员的场外交易商在交易所以外进行交易。第三市场主要面向共同基金、资产管理公司等机构投资者的大宗交易以及企业的兼并收购操作，其主要意义在于降低大宗交易的手续费成本，并避免造成场内市场股价大幅波动。第三市场由第三市场做市商帮助完成询价，交易时间不受交易所开盘时间或股票停牌等条件限制。第四市场同样面向机构投资者，其与第三市场的主要差异在于，不需要做市商，也不必支付任何手续费。第四市场是保险公司、退休基金、银行信用部门等机构交易美国政府和地方政府债券的理想途径。当前，第三市场和第四市场都普遍采用计算机和互联网技术以降低交易成本，第四市场的报价和交易已实现全自动的电子撮合。

分值市场是柜台市场中具有特殊功能的组成部分，能够为那些不能满足交易所上市条件的公司提供一个相对宽松的融资和交易平台，许多从主板市场退市的股票也会进入分值市场继续交易。由于分值市场上的股价往往只有几美分，因而被称为分值市场。分值市场原来由相对规范的柜台公告板市场和更为灵活但透明度更低的粉单市场组成。OTCBB诞生于1990年，是美国证券交易商协会依据《分值股票改革法》（Penny Stock Reform Act）建立的场外股票电子报价系统，由做市商为个人投资者提供网上或电话交易。美国证券交易委员会要求在柜台公告板市场挂牌交易的公司按照1934年《证券交易法》进行信息披露，这在一定程度上改善了场外证券的透明性。2007年，美国金融业监管局在接管柜台公告板市场后，主动减少了在柜台公告板市场挂牌的公司数量，大量场外交易转向了美国场外交易集团旗下的OTCQX、OTCQB和OTC Pink，柜台公告板市场被逐步边缘化。

OTCQX、OTCQB和OTC Pink构成了当前美国场外证券市场的三个主要层次，三者均由美国场外交易集团提供电子交易系统，即OTC Link ATS[①]。其中，OTCQX是场外证券的最高层次，在OTCQX交易的股票必须满足最低的财务标准并披露最新的信息，分值股票[②]、壳公司或破产公司均不能在OTCQX挂牌交易。OTCQB处于中间层次，其挂牌股票必须及时披露最新信息并接受年检，不可以是破产公司（无须达到最低财务标准），可以是壳公司或分值股票。正是OTCQB取代了美国场外交易集团成为美国场外证券交易的最主要市场。OTC Pink又称为"粉单开放市场"，处于场外市场的最低层次，投机性最强。在OTC Pink中

---

① OTC Link ATS是在美国证券交易委员会为其三大OTC市场层次——OTCQX、OTCQB和OTC Pink提供的电子交易系统，是在美国证券交易委员会注册的"替代交易系统"（alternative trading system，缩写为ATS）。OTC Link ATS既允许经纪商直接发布其报价，又允许交易双方通过系统的电子消息功能协商交易。这也是其取代柜台公告板市场的重要因素：柜台公告板市场只能直接发布报价；而场外市场的流动性差，买卖价差大，报价匹配难度大，从而造成较高的交易成本。OTC Link ATS相当于在交易系统中增加了一个协商价格的即时聊天功能，大幅降低了交易成本。
② 美国证券交易委员会将分值股票定义为股价低于5美元的股票。OTCQX挂牌交易的股票是不在交易所公开上市但又非分值的股票，OTCQX是柜台零售市场中标准最高的市场。

挂牌的公司，根据其自主披露特征也分为三个等级："当前信息"公司遵循国际财务报告标准或替代报告标准，通过柜台审计和新闻服务进行披露；"有限信息"公司包括那些存在财务问题、破产或会计问题的公司以及不愿遵循OTC Pink基本披露指引的公司；"无信息"公司则是那些不提供任何信息的公司。

美国的商品期货市场也呈现出多层次的格局。许多期货市场发源于远期市场，而期货和远期本身都属于金融衍生工具。远期合约规定了交易双方在未来某个时间以一定价格交收一定数量的某种商品，以规避未来价格变动的风险。远期合约的要素和交易价格由交易双方协商确定，基于双边授信在场外市场交易。期货合约则是远期合约的标准化，由期货交易所确定合约的标的资产、交易规模、交割日期、交割地点等要素，通过保证金制度为交易双方提供信用担保，采用交易所集中交易模式。在美国商品期货市场的层次结构中，大宗商品现货市场是最基础的层次；由此衍生出的远期和其他场外衍生品在场外衍生品市场交易，成为中间层次；标准化的期货合约和商品衍生品则在各商品期货交易所交易，是商品期货市场的最高层次。当前，美国各主要商品期货交易所包括：芝加哥商业交易所，是全球最大的衍生品交易市场，主要提供金融和农产品衍生品交易；芝加哥期货交易所，是世界上最大的农产品期货交易所；纽约商品交易所，主要交易各类能源期货品种；商品交易所，主要交易各类贵金属；洲际交易所，主要提供能源、农产品、金融期货和其他衍生品交易。

特别值得一提的是场外衍生品市场，由于场外衍生品灵活多样，可以满足各类定制化投融资和风险管理需求，起到了衔接证券和期货市场各层级的作用，因此我们将其合并讨论。金融衍生品是在股票、债券、商品、货币、利率、指数等基础资产上衍生形成的金融工具，包括期货、远期、期权、权证、互换以及更为复杂的结构化产品。从衍生品挂钩的基础资产来看，衍生品可以分为：权益衍生品，如股指期货、股指期权、个股期权、权证等；商品衍生品，如能源、农产品、有色金属、贵金属等远期、期货或期货期权；利率衍生品，如利率期货、互换等；外汇衍生品，即以外汇汇率为标的资产的衍生品；固定收益衍生品，即以债券等固定收益证券为标的资产的衍生品，如国债期货等；信用衍生品，最典型的就是信用违约互换和信用联结票据①；除此以外，还存在一些挂钩特殊标的资产的衍生品，如天气期货。采用标准化合约的衍生品，如期货、场内期权、权证等，通常在交易所集中交易；而采用非标准化合约的远期、场外期权、互换等，则在场外衍生品市场由交易双方直接协商，基于双边授信交易。

由于场外衍生品通常为非标准化合约，且缺乏集中交易场所，所以人们通常采用询价交易模式，其交易效率、流动性和市场透明度都较低。不仅如此，由于衍生品是一纸合约，规定的是交易双方在未来一段时间（到期日前）的权利和义务，所以成交并不是交易的结束，而是交易双方履行合约的开始，这被称为"交易后处理"过程。场外衍生品是基于双边授信交易的，在交易后处理阶段容易出现交易一方或双方违约的风险，即交易对手方信用风险。在2008年金融危机中，通常在场外交易的信用违约互换和其他结构复杂的金融衍生工具，一方面掩盖了其潜在的巨大违约风险，另一方面通过与场内相关品种进行高杠杆对冲交易，将风险传导扩散到场内市场乃至整个金融市场。鉴于此，在2009年G20匹兹堡峰会上，各国一致同意加强场外衍生品市场监管，主要措施包括：建设交易报告库并对交易信息进行集中登记；加强集中清算制度的建设，提高非集中清算衍生品的资本金要求，建设非集中清算衍生

---

① 信用联结票据是普通的固定收益证券与信用违约互换相结合的信用衍生产品。信用联结票据保障卖方先行以现金支付取得票据，交换来自有关票据的固定复利率或浮动利率的利息收入。当发生信用事件时，卖方根据双方协议的信用事故赔偿额赎回票据，否则到期赎回。

的保证金制度，等等。当前，美国的许多交易所为场外衍生品提供了中央对手方清算服务，如芝加哥商业交易所的 CME Cleared Swaps 和 LCH.Clearnet 的国际衍生品清算集团①，主要服务场外利率互换产品；洲际交易所于 2009 年建立了服务信用违约互换指数合约的中央对手方服务 ICE Trust（北美）和 ICE Clear Europe（欧洲）。一些金融中介服务机构也纷纷建立了场外衍生品电子清算平台，涵盖了交易数据捕捉、交易对盘确认、担保品管理、资金交收以及到期执行等环节，比较典型的有：伦敦国际金融期货交易所的 Bclear 服务，可以将已成交的权益类场外衍生品提交给 LCH.Clearnet 进行清算、结算处理；纽约商品交易所的 ClearPort 服务，主要用于将能源类场外衍生品转换为对应的场内期货交易，并进行中央对手方清算。尽管中央对手方清算在很大程度上提高了场外衍生品市场的标准化水平，降低了市场的信用风险，但国际衍生品与掉期组织认为，并不是所有场外衍生品都适合采取中央对手方清算模式，2009 年 G20 匹兹堡峰会提出的场外衍生品监管措施也只得到了部分执行，如何进一步改善场外衍生品市场监管环境仍然是资本市场需要思考的重要问题。

第二节　中国多层次资本市场的独特道路

中国资本市场诞生于 20 世纪 70 年代末，尽管只有短短 40 年左右的发展时间，也缺乏西方成熟资本市场的经验和文化积淀，但得益于改革开放以来中国经济的快速增长、中央对资本市场的合理顶层设计以及信息技术的助力，中国资本市场走出了自己独特的发展道路，取得了令人瞩目的成绩。

---

① 2019 年，LCH.Clearnet 从纳斯达克收购了国际衍生品清算集团。

一、从自发到规范

中国资本市场也经历了从自发形成到逐步规范，最终走向多层次格局的发展过程。从1978年开始，伴随着经济体制改革，中国出现了第一批股份制乡镇企业。20世纪80年代初，一些小型国有企业、集体企业开始试点股份制，中国出现了最初的股票。20世纪80年代中后期，一些大型国有企业也纷纷进行股份制试点，半公开或公开发行股票，股票一级市场开始出现。在债券方面，中国于1981年开始重新发行国债。从1982年起，少量企业开始自发发行企业债。1984年，一些银行开始发行金融债。期货交易则开始于1990年，当时郑州粮食批发市场引入期货交易机制。1992年，深圳有色金属交易所推出第一个标准化期货合约——特级铝期货标准合同。

在中国资本市场的早期形成阶段，股票、企业债一级市场往往由企业直接向社会发行，二级市场则主要通过信托投资公司展开柜台挂牌交易。例如，1986年，沈阳市信托投资公司率先开办代客买卖股票、债券及企业债抵押融资业务；中国工商银行上海市信托投资公司静安证券营业部率先开展飞乐音响公司和延中实业公司的股票挂牌交易。由于当时尚未形成全国性资本市场和统一的监管体系，股票、债券、期货的发行与交易以各地方政府试点为主，甚至出现了一些自发买卖股票及债券、股票认购证的地下市场，如成都的红庙子市场。1992—1993年，期货市场快速发展，一些地方不顾条件成立期货交易所，国内期货交易所有50多家，期货经纪公司有300多家，暴露了交易品种严重重复、过度投机、市场操纵、地下交易等一系列问题。这些现象使得初生的资本市场变得非常混乱，甚至影响了社会稳定。

20世纪90年代是中国资本市场走向规范的重要发展阶段。1992年，中国经济体制改革的目标被确定为"建立社会主义市场经济体制"，国有企业的股份制改革试点在全国范围展开，建立规范管理的全国性资本市场势在必行。20世纪90年代初期，上海证券交易所、深圳证券交易所相继成立，大量非正规场外证券交易场所被清理关闭。20世纪90年代中期，期货市场也得到了清理整顿，期货交易所被削减到3家，全国性资本市场迅速建立起来。1991年，行业自律组织中国证券业协会成立。1992年，国务院证券管理委员会和中国证监会成立[1]，国务院发布《关于进一步加强证券市场宏观管理的通知》，标志着中国资本市场统一监管体制的建立。随后，中国证监会推动一系列有关证券期货市场的法律法规相继出台，建立了股票发行审批制度。1998年12月，中国颁布了第一部调整证券发行与交易行为的法律《中华人民共和国证券法》，并于1999年7月实施，中国资本市场法规体系初步形成。在逐步实现全国统一和规范管理的同时，中国资本市场本身也实现了繁荣发展。上海证券交易所和深圳证券交易所上市交易品种逐步增加，证券中介机构数量增多，证券投资基金实现规范管理并扩大规模。同时，中国资本市场也走向了对外开放，建立了B股市场，以及H股、N股、L股、S股、红筹股[2]等市场，实现境内企业海外上市。

20世纪90年代也是中国金融电子化建设的重要时期。中国金融电子化是从20世纪70~80年代中国银行业引进计算机代替部分手工业务开始的。而20世纪70年代，美国纳斯达克和跨市场交易系统都已开始投入使用，领先中国至少20年。进入20世纪90年代，中国的金融电子化进入快速发展期。上海证券交易所和深圳证券交易所从一开始就采

---

[1] 1992年成立的国务院证券管理委员会代表国务院对证券市场进行统一宏观管理，委员由国家体制改革委员会、国家计划委员会、财政部、中国人民银行等部委负责人担任，中国证监会是国务院证券管理委员会下设的监管执行机构。1998年，国务院证券管理委员会被撤销，其职能归入中国证监会。

[2] B股为1991年推出的人民币特种股票，又称境内上市外资股，以人民币标明面值，以美元或港元认购或交易。H股、N股、L股、S股指中国内地注册公司在中国香港、纽约、伦敦、新加坡上市的外资股。红筹股指中资企业控股，在中国境外注册，在中国香港上市的公司股票。

用了无纸化自动撮合交易模式。1990年4月7日，中国长征三号运载火箭将美国休斯公司研制、香港亚洲卫星公司运营的"亚洲一号"通信卫星成功送入太空。"亚洲一号"不仅是中国首次国际商业卫星发射，也肩负了中国人民银行卫星通信系统节点的重任。1991年4月1日，中国人民银行卫星通信系统电子联行正式运行，中国银行信息系统进入了全面网络化阶段。除银行业务外，中国人民银行卫星通信系统还开发了全国证券报价交易系统，这是全国性资本市场得以实现的重要技术条件。1993年，上海证券交易所和深圳证券交易所均实现了通过卫星通信向全国各地证券公司实时传送行情和成交回报。中国证券市场研究设计中心和中国证券交易系统有限公司还分别开发了面向场外市场法人股定向募集和交易的STAQ系统[①]和NET系统[②]。上海证券交易所、深圳证券交易所和STAQ系统、NET系统两个计算机网络形成了"两所两网"的证券交易市场格局。截至2000年，证券期货行业基本完成了计算机、通信网络对人工交易模式的替代，实现了交易、结算等核心业务的电子化。

进入21世纪以后，中国资本市场法律体系和监管体系得到进一步完善。《中华人民共和国证券法》经历了2005年和2019年两次修订，以适应经济体制改革和资本市场发展的需要。中国证监会从2004年起改变跨区域监管体制，在各行政区设立证监局，并在各证监局设立稽查分支机构。在21世纪前10年里，中国证监会集中力量查办了"琼民源""银广夏""中科创业"等数百起涉及财务造假、操纵市场的案件。2001—2005年，中国资本市场进入调整期，暴露出制约资本市场进一步发展的一系列问题：股权分置；上市公司治理结构不完善；证券公司实

[①] STAQ系统全称为"全国证券交易自助报价系统"（securities trading automated quotations system），由中国证券市场研究设计中心开发，于1992年7月开始试运行。

[②] NET系统全称为"全国电子交易系统"（national electronic trading system），由中国证券交易系统有限公司开发，于1993年4月开始试运行。

力较弱，运作不规范；机构投资者发展滞后；市场品种结构不合理；交易制度单一；等等。针对这些问题，国务院于2004年1月发布了《关于推进资本市场改革开放和稳定发展的若干意见》，此后中国资本市场进行了一系列改革，恢复了投资者信心，资本市场出现转折性变化。

2000年以后，证券、期货行业围绕集中交易系统和网上交易系统展开了新一轮金融信息化建设。在未实现集中交易前，证券、期货公司的经纪业务是以营业部为独立运作单位的，各营业部分别在交易所申请席位，客户交易委托由营业部独立处理并直接转发交易所，成交回报也从交易所直接发回营业部。在这种模式下，证券、期货交易系统均设立在营业部一级，交易数据也由营业部管理。对证券和期货公司来说，这种模式存在很大的数据安全漏洞，总部不能有效监控营业部数据，缺乏有效的风险控制手段，也难以向客户提供统一、无差别的服务。例如，中科创业操纵市场案就是通过相关证券营业部控制了1 500多个证券交易账户，操纵了中科创业55.36%的股票，利用资金优势和持股优势进行自买自卖，严重扰乱了证券市场秩序，打击了投资者信心。集中交易系统是将原来证券、期货公司营业部的交易功能和业务数据集中管理，将面向营业部的分布式交易转化为面向客户的集中式交易。自2001年起，部分证券、期货公司开始尝试集中交易。2006年，中国证券业协会发布了《证券公司集中交易安全管理技术指引》。到2008年，中国绝大部分证券、期货公司已基本实现全国性集中交易。

随着20世纪90年代末互联网在中国的普及，证券、期货公司也开始尝试提供网上证券、期货交易服务。2000年3月，中国证监会颁布了《网上证券委托暂行管理办法》。截至2000年年底，有70多家证券公司开通了此项业务。截至2008年，网上交易已超过电话和其他委托方式，成为最主要的委托方式。因为期货公司客户主要为机构投资者和少数资金实力较强的个人投资者，且期货交易本身对交易速度的要求更高，所以网上交易普及程度也更高。网上交易使绝大部分投资者从营业部大厅转移到了电脑终端，客户可以获得证券、期货公司统一品牌的服务，许多原来的 A 级营业部瘦身为 B 级或 C 级营业部。① 大型证券、期货公司新增营业部主要为 C 级轻型营业部，以低成本向全国范围扩张，对地方性证券、期货公司形成较大冲击，改变了行业竞争格局。

网上交易和集中交易系统还从根本上改变了证券、期货行业的数据治理模式、交易模式和风险管理模式。网上交易的特点必然要求交易委托和成交回报以集中交易的模式进行，因此网上交易和集中交易系统的建设是相互促进的。这使得客户的交易数据得以集中管理，交易行为得以集中控制，有利于及时发现和防范交易风险。至此，在客户端采用网上交易，在证券、期货公司采用集中交易系统进行管理，在交易所采用集中撮合竞价交易（类似于美国的 ECN 交易），成为中国证券、期货场内市场的基本交易方式。中国资本市场的场内市场在法律体系、监管体系、信息技术的共同作用下，初步形成较为规范、健康的运行机制。

二、市场层次逐渐清晰

中国资本市场的不同层级也在进入 21 世纪后逐步得到明确定位，"多层次资本市场体系"的概念逐步清晰起来。2003 年，在十六届三中全会《中共中央关于完善社会主义市场经济体制若干问题的决定》中，中央首次明确提出："建立多层次资本市场体系，完善资本市场结构，丰富资本市场产品。规范和发展主板市场，推进风险投资和创业板市场建设。积极拓展债券市场，完善和规范发行程序，扩大公司债券发行规模。大力发展机构投资者，拓宽合规资金入市渠道。建立统一互联的证券市场，完善交易、登记和结算体系。加快发展土地、技术、劳动力等

---

① A 级营业部为一般传统营业部，提供现场交易服务；B 级营业部提供部分现场交易服务；C 级营业部既不提供现场交易服务，也不需要配备相应的机房设备。

要素市场。规范发展产权交易。积极发展财产、人身保险和再保险市场。稳步发展期货市场。"2004年，国务院发布《关于推进资本市场改革开放和稳定发展的若干意见》，提出"健全资本市场体系，丰富证券投资品种"，包括"建立多层次股票市场体系""积极稳妥发展债券市场""稳步发展期货市场""建立以市场为主导的品种创新机制""研究开发与股票和债券相关的新品种及其衍生产品"。

中国股票市场的层级划分首先起步于深圳证券交易所设立中小板市场和创业板市场。自2000年起，深圳证券交易所暂停了新股上市申请，专门筹备创业板。2000年7月1日，深圳证券交易所第二交易结算系统正式启用，并且双机并行运行。2000年10月28日，深圳证券交易所组织所有会员单位进行了新系统第一次全网测试。2002年，深圳证券交易所在给中国证监会提交的《关于当前推进创业板市场建设的思考与建议》报告中，建议采取分步实施方式推进创业板市场建设。2004年1月，国务院在《关于推进资本市场改革开放和稳定发展的若干意见》中提出，分步推进创业板市场建设，完善风险投资机制，拓展中小企业融资渠道。2004年2月，全国证券期货监管工作会议明确提到，"2004年在深圳证券交易所设立中小盘股板块"。随后，深圳证券交易所于2004年5月公布了《中小企业板块交易特别规定》《中小企业板块上市公司特别规定》《中小企业板块证券上市协议》。2004年5月17日，经国务院批准，中国证监会正式批复深圳证券交易所设立中小企业板市场。中小企业板市场在主板市场框架内相对独立运行，并逐步推进制度创新，这标志着分步推进创业板市场建设迈出实质性步伐。2007年8月，以创业板市场为重点的多层次资本市场体系建设方案《创业板发行上市管理办法（草案）》获得国务院批准。2008年3月，中国证监会发布《首次公开发行股票并在创业板上市管理办法》，并向社会公开征求意见。2009年3月，中国证监会发布《首次公开发行股票并在创业板上市管理暂行办法》，办法自 2009 年 5 月 1 日起实施。中小企业板是为了鼓励企业自主创新而专门设置的中小型公司聚集板块，企业上市的基本条件与主板市场完全一致。中小企业板市场是深圳证券交易所主板市场的一个组成部分。中小企业在主板市场法律法规和发行上市标准（两个不变）的框架内，实行"运行独立、监察独立、代码独立、指数独立"（四个独立）的相对独立管理。创业板是为高成长性的中小企业和高科技企业提供融资服务的资本市场，具有前瞻性、高风险、监管要求严格以及高技术产业导向的特点。与主板市场相比，在创业板市场上市的企业规模较小、上市条件相对较低，这便于中小企业更容易募集发展所需资金。中小企业板和创业板的推出，也带动了市场的小盘股行情，甚至在 2008 到 2018 年的 10 年中，小市值成为一种重要的选股因子。

在场内股票市场形成多个层级的同时，场外股票市场也出现了重要的变化。20 世纪 90 年代的 STAQ 系统和 NET 系统是为推动全国证券市场的发展和便于异地证券机构间的沟通而建立的，但由于多方面因素，STAQ 和 NET 两个交易系统日益萎缩，上市公司的效益也不尽如人意。1999 年 9 月 9 日，为整合中国证券市场多头管理以及防范亚洲金融危机，且因国庆彩排和设备检修，STAQ 系统和 NET 系统被关闭。为妥善解决原 STAQ 系统和 NET 系统挂牌公司流通股转让问题，中国证券业协会于 2001 年设立了代办股份转让系统，此后这一系统还承担了上海证券交易所、深圳证券交易所退市公司的股票流通转让功能。2006 年 1 月，为落实国家自主创新战略、推动科技型企业借力资本市场发展，国务院决定允许中关村高科技园区符合条件的非上市股份制企业进入代办股份转让系统挂牌交易，使得这一系统的功能得到拓展。此后，代办股份转让系统中挂牌交易的公司包括原 STAQ 系统和 NET 系统遗留公司、上海证券交易所与深圳证券交易所退市公司以及中关村科技园区公司三类公司。由于这三类公司在服务对象、交易方式、信息披露、融资制度、投资者适当性等方面存在根本性不同，因此我们通常将前两者形成的市场层次称为"老三板"，将以中关村科技园区公司为主体的市场层次称为"新三板"。

中国债券市场进入21世纪后也逐步形成由银行间债券市场、交易所债券市场和商业银行柜台市场组成的多层次市场体系。中国债券市场源于1981年国库券的发行，此后国家又陆续发行了国家重点建设债券、国家建设债券、财政债券、国有保值贴补的保值公债、基本建设债券以及只针对企事业单位发行的特种债券；除此以外，还有企业发行的企业债券、银行发行的金融债券、政策性银行发行的政府性金融债券等。20世纪80年代，债券主要通过银行柜台市场的形式进行交易。在1990年12月上海证券交易所成立后，国债逐步进入交易所并采用连续竞价方式交易，形成交易所债券市场。20世纪90年代，交易所债券市场成为中国债券市场体系的主体。1997年6月16日，银行间同业拆借中心开始办理银行间债券回购和现券交易，中国银行间债券市场正式运行。2000年4月，中国人民银行颁布《银行间债券市场参与者以询价方式与自己选定的交易对手逐笔达成交易》。银行间债券市场依托中国外汇交易中心暨全国银行间同业拆借中心，中央国债登记结算有限责任公司（以下简称"中央结算公司"）、上海清算所（银行间市场清算所股份有限公司），是商业银行、农村信用联社、保险公司、证券公司等金融机构进行债券买卖和回购的市场。银行间债券市场的债券交易以询价方式进行，由市场参与者自主谈判，逐笔成交。参与者应在中央结算公司开立债券托管账户，债券交易的债券结算通过中央结算公司的中央债券簿记系统进行。上海清算所是中国人民银行认定的合格中央对手方，为采取中央对手方清算的交易提供清算服务。鉴于债券市场中机构投资者占据主导的特点，银行间债券市场自2001年后逐步取得了中国债券市场的主体地位。2002年以后，商业银行柜台市场作为银行间债券市场的延伸，面向个人投资者和中小企业从事国债零售业务，其所零售的国债包括可以流通上市的记账式国债和不能流通上市的储蓄型国债，储蓄型国债又分为凭证式国债和电子式国债。

在期货市场完成清理整顿后，国务院于1999年发布了《期货交易管理暂行条例》。2000年12月，全国期货行业自律性组织中国期货业协会在北京成立。中国证监会、中国期货业协会后续又出台了《期货交易所管理办法》《期货经纪公司管理办法》《期货从业人员管理办法》，期货市场法规体系初步建立，步入规范化运行轨道。2003年，期货市场全面推行期货交易保证金封闭运行，严格执行期货交易结算规则，防范和化解期货交易结算和交割风险。2004年，中国证监会发布《期货经纪公司治理准则（试行）》和《期货经纪公司保证金封闭管理暂行办法》，实行以净资本为核心的期货公司风险监管指标体系，建立了期货保证金存管制度和投资者保障基金。2006年5月，中国期货保证金监控中心成立，并逐步建立了期货保证金核对系统和投资者查询服务系统。2007年修订后的《期货交易管理条例》发布，取代了1999年的《期货交易管理暂行条例》。至此，中国期货市场的法规体系和风险管理体系基本成形，运行质量和规范化水平明显提高，这带来了期货市场的再度繁荣，期货品种逐步丰富。2006年9月，中国金融期货交易所在上海成立，期货市场的品种从商品期货扩展到金融衍生品。

2001年12月，中国正式加入世界贸易组织，为履行加入世界贸易组织时的承诺，中国资本市场对外开放步伐明显加快，而市场化、国际化进程也反过来促进了中国资本市场的成熟与发展壮大。中国证监会于2002年发布了《外资参股证券公司设立规则》和《外资参股基金管理公司设立规则》，中外合资证券、基金、期货公司相继进入中国资本市场。2002年，中国实施允许合格境外机构投资者投资中国证券市场的QFII制度。2006年，中国实施允许合格境内机构投资者投资境外证券市场的 QDII 制度。QFII 和 QDII 制度使国外先进投资理念进入中国，提升了行业整体水平，提高了中国资本市场的影响力，也使中国投资者有机会投资国际资本市场。在这一时期，大型国有企业、高科技民营企业也加速了境外上市的步伐，H 股、红筹股成为香港资本市场的重要组成部分，纽约证券交易所和纳斯达克也出现了许多中概股明星企业。为适应中国资本市场的对外开放，中国证监会等监管机构与境外证券期货监管机构、国际证监会组织加强交流与合作，中外监管机构实现监管信息交流，相互提供跨境调查协助、人员交流与研究合作等。

三、市场、品种、技术的持续创新

2010 年，中国超越日本成为世界第二大经济体，中国资本市场也出现了一些重要变化，包括融资体系的变化、投资者结构的变化以及金融科技的兴起。长期以来，中国金融市场中的间接融资在融资体系中占据了绝大部分比重，直接融资比重过小。间接融资指资金盈余者将资金先行提供给金融机构，再由金融机构以贷款形式提供给资金短缺者，其主要形式就是银行贷款。直接融资则是资金短缺者与盈余者直接协商，或者通过发行有价证券获得融资，最典型的就是债券和股票。因此，间接融资主要是通过银行体系，也就是货币市场来实现的，直接融资则是通过资本市场来实现的，市场在资源配置中发挥决定性作用。改革开放以来，中小企业和民营企业在 GDP（国内生产总值）中所占比重日益提升，已成为推动国民经济持续发展的一支重要力量。同时，中小企业和民营企业对技术创新、增加就业、扩大出口、活跃市场、增加地方财政收入都具有重要作用。但是，中小企业和民营企业投资风险较高，在现实中难以获得银行贷款。其根本原因在于，在间接融资体系中，银行对信贷风险的要求难以适应多样化的企业融资需求。从理论上说，直接融资可以满足多样化融资需求，但是在中国资本市场中，直接融资所占比例一直较低。产生这一现象的主要原因在于,中国资本市场中发展最成熟、法规体系与监管体系最健全、运行机制最规范、交易量最大的是场内市场,而许多中小企业和民营企业难以达到在场内市场发行有价证券的条件。这就要求资本市场体系发展出适合中小企业和民营企业直接融资的市场层次,也就是建立多层次资本市场体系,并在不同的市场层次中推出满足这一市场层次需求的多样化金融工具,以及建立适应这一市场层次的信息披露和监管机制。

此前,中小企业板、创业板、新三板的推出正是为发展和健全多层次资本市场所做出的重要努力,但这一进程并未结束,中国多层次资本市场体系仍在持续演进之中。2012年8月,新三板扩容,试点企业除中关村科技园区外,其范围扩展至上海、天津、武汉等地的高新技术园区。在新三板正式挂牌后,挂牌企业范围逐渐放大到全国,不再受高新技术园区限制。2012年9月,中国证监会印发《关于规范证券公司参与区域性股权交易市场的指导意见(试行)》,这代表监管部门正式肯定区域性股权交易市场的存在及作用。全国各地陆续成立了区域性股权交易中心,如上海股权托管交易中心、深圳前海股权交易中心、北京四板市场等。2017年1月,国务院发布《国务院办公厅关于规范发展区域性股权市场的通知》,明确了区域性股权市场作为"省级行政区域内中小微企业的私募股权市场"的定位。2017年5月,中国证监会发布的《区域性股权市场监督管理试行办法》予以落实。2018年,中国证券业协会通过了《区域性股权市场自律管理与服务规范(试行)》。至此,区域性股权市场的法律地位、监管方式、行业自律都得到明确,区域性股权市场成为多层次资本市场的重要组成部分。但当前各区域性股权市场功能发挥不佳,普遍处于亏损运营状态。对此,业界争论的焦点主要集中在以下几个方面:全国中小企业股份转让系统和各区域性股权交易市场的关系如何界定?挂牌企业对于交易市场的选择权如何设计?股权市场的区域性定位以及由省级地方政府负责监管是否适当？特别是跨区域经营的企业如何实现资源有效配置和监管？是否应该允许区域性股权市场采取连续竞价的交易制度？是否应解除挂牌企业股东人数上限的限制？是否可以实现除股票、可转债以外的交易品种创新？如何实现有效的信息披露和监管？

2018年11月，国家主席习近平在出席首届中国国际进口博览会开幕式时宣布在上海证券交易所设立科创板并试点注册制，这是完善多层次资本市场体系的又一项重要举措。2019年1月，中央全面深化改革委员会通过《在上海证券交易所设立科创板并试点注册制总体实施方案》《关于在上海证券交易所设立科创板并试点注册制的实施意见》。2019年3月，中国证监会发布《科创板首次公开发行股票注册管理办法（试行）》《科创板上市公司持续监管办法（试行）》。2019年6月，最高人民法院发布《最高人民法院关于为设立科创板并试点注册制改革提供司法保障的若干意见》。2019年7月22日，科创板正式开市，首批上市25家公司，标志着中国资本市场迎来了一个全新板块。设立科创板是落实创新驱动和科技强国战略、推动高质量发展、支持上海国际金融中心和科技创新中心建设的重大改革举措，是完善资本市场基础制度、激发市场活力和保护投资者合法权益的重要安排。科创板的最主要特点是，实现资本市场与科技创新的深度融合，发挥"资本市场改革试验田"的作用，试点注册制。科创板注册制由上海证券交易所全权负责。2020年3月，上海证券交易所发布《上海证券交易所科创板企业发行上市申报及推荐暂行规定》，更新了科创板上市要求：一是行业要求，必须是新一代信息技术、高端装备、新材料、新能源、节能环保、生物医药行业的高新技术产业和战略性新兴产业；二是科创属性，同时符合研发投入、营业收入、发明专利评价标准，或符合核心技术、核心技术人员、国家重大科技专项、关键产品（服务）、相关发明专利50项以上评价标准之一；三是市值与财务指标，即不同市值档位对应的营业收入、净利润、研发占比、现金流等财务指标。在信息披露方面，科创板在遵照A股制度的基础上做出更具弹性的安排，并且针对科创企业的特点更加侧重行业信息、核心技术等事项的信息披露。在交易机制方面，科创板将涨跌幅限制放大到20%，且公司在上市首日即可作为融券标的。在退市机制方面，科创板实行严格退市标准，公司一旦触发重大违法、交易类、财务类、规范类退市条件，立即强制退市，无缓冲期或缓冲状态，且退市之后不得重新上市。截至2020年6月10日，科创板上市公司已达109家，总市值超1.7万亿元。

经过几十年的发展，中国资本市场的投资者结构也发生了较大变化，虽然个人投资者持股市值仍然占A股绝对优势，但机构投资者所占比重已经有了很大程度的提高。首先，公募基金规模在不断扩大。2006年，A股市场走出了4年调整期迎来牛市，公募基金的规模也随之增长；到2007年，其规模超过3.2万亿元。尽管2008年股灾导致公募基金规模下降，但到2014年，其规模又再创新高，达4.5万亿元，并在此后进入持续快速增长期。截至2020年4月，公募基金总规模达17.78万亿元。其次，保险资金、社保基金、私募基金和外资机构陆续进入中国资本市场。2004年，中国保险监督管理委员会联合中国证券监督管理委员会正式发布《保险机构投资者股票投资管理暂行办法》，为保险资金直接投资股票市场提供了依据。截至2019年，保险资管规模达18万亿元，其中系统内保险资金占比73.95%，约13.39万亿元。2015年8月，国务院发布《基本养老保险基金投资管理办法》，明确了养老基金实行中央集中运营、市场化投资运作，由省级政府将各地可投资的养老基金归集到省级社会保障专户，统一委托给国务院授权的养老基金管理机构进行投资运营。2020年1月，银保监会发布《关于推动银行业和保险业高质量发展的指导意见》，指出大力发展企业年金、职业年金、各类健康和养老保险业务，多渠道促进居民储蓄有效转化为资本市场长期资金。私募基金是中国资本市场机构投资者中的一支新兴力量。2004年，中国首个阳光私募"深国投·赤子之心（中国）集合资金信托计划"成立。2006—2007年，一批公募基金经理转投私募行业，带来了新的投资理念和方法。2009年1月，银监会印发《信托公司证券投资信托业务操纵指引》，标志着阳光私募模式获得监管认可。2014年1月，中国证券投资基金业协会发布《私募投资基金管理人登记和基金备案办法（试行）》，开启私募基金备案制度。2014年6月，中国证监会通过《私募投资基金监督管理暂行办法》，进一步对私募基金监管做出全面规定。此后，中国基金业协会又陆续发布《私募投资基金管理人内部控制指引》《私募投资基金信息披露管理办法》《私募投资基金募集行为管理办法》等行业自律规则。截至2020年3月，中国私募基金管理资产总规模已超14万亿元。

机构投资者的壮大带来了投资理念和方法的转变，进而产生了对更丰富的投资品种（特别是金融衍生品）的需求，以及运用最新金融科技成果的动力。早在20世纪90年代，中国资本市场就出现了外汇期货、国债期货、股指期货、认股权证等金融衍生品，但因当时市场需求不足、交易机制不完善和过度投机，这些金融衍生品相继失败，导致中国资本市场在很长一段时间内仅有场内市场交易的商品衍生品（商品期货），金融衍生品和场外衍生品市场处于缺位状态。2005年4月，中国启动股权分置改革[1]，一些上市公司利用权证作为股改对价[2]，使得权证这

---

[1] 股权分置指上市公司一部分股份上市流通（流通股），另一部分股份暂不上市流通（非流通股）。由于历史因素，中国股市大约有2/3的法人股不能上市流通，如果直接允许非流通股上市流通，那么这将严重影响市场供求关系。上市公司股权分置改革是通过非流通股股东和流通股股东之间的利益平衡协商机制来消除A股市场股份转让制度性差异的过程，是为非流通股可以上市交易做出的制度安排。
[2] 股改对价指非流通股股东为取得流通权，向流通股股东支付的相应代价（对价），可以采用股票、现金等形式。权证作为股改对价指非流通股股东向流通股股东按持股比例赠送权证作为对价，同时权证可以上市流通交易。

种金融衍生品再次出现在中国资本市场。但是，权证一上市就遭遇投机者恶性炒作，导致权证价格严重背离价值。为抑制过度投机，上海证券交易所推出权证创设制度，允许作为权证做市商的证券公司发行与原权证合约条款一致的权证。然而，创设制度从一开始就饱受争议，权证供应增量直接改变了供求关系，导致权证市场价格暴跌，一些投资者因此遭受损失，做市商不得不通过回购注销权证来消除影响。2008年6月13日，随着南航JTP1认沽权证最后一个交易日的到期，因股改而生的权证退出历史舞台。2006年9月，中国金融期货交易所成立，这是中国首家金融衍生品交易所，也是中国首家采用公司制的交易所，上海期货交易所、上海证券交易所、深圳证券交易所、大连商品交易所、郑州商品交易所为其5家股东。2010年4月16日，中国金融期货交易所正式推出沪深300股指期货合约。2015年，中国金融期货交易所正式推出上证50、中证500股指期货和10年期国债期货，这标志着场内金融衍生品市场的再度出发。

金融衍生品与金融工程、量化投资、程序化交易等投资方法和交易技术具有天然联系。随着外资机构投资者进入中国市场，以及2008年美国金融危机后，一些在华尔街工作的Quants[1]回到国内进入私募基金行业，其将量化投资和程序化交易的理念带到中国资本市场。2007年，上海期货交易所下属的上海期货信息技术有限公司以新一代交易所系统的核心技术为基础，推出了"综合交易平台"快速交易系统。综合交易平台满足高可用性、大规模并发处理、安全性、可扩展性、业务规则隔

---

[1] Quant 是 Quantitative Finance 的缩写，特指运用数学模型和计算机程序进行量化投资的人或职位。Quant 具体可以分为：Desk Quant，开发直接供交易员使用的策略模型；Model Validating Quant，验证 Desk Quant 所开发模型的正确性；Research Quant，尝试研发新的价格公式和策略模型，有时还会执行 blue-sky research（金融趋势研究）；Quant Developer，将策略模型转化为交易程序的程序员；Statistical Arbitrage Quant，专指研究统计套利策略模型的人员；Capital Quant，建立有关信用和资本的模型，即风控模型。

离等要求，可以实现上海期货交易所、郑州商品交易所、大连商品交易所和中国金融期货交易所的商品和金融衍生品交易。综合交易平台最具特色的是其提供了行情接口 MdApi 和交易接口 TradeApi，Quants 或第三方软件开发商可以在接口上定制自己的程序化交易系统。综合交易平台的推出，解决了程序化交易系统的行情与交易接入问题。"股指期货 + 综合交易平台"，促进了股指期货套利、跨市场对冲交易、阿尔法策略[①]等投资方法的实践应用，在国内掀起了量化投资和程序化交易的热潮。综合交易平台也成为国内同类系统的事实标准，后期中国金融期货交易所下属的上海金融期货信息技术有限公司推出的"飞马平台"、中泰证券推出的"XTP 极速交易平台"在设计上均受综合交易平台很大影响，被称为"类 CTP 平台"。

期权是另一类重要的金融衍生工具。与权证类似，期权也是一种以合约形式规定的能在未来某特定时间以特定价格交易一定数量标的资产的权利，但两者在发行主体、交易方式、合约供给量、履约担保方式、行权效果等方面存在较大差异。我们利用期权价差组合可以实现对标的资产的灵活复制，期权差价组合是实现对冲交易和风险管理的重要工具。人们通常认为，期权位于金融衍生工具的顶端。由于历史因素，期权在中国资本市场中长期缺位，直到 2011 年，中国银行间外汇市场才推出人民币对外汇场外期权。在权证暂时退出中国资本市场后，权益类期权成为备受市场期待的新品种。2010 年 12 月，上海证券交易所发布《上海证券交易所战略规划（2011—2020 年）》，在"近期战略目标（2011—2013 年）和主要任务"部分明确提出"探索发展个股期货和期权，筹划

---

① 现代金融理论认为，投资收益来自市场平均收益（贝塔收益）和独立于市场的超额收益（阿尔法收益）。阿尔法策略指通过构建相对价值策略（如多因子选股策略）来构建可以超越市场平均收益的现货组合（如股票组合），然后通过金融衍生品对冲系统性风险（如卖空股指期货）。这样只要现货组合的表现可以超过市场平均收益，那么无论市场涨跌，投资者都可以获得超额收益。

建立基于合格投资者的衍生产品市场"。2013年12月，上海证券交易所个股期权模拟交易正式上线运行。2015年1月，中国证监会发布《股票期权交易试点管理办法》。2015年2月9日，上海证券交易所股票期权交易试点正式启动，上证50ETF期权合约上市交易，成为中国资本市场第一只场内期权产品。上证50ETF期权兼顾了股指期权紧密跟踪股指和个股期权实物交割的特点，既具有满足投资者需求的实际价值，也为后续其他期权品种起到了很好的示范作用。但受到2015年A股股灾影响以及对可能引发过度投机的担忧，再加上交易制度设计不完善、市场环境不成熟等因素，中国资本市场尚未推出场内个股期权品种。2017年3月31日，大连商品交易所推出了中国首个场内商品期权——豆粕期权，此后各商品期货交易所陆续推出商品期权，目前已有十几个以商品期货、黄金期货为标的的期权品种。2019年12月，上海证券交易所和深圳证券交易所分别上市了以华泰柏瑞沪深300ETF和嘉实沪深300ETF为标的的沪深300ETF期权，中国金融期货交易所上市了以沪深300指数为标的的沪深300股指期权。2020年6月，中国证监会批准上海期货交易所、郑州商品交易所、大连商品交易所开展铝、锌等6个新商品期权交易。至此，上证50ETF期权、沪深300ETF期权、沪深300股指期权等权益类期权和各商品类期权构成了中国场内市场的主要期权品种。

当前，中国场内市场的衍生品品种仍不够丰富，交易方式单一，创新在其发展过程中一直让位于审慎原则，仍然难以满足市场多样化的投融资和风险管理需求，这为场外衍生品市场留出了发展空间。1997年，中国人民银行批准中国银行首家试点开展远期结售汇业务，这是中国场外衍生品市场的开端。2012年12月，中国证券业协会发布《证券公司柜台交易业务规范》，正式启动证券公司柜台交易业务。2013年，中国证券业协会制定了《证券公司金融衍生品柜台交易业务规范》。2014年，中国期货业协会发布了《期货公司设立子公司开展以风险管理服务为主的业务试点工作指引》，分别对证券公司、期货风险管理子公司开展场外业务进行了规范。中国证券业协会、中国期货业协会、中国证券投资基金业协会于2014年联合发布了《中国证券期货市场场外衍生品交易主协议（2014版）》及补充协议、《中国证券期货市场场外衍生品交易权益类衍生品定义文件（2014版）》，于2015年发布了《中国证券期货市场场外衍生品交易商品衍生品定义文件（2015版）》等一系列文件，分别从场外衍生品交易规范、柜台市场业务范畴、信息披露、自律管理、技术系统等方面对场外衍生品业务的交易与监管做出了规定。2015年2月，中证资本市场监控中心有限责任公司更名为中证机构间报价系统股份有限公司，为证券期货行业的机构间场外衍生品业务提供电子化交易平台。2019年2月，中国期货业协会发布了《期货公司风险管理公司业务试点指引》，该文件代替了《期货公司设立子公司开展以风险管理服务为主的业务试点工作指引》，将场外衍生品业务明确写入期货风险管理子公司可以从事的试点业务类型。截至2020年3月，证券公司场外衍生品规模达6 933.43亿元，期货公司风险管理子公司场外衍生品规模达584.52亿元[①]。其中，证券行业的场外衍生品主要品种为收益互换和场外期权，期货行业场外衍生品主要品种为场外期权、远期和互换，涉及标的资产包括股指、个股、商品等。在证券、期货行业的场外衍生品中，场外期权均占绝对优势（证券行业场外期权占69.65%，期货行业场外期权占89.78%）。当前，中国正在推进建设以人民币计价的大宗商品定价中心和风险管理中心，以大宗商品和境外期货合约为标的的场外衍生品交易业务正快速发展。

当前，中国资本市场已发展出如图1-4所示的复杂层次格局。证券交易所市场包括上海证券交易所和深圳证券交易所，为股票、债券

---

① 按月末名义本金存量计算，数据来自中国证券业协会、中国期货业协会。

及其衍生品的场内市场，其中股票市场包含 A 股主板、科创板、中小企业板、创业板等板块。权益类场外市场包括全国性场外股权市场以及区域性场外股权市场。期货交易所市场包括上海期货交易所、郑州商品交易所、大连商品交易所、中国金融期货交易所、上海国际能源交易中心等。其中，中国金融期货交易所为金融衍生品场内市场，其他为商品期货及其衍生品的场内市场。商品类场外市场主要由各地、各领域的大宗商品市场组成，债券市场以全国性的机构间债券市场（银行间债券市场）为主，其次是沪深交易所的场内债券市场，最后是各商业银行的银行柜台市场。场外衍生品市场涵盖了权益、商品、固定收益类衍生品，并起到了衔接场内外市场的作用，交易商通常由满足条件的证券公司、期货风险管理子公司担任，并由中证机构间报价系统股份有限公司提供机构间电子化交易平台。上海清算所主要以中央对手方形式为银行间市场提供清算服务，但目前其业务已拓展到外汇及汇率衍生品、利率及信用衍生品、场外大宗商品衍生品等领域。

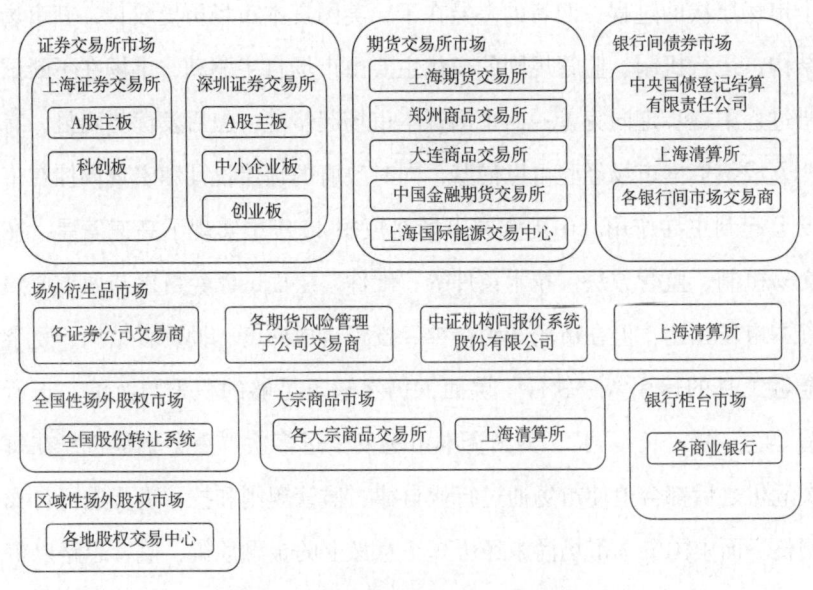

图 1-4　中国多层次资本市场体系

近 10 年来，信息技术在大数据、云计算、人工智能、区块链等领域取得突破性进展，并被快速应用到金融领域，因而诞生了"金融科技"（FinTech）一词。根据国际金融稳定理事会的定义，金融科技是指技术带来的金融创新，能够创造新的模式、业务、流程和产品。当前，金融科技在中国的应用主要集中在支付和货币市场领域，如移动支付、网络信贷、征信等。但是，金融科技在资本市场同样具有重要应用前景，如量化投资、智能投顾、财富管理、财务报告欺诈风险识别等。近年来，国内各金融机构纷纷加大技术研发投入，在多种应用场景进行尝试，金融科技有望成为驱动中国资本市场格局和运行机制变革的重要推动力量。

第三节　个性化与标准化的螺旋上升

中美资本市场的历史，都经历了从自发到规范，逐步演化形成多个市场层次的过程。两者的差异在于，美国资本市场历史较长，其市场结构、运行机制、监管规则的变化主要由市场自主驱动，市场在不断试错过程中逐步走向完善；而中国资本市场起步晚，但后发优势明显，有西方成熟资本市场经验可以借鉴，同时政府的顶层设计和宏观调控在市场上起到主导作用。中国资本市场在短短 40 年中实现了高速发展，在交易机制、监管方法、技术条件等"硬件"层面，已经可以与西方成熟资本市场相比，但在市场契约精神、投资者成熟度、投资者结构、复杂金融工具的运用等"软件"层面，仍然缺乏足够的积累与沉淀。正所谓"吃一堑，长一智"，美国资本市场发生过多次严重金融危机，在每次危机之后都会迫使市场通过行业自律、监管规则和技术进步进行自我调整。而中国资本市场尚未经历真正意义上的金融危机，监管思路以审慎为主，当危机苗头出现时就立即进行干预，但这也导致中国资本市场在金融创新方面顾虑较多，步伐较慢，甚至出现"一抓就死，一放就乱"的怪圈。当前，中国作为世界第二大经济体，在世界金融格局中占有重要地位，这也要求中国资本市场必须面对投资者与融资者对金融服务日益多样化的需求，通过金融创新在发展中解决问题。如何尽可能少地重蹈西方资本市场发展的覆辙，同时建立起规范、高效的市场运行机制，使中国资本市场真正走向成熟，是我们在新的发展时期应该思考的课题。

一、依托标准化的场内市场

中美资本市场在自发形成阶段都面临着信任机制缺失的问题：市场信息严重不透明，缺乏有效的交易机制和价格形成机制，难以实施有效的监管。根据"有效市场假说"，市场的有效性在于一切有价值的信息及时、准确、充分地反映在价格之中。如果市场缺乏公开透明的信息，交易行为不受约束，那么市场中必然充斥着交易欺诈、内幕交易、价格操纵和过度投机。事实上，经典意义上的有效市场是不存在的，因为价格并不仅仅反映了价值或者对价值的一致预期，还体现了交易者的信用水平或者对信用水平的估计。考虑到资本市场本身就是交易中长期资产的市场，股票代表的是企业所有权，债券代表的是未来利息收益，期货、期权、互换是以合约形式规定的未来权利或义务，这些都与信用水平息息相关，因此很难做到同物同价，除非市场的信用水平得到统一。

历史上，人们解决自发形成市场的信任机制问题以及统一市场信用水平的办法就是建立交易所，实行场内交易。交易所作为一个具有公信力的中心，为所有市场参与者提供背书，将交易双方的双边授信转化为集中授信，形成一种"中心化的信任机制"。交易所通过设置交易所会员门槛，让会员缴纳保证金、购买席位，并为自身信用提供保证，从而实现会员信用水平的统一。交易所设置统一的交易制度，确保交易、清算、交割有序进行，为市场提供流动性。

　　交易所通常采用做市商和集中撮合交易制度。做市商交易又被称为报价驱动，由做市商为市场提供流动性。市场中的买单和卖单均向做市商申报，做市商根据市场供求关系调整买卖双边报价，分别与买家、卖家交易，并利用买卖价差赚取收益，交易所对做市商报价的买卖价差加以限制。集中撮合交易又被称为订单驱动，由买家和卖家直接向交易所申报包含价格、数量信息的买单或卖单。交易系统根据订单的价量信息，按价格优先、时间优先的原则自动匹配买家和卖家，前文提到的ECN交易也属于集中撮合交易。做市商和集中撮合交易还有一些变种，如竞争性做市商制度，指每只证券有多个做市商来为其做市，利用做市商之间的相互竞争，减小买卖价差，避免单一做市商操纵价格。纽约证券交易所最初主要采用传统的单一做市商（垄断性做市商）模式，纳斯达克、芝加哥期权交易所、香港期货交易所则采用竞争性做市商模式。混合交易制度则是在做市商制度中引入竞价交易制度或在竞价交易制度中引入做市商制度，在这种方式下，做市商的双边报价和投资者的交易委托共同参与集中竞价，交易仍主要按照价格优先、时间优先的竞价原则进行，做市商承担连续报价的义务，或者只承担特定情况下报价的义务。伦敦证券交易所最先引入混合交易制度，此后纳斯达克和纽约证券交易所也分别实现了原竞争性做市商制度和单一做市商制度与ECN交易的融合，成为混合交易制度。为弥补市场流动性的不足，中国的上证50ETF期权、沪深300ETF期权也实行"竞争性做市商+集中撮合交易"的混合交易制度。

　　场内市场还要保障交易结束后的清算交收。其中，清算是指在每一个交易日，按照确定的规则计算证券和资金的应收应付数额；交收是指根据确定的清算结果，通过转移证券和资金履行相关债权债务。场内市场的清算交收通常采用净额清算、中央对手方、银货对付、分级结算原则。净额清算是指对每个结算参与人买卖证券的数量和金额分别予以轧差，对每种证券只计算应收应付相抵后的净额。中央对手方是指在结算过程中由结算机构同时作为买方和卖方的交收对手，这样就简化了买卖双方的复杂匹配关系，并保证交收顺利完成。银货对付是指资金交收与证券交割同时完成，也就是"一手交钱，一手交货"。分级结算是由于交易所实行会员制度，清算交收通常分为两个阶段：一是结算机构负责与结算参与人（通常是交易所会员，如券商、期货公司、经纪商等）进行集中清算交收；二是结算参与人负责与客户之间的清算交收。场内市场清算交收的一般流程如图1-5所示。在开盘时间，买卖双方经①到④完成交易。收市后，交易所将清算数据发送到登记结算中心，如中国证券登记结算有限责任公司（以下简称"中证登"），完成清算交收。登记结算中心首先执行清算，计算交割金额、税费、股息红利等，然后将清算结果发送至各结算参与人。各结算参与人划入轧差后的资金、证券后，在登记结算中心的集中资金交收账户和集中证券交收账户中，以中央对手方的方式进行银货对付。各结算参与人再与其客户进行结算，交收资金与证券。结算结束后，登记结算中心向交易所发送结算数据进行核对。

场内市场的参与者不必担心交易对手的信用问题。事实上，场内参与者连自己的交易对手是谁都不知道，他们只需要确信交易所、登记结算中心可以保障成交的交易得到履行。交易所、登记结算中心的高度公信力，消除了场内市场参与者信用水平上的差异，这就意味着对全市场来说，同种资产在同一时点具有唯一的价格，也就是"同物同价"。但是，场内市场也必然要求市场中的交易品种、交易机制、结算机制是标准化的。

首先，只有标准化的交易品种，才能实现集中交易并带来流动性。市场只有对同一个交易品种报价，才能体现市场对这项资产的"共识"，

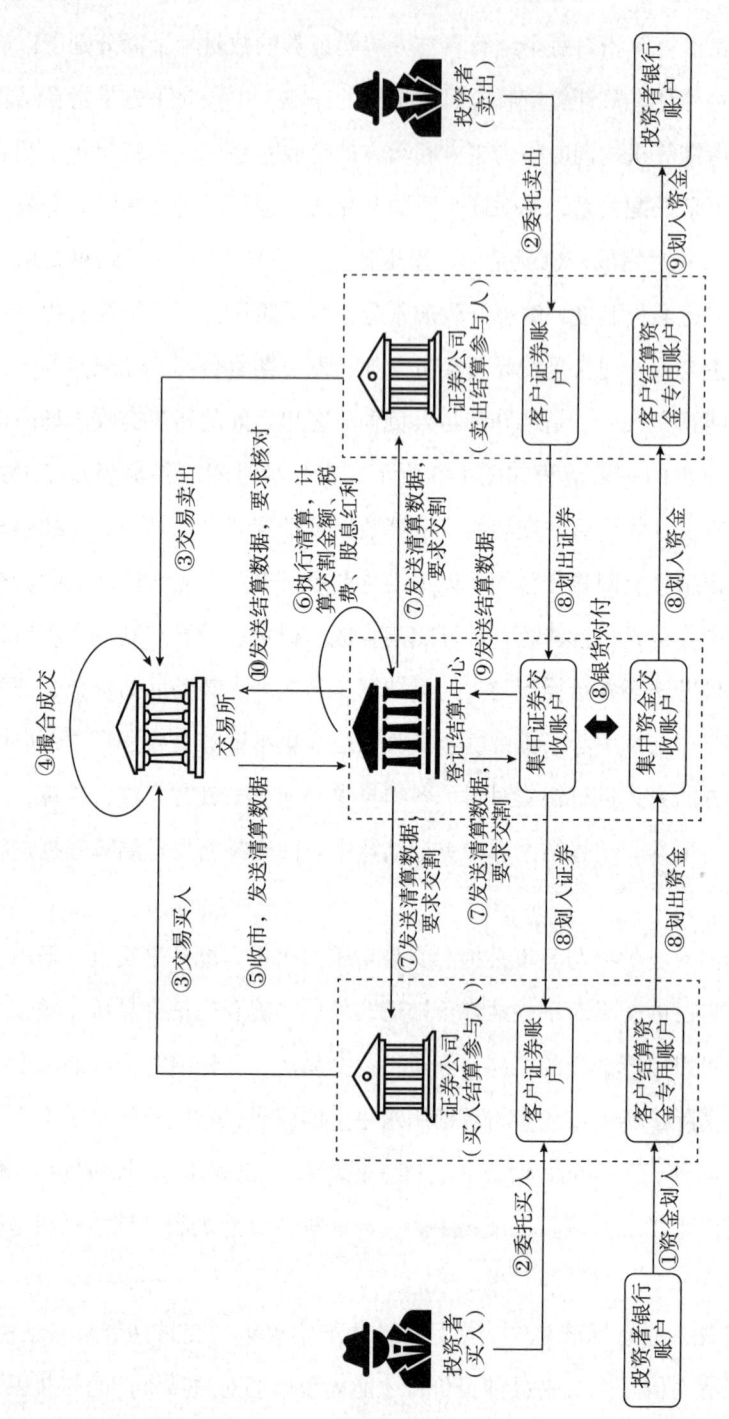

图 1-5 场内市场清算交收流程

从而完成市场的价格发现功能。只有同一个交易品种的买卖委托，才能自动匹配成交，无论采用集中撮合交易还是做市商模式，都是如此。从交易的角度来看，交易品种的标准化包括最小交易单位、最小报价单位、涨跌幅限制、交易委托种类等。对于衍生品合约，交易品种的标准化还包括对挂钩标的、合约规模、到期时间、行权价、交割方式等合约要素的标准化规定。对于股票、债券等资产而言，由于这些资产的信用不仅仅和交易所内部有关，还与相关发行主体在市场之外的情况密切相关，所以交易品种的标准化也包含了对上市公司、债券发行人的经营情况、财务状况、信息披露等方面的要求。

其次，只有交易结算机制实现标准化，才能满足场内市场处理大规模订单的要求。以上海证券交易所为例，目前每个交易日的股票成交笔数为1 500万～1 600万，基金成交笔数为40万～50万，债券成交笔数为100万左右，此外还有融资融券、期权以及其他衍生品交易。这就意味着在每个交易日4个小时的开盘时间中，平均每秒有超过1 000笔成交的交易，这还不包括对未成交委托的处理，以及某些时段瞬时激增的报单。因此，像交易所这样的中心化交易场所，只能采用统一的标准化交易模式，如做市商或集中撮合交易。即使是采用混合交易模式，做市商的报价与其他投资者报价一样，按价格优先、时间优先的原则参与竞价。也就是说，在混合交易模式下，做市商仅仅是集中撮合交易模式下一个特殊的且同时进行买卖双边报价的参与者。同样，在结算阶段，中央对手方轧差清算模式本身就是一种标准化的清算方式，且只能用于标准化交易品种的清算。

交易机制的标准化程度还会影响市场的秩序和公正。2001年以前，纽约证券交易所和纳斯达克在传统上采用的都是做市商制度和分数制报价，而不是现在的十进制小数报价。当时，纳斯达克规定，对于股价高于10美元的股票，其最小报价变动单位为1/8美元或其奇数倍，如3/8

美元、5/8 美元、7/8 美元等；对于股价低于 10 美元的股票，其最小报价变动单位为 1/16 美元或更小。然而，威廉·克里斯蒂和保罗·H. 舒尔茨在 1994 年的一项研究中发现，纳斯达克大多数股票的报价几乎没有按 1/8 美元的间隔变动，按 1/8 美元、3/8 美元变动的也远远比按 1/8 美元的偶数倍间隔变动的少；做市商不按奇数倍进行报价与较大的买卖价差有显著相关性，而这推高了投资者的交易成本。这引发了人们对做市商制度公平性的怀疑，美国证券交易委员会对纳斯达克展开调查，发现做市商在最小报价档位限制、报价数量限制、信息交换、成交报告的及时上报等方面都出现了违规行为。1999—2003 年，美国证券交易委员会又对纽约证券交易所进行了调查，也发现了抢单交易、插队交易和冻结客户委托等有损投资者利益的行为。

  1996 年，美国证券交易委员会推出新的委托处理规则：做市商必须在其报价中显示优于自己的限价委托，即限价委托显示规则；做市商不得在纳斯达克和 ECN 中显示不同的报价，除非 ECN 中显示的最优价格能够被所有市场参与者观察到（并可与之交易）。2001 年，美国证券交易委员会要求所有股票市场从分数制报价转换为十进制小数报价，2005 年的"612 规则"进一步规定：股价高于 1 美元的最小报价变动单位为 0.01 美元，股价低于 1 美元的最小报价变动单位为 0.000 1 美元。十进制小数报价使得最小报价变动单位大幅减小，报价档位大幅增加，做市商的买卖价差也因此收窄。同期，纽约证券交易所将"超级 DOT"系统升级为"匿名超级 DOT"系统，纳斯达克将"报价蒙太奇"系统升级为"超级蒙太奇"系统，均兼容了传统的做市商制度和 ECN 交易，成为混合交易制度。十进制小数报价和混合交易制度成为美国证券市场交易机制的一次重要标准化过程，促进了市场运行更加公开、公平、公正，提高了市场的流动性，也有利于美国资本市场与世界其他地区资本市场的衔接。中国的证券、期货交易所从一开始就采用了集中撮合交易和十进制小数报价，直到近年来 ETF 期权、股指期权、商品期权等一些衍生品推出后，为提高这些品种的市场流动性，才在原集中竞价撮合交易的基础上引入做市商机制，形成混合交易制度。

二、十字路口前的场外市场

场内交易所市场并不能满足资本市场所有的投融资和风险管理需求。从融资方来看，发展阶段、资产规模、盈利状况不同的企业对资金的需求是多样化的。例如，经营状况好、偿债能力强、资产规模大、具有行业领导地位的成熟企业，比较容易获得间接融资（银行贷款），也有条件通过主板上市或发行企业债获得直接融资，因此融资渠道的选择余地较大；而处于高速成长阶段的企业以及高风险高收益的高科技企业，则可以选择中小企业板、创业板、科创板等板块进行融资；对于暂未达到场内市场上市标准的企业，如高科技初创企业，则需要利用场外市场。从投资方来看，市场有不同投资偏好和风险承受能力的个人投资者和机构投资者。个人投资者的风险偏好程度可以分为风险偏好型、风险中立型和风险厌恶型。机构投资者有注重长期稳定收益的养老基金、社保基金、互助基金等，也有注重收益的共同基金、对冲基金、私募基金等，以及专门针对高科技企业的风险基金、股权基金。埃德加·E.彼得斯认为："市场中具有不同投资起点和投资期限的投资者是流动性的来源。"而从资本市场结构的角度来看，正是不同融资者和投资者的多样化需求，导致资本市场分为多个具有不同特征的层次。不同的市场层次面向不同的融资者和投资者，对融资方来说有不同的企业上市条件或发行债券条件，对投资方来说有不同的投资者适当性管理制度。不同的市场层次也提供不同的交易品种，既有基本的股票、债券、期货，也有不同复杂程度的衍生工具。即使是相似的交易品种，在不同市场层次也具有不同的标准化程度，如期货和远期、场内期权和场外期权。正因为如此，不同市场层次也需要采用不同的交易制度、信息披露要求和监管模式。

中美资本市场都从自发形成市场出发，经过逐步规范化、标准化，并依托技术手段进一步形成比较完善的场内交易所市场，但场外市场并未就此消失，而是成为多层次资本市场体系的组成部分。场内市场主要适合满足标准化的投融资和风险管理需求，发挥市场的价格发现功能；场外市场则适合满足个性化、定制化的投融资需求和精细化的风险管理需求。场外市场的功能特点决定了在场外市场上交易的品种，要么是上市条件和信息披露要求较低的股票，要么是机构间交易的大宗债券或面向个人投资者、中小企业零售的债券，抑或是不能在期货市场交割的非标准化商品以及收益结构比较特殊的定制化衍生工具。这些场外交易品种的共同特点是市场需求小、流动性差，因而它们主要采用询价交易、双边清算的交易制度，而不是场内市场中普遍采用的集中竞价撮合、集中清算的模式。

场外市场通常由满足一定条件且具备一定资质的经纪商担任交易商或做市商。投资者参与场外交易首先必须成为交易商的客户，通过交易商的柜台与交易商进行交易，因此场外市场也被称为"柜台市场"。同一个投资者可以成为多个交易商的客户，各交易商可直接与其发生交易。场外市场的传统交易模式是以双边授信和双边清算为特征的，其市场组织结构如图1-6（a）所示。双边授信是指市场上交易主体双方相互授予对方一定的交易信用额度，双边清算则是交易双方自行安排银货清算。在双边清算模式下，交易的执行完全依赖于交易双方相互的信任关系。缺乏有效的监督执行机制，使得交易对手方信用风险成为双边清算模式下场外交易的主要风险。

当前，针对场外市场中交易对手方信用风险管理和市场监管的改进措施，主要是采用中央对手方清算模式，其市场组织结构如图1-6（b）

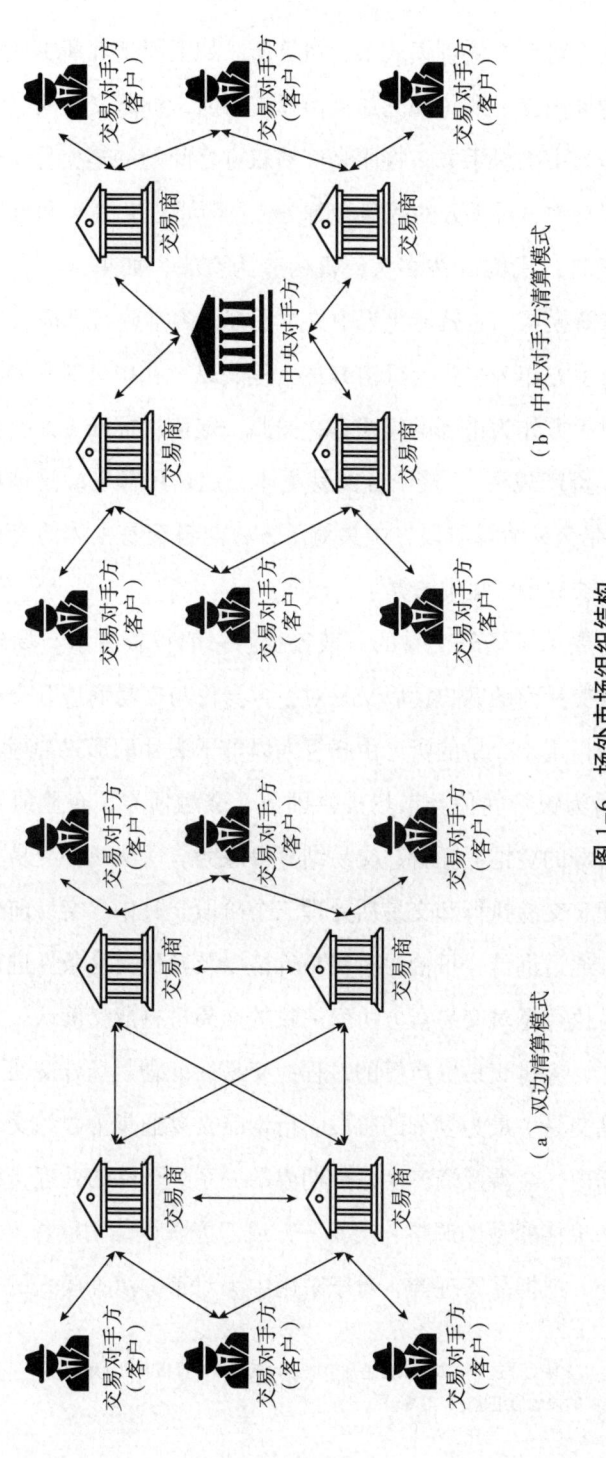

图 1-6 场外市场组织结构
(a) 双边清算模式
(b) 中央对手方清算模式

所示。在中央对手方清算模式下，清算所（如上海清算所）或开展场外清算业务的场内交易所（如芝加哥商业交易所、洲际交易所、纽约商品交易所）作为中央对手方，将原来交易双方之间的一笔交易，替换为交易双方分别与中央对手方的两笔反向交易。例如，机构 A 和机构 B 进行一笔远期交易，机构 A 为多头，机构 B 为空头，如果这笔交易采用中央对手方清算模式，它就转化为中央对手方作为空头与机构 A 的一笔交易和中央对手方作为多头与机构 B 的一笔交易。在中央对手方清算模式下，中央对手方作为市场的组织者，按照一定信用标准（如交易主体的资金规模、资产规模），授予各交易主体一定信用额度，这被称为"集中授信"。在交易清算阶段，中央对手方将与各交易主体的交易集中轧差清算，这被称为"集中清算"。

图 1-7 展示了场外交易的一般流程。一般投资者参与场外交易的条件是成为交易商的客户，以交易对手方身份与交易商展开交易。在一些场外市场，用于交易的资产由托管人以电子头寸的形式管理，例如中央结算公司为银行间债券市场提供国债、金融债券、企业债券和其他固定收益证券的登记、托管、交易结算等服务。一次场外交易主要分为交易前处理、交易执行和交易后处理三个阶段。其中，交易前处理主要是交易双方通过询价、报价，对交易价格以及其他交易条件进行协商的过程；交易执行是对交易双方协商一致的交易进行成交确认、支付资金（或保证金）、交付交易资产等的过程；交易后处理是场外交易（特别是场外衍生品交易）最为复杂的阶段。衍生品交易通常为合约交易，在合约的存续期内，会涉及资产生命周期内的一系列事件的处理，如保证金随标的资产价格变动的调整、交易一方或双方发生信用事件[①]、交易一方提前平仓、抵押品管理等。对于采用中央对手方清算模式的交易，由

---

① 信用事件包括交易主体违约，未能及时追加保证金，抵押资产价格变动导致抵押资产不足，交易主体因债务、并购造成信用减记，等等。

第一章 资本市场从混沌到秩序

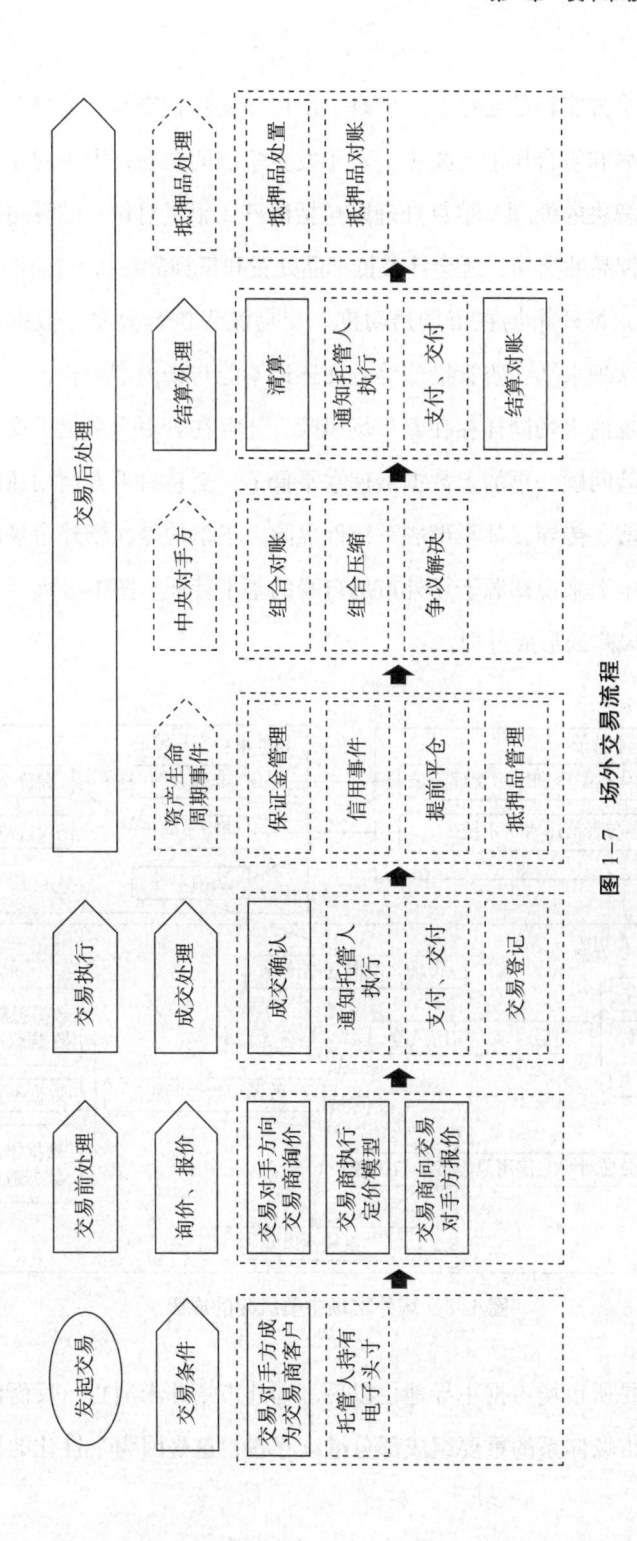

图 1-7 场外交易流程

049

于中央对手方实行的是净头寸管理，所以该交易在交易后处理阶段会涉及组合对账和组合压缩等操纵。对于发生争议的交易，中央对手方还要介入争议解决的处理。结算处理则包括清算、银货对付、结算对账等操作。有抵押品的交易，还会涉及抵押品处置和抵押品对账等操作。

当前，场外市场在市场透明度、交易流程执行效率、数据治理水平、风险管理水平、监管措施等方面还远不能与场内市场相比。场外市场不仅与场内市场同样存在着市场风险，还存在着更为突出的交易对手方信用风险问题，再加上数据治理水平低下，交易对手方信用风险还可能发生扩散、传导，甚至形成系统性风险。不幸的是，场外市场的主要风险从根本上来说却源于场外市场自身的基本特征。图1-8展示了场外市场主要风险的形成过程。

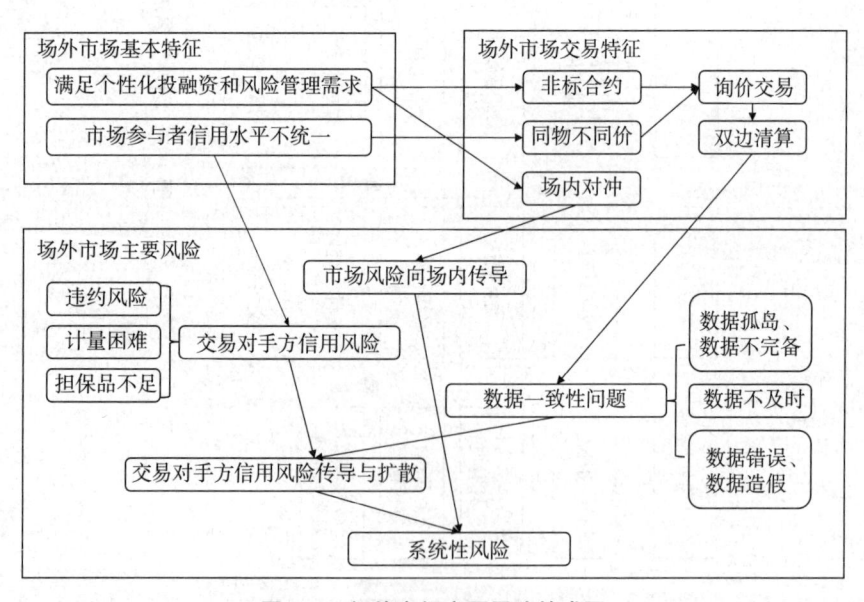

图1-8 场外市场主要风险的成因

在交易所市场占据主导地位以后，场外市场并未消亡，反而作为多层次资本市场体系的重要组成部分继续存在，这是因为个性化的投融资和风险管理需求只能通过场外市场得到满足。此外，场外市场尽管也有相应的投资者适当性管理制度，但由于缺乏交易所这样的信任中心作为市场组织者，因而无法采用交易所会员制和保证金制度，无法实现市场参与者信用水平的统一。因此，我们可以认为，满足个性化的投融资和风险管理需求以及市场参与者信用水平不统一是场外市场的基本特征。

这两个基本特征又直接影响了场外市场的交易特征。既然是满足个性化的投融资和风险管理需求，那么在场外市场中交易的往往是标准化程度不高且难以在场内市场中交易的资产。即使是交易相同的资产，由于市场参与者信用水平不统一，交易价格不仅要反映交易资产的价值，还要反映对交易对手方信用水平的判断，所以在面对不同的交易对手方时，"同物不同价"也是场外交易的常见现象。这两个特征决定了场外市场只能采取询价交易的方式，在交易时由交易双方针对特定的交易、面向特定的交易对手方逐笔协商。这也导致场外市场在交易结算阶段主要采取双边清算模式，由交易双方自行完成头寸核对和银货对付。此外，场外市场中的交易商与投资者开展柜台交易满足了投资者的个性化投融资和风险管理需求，其本质是交易商为其客户提供的定制化金融服务。但这也将相应的市场风险转移给交易商，此时交易商往往需要利用其专业能力构建相应的场内头寸来对冲场外交易的风险，因此场内对冲也是场外市场的交易特征之一。

场外市场参与者信用水平不统一，也是导致场外市场特有的交易对手方信用风险的主要原因。交易对手方信用风险指交易中一方可能无法履行其合约义务，从而造成另一方损失的风险。交易对手方信用风险既体现在交易对手方可能发生违约上，也体现在交易对手方信用水平发生变化导致资产价格变化上，也就是"同物不同价"。交易对手方发生违约有可能是出于主观因素，更多的情况是由于交易对手方自身经营不善或风险管理不到位，甚至可能是由于第三方的违约导致交易对手方不得不被连带发生违约。主观因素导致违约的情况，属于投资者适当性管理甚至法律层面的问题。而对于交易对手方自身经营不善或风险管理不到位的情况，我们要在场外交易中对交易对手方信用风险进行计量，并提供担保品来防范可能的风险。也就是说，我们一方面要对交易对手方可能发生的违约所造成的己方损失进行估计，另一方面需要保证金或其他担保品来防止违约损失的实际发生。然而，在实践中，交易对手方信用风险计量是非常困难的。根据一般的交易对手方信用风险计量原理，交易对手方违约可能造成的期望损失（Expected Loss，缩写为EL），可以通过公式1-1来估计：

$$EL = PD \cdot EAD \cdot LGD \qquad 公式1-1$$

其中，PD指违约概率（Probability of Default），也就是对交易对手方发生违约的可能性进行估计；EAD指违约暴露（Exposure at Default），是预计发生违约时风险暴露头寸的价值；LGD指违约损失（Loss Given Default），是违约发生时可能的损失占风险暴露的百分比。关于交易对手方信用风险计量原理，我们将在后文详细讨论，但我们仅从公式1-1就可以看出，构成期望损失的三个主要估计值都是很难获得的，尤其是在场外市场不尽如人意的数据治理水平之下。

交易对手方信用风险不仅难以准确计量，而且很难通过增加担保品的方式来降低。在交易中可以被广泛接受的担保资产当然是现金，但实际上场外市场的交易主体往往难以提供足够的现金用于交易担保。理论上，实物资产也可以成为场外交易的担保品，但是实物资产抵押存在着资产价值难以估计、实物资产难以管理、在发生信用事件时难以处置的问题。例如，某现货贸易商希望用动力煤作为抵押，与某期货风险管理子公司进行场外交易。但是，动力煤的价值取决于其品质、热值、所在地区和当前现货价格等因素，期货风险管理子公司作为金融机构并不具备对动力煤现货估值的能力。同时，期货风险管理子公司也无法确保现货不被转移或重复抵押。当贸易公司发生违约时，期货风险管理子公司也很难变卖动力煤来补偿违约损失。

场外市场当前的运行机制也使提高数据治理水平变得困难。在交易前处理阶段，交易双方的询价、报价在传统上是通过电话、电报来完成的，在进入互联网时代后则主要采用即时通信工具，如QQ、微信等，而这些都称不上是交易基础设施的一部分。在成交处理阶段，成交确认、支付（交付）、交易登记等均在交易商的柜台系统中完成。但是，交易商并不是市场的组织者，而是参与交易的主体。一个投资者可以同时成为多个交易商的客户，交易商之间也会相互交易。这使得每个交易商的柜台系统成为一个个"数据孤岛"，各自拥有的数据不能形成全市场统一的完备数据集。即使是同一笔在交易前和交易后处理阶段的数据，因发生在不同的平台，也难以做到严格匹配。在整个交易流程中，由于人工操作较多，数据的及时性、准确性、完备性都很难得到保证。

场外市场的市场主体之间会因为相互交易形成错综复杂的头寸风险暴露关系。对于一个交易商来说，其一部分交易承担了交易对手方的风险暴露，另一部分交易则将风险暴露给其他交易对手方。一家机构发生违约，可能导致其交易对手方资产的减记，进而引起交易对手方也发生违约或破产，从而在市场上引发交易违约连锁反应，这就是交易对手方信用风险的"传染效应"。交易对手方信用风险的传导与扩散如果达到一定范围或程度，就会引发市场的系统性风险。同时，由于许多交易商会通过交易场内市场的相关品种来对冲其场外交易头寸的风险，所以当场外市场出现系统性风险时，风险还将进一步向场内市场传导，从而威胁整个资本市场的稳定。而场外市场在交易对手方信用风险计量方面的困难和数据治理水平的不足，使得因交易对手方信用风险传染效应可能导致的系统性风险很难被有效地监测和干预。

在2008年全球金融危机中,场外衍生品,特别是信用违约互换,曾造成风险的传导与放大。[①]信用违约互换本来是一种将信用违约风险从低信用水平实体向高信用水平实体转移的一种风险对冲工具。信用违约互换买方向卖方支付一定的费用,以换取在发生信用事件时卖方对买方进行赔付(通常为贷款的票面价值)。但在2008年金融危机中,信用违约互换将违约风险转移给资本市场,由出售信用违约互换的金融机构来承担相应违约风险,而信用违约互换虚高的信用评级和杠杆导致了金融危机的扩散与传导。信用违约互换通常是发生在金融机构之间的场外衍生品交易,上述场外市场运行机制的缺陷使得信用风险和市场风险,以及其杠杆水平和可能造成的扩散范围,都很难得到及时的评估,最终演变为一次严重的金融危机。

那么,我们是否可以借鉴场内市场标准化、中心化管理的思路来改善场外市场的组织方式和运行机制呢?这的确是多年来国内外监管机构完善场外市场的主要思路。在经历了2008年金融危机后,在2009年的G20匹兹堡峰会上,各国一致同意加强场外衍生品市场的监管,主要措

[①] 2008年全球金融危机的诱因是美国的次贷危机。2000年以后,美国房地产市场一路高涨,美国政府向金融机构施压,希望其降低贷款标准,让更多人可以贷款购房,以减少无家可归的人的数量。这使得贷款流向许多信用水平较低的中下层阶级,形成了许多次级贷款。由于当时的市场利率较低,提供贷款的金融机构为了弥补利润损失,一方面扩大了贷款规模,另一方面采取前几年低利率、后几年高利率的贷款策略。而借款人往往会选择提前还贷,然后将房产再次抵押融资来避免后几年的高利率。但是,如果房价下跌或者借款人的信用水平较低,人们就难以获得再融资,从而引发借款人断供。提供贷款的金融机构出于利润考虑,既不希望借款人断供导致其无法收回贷款,又害怕借款人提前还款导致其损失高利率。金融机构采用的转移风险的工具一个是"债务担保证券",将次级贷款的债权打包进行资产证券化,形成高、中、低资产组成的"瀑布"状现金流,再以人为制造的AAA评级资产出售;另一个是"信用违约互换",也就是通过购买信用违约互换将借款人的违约风险转嫁出去。在次贷危机中,次级贷款的低利率到期后引发了一部分贷款违约,金融机构将出现违约的房产在市场上出售,推动了房价下跌。这又引发了第二拨贷款违约,金融机构再次出售违约房产,再度推动房价下跌。由于次级贷款出现大量违约,造成次级贷款组成的债务担保债券市场价格暴跌,许多投资债务担保债券产品的公司相继倒闭,其中就包括房利美、房地美和大名鼎鼎的雷曼兄弟公司。提供贷款的金融机构大规模倒闭,又使得卖出信用违约互换的公司蒙受巨大损失,如美林证券和美国国际集团,信用违约互换和其他金融衍生品使危机不断扩散,席卷了美国乃至全球的金融体系。

施包括：建设交易报告库并对交易信息进行集中登记，加强集中清算制度的建设，提高非集中清算衍生品的资本金要求，建设非集中清算衍生品的保证金制度，等等。这些措施的基本思想都是将场内市场的组织管理方式移植到场外市场。

其中，交易报告库是比较行之有效的监管措施。交易报告库通常是一个专门的机构，其提供的电子平台负责集中搜集和保存场外衍生品交易的记录，这可以在很大程度上消除"数据孤岛"和市场不透明的现象。比较典型的交易报告库包括依据欧洲市场基础设施监管规则建立的欧洲证券和市场管理局，依据美国《多德-弗兰克法案》建立的商品期货交易委员会。中国证券业协会和中国期货业协会也分别建立了场外衍生品市场的交易报告制度，中证机构间报价系统股份有限公司负责场外证券业务报告系统管理。2008年12月，中国期货市场监控中心场外衍生品交易报告库（简称"监控中心场外报告库"）也启动运行。然而，当前场外市场交易报告的模式主要还是由交易商作为报告义务人主动上报，且上报方式仍然以人工方式为主。例如，中证机构间报价系统股份有限公司发布的《场外证券业务数据备案格式指引》中规定，场外债券交易以在线填报和Excel（电子表格）模板导入方式报送，衍生品业务则是以主协议为模板的PDF（便携式文档格式）交易确认书。由于交易报告库并未实现直接与场外交易技术平台连接，人工报送方式很难从技术机制上确保数据的及时、准确和完整。

G20匹兹堡峰会上提出的第二项措施则是以集中清算制度为核心。尽管从理论上说，通过中央对手方对场外交易进行集中清算可以有效地降低交易对手方信用风险，但实际上实现集中清算的潜在难度超乎想象。G20匹兹堡峰会公报要求："最晚在2012年年底，所有符合条件的标准化衍生品合约必须通过中央对手方进行清算。"然而时至今日，集中清算也远未实现对双边清算模式的替代，甚至并未成为场外市场清算模式的主流。造成这一现象的主要原因在于，全面采用集中清算制度可能会带来一系列缺陷。

- 场外市场的复杂性使得我们在实践中很难界定"可清算产品"，监管机构和金融行业需要共同协商来对这一概念进行定义，这不仅要考虑产品本身的标准化程度，而且要判断中央对手方是否能有效控制风险。

- 集中清算的实质在于将交易对手方的风险转移到中央对手方，这会造成场外市场风险的过度集中。从理论上说，中央对手方可以通过头寸之间的对冲来降低自身的净风险头寸。但是，如果出现因风险传染效应产生系统性风险的情况，这种风险就难以被分散。特别是当交易商所承担的风险被转移到中央对手方身上以后，这可能会促使交易商更倾向于从事风险活动以追求利润，而忽视自身的风险管理。

- 集中清算会使中央对手方拥有明显不对称的信息优势，对价格和交易风险拥有更为全面的信息。出于规避风险和增加利润的考虑，中央对手方会利用信息优势提出更高的保证金、资本金和清算手续费要求，从而提高场外市场的门槛和交易成本。

- 集中清算必然要求交易品种、交易方式和担保条件的标准化，这与场外市场满足个性化、定制化的投融资和风险管理需求的定位相悖，模糊了场内外市场的界限，甚至会威胁场外市场在多层次资本市场体系中的存在价值。更严重的是，如果个性化、定制化的需求无法在正常市场中得到满足，这就可能为滋生非正规交易场所提供温床。

第三、四项措施主要针对那些难以被标准化且只能采用非集中清算的场外交易品种。提高非集中清算衍生品的资本金要求是提高投资者成为场外市场参与者的门槛，非集中清算衍生品的保证金制度建设则是提高场外市场交易本身的门槛。从客观上看，这两条措施中的一条将一部分投资者挡在市场门外，另一条则阻止了一部分交易的实际发生。在G20匹兹堡峰会后，各国监管机构增加了对担保品的要求，国际场外衍生品市场均陷入担保品不足的窘境。正如前面提到的，最容易被接受的担保品是现金，最容易操作的担保制度是保证金制度，但这也是许多投资者难以提供的，而其他类型的担保品又往往不被接受。

场外衍生品市场以及其他具有场外交易特征的市场，如银行间债券市场、大宗商品市场、区域性股权市场，都面临着如何完善市场运行机制的难题。当前，场外市场正走在一个十字路口，是进一步朝标准化、场内化靠拢，还是回归个性化、定制化的特征？标准化意味着更高的交易效率，意味着便于风险度量与管理，意味着更好的监管环境。但目前市场也存在着场内市场和场外市场同质化、难以满足对特殊交易品种的需求、风险集中并向场内市场传导以及交易成本高昂等诸多问题。而个性化的优势、劣势与标准化正好相反，丰富的定制化交易品种可以有效满足市场需求，风险可以分散在特定交易、特定机构或特定领域，交易门槛与成本均较低，但这也会导致交易效率低下、信用风险的计量与管理困难以及监管成本高且覆盖不全面等问题。场外市场个性化与标准化特征对比如表1-1所示，两者的优势与劣势如图1-9所示。

表1-1 场外市场个性化与标准化特征对比

	个性化	标准化
交易品种	定制化品种	标准化品种
交易模式	询价、报价交易	撮合、做市商交易
清算	双边清算	集中清算

（续表）

	个性化	标准化
品种丰富程度	丰富	单一
参与者门槛	低	高
交易效率	低	高
信用风险	高	低
风险集中度	分散	集中
交易成本	低	高
监管成本	高	低
其他问题	流动性差，价格发现功能得不到充分发挥	场外市场需求不能完全满足，滋生不规范交易场所

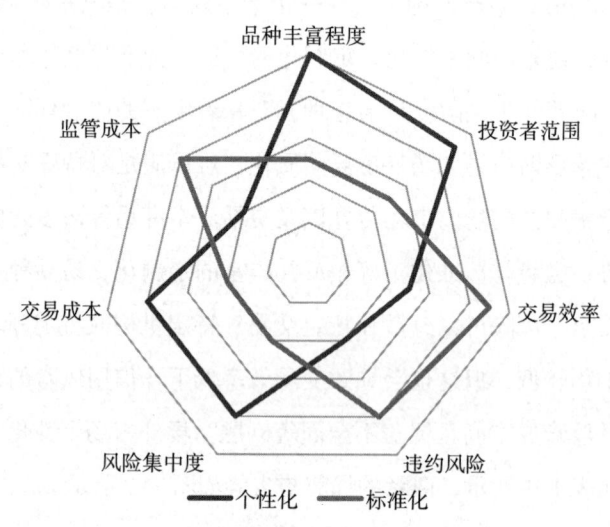

图 1-9　场外市场个性化与标准化的优劣对比

如果综合考虑场外市场的功能定位、风险管理和监管要求，那么个性化与标准化带来的优势都是我们所追求的。但在传统的市场组织模式和技术条件下，两者的矛盾难以调和。其根本原因在于，风险管理与监管所需的全面、完整、高度一致性的数据资源在传统模式下只能来自高度集中化的解决方案，而这又无法满足个性化、定制化在灵活性上的要求。风险管理的实质在于，尽可能消除交易中的不确定性，并对无法消除的不确定性进行合理的度量。然而，如果为了消除不确定性而取消市场需求中的某些部分，或者对风险中难以计量的部分单纯地以提高市场门槛或交易成本来加以保障，那么这其实是一种掩耳盗铃的做法，势必将风险转移到更加难以监管的地方，并引起更加严重的后果。

从整个多层次资本市场体系发展的角度来看，资本市场从最初无序的自发状态，通过建立场内交易所市场，以高度标准化、中心化的市场组织方式和运行机制获得了交易效率、市场透明度、风险管理和监管要求等多方面目标的统一。然而，单一的场内市场并不能满足多样化的投融资和风险管理需求，这就要求资本市场演进分化出多个具有不同功能和特征的市场层次。场外市场不仅不能被取代，而且需要进一步发展和丰富。当前，制约场外市场发展的核心问题在于，场外市场在数据治理水平、信用体系、交易对手方风险管理、交易效率和市场透明度等方面存在明显不足。而且，资本市场各层次是相互联系、彼此衔接的，场外市场中出现的风险还会波及包括场内市场在内的整个资本市场体系。因此，改进场外市场的组织方式和运行机制，以及提高场外市场的治理水平，是完善和丰富多层次资本市场体系的必然要求。我们从前文看到，完全沿用场内市场高度标准化、中心化的解决思路并不能彻底解决制约场外市场发展的问题。其根本原因在于，场外市场满足个性化、定制化投融资和精细化风险管理需求的功能定位，使其天然具有非标准化、去中心化的特征，从而难以建立类似场内市场的"中心化信任机制"。资本市场在依托标准化的规则体系和技术手段解决了场内市场的信任机制问题之后，迫切需要引入一种适合场外市场的全新信任机制，该信任机制既能兼顾其提供个性化金融服务的功能定位，又能获得类似场内市场的规范管理效果。

在 21 世纪的第二个十年里，区块链、大数据、人工智能和云计算等信息技术的发展与应用催生了金融科技这一全新的领域。其中，特别重要的是区块链技术，它提供了一种在"去中心化或非中心化"环境下建立信任机制的技术途径，让市场赖以存在的"信用"可以不再依赖一个中心化权威对市场的组织与控制。场外市场天然具有"去中心化或非中心化"特征，特别适合利用区块链技术来解决其固有的痛点。区块链借以替代中心化权威的关键措施在于三个方面：首先，区块链彻底颠覆了数据治理模式，让市场中的数据得以完整、不可篡改地留存下来，并将其置于市场所有成员的监督之下，实现数据存证（构建信用的基础）；其次，区块链的共识机制提供了一种全新的市场运行组织方式，可以实现市场参与者权利与义务的匹配，形成基于各市场主体共识、协作的自组织市场生态；最后，区块链的智能合约技术，既可以通过其可定制的特性保留交易本身的灵活性，又可以通过其自动执行机制赋予交易执行的一致性和中立性。不仅如此，新一代区块链的技术特性还能实现数据、资产、价值在不同区块链系统之间以及链内与链外系统之间的交换和转移，这将使得资本市场各层次实现更加安全、紧密的衔接，从而扩大多层次资本市场体系的整体价值。从本质上说，区块链技术也是一种标准化措施，它将标准化的层次从传统的"规则"层提升到"技术机制"层。通过依托区块链技术构建场外市场的交易基础设施，我们有望实现市场治理的螺旋上升。

接下来，就请读者和我们一起揭开区块链这一神奇技术的面纱，探索区块链可以为资本市场带来的巨大价值。

第二章
区块链如何构建信任机制

2008年10月，中本聪发表了一篇题为《比特币：一种P2P的电子现金系统》的论文，并在随后的2008年11月发布了比特币代码的先行版本，这也标志着比特币的诞生。比特币是首个实用的区块链技术应用，它的巨大成功一方面使区块链技术获得了人们的广泛关注，使区块链成为第一种自诞生以来就和金融领域紧密联系在一起的技术；另一方面也为区块链技术刻上了深刻的烙印，甚至可以说比特币"定义"了区块链，这造成了人们对区块链的一些根深蒂固的误解，限制了应用这项技术的想象空间。

区块链最初是为了创造一种去中心化的且在不可信环境下可以实现安全匿名交易的数字化货币。为了实现这一目的，区块链将计算机科学领域多项重要技术成果有机地融合在一起。但从区块链技术本身来看，区块链并不一定要保持和比特币完全相同的特征。用区块链构造的应用系统不一定是匿名的，也不一定需要采用"挖矿"这种高能耗且低效的方法解决"共识"问题，甚至不一定要像比特币那样彻底"去中心化"。所有这些问题都可以而且应该根据实际应用场景的特征和需求进行权衡。区块链融合了多种技术，因而具备适应不同应用场景的足够弹性。

那么，区块链为什么被视为一种革命性的技术？它究竟解决了什么问题？它的本质特征是什么？它又会带来什么样的影响？我们认为，区块链的根本目标就是解决如何在一个不可信的环境下建立信任机制这一几乎是悖论的问题。信任是金融市场赖以生存的基础，比特币这种数字货币面对的问题是，如果我们不依赖央行这样的中心化权威，那么信任从何而来？多层次资本市场也存在许多缺乏中心化权威的场景。区块链提供了一种构建信任机制的新方法,这种信任机制不再依赖特定的人或组织,而是建立在一整套精密的技术机制的基础上。在本章中,我们将展示这一技术机制究竟是如何工作的,看看它是否真的值得信赖。

第一节　去中心化后谁来背书

《现代汉语词典》对"信任"一词的解释是"相信而敢于托付",也就是所谓的"信而任之"。这里面有两层含义:首先是相信,其次是因为相信而托付某件事。既然是托付,那就不是过去或现在,而是未来的某个时间。那么,"信任"中的"相信"又是相信什么呢?我们再来看"信用"一词,它的第一个解释是"能够履行跟人约定的事情而取得的信任",也就是人或者组织,不管是因为权威、能力还是过去良好的行为记录,被相信能履行约定。传统的信任和信用都是围绕着人的,组织也是由人构成的,相信一个组织其实相信的也是一群人。

然而,建立信用并取得信任是困难的,成本高昂且风险巨大,这就限制了人们从事商业活动的范围或方式。比如,只进行熟人交易或圈内交易;或者只能"一手交钱一手交货",不能赊销赊购;再就是只进行有担保的交易,通过抵押品进行担保,或者通过交易双方都信任的人或组织来担保。这种方式就是当前零售电商平台普遍采用的方式,也就是所谓的"中心化信任机制":买方的货款先支付给电商平台,并由电商平台通知卖方已收到货款;卖方发货后再由电商平台通知买方;买方收货并确认后,电商平台再真正将货款支付给卖方。如果交易双方出现纠纷,那么电商平台会介入仲裁和处理。中心化信任机制将交易双方所需的信任转移到中心化或中介化的平台上,使原来无法建立信任关系的交易双方可以进行交易。在资本市场中,采取集中交易的场内市场,如证券交易所,也起到类似作用,其实质在于将市场参与者的信用统一到一个水平上，参与者在交易中仅需考虑市场因素本身。

中心化信任机制虽然解决了许多交易场景中建立信任关系的难题，但并非满足所有需求的普适方法，还会引发诸多问题。首先，并不是所有交易场景都能找到具有公信力的中心化平台。中心化平台必须在资金实力、信用水平、服务能力和监管资格方面具有不对称的优势，并且要求业务模式或交易品种具有较高的标准化水平。这在跨境贸易、供应链、大宗商品现货、场外衍生品、银行间债券市场、区域性股权市场等领域是难以做到的。其次，中心化平台的不对称优势还有可能被滥用，平台作为交易中间方会形成数据垄断地位，并可能获得巨额资金沉淀，不恰当使用会给用户带来巨大风险。

比特币诞生的背景是2008年次贷危机，华尔街的银行、保险公司为了利润不惜滥发不良贷款（次级贷），这些债务又被包装成投资产品被投放到市场。金融机构还通过交易信用违约互换这样的金融衍生品来对冲风险，导致层层追加杠杆以及风险过度集中。为了应对危机，美国央行实施量化宽松政策刺激经济，这又不可避免地引起通货膨胀。中本聪认为，中心化信任机制的缺陷在这次危机中暴露无遗，传统的信任中心也可能是不可信的，因此他提出了一种完全点对点且无须任何可信第三方的电子现金系统，也就是后来的比特币。

实现比特币的关键在于，构建一种去中心化的信任机制。现在的问题是，如果交易双方彼此没有信任关系，又不再依赖第三方信任中心的背书，那么信任从何而来？答案是依靠区块链这样的技术机制。那么，这种技术机制到底有什么神奇的功效，竟然可以取代对人的信任？其实这并不像想象中的那么神秘，总的来说就是把信任建立在可以信赖的数据基础上；或者，用更严谨的学术语言来表述就是，在一个去中心化（分布式）的条件下，实现可信数据管理的目标。一个可信数据管理系统要从存储可信性、处理可信性、外部访问可信性三个层面确保系统可信。存储可信性指数据处理结果一旦被确认，就不会丢失或被篡改，确保数据存储的正确性；处理可信性一方面指数据处理过程的正确性，另一方面指数据处理过程和结果可审计和可溯源；外部访问可信性指对用户访问的认证，确保具有合法权限的用户才能访问数据。

这相当于对数据提出了"苏格拉底三问"：你是谁？你从哪里来？你要到哪里去？对于第一个问题，区块链的做法是将数据置于所有人的监督之下，并且让数据难以被篡改。既然谁也没有足够的公信力来为数据背书，我们就让公众集体出庭作证，同时还要给数据打上不可逆的唯一标签，让数据可以自证其说。这就是区块链分布式账本技术所完成的工作。对于第二个问题，区块链提供了共识机制和智能合约技术，让数据处理成为集体一致的决定，处理的过程严格中立，处理的结果集体认可。同时，分布式账本中还保留了数据变化的完整历史，以满足审计和溯源的要求。对于第三个问题，区块链通过共识机制决定了在一个特定的时点谁拥有分布式账本的写入权，此外是否以及如何对用户进行身份认证也决定了区块链的三种基本形态，即公有链、联盟链、私有链。

在回答了这三个问题之后，区块链成为第一种不依赖特定人和组织而建立信任关系的技术机制。因为区块链向用户展示了真实的历史和现状，并保障了未来的行为，所以用户可以对其"信而任之"。这样的去中心化信任机制使得过去许多不可能的事成为现实，并深刻地影响社会协作模式，特别是在经济和金融领域。

另需注意的是，中心化和去中心化信任机制并非完全对立，区块链可以不依赖信任中心建立信任关系，这并不意味着传统的信任中心在区块链中找不到自己的位置。为实现像比特币这样绝对的去中心化场景，我们在其性能和可扩展性方面必然要付出巨大代价，而信任中心进入区块链并发挥其作用可以缓解这一矛盾。中心化和去中心化信任机制之间存在着许多模糊地带，这些模糊地带允许我们根据场景需求因地制宜地裁剪。

区块链技术自诞生以来经历了三个重要的发展阶段。以比特币为代表的各种数字货币应用是区块链 1.0 时代，也被称为数字货币时代。区块链 1.0 初步实现了构建去中心化信任机制这一目标，我们将在后文介绍其代表技术。以以太坊为代表的是区块链 2.0 时代，也被称为智能合约时代。智能合约大大扩展了区块链处理复杂业务逻辑的能力，使去中心化信任机制发展到更高的层次。当前区块链技术正逐步应用到更广阔的社会领域场景，这被称为区块链 3.0 时代或者大规模应用时代。在这一阶段，跨链技术进一步实现了不同链之间的信息和资产的转移；BaaS（区块链即服务）平台则与云计算技术相结合，大幅简化了区块链应用的开发和运维，让区块链成为一种互联网基础设施。接下来，就让我们一起来看看区块链是如何通过精巧的设计来实现这一切的吧！

第二节　分布式账本：雁过留声

一、数据虎符：加密哈希函数

建立信任关系往往需要信物、凭据作为媒介，所谓"空口无凭，立字为据"。但从信物诞生的第一天起，其与赝品的博弈就开始了。那么，什么样的东西才能作为信物呢？《左传》中写道："国之大事，在祀与戎。"自古以来，军事力量都是国家机器的重要组成部分，军事力量的调动一直是关乎国家存亡的大事。在通信条件不发达的中国古代，君王长期使用虎符（兵符）作为调动军队的凭据，信陵君"窃符救赵"的典故也一直流传至今。

为什么虎符可以长期成为君王调兵的凭据？我们从虎符的形制和使用可见一斑。虎符通常为青铜、金、玉制的虎形凭据，虎背上往往刻有铭文或纹饰，再从中间剖为两半，右半存于君王，左半授予军事将领并被带到驻地。当君王调兵时,两半必须合在一起验真才能生效。虎符是极难伪造的,对于手工制作的虎符来说,即使是工匠本人也难以再做出一个完全一样的,而虎背上刻的小篆铭文和纹饰就更加难以复制了。如著名的阳陵虎符[①],就有用小篆刻的"甲兵之符,右在皇帝,左在阳陵"铭文,如图2-1所示。这就意味着人们不可能用虎符的左半去推测右半,更不可能根据一对已知的虎符去制作一对虎符的高仿品,而世界上也不可能存在两个完全一样的虎符。最重要的是,虎符的验真是非常容易的,只要轻轻一合,真伪立显。

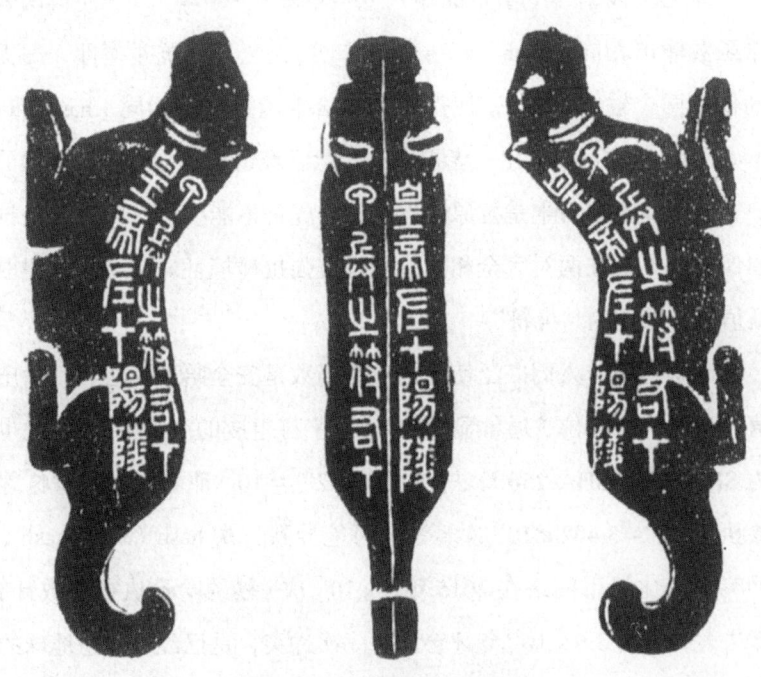

图 2-1　秦阳陵虎符拓本

资料来源:http://www.jb.mil.cn/yjcz_2226/gbtg/201707/t20170720_35570_1.html.

---

① 阳陵虎符是秦朝兵符,现藏于中国国家博物馆。

在区块链中，信任的基础首先建立在可靠的数据上，而验证数据真伪的重任就交给加密哈希算法。我们知道，计算机世界中的任何数据，无论是文本、图像、视频还是程序代码，都是用 0 和 1 组成的二进制编码来表示。哈希（hash，又称散列）是一种将原始数据的二进制编码按一定数学方法提取特征值的过程。对于任何数据，在采用特定的哈希函数进行加工后，其输出是长度相同且唯一的特征值（哈希码），从而可以验证数据是否被修改过。一个优秀的加密哈希函数应满足三个条件：一是抗原像性，即无法根据哈希函数的输出反推其输入；二是抗第二原像性，即无法根据一个给定的输入 x，找到另一个输入 y，使得两者的哈希函数输出相同 [hash(x) = hash(y)]；三是强抗碰撞性，即无法找到任意两个输入 x 和 y，使得两者的哈希函数输出相同 [hash(x) = hash(y)]。我们可以看出，老祖宗的智慧已经道出了加密哈希函数的真谛：左半不能推出右半是抗原像性，阳陵虎符不能推出杜虎符[1]是抗第二原像性，不存在两对完全相同的虎符是强抗碰撞性。哈希函数提取的特征值就是数据的"虎符"。

在区块链中，人们广泛使用的哈希函数是安全哈希算法，其输出特征值的长度为 256 位（通常显示为 64 个字符组成的字符串），因此也被称为 SHA-256。SHA-256 算法的输出有 $2^{256} \approx 10^{77}$ 种可能，这意味着平均要执行 $2^{128} \approx 3.402 \times 10^{38}$ 次算法才可能导致一次 hash(x) = hash(y) 的冲突。以比特币网络在 2015 年 3×10^{17} 次/秒的哈希执行次数计算，该算法大约需要 3.6×10^{13} 年才会产生一次冲突，这已经可以与地球的历史相比较。通过哈希码检验数据真伪是非常容易的，我们可以用相同的哈希函数计算数据的哈希码，如果它与原始数据的哈希码不一致，数据就一定是被修改过的。

---

[1] 杜虎符是战国时期秦国兵符，现藏于陕西历史博物馆。

在区块链网络中，哈希函数被用于地址派生、创建唯一 ID（身份标识号）、加密区块数据等任务，也是分布式账本中数据区块的重要组成部分。

二、无法篡改的梅克尔树

有了哈希函数，我们就可以为任意数据块提供一个唯一的身份认证——哈希码。接下来，我们需要将哈希码和它对应的数据关联起来，如同将超市中的商品贴上条码。我们要确保数据这种"商品"可以被高效地存放，而不会浪费"货架"空间。我们也要确保数据能被高效地检索，我们不用翻箱倒柜地查找。我们还要确保数据能被高效地验证，我们不必拆开包装就能知道里面是什么，也不用担心"商品"被调包。区块链采用梅克尔树来实现这些需求，梅克尔树构成了数据的基本结构。

梅克尔树又名哈希树，通常采用二叉树结构，也可采用多叉树结构。以图 2-2 为例，梅克尔树底部的叶子节点（D_0 到 D_3）存放切割好的原始数据块；在非叶子节点中，H_0 到 H_3 对应存放 D_0 到 D_3 执行哈希函数得到的哈希码；H_{01} 对应存放 H_0 和 H_1 的哈希码，H_{23} 对应存放 H_2 和 H_3 的哈希码；[①]H_{root} 存放 H_{01} 和 H_{23} 的哈希码。由于 H_{root} 是二叉树的根节点，所以它又被称为梅克尔根。

梅克尔树可以映射任意大小的数据，并能快速定位哪些数据发生了变化。假设数据块 D_2 中的数据发生了变化，梅克尔根 H_{root} 也会随之发生变化。我们从 H_{root} 出发，很快就能发现 H_{23} 发生了变化，H_{01} 以下的所有分支均不必再进行检索；紧接着顺藤摸瓜找到 H_2，就能定位到发生变化的数据块 D_2。即使一个庞大数据集对应的梅克尔树，要定位发生变化的数据块也仅仅需要检索一根枝条上的哈希码子集，而不必检索整

---

① 哈希码本身也是一种数据，我们可以对哈希码执行哈希函数再得到哈希码。

个数据集。检索的时间复杂度为 $O(\log(n))$，仅仅取决于梅克尔树的高度。

```
                        梅克尔根
                 H_root = hash（H_01 + H_23）

        H_01 = hash（H_0 + H_1）      H_23 = hash（H_2 + H_3）

    H_0=hash(D_0)  H_1=hash(D_1)  H_2=hash(D_2)  H_3=hash(D_3)

        D_0            D_1            D_2            D_3         数据块
```

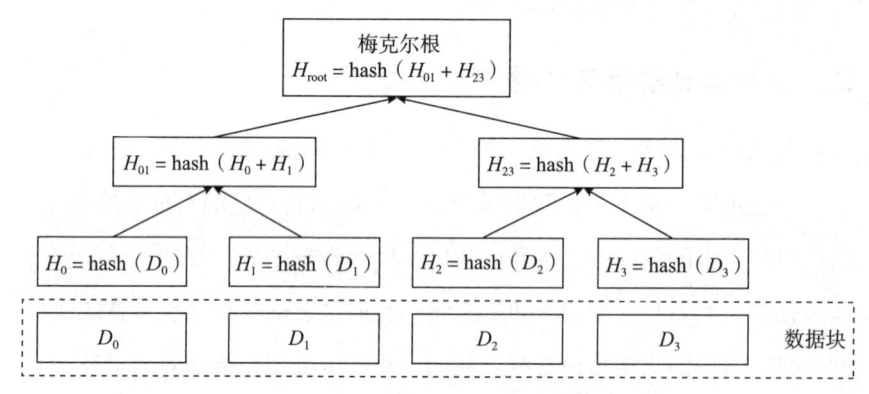

图 2-2　梅克尔树结构示意图

梅克尔树可以实现高效的交易验证。假设图 2-2 中从 D_0 到 D_3 的数据块依次记录了 4 笔交易数据。现在我们从一个不可靠的数据源获取到对应 D_2 的交易数据 D_2'，要验证 D_2' 与 D_2 是否一致，D_2' 是否属于当前这个梅克尔树所对应的数据集，以及 D_2' 在数据集中的次序是否正确。根据 D_2'，我们可以很容易计算出其哈希码 H_2'=hash（D_2'），此时我们只要获取正确的 H_3、H_{01} 和梅克尔根 H_{root} 即可完成上述验证。我们利用 H_2' 和 D_3 得到 D_{23}'=hash（H_2'+H_3），再利用 H_{01} 和 H_{23}' 得到 H_{root}'=hash（H_{01}+H_{23}'）。只要 H_{root}' 与 H_{root} 相等，我们就能确认 D_2' 是正确的交易数据。上述过程被称为梅克尔证明，其优势在于，只需要整个数据集中一个很小的子集，我们即可完成一个分支的正确性验证，这使得验证过程的时间延迟和资源占用都很小，同时也有利于保护其他数据的隐私。

梅克尔树为数据打上了哈希码的标签，使数据实现了自我证明，也就是让数据本身就可以回答"我是谁"的问题。在分布式账本中，梅克尔树是数据区块的基本数据结构，赋予了区块链不可篡改的特性。

三、追根溯源的链式存储结构

可信数据管理在处理可信性层面提出了可审计、可溯源的要求，因此分布式账本中必须包含数据状态发生变化的时间和次序信息。分布式账本存储数据的基本单位是区块，对应一个时间点上数据的一个状态。不同区块按时间顺序以链式结构组织起来，构成了数据的历史状态集合（见图2-3），这也是"区块链"一词的由来。其中，记录第一个数据状态的区块被称为"创世块"，当前区块链上所有区块的个数被称为"区块高度"。

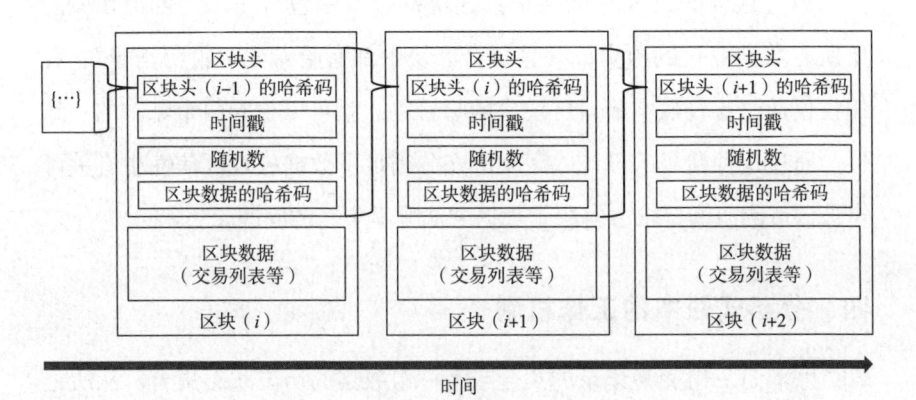

图 2-3　分布式账本的链式存储结构

每个区块由区块数据和区块头组成。区块数据通常为交易列表或账本事件的记录，也可以包含任意需要存储的数据，采用梅克尔树结构。如果出于保证数据隐私或减少存储容量的需要，那么我们也可以仅存储数据的哈希码而不存储数据本身，此时梅克尔树仍然能保证数据的可验证性和不可篡改性。区块头通常包括四个部分：前一区块头的哈希码、时间戳、随机数、区块数据的哈希码。

我们知道，对数据集的任何改动都会造成其哈希码发生变化。因此，区块头中包含前一个区块的哈希码，相当于将之前所有区块数据打上了一个防伪标签。对于一个区块（i），它之前任何一个区块的数据被篡改，都会导致其无法与存放在区块头（i）中的上一个区块头（$i-1$）的哈希码相匹配。区块头中的时间戳则记录了当前区块的添加时间，以确保区块链中的区块是严格按时间递增的。当然，区块头中还记录了本区块数据的哈希码，也就是本区块数据的梅克尔根，用于本区块数据的校验。随机数仅仅用于需要"挖矿"的区块链系统。如果我们采用工作量证明（Proof of Work，缩写为 PoW）共识机制的区块链，那么我们可以不采用其他区块链系统。

通过这样的链式存储结构，区块链账本中包含了从"创世块"开始所有数据变化的历史，并且每个区块中都有哈希码"验明正身"。我们仅仅通过比较账本最后区块头的哈希码，就可以检验两个账本的一致性。通过这种精巧的设计，区块链充分满足了数据处理可信性中有关可审计、可溯源的要求，解决了数据"从哪里来"的问题。

四、分布式账本的工作机制

账本是一组交易记录的集合或者一组数据的历史状态集合。从所记录数据的内容本身来看，区块链与传统数据库并没有区别。然而，不同于传统数据库的是，区块链的账本只能增加新的数据状态，不能删除或修改旧的数据状态，这是为了确保可以对数据状态的历史变化进行回溯和校验。链式存储结构为账本数据增加了一个时间维度，这是区块链账本逻辑结构上的特点。但是，这样就能真正防止篡改数据吗？如果有人完整地重构了一条虚假的交易记录链条，那么我们又该如何识别真伪呢？

区块链网络是由众多参与节点以 P2P 对等网络构成的分布式系统，其与传统的分布式系统最大的区别在于，区块链网络并没有一个凌驾于其他节点之上的中心节点。我们在前文已经提到，区块链实现去中心化信任机制的措施之一就是，将数据置于成员的多方监督之下。因此，原来仅存放在中心节点的账本数据，在区块链中被所有节点分别存放，这被称为"分布式账本"，如图2-4所示。这就好比我们常见的合同文本，一式若干份，各方各执一份，还要盖上各方的骑缝章。需要注意的是，这里的分布式与大数据存储中的分布式不同，大数据存储中的分布式是出于海量数据存储与降低访问负载目的的，各节点存储的数据并不相同，仅有部分冗余数据。而区块链各节点是各存放一份完整的相互冗余的数据，分布式账本的目的在于数据可以在节点之间相互校验，因此有时也被称为"统一分布式账本"。

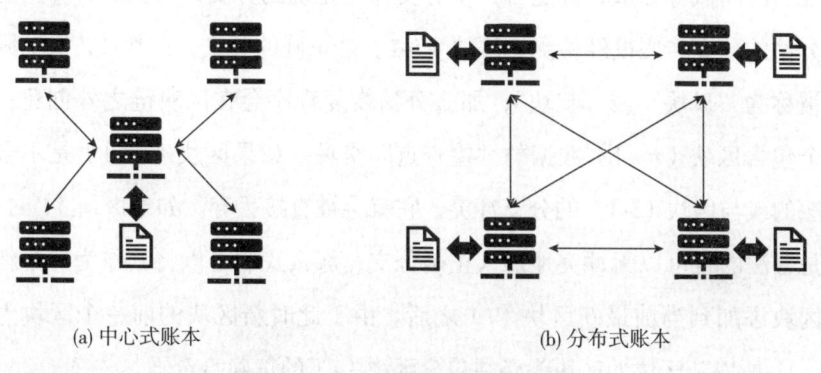

(a) 中心式账本　　　　　　　　　(b) 分布式账本

图 2-4　中心式账本与分布式账本

但是，既然要将分布式账本用于整个系统的数据存证，我们就必须解决存放在各节点上的账本数据的一致性问题。分布式系统天然具备并发访问的特征，即同时会有多个数据访问请求（包括读、写访问）。在传统的分布式系统中，所有数据访问请求都是发送给中心节点的，由中心节点服务器负责维护账本数据的一致性。但在区块链中，数据访问请求以P2P的方式广播到各节点，这就可能造成不同的访问请求到达不同节点的次序不一致，进而引起各节点账本数据的不一致。因此，我们必须有一套机制来保障数据以串行的方式写入各节点账本，这就是我们将在后面介绍的共识机制。

然而，任何共识机制都不能完全保证在任何时候所有节点维护的账本都完全一致。如果区块链系统中不同部分的节点出现不一致，那么这从逻辑上讲就是出现了超过一条的链，这种现象被称为"分岔"。例如，在图 2-5 中，如果不同节点中分别有（i-1）和（i'-1）两个不同区块位于区块（i-2）之后，这就产生了一个分岔。分岔把区块链节点分割成两个不同的子集，从而造成未来数据访问不一致。因此，我们必须提供相应的分岔恢复算法，以解决分岔并使分布式账本恢复一致性。分岔恢复算法首先监测产生分岔的区块位置，并比较不同分支的哈希码、区块高度、时间戳等参数，确定哪一个分支才是正确的分支，再试图合并产生分岔的分支。假设经检测，区块（i-1）是正确的分支，区块（i'-1）则被称为"孤块"或"叔块"，那么分岔恢复程序会在区块链之外创建一个包含区块（i'-1）数据的"检查点"交易。如果区块（i'-1）是不合法的或与区块（i-1）的分支冲突，它就会被直接丢弃。如果区块（i'-1）是合法的且可以无冲突地加入正确分支，那么我们可以将其作为一个新区块添加到当前最新区块（i）之后。由于此时新区块的前一个区块为（i），所以新区块的区块头必须包含区块（i）的正确哈希码。

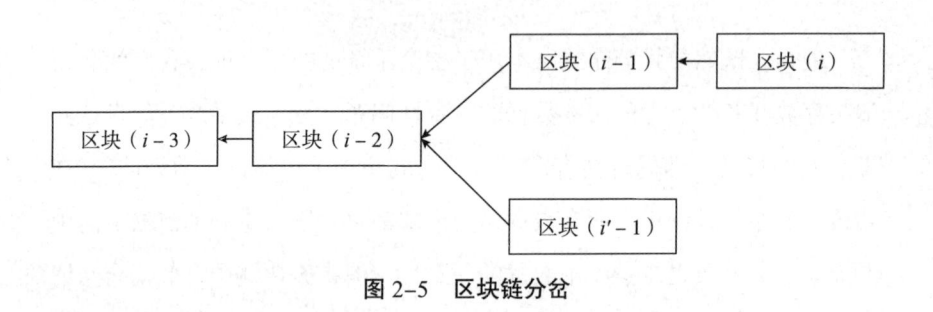

图 2-5　区块链分岔

第三节　共识机制保障一致性

一、共识机制的目标

共识机制首先是一个技术层面的问题。区块链是一种典型的分布式系统，因此我们必须解决分布式计算中的核心问题——共识问题，即需要一套机制使得分布在不同节点上的多个进程一致认可同一个数据值（或数据状态）。用于解决共识问题的机制被称为"共识机制"或"共识算法"。

而从构建去中心化信任机制这一目标来看，共识机制又是区块链系统中各成员之间的协调机制。在区块链中，共识问题被具体化为在一个去中心化的环境下，如何决定哪个用户有权添加一个新的区块。我们在前文已经知道，分布式账本中的最后一个区块代表了区块链系统的最新状态，增加一个新区块意味着系统的数据状态发生变化。因此，对添加新区块这一操作取得共识，代表了成员对系统行为的一致认可。

我们可以把在去中心化环境下实现一致性的目标分解为几个具体的条件。首先，在一个区块链网络创建的时候，所有的成员均认可系统的初始状态。这一状态也就构成了分布式账本中的第一个区块，即创世块。其次，所有成员均认可用同一个共识模型将新区块添加到系统。再次，每个区块都应链接到分布式账本中的前一个区块，并且包含前一个区块头的哈希码（创世块除外）。最后，每个成员均可独立地验证每个区块。总的来说，我们让系统从成员一致认可的初始状态出发，系统状态每次变化也得到成员的一致认可，最后我们可以获得系统的一致性。

除此以外，共识机制还要应对一些特殊的情况。在添加一个新区块时，区块链所有节点应该在有限的时间内得到一个一致的决议。但由于区块链系统是并发的，有时区块链系统会出现暂时的不一致，从而出现分岔，例如同时有两笔交易分别被发送到不同的节点子集。这种非恶意的暂时不一致应该被允许，共识机制还要保证这种不一致最终被解决。而另一种情况是，系统中存在恶意节点，它们会试图攻击或控制区块链。共识机制要确保在这种情况下仍然能保持工作，并防止区块链系统被破坏。

二、拜占庭将军问题

拜占庭帝国（东罗马帝国）是欧洲历史上最悠久的君主制国家，从395年到1453年存在了上千年之久。在鼎盛时期，拜占庭帝国疆域横跨欧、亚、非三大洲。为了保卫广袤的领土，有效应对外敌入侵，拜占庭帝国皇帝利奥三世创造了"军区制度"，将帝国分为11个军区，军区由主管军事的将军进行统治。军区制度是一种军政合一的军屯制度，其本意是解决帝国在兵员和军费上的困难。但久而久之，军区的将军们逐步形成地方割据势力，有的将军也不再效忠帝国。单个军区可以对付小规模的袭扰，但遇到大规模的入侵时就必须依靠将军们协调一致的行动。但是，在有的将军可能已经叛变的时候，帝国怎么才能确保仍然忠诚的将军达成一致呢？这就是所谓"拜占庭将军问题"的历史渊源。

莱斯利·兰伯特等人在1982年提出拜占庭将军问题。一组拜占庭将军各率领一支军队共同围困一座敌人的城市，他们之间只能靠信使通信。为了避免单独进攻或撤退可能遭受的损失，所有将军必须对作战计划达成一致才可以行动。但是，将军中可能有一个或多个叛徒，叛徒会设法欺骗其他将军。提出这一问题的目的是，找到一个算法，确保所有仍然诚实的将军会达成一致，少量叛徒不会导致诚实的将军采取错误的行动。

拜占庭将军问题是分布式计算系统中典型的容错问题：在分布式计算系统中，不同的计算机节点通过通信交换信息达成共识并按照同一套协作策略行动。恶意节点会向其他节点发送错误信息，使得网络中不同节点关于全体协作的策略得到不同的结论，从而破坏系统的一致性。通常，我们将故障节点失去响应但不会伪造信息的情况称为"非拜占庭错误"，将恶意节点伪造信息的情况称为"拜占庭错误"，将相应的恶意节点称为"拜占庭节点"，将能够处理拜占庭错误的共识算法称为"拜占庭容错算法"。

在《拜占庭将军问题》一文中，莱斯利·兰伯特等人提出了拜占庭容错算法必须保证的条件：所有诚实的将军可以取得一致的行动计划，少量的叛徒不能让诚实的将军采取错误的行动计划。为了将条件形式化表述，我们假设总共有个 n 将军，用 $v(i)$ 表示第 i 个将军发送的信息。假设我们只有进攻、撤退两种决策，$v(i)=1$ 表示进攻，$v(i)=0$ 表示撤退。由于将军中可能有叛徒，叛徒会向其他不同的将军发送不同的值，从而让诚实的将军无法达成一致。特别是，如果让差不多一半的诚实将军选择进攻，另一半选择撤退，那么这会导致最坏的结果（因为无论采取哪种决策，都只有一半的军队）。因此，拜占庭容错算法必须满足两个条件：

- 条件1：每个诚实的将军必须获得相同的信息，$v(1),\cdots,v(n)$。这个条件也可改写为任意两个诚实的将军获得的值 $v(i)$ 相同。
- 条件2：如果第 i 个将军是诚实的，那么所有诚实的将军都应该正确地收到其所发送的值 $v(i)$。

这两个条件都是关于第 i 个将军发送的单个值的条件，因此我们可以把条件限制在一个将军如何将一个值发送给其他将军这个问题上。于是，我们将原问题改写为一个指挥官向其副官们发送命令的问题，即一个指挥官向其 $n-1$ 个副官发送命令，满足：

- 条件 IC1：所有诚实的副官服从相同的命令。
- 条件 IC2：如果指挥官是诚实的，则每个诚实的副官服从其命令。

条件 IC1 和 IC2 被称为交互一致性条件。注意，如果指挥官是诚实的，那么条件 IC1 可由 IC2 推出。但这里并不要求指挥官是诚实的。原来多个将军取得共识的问题，可以视为一个指挥官向其他副官发送命令这个问题的叠加，即每个将军在发送自己信息时被视为指挥官，接收消息的时候就被视为副官。

我们把将军之间传递的消息称为"口头消息"。口头消息是指消息的内容仅仅取决于发送者，因此叛徒可以发送任何可能的信息。① 在仅有三个将军的情况下，图 2-6（a）中指挥官发出"进攻"命令给两个副官，而副官 2 是叛徒，他告诉副官 1 他收到的命令是"撤退"；在图 2-6（b）中，指挥官自己是叛徒，他向两个副官发出了不同的命令，此时副官 2 如实向副官 1 传递了他收到的命令。我们可以看出，不管指挥官和副官 2 谁是叛徒，副官 1 收到的信息都是一样的，他并不能区分这两种情况，也不知道谁是叛徒。因此，副官 1 只能选择服从"进攻"这个命令。如图 2-6（b）这种情况，副官 1 其实也收到"进攻"和"撤退"两个不同信息，他只能选择服从"撤退"这个命令。这样两个诚实的副官服从的是两个不同的命令，与条件 IC1 相违背。

我们从这个例子可以看到，如果我们采用口头消息，那么在只有三个将军且其中有一个叛徒时，我们没有办法解决拜占庭将军问题。在《拜占庭将军问题》一文中，莱斯利·兰伯特等人严格证明了，当有 m 个叛徒且将军总数 $n<3m+1$ 时，找不到可以满足拜占庭容错的算法。也就是说，要实现拜占庭容错，诚实将军的数量必须超过三分之二（注

---

① 与之相对的是书面消息或签名消息，即消息本身带有发送者的签名，以供接收者校验。

意，即使等于三分之二也不行，必须超过）。

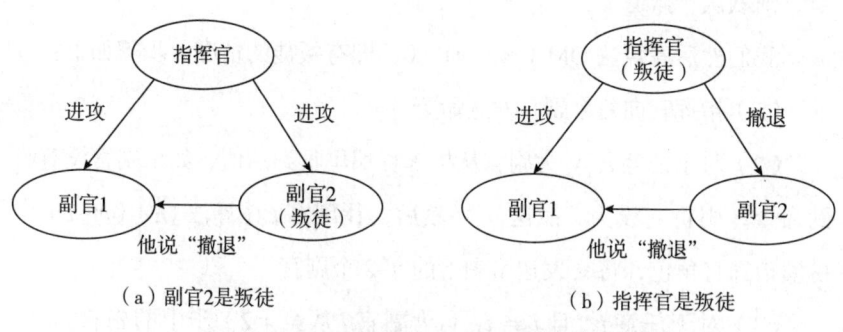

```
（a）副官2是叛徒                    （b）指挥官是叛徒
```
图 2-6　拜占庭将军问题（三个将军的情况）

对于诚实将军超过三分之二，即将军总数 $n \geqslant 3m+1$ 的情况，莱斯利·兰伯特等人给出了一种"口头消息算法" OM（m）来解决拜占庭将军问题。对于任意非负整数，一个指挥官采用这个算法向 $n-1$ 个副官发送命令。这一算法假设一个多数函数 majority：对于一组值 v_i（v_1，…，v_{n-1}），如果其中大多数值等于 v，则 majority（v_1，…，v_{n-1}）$=v$。在无法找到占大多数的值时，我们还可以考虑用两种自然的方式给出 majority（v_1，…，v_{n-1}）的值：

- 如果 v_i 中存在一个多数值，它就是 majority 的值，否则取值为"撤退"[①]。
- 假设 v_i 按序排列，我们取其中间值。

OM（m）算法只需要 majority 函数这一个属性。
我们首先看算法 OM（0），即没有叛徒的情况，步骤如下：
（1）指挥官向每个副官发送命令。

---
① 在无法判断形势的情况下，大家一起"撤退"可以作为一种保守的策略；在具体算法中，这可以被认为是一个低风险的默认值。

（2）每个副官采用从指挥官那里收到的值。如果副官没有收到命令，则默认"撤退"。

我们然后看算法 OM（m），$m > 0$，即有叛徒的情况，步骤如下：

（1）指挥官向每个副官发送命令。

（2）对于任意 i，v_i 为副官从指挥官那里收到的值，如果副官没有收到命令，则将 v_i 设为"撤退"。[1]然后，让副官 i 在算法 OM（m-1）中扮演指挥官角色，将 v_i 发送给剩下的 n–2 个副官。

（3）对于任意 i，且 $j \neq i$，v_j 为副官 i 从第（2）步中的副官 j [使用算法 OM（m-1）的副官] 那里收到的值，如果副官没有收到命令，则将 v_j 设为"撤退"。然后，副官 i 采用函数 majority（$v_1, \cdots, v_{n-1}$）的值。

以四个将军中有一个叛徒为例，即 $m=1$，$n=4$，此时算法为 OM（1）。我们首先看副官 3 是叛徒的情况，我们考察副官 2 所收到的信息，如图 2-7 所示。在算法的第（1）步，指挥官向所有副官发送值为 v 的命令；在第（2）步，副官 1 根据算法 OM（0）发送 v 给副官 2，但叛徒副官 3 发送了另一个值 x 给副官 2；在第（3）步，副官 2 目前得到的值有 $v_1=v_2=v$ 和 $v_3=x$，调用 majority 函数，副官 2 可以得到正确的值，即 majority（v, v, x）=v。

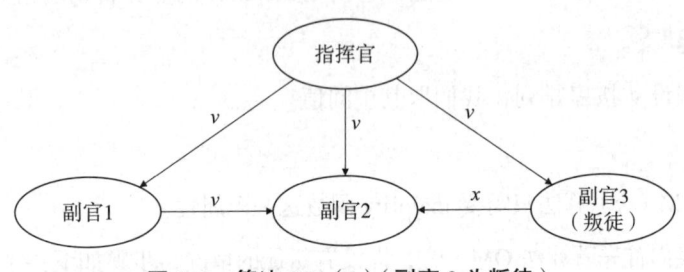

图 2-7　算法 OM（1）（副官 3 为叛徒）

---

[1] 在这一步的操作等同于算法 OM（0）。

我们再看指挥官是叛徒的情况，同样考察副官 2 所收到的信息，如图 2-8 所示。在算法的第（1）步，叛徒指挥官分别向 3 个副官发送命令：$v_1=x$，$v_2=y$，$v_3=z$。经过第（2）步的传输，3 个副官得到的值都是 x，y，z。他们在第（3）步调用 majority 函数，无论 x，y，z 是否相等，majority（x，y，z）的结果都是相同的。[①]在《拜占庭将军问题》一文中，莱斯利·兰伯特等人同样严格证明了 OM（m）可以满足 $n \geq 3m+1$ 情况下的拜占庭容错。

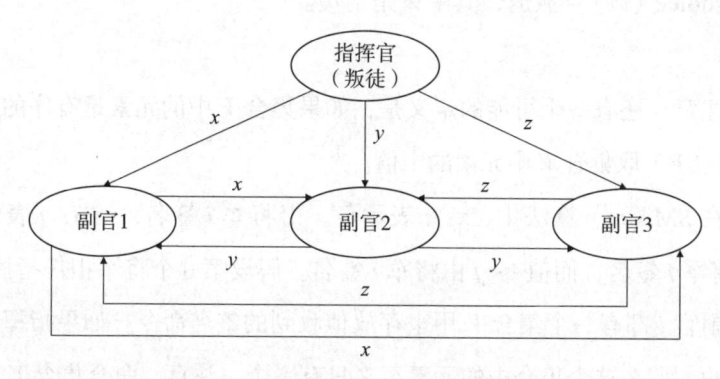

图 2-8 算法 OM（1）（指挥官为叛徒）

在上述例子中，拜占庭将军问题之所以困难，是因为叛徒可以说谎。如果我们在发送命令时采用签名消息的话，叛徒说谎就没那么容易了。我们假设诚实将军的签名不可被伪造，对其签名消息内容的任何修改都能被检测出来，任何人都可以验证一个将军签名的真实性。注意，这里我们并未对叛徒将军的签名做出假设，我们允许叛徒的签名被其他叛徒伪造，这样叛徒可以合谋作案。

在我们采用签名消息后，此前总共需要四个将军才能应对其中一个叛徒的结论不再成立。对于任意 m 个叛徒，只要将军总数 $n \geq m+2$，《拜

[①] 如果 x，y，z 互不相等，那么他们得到的结果都是 "撤退"。

占庭将军问题》一文中给出的"签名消息算法"SM（m）都可以解决。（将军总数 $n<m+2$ 的问题是没有意义的，因为要么只有一个诚实将军，他已经被所有人背叛；要么没有诚实将军，所有将军都是叛徒。）

OM（m）算法假设一个"选择"函数 choice，用于从一组命令中选择其中一个命令。这一函数要求：

- 如果集合由单一元素组成，则 choice（V）=v。
- choice（∅）= 撤退，其中∅是空集。

注意，还有一个可能的定义是，如果集合 V 中的元素是有序的，则 choice（V）取集合 V 中元素的中值。①

在 SM（m）算法中，x：i 表示值 x 由将军 i 签名；v：i：j 表示值 v 由将军 j 签名，而值 v：j 由将军 i 签名。假设第 0 个将军担任指挥官，每个副官 i 都有一个集合 V_i 用来存放他收到的签名命令。如果指挥官是诚实的，那么这个集合中的元素至多只有一个。注意，命令集合 V_i 并不是收到的消息集合，同一条命令可能会对应多条不同的消息。

SM（m）算法首先初始化集合 V_i=∅，然后执行以下步骤：

（1）指挥官签名并发送其命令给每个副官。

（2）对于每个副官 i：

①如果副官从指挥官那里收到形式为 v：0 的消息，并且尚未收到其他任何消息，则：

a. 将命令集合置为 V_i={v}。

b. 向所有其他副官发送消息 v：0。

②如果副官 i 收到一条形式为 v：0：j_1：⋯：j_k 的消息，且 v

---

① 是否选择这样的定义可以视具体情况而定，但要确保对于相同的 V，choice（V）的值是唯一的。

不在集合 V_i 中，则：

    a. 将 v 加入集合 V_i。

    b. 如果 $k<m$，则向 $j_1 : \cdots : j_k$ 以外的其他副官发送消息 $v: 0 : j_1 : \cdots : j_k$。

（3）对于每个副官 i，当副官 i 不再收到消息，则服从命令 choice（V_i）。

注意，在第（2）步中，副官 i 忽略了任何已存在于集合 V_i 中的命令 v。对于副官序列 $j_1 : \cdots : j_k$，$k \leq m$，任何副官在第（2）步中至多只能收到一条形式为 $v: 0 : j_1 : \cdots : j_k$ 的消息。如果我们要求副官 j_k 要么发送这样一条消息，要么发送一条消息表示他不会发送这样一条消息，那么我们很容易判断是否所有消息都已经被接收。由于消息是经过签名的，副官 i 很容易判断哪些消息没有正确的签名序列，并将其排除。

图 2-9 展示了算法 SM（1）在有三个将军且指挥官为叛徒时的情况。指挥官向副官 1 发出进攻命令，而向副官 2 发出撤退命令。两个副官在第（2）步中都收到两条命令；在第（2）步之后，$V_1=V_2=\{$进攻，撤退$\}$，两个副官都会服从命令 choice{进攻，撤退}。而且，与采用口头消息不同，现在副官都知道指挥官是叛徒，因为其签名显示了他发送了两条不同的命令。

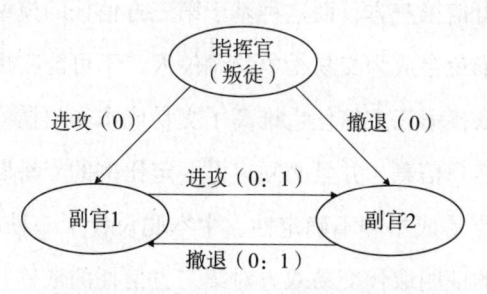

图 2-9　算法 SM（1）（指挥官为叛徒）

在《拜占庭将军问题》一文中，莱斯利·兰伯特等人严格证明了对于任意 m，算法 SM（m）可以解决至多存在 m 个叛徒的拜占庭将军问题。

我们通过拜占庭将军问题可以看到，在一个去中心化的分布式环境下，"系统取得一致性（技术角度）或者成员之间达成共识并取得相互信任（社会角度）"这一问题的边界在哪里。对于无签名的口头消息，我们需要大多数，确切地说是需要超过三分之二的成员是诚实的；对于签名消息，除了没有意义的情况外，我们都可以找到解决拜占庭将军问题的办法。

三、工作量证明

比特币是第一个实用的区块链应用，也是最典型的去中心化场景。鉴于区块链是伴随着比特币的诞生进入人们视野的，比特币的许多特征也被视为区块链的特征。比特币采用工作量证明作为其共识机制，而以太坊采用工作量证明和权益证明（Proof of Stake，缩写为 PoS）组成的混合共识机制，因此考察工作量证明共识机制是认识区块链共识机制的必要途径。

要理解工作量证明，我们首先应该了解比特币诞生的背景。比特币的发明者中本聪认为，当前的互联网经济过于依赖金融机构充当电子支付过程中的可信第三方，而这种基于第三方信任的模型具有内在的缺陷。金融机构难免会成为交易纷争的调停人，不可能实现完全不可逆的交易。同时，依赖第三方信任也推高了交易成本和门槛，促使商家搜集超过其需要的客户信息，并且必须容忍一定比例的交易欺诈。鉴于现金交易可以避免交易成本和不确定性，中本聪设计了一种电子现金系统，将基于密码学的证明取代交易双方对第三方信任的依赖，让交易双方可以直接交易，从而保护买卖双方免于欺诈。

我们可以看出，中本聪的目标就是让比特币在互联网上可以像现金一样成为一种真正的货币，并且可以用于存储和直接支付。甚至更进一步，比特币不由央行或政府发行，也不受其控制，其信用完全来自一种技术机制。这种技术机制的核心思路就是，通过点对点的分布式时间戳服务器生成交易时间次序的可计算性证明，从而解决"双花"问题。所谓"双花"是指数字货币的一种潜在漏洞：由于数字货币本身以数字文件为载体，存在被复制和篡改的可能，从而导致其有被重复用于支付的风险，也就是我们常说的"把一分钱掰成两半花"。

在中心化模式下，我们一般是通过可信的第三方机构验证交易和可靠记录来防止"双花"问题的，而在比特币这样的去中心化场景下，我们又应该如何解决"双花"问题呢？传统的现金（纸币、金属货币）本身就是价值的载体，对现金的持有就是对价值的持有。如果持有的现金发生转移，则价值也随之转移。所以，在使用传统现金时，一分钱是无论如何也不能掰成两半花的。我们需要确认的是，现金是真的，这就是为什么纸币需要采用大量的防伪技术。借鉴现金的做法，比特币的思路就是将电子货币定义为一组数字签名构成的链条，链条上按时间顺序记录了每次交易，我们通过这个链条可以知道任何时候电子货币的归属，数字签名则起到了防伪的效果。同时，由于没有可信的第三方，我们将这个链条置于所有人的监督下。我们从前文可以知道，这个链条就是区块链的分布式账本。

尽管我们已经知道，分布式账本技术保障了交易记录的真实性、可验证性和可回溯性，但是单靠分布式账本，我们还没有完全解决"双花"问题。这是因为区块链的账本是分布式存储的，每一个节点中都存有账本的一个副本，只有每个节点副本中的记录在任何时候都完全一致才不会出现"双花"问题；而交易是一个动态的过程，从交易的发起到确认是存在时间延迟的，这就为"双花"问题提供了可乘之机。

假设M想要同时支付给Q和J各1个比特币用以购买商品。为了发起交易，M必须证明自己拥有足够的比特币，分布式账本中记录了一笔交易 K→M（表示 K 曾向 M 转账过 1 个比特币，且没有其他交易记录表明 M 曾使用过这个比特币，所以 M 拥有 1 个比特币），如图 2-10（a）所示。现在 M 准备了一笔 M 作为付款人、Q 作为收款人的交易 M→Q。比特币交易采用非对称加密技术[①]，所以在交易 M→Q 中，M 用自己的私钥对交易数据进行了签名，并包含了自己的公钥，这样 Q 就可以用 M 的公钥验证交易数据。整个交易又用 Q 的公钥进行了签名，保证了只有 Q 可以用自己的私钥查看交易。接下来，M 将交易 M→Q 发送给 Q，并在区块链网络中向其他节点广播。其他节点并没有 Q 的私钥，不能了解交易的内容。但由于分布式账本的特点，其他节点可以通过哈希码验证交易，并记录到自己的账本副本中。

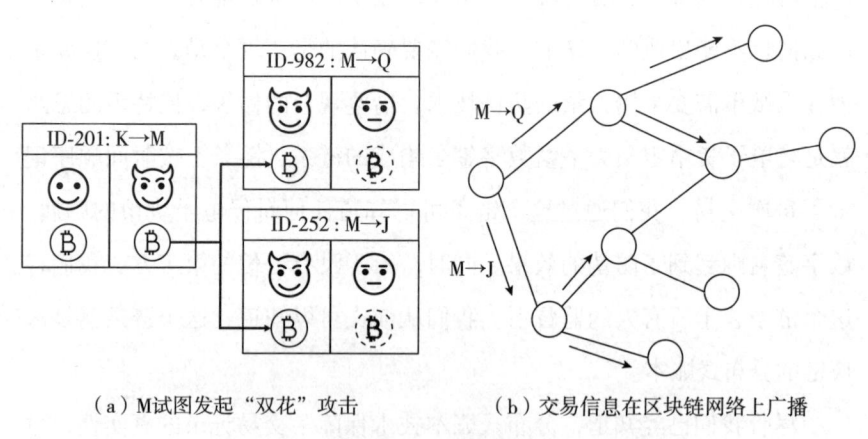

（a）M 试图发起"双花"攻击　　（b）交易信息在区块链网络上广播

图 2-10　双花攻击

由于 M 还想支付给 J，所以 M 也会以同样方式创建一个交易，并向其他节点广播，如图 2-10（b）所示。两笔交易几乎可以同时广播出

---

① 非对称加密是一种数据加密与解密技术，它包含一对密钥——公钥和私钥，公钥可对外公开，私钥则由己方安全保管。非对称加密使用一个密钥加密数据，且只能使用另一个密钥解密。使用公钥加密和私钥解密，可用于向对方安全传输数据；使用私钥加密和公钥解密，可起到己方对数据进行签名的作用。

去，Q 和 J 都会看到 M 有 1 个比特币可以完成支付，于是确认交易并向 M 发货。此时，如果区块链网络中有一部分节点先收到了交易 M→Q，而另一部分节点先收到了交易 M→J，这就会使分布式账本产生一个分岔，如图 2-11 所示。

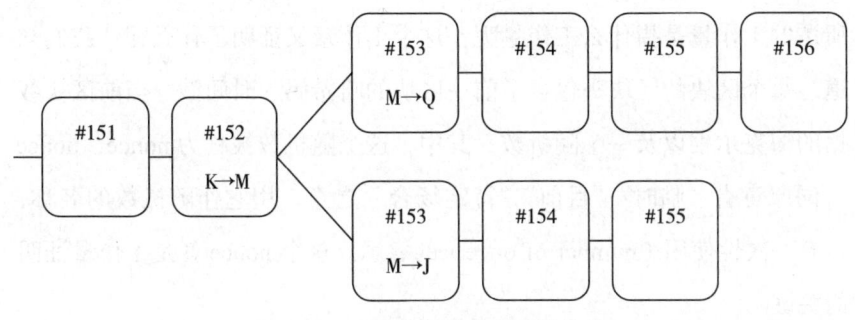

```
                            #153        #154    #155    #156
                            M→Q
#151 ─── #152 ───┤
         K→M     │
                 │          #153        #154    #155
                            M→J
```

图 2-11 "双花"攻击导致的分岔

我们可以看出，在 M 发起 M→Q 和 M→J 两笔交易后，部分节点的账本中新增了高度为 #153 的区块，记录的是 M→Q 这笔交易，而另一部节点的账本则在同样位置记录了 M→J 这笔交易。随后，两个分支各有后续区块加入。由于区块链解决分岔的一般做法是选择最长的链作为确认的交易，所以 M→J 这条分支的交易将被取消，J 可能会钱货两空。更有甚者，由于比特币的匿名性，任何人都可以拥有多个账户，Q 也可以是 M 的另一个账户，M 就不仅是把一分钱掰成两半花，而且是空手套白狼。此时，M 就是那位向副官们发出不同命令的叛徒指挥官。

我们可以将"双花"问题视作拜占庭将军问题的一个特例，"双花"攻击可以得逞的关键在于区块链网络中诚实节点的一致性被破坏了。实际的比特币网络拥有的节点数要庞大得多，并且不是一个完全图[①]。这就意味着网络中的大多数节点不可能直接收到发送者的消息，只能经过其

---

① 完全图是指每对不同节点之间都存在一条边相连。

他节点的层层转发。任何节点可用于校验的信息条数仅取决于与这个节点直接相连的邻居节点数。这就使得我们无法利用 OM（m）和 SM（m）算法。同时，节点收到消息的时间延迟也取决于网络的拓扑结构，由于区块链网络的并发特征，时间延迟越长，发生冲突的概率就越高。

比特币采用工作量证明共识机制来解决区块链网络的一致性问题。所谓的工作量是指什么工作量呢？这个工作量又证明了什么呢？我们知道，每个区块的区块头包含了前一区块的哈希码、时间戳、当前区块数据的梅克尔根以及一个随机数。其中，这个随机数被称为 nonce，nonce 一词原意有"临时""目前""特定场合"之意，用它作随机数的名称，也有一次性使用（number of once）的意思。这个 nonce 就是工作量证明的关键。

工作量证明共识要求在分布式账本中添加一个区块前，必须先解决一个计算密集型的难题——俗称"挖矿"，只有率先解决这个难题的节点才能获得添加新区块的权限，即"记账权"。我们在前文已经知道，任何数据都可以利用加密哈希函数计算其哈希码。所以，我们可以把当前要添加的区块数据（如一条交易记录）和前一个区块的哈希码放在一起，采用 SHA-256 算法计算一个新的哈希码：

$$\text{hash}(H_{\text{pre}}+H_{\text{root}})=0\text{x}45\text{d}3\text{b}62\text{fh}\cdots \qquad \text{公式 2-1}$$

其中，H_{pre} 是前一区块的哈希码，H_{root} 是当前数据的哈希码，即梅克尔根，得到 1 个长度为 64 的字符串（相当于 256 位）。但实际上，"挖矿"远不止这么轻松，对计算出的哈希码有很高的要求，比如要满足前 n 位都为 0，或者要落在一个指定的区间，这样的要求被称为"挖矿难度"。如果要求计算出的哈希码前 n 位都为 0，那么我们如何才能满足呢？根据加密哈希函数的强抗碰撞性，只要输入数据有任何变化，哈希函数就会计算出一个完全不同的哈希码。所以，我们需要给哈希函数的输入数据加上一个随机数 nonce，让计算出的哈希码满足条件。假设当前的挖矿难度为前 4 位为 0，那么满足要求的哈希码应该具备下面形式：

$$\text{hash}(H_{\text{pre}}+H_{\text{root}}+\text{nonce})=0x000001fd26ep3\cdots \qquad 公式 2-2$$

然而，根据加密哈希函数的抗原像性和抗第二原像性，我们没有办法去反推或者用算法去解决寻找合适 nonce 的难题，只能采用原始的枚举法，这就是所谓的"工作量"。哈希码是由 10 个数字、26 个大写字母和 26 个小写字母构成的，也就是哈希码中的任何 1 个字符都有 62 种可能。那么，第 1 位为 0 的概率为 1/62，连续 n 位都为 0 的概率是 $(1/62)^n$。这意味着，如果要求前 10 位为 0，理论上我们就需要进行 8.39×10^{17} 次尝试，这样的计算量是非常巨大的。

可是，这样做的目的是什么呢？说到底就是为了控制添加新区块的速度。我们可以把比特币网络视为一台由众多节点连通组成的超级计算机，所有节点都在同时做一件事——挖矿，以竞争记账权。由于加密哈希函数产生的哈希码是服从均匀分布的，所以我们只要比较整个比特币网络的算力和挖矿难度，就可以估计出在整个网络中添加一个新区块所需要的时间。反过来，通过调整挖矿难度，我们也可以控制比特币添加新区块的时间间隔。

回到前面的"双花"问题，M 之所以能空手套白狼，是因为他能像叛徒指挥官那样同时向不同副官发送不同的交易，造成分布式账本分岔。如果 Q 是 M 的另一个账户，那么 M 会设法在 M→Q 这笔交易所在分支添加更多区块，从而让 M→J 这笔交易因为所属分支的区块高度较低被当作"孤块"取消。这样 M 就能把钱转给自己，并诱使 J 以为收到钱并发货。所以，M 要实现欺诈就必须尽可能连续获得记账权，一旦获得记账权，就会打包新的区块广播到全网，其他节点收到新的区块后就会立即对其进行验证。M→Q 这笔交易之后的新区块可以是网络中其他任何交易，M 只要控制让新区块沿着 M→Q 而不是 M→J 这条分支添加下去即可。对于其他节点而言，无论是沿着 M→Q 还是沿着 M→J 分支添加新区块，都会被认为是"合法"的，我们只能通过比较两条分支的区块高度来解决分岔。

在工作量证明共识中，我们要获得记账权就必须率先算出符合挖矿难度要求的 nonce 值，而这是一个与算力相关的概率问题。M 也可以通过控制多个节点组成"矿池"来合作挖矿，例如不同节点尝试不同的 nonce 值集合，以提高获得记账权的概率。尽管如此，M 实际上还是要用自己控制的节点与全网所有其他节点比拼算力，M 即使能够获得一次记账权，要获取连续记账权的概率仍然非常小。

比特币网络通过调整挖矿难度，将添加新区块的时间间隔控制在 10 分钟左右。这样一来，M 很难做到同时发起两笔交易。不管 M 发起的哪笔交易先被记录，10 分钟后，网络中的节点都会取得共识。当验证第二笔交易时，网络就可以根据前一笔交易清楚地判断出 M 的账户中已经没有钱了，于是拒绝这笔交易。

可见，工作量证明是一种大巧若拙的共识机制，它通过控制添加区块的时间间隔，强行将区块链网络串行化。这一方面解决了一致性问题，另一方面也以概率的方式避免了区块链网络被恶意节点控制，而且加入的节点越多，安全性就越高。为了激励节点参与交易验证，完成记账的节点会获得一定数量的比特币奖励和交易手续费，这一过程也就是比特币的发行过程。

工作量证明的缺点也是非常明显的。首先，这是一种非常低效的模式，而且这种低效是为了获得完全去中心化条件下的安全性而有意为之的。当前比特币网络的 TPS[①] 只有个位数，这大大限制了工作量证明共

---

① TPS 指"每秒事务处理量"（transaction per second），是衡量系统处理能力的重要指标。

识机制的适用场景。此外，为了获得比特币奖励，大量的"矿工"采用武装到牙齿的计算设备组建"矿机"和"矿池"（见图 2-12），这导致巨大的电力资源消耗。通过这种资源消耗获得的比特币，是否具有经济学意义上的价值也是一个引发争议的话题。

图 2-12 "矿机"和"矿池"

资料来源：Raymond P. Extra PCs laying around? Why not mine Bitcoin?[OL]. 2018 [2020-04-15]. https://lifeboat.com/blog/2018/06/extra-pcs-laying-around-why-not-mine-bitcoin.

但无论如何，工作量证明共识机制证明了获得去中心化条件下的系统一致性是可能的。而经过十多年的发展，区块链领域也涌现出诸多具有不同特性的共识机制。有关如何根据具体应用场景，特别是多层次资本市场中典型场景的特征和需求，选择适当的共识机制的问题，我们将在第三章详细讨论。

第四节　智能合约：让协议跑起来

以比特币为代表的各种数字货币是区块链最初的实用场景。在这类场景中，将加密哈希函数、梅克尔树、非对称加密、分布式账本、共识算法等多种技术融合创新形成的区块链技术，满足了可信数据管理在存储可信性、数据处理可信性和访问可信性方面的要求，实现了在去中心化环境下构建信任机制的目标。但是，在数字货币场景中，区块链系统涉及的业务逻辑是相对单一和固化的。[①] 如果我们要将区块链应用到更广阔的场景中，那么区块链技术必须具备处理复杂业务逻辑以及定制化开发和灵活部署业务逻辑的能力。

另一个著名的区块链项目以太坊，首先引入了"智能合约"概念，为区块链带来了革命性的变革。其实，智能合约并不是在区块链之后才提出的新概念，它最早出现在1994年尼克·萨博的论文中："智能合约是执行合约条款的计算机化交易协议，其一般目标是满足通常的合约条件（如支付条款、质押、保密、强制执行等），最小化蓄意或意外违约，最小化对可信中介机构的需求。"尽管智能合约由来已久，但直到区块链技术的出现，智能合约才真正具备实用价值，而智能合约的引入也显著扩展和增强了区块链技术。

以太坊的目的是通过整合并改进脚本、代币[②]、链上元协议技术，让开发者可以创建任何基于共识的应用，并使之具备可扩展性、标准化、功能完备、易于开发和互操作性等特征。以太坊将区块链视为一个状态机，分布式账本中记录的就是系统的当前与历史状态，交易则是导致系

[①] 比特币中也提供了脚本技术用于扩展交易逻辑，但脚本不是图灵完备的，且不具备状态概念，因此只能用于建立简单的一次性交易协议。

[②] 代币通常指比特币的变种。

统状态发生变化的状态转换函数。所以，我们要想在区块链中实现复杂的业务逻辑，首先需要提供灵活定义交易规则和模式的能力，以便描述更复杂的系统状态转换方式；其次还要实现对交易中间状态的存储，使系统状态转换不再是一次性的或者一步的，而是可以根据条件的触发改变执行的内容。这样一来，区块链上可以处理的业务逻辑就不再局限于简单的交易，而是具有合约的性质。

为了实现上述目标，以太坊对其基础层进行了根本性的抽象：在区块链中内置图灵完备的编程语言，允许用户编写智能合约和分布式应用，创建自己的所有权规则、交易模式和状态转换函数。所以，智能合约就是一组程序代码和数据的集合，这一点和普通的软件程序并没有什么不同。但是，智能合约通常定义了涉及合约各方的合同条款，体现了各方的权责和利益关系。智能合约采用加密签名交易的方式部署在区块链的节点上，这体现了合约各方对合约条款的认可。智能合约的执行是由区块链节点在共识机制的协调下进行的，执行过程中立，不受合约任何一方控制，执行结果被合约各方接受。

以太坊为每个用户提供一个智能合约账户，其中包括地址、余额、程序代码和状态四个部分，如图 2-13 所示。地址和余额与一般用户账户类似，地址是账户的唯一 ID，余额是用户的以太币余额，这也使得智能合约可以操作资金。程序代码是经编译后的二进制代码，可在以太坊客户端和节点上运行。智能合约的程序代码与通常的面向对象编程语言中的对象类似，包含了可供调用的函数来执行智能合约的业务逻辑。状态指的是智能合约中所有字段、变量的当前状态，其作用类似于面向对象编程语言中对象的数据成员，二者的唯一区别在于智能合约的状态是可以持久化存储的。

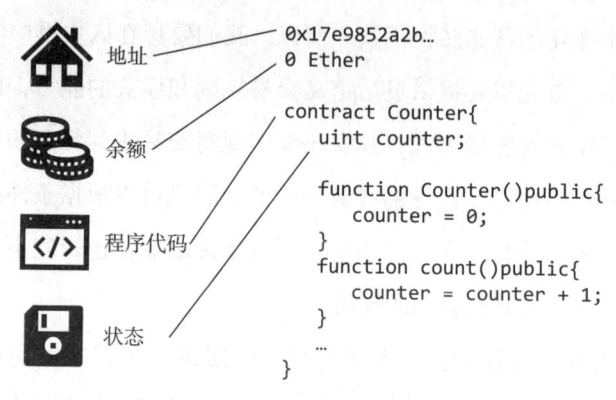

```
            0x17e9852a2b…
地址         0 Ether

            contract Counter{
余额            uint counter;

                function Counter()public{
程序代码             counter = 0;
                }
                function count()public{
状态                counter = counter + 1;
                }
                …
            }
```

图 2-13 以太坊账户示意图

有了智能合约账户，以太坊可以支持三种类型的交易：一是转账，与比特币类似，用户可以从自己的账户地址向目标账户地址转移指定数量的以太币；二是创建智能合约，用户可以向目标智能合约账户发送编译后的智能合约代码；三是调用智能合约，用户可以将智能合约函数名和特定参数传递到指定的智能合约账户，使其执行相应的智能合约函数。

图 2-14 展示了一个智能合约的执行过程。A 和 B 达成了一个借贷智能合约，合约条款涉及日期、市场利率等外部数据。智能合约程序被设计为由外部可信数据源驱动，在收到相应的输入数据后，自动按合约条款生成支付指令。例如，在每月最后一天，智能合约程序收到最新的市场利率数据，就会根据合约条款（此时已被编译为可执行的二进制程序）计算当月 A 应支付给 B 的金额，自动向 A 所在的银行发送指令，并向 B 所在的银行转账。

通过上面这个例子，我们也可以看到智能合约的几个特征。首先，智能合约的自动执行并不是智能合约程序自动发起的，而是由相应的条件和数据触发的。在实际的应用场景中，这些触发条件和数据往往来自区块链外部，这就需要为区块链系统提供可信数据源。在这种情况下，区块链不能做到绝对的去中心化信任，这是扩展区块链应用场景所必须付出的代价。其次，智能合约的执行是中立的，不受合约任何一方或第三方控制。智能合约执行的一致性仍然是由共识机制保证的，但这种中立性仅仅是相对于链上的数据和状态而言的。智能合约在特定共识机制下的运行机制将在第五章介绍。最后，智能合约的自动支付只能采用链上数字资产，如数字货币、代币、通证等。如果用户要采用法币这样的链下支付方式，智能合约就只能向银行、支付机构发送支付指令，但不能保证支付完成。正如在图2-14的示例中，智能合约只能向A所在的银行发送向B所在的银行转账的指令，支付的真正执行是由银行完成的。

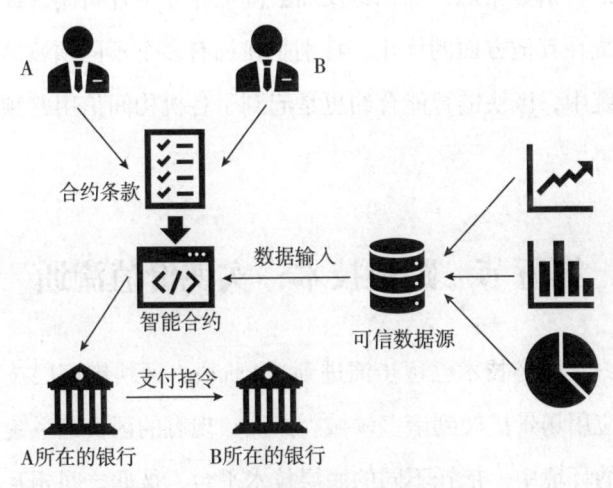

图2-14 智能合约执行示意图

智能合约是区块链从单纯的数字货币领域走向更广阔的应用场景的重要一步，使构建去中心化信任机制这一目标变得更有价值。从可信数据管理的角度来看，智能合约仍然确保了数据处理的可信性，只是数据处理的逻辑可以更加复杂，并具有可定制性。由于智能合约的中间状态可以持久化存储，并可以拥有多个可执行函数，这就使得智能合约不再只是计算机内存中的一次性执行，而是可以根据特定信号执行合约中相应的条款，再将每一次（中间）执行结果保存下来。智能合约这一特性让交易协议不再只是静态的文本，不再完全依赖交易各方的主观执行，而是拥有了一定客观自动执行的能力，尽管这种能力还局限在区块链内部可以管理的数据和可以处理的事务上。

在某些应用场景中，智能合约不可避免地要和链外系统进行数据交换和互操作。在这种情况下，可信任的第三方机构仍然是必需的。这看上去似乎背离了区块链去中心化的初衷，但是我们认为，去中心化本身并不是一个终极目标，而是一种在缺乏可信中心的场景下构建信任机制的措施。如果很多场景引入可信中心解决某些方面的信任问题，例如公共领域的可信数据源，那么这反而会降低建立信任机制的成本和获得区块链系统在其他方面的优化。特别是在拥有多个不同领域信任中心的联盟链系统中，区块链智能合约更是起到了各机构间信用跨领域交换的作用。

第五节　跨链技术：实现价值流通

当前，区块链技术已逐步演进到 3.0 阶段，区块链底层技术平台百花齐放，应用场景扩展到诸多领域。然而，现有的区块链系统大多数运行在独立的环境中，依托不同的底层技术平台，彼此之间相互隔离，这导致了现有区块链平台之间的扩展性和连通性问题。不同区块链网络之间缺乏相互信任和互操作能力，让这些区块链网络如同一个个局域网，制约了区块链在行业生态中的应用。

跨链技术就是一种提供不同区块链之间互操作能力，以及实现信息交互和资产转移的解决方案。从社会意义来说，跨链技术也是实现跨组织、跨行业信用和价值流通的基础。例如，某个从事商品交易的联盟链平台需要利用比特币进行支付，那么在一笔交易中，比特币网络负责用数字货币进行支付，联盟链平台则负责商品的交付，此时就需要两个区块链系统直接实现互操作和价值转移。再如，某个大宗商品交易区块链平台中的数据可以用来支持贸易商获得银行贷款，或参与相关金融衍生品交易，这就需要多个链之间的信息流通。跨链技术适用的典型场景总结如下：

- 便携资产。例如，跨链技术可以将1单位法定数字货币[1]从原始账本中转出，并将其安全地转移到其他区块链，使其用于交易、抵押或其他用途。原始账本对转出资产的所有权有最终决定权，我们要确保任何时候都可将法定数字货币转回原始账本。

- 同步支付和银货交收。它们也被称为"原子交换"（atomic swap），其中atomic取其希腊语中的原意"不可分割"，指的是两笔交易要么都发生，要么都不发生。假设用户X和Y都在区块链A和B上拥有账户，用户X可以将区块链A上的数字资产转给用户Y，以换取用户Y将区块链B上的数字资产转给用户X，要确保两笔交易的原子性和安全性。

- 跨链数据库[2]。假设一个区块链系统中的智能合约需要在某个地址上执行操作，那么它需要另一个区块链系统上的数据库来确认这一地址的唯一有效性。注意，被读取的这个区块链不会改变此类互操作事件的过程。

- 资产担保。它可以锁定绑定在区块链X上的资产A，而锁定条件取决于区块链Y上的活动。相关场景包括留置权和金融衍生品中的担保交易、破产追索、司法冻结，以及其他涉及安全抵押的

---

[1] 法定数字货币指假设的有政府背书的数字资产，例如央行数字货币。
[2] Oracle是最常用的商用数据库之一。

场景。

- 通用跨链合约。它可以让智能合约实现跨链互操作。例如，在区块链 X 上派发股息，而资产的所有权却注册在区块链 Y 上。

不同区块链底层技术平台在安全机制、共识算法、网络拓扑、交易验证逻辑、智能合约开发技术和运行机制等方面存在差异。基于相同底层技术平台的区块链系统之间的跨链称为同构跨链，否则称为异构跨链。前者实现跨链交互相对简单，后者相对复杂，并且往往需要借助第三方辅助机制。目前，主流的跨链机制包括公证人机制、侧链（中继链）、哈希锁定等。

一、公证人机制

公证人机制又称见证人机制，是实现跨链最简单灵活的方式，其主要思想是为不能直接互操作的两个区块链系统引入一个或多个共同信任的第三方，即公证人。对于需要连接的两个区块链系统，公证人必须是全功能节点，也就是存储了完整账本并运行所有软件（包括智能合约）的节点，以便可以及时抓取交易，并拥有整个交易集合的完整视图。

图 2-15 展示了一种采用单个公证人的同步交易过程，这里的交易所担任公证人，可以实现比特币和以太币之间的兑换交易。假设 A 希望以 1 比特币兑换 20 以太币，同时 B 希望以 20 以太币兑换 1 比特币，A、B 和交易所在比特币网络和以太坊网络均有账户。首先，A 可以将要交易的 1 比特币转入交易所的比特币账户地址，并挂出 1 比特币兑换 20 以太币的交易委托；而 B 也可以将 20 以太币转入交易所的以太坊账户地址，并挂出 20 以太币兑换 1 比特币的交易委托。然后，交易所负责撮合 A 和 B 之间的交易，并从自己的账户地址转出 1 比特币到 B 的地址，转出 20 以太币到 A 的地址。

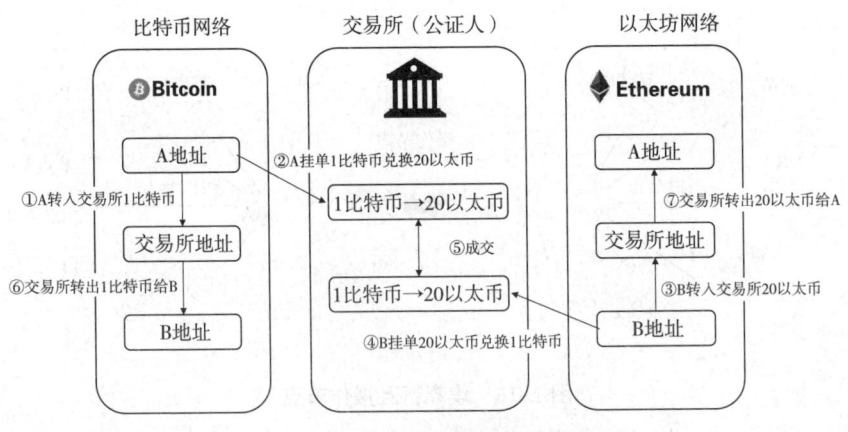

图 2-15 公证人跨链机制示意图

采用单一公证人模式的最典型跨链解决方案是埃森哲（Accenture）的"互操作节点"，其目标包括：两个或多个分布式账本上的资产和数据状态的同步一致性；跨越多个分布式账本的全生命周期数据的审计、跟踪和验证；可以将对数据元素的控制从一个分布式账本平台转到另一个，并确保其唯一性和状态保持一致；所涉及的分布式账本系统不必修改其原有结构。埃森哲的方案就是，在所有需要交互的分布式账本系统中，各设置一个可信的互操作节点，并赋予其适当的认证和访问控制权限，如图 2-16 所示。埃森哲提供了一组跨链融合协议，以匹配两个或多个分布式账本系统的业务规则、策略、标准和监管，从而在互操作节点中实现"资产锁定"和"防止双花"机制。目前，埃森哲已实现 R3 Corda 与 Digital Asset、Hyperledger Fabric 与 Quorum[1] 等区块链项目之间的互操作。

---

[1] Quorum 主要用于构建许可制区块链，包括联盟链、私有链，支持 RAFT（一种共识算法）、IBFT（伊斯坦布尔拜占庭容错）、权威认证三类不需要"挖矿"且效率高的共识机制。

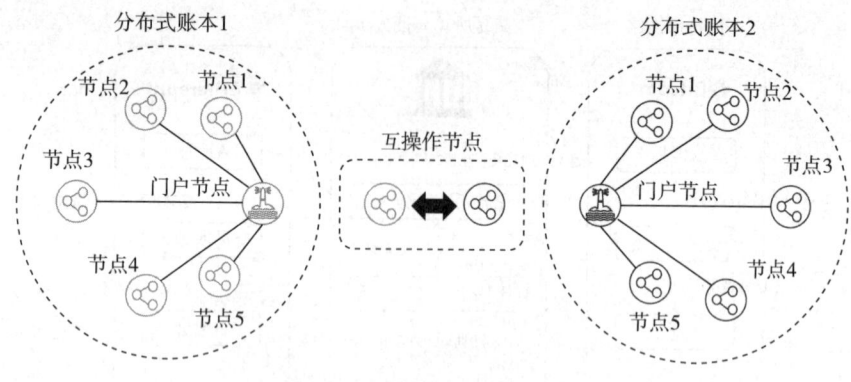

图2-16 埃森哲互操作节点

资料来源：Treat D, Giordano G, Schiatti L, et al. Connecting Ecosystems: Blockchain Integration, Accenture White Paper[OL]. 2018[2020-04-01].

公证人机制的另一种模式是"多重签名公证人"，也称联盟模式，即依靠多个独立的托管人，每笔交易在区块链网络上广播前，必须经过大多数托管人的验证和签名。瑞波币（Ripple）的Interledger（跨账本）协议是多重签名公证人的典型代表。为了实现多个公证人之间的一致性，Interledger采用了一种拜占庭容错共识机制，在此基础上对交易签名并完成交易。也就是说，Interledger作为一种实现区块链之间互操作的解决方案，其本身也采用了区块链技术。

Interledger上的一次支付会包含在多个分布式账本之间的多次子交易。如果不能完整地执行整个交易，它就会导致一个或多个参与方产生损失。因此，Interledger必须确保交易的"原子性"，也就是我们前面提到的原子交换，一个交易的组成部分要么全部被执行，要么全部被终止。Interledger采用"两阶段提交"协议来实现交易的原子性，第一阶段是交易的所有相关方表明自己是否同意这笔交易，第二阶段是根据交易是否得到一致同意执行或拒绝这笔交易。

图2-17展示了Interledger上的一个支付链，其中参与者集合P包含n个参与者，账本集合L包含$n-1$个账本。参与者p_1是交易的发送

者，p_n 是交易的接收者，其他参与者属于连接器集合 C，$\{p_i \in C | C \subset P, 1 < i < n\}$。支付链包含完成整个交易的所有子交易集合 B，每个子交易 $b_i \in B$ 由两个参与者 p_i 和 p_{i+1} 在账本 ℓ_i 上进行，总共有 $n-1$ 个子交易。发送者 p_1 在账本 ℓ_1 上拥有账户，接收者 p_n 在账本 ℓ_{n-1} 上拥有账户，每个连接器 $p_i \in C$ 在账本 ℓ_{i-1} 和 ℓ_i 上拥有账户，这样交易链上相邻的两个参与者就能在对应的账本上完成一个子交易。

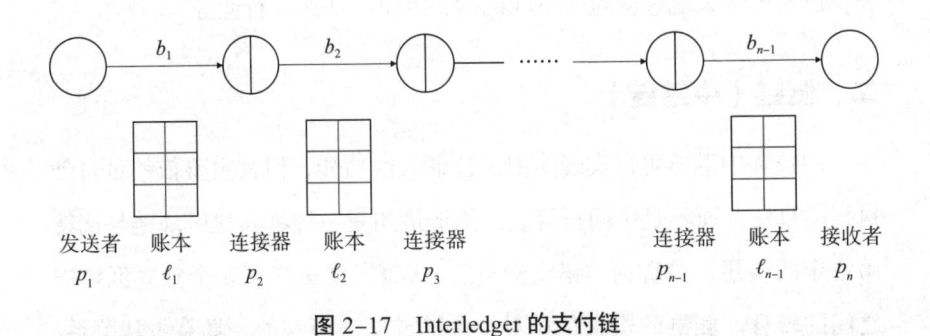

图 2-17 Interledger 的支付链

资料来源：Thomas S, Schwartz E. A Protocol for Interledger Payments[OL]. [2020-04-02].

为了保证交易的原子性，整个交易链上的子交易都要经过一组公证人验证，采用拜占庭容错算法来协调公证人的一致性，实现各子交易的同步执行，并确保发送者在交易完成后可以收到接收者的经数字加密签名的确认信息。在 Interledger 中，每个子交易的交易环节都有一组特定的公证人，但不需要一组全局的公证人。

公证人机制非常灵活，由于公证人是作为原区块链系统节点存在的，并通过智能合约、DApp 和 API（应用程序编程接口）实现与外部系统的数据交互和互操作，所以原区块链系统无须进行技术改造，这不影响原区块链系统自身的技术迭代。如果我们采用公证人机制实现跨链，那么不同区块链系统之间便是松耦合甚至无耦合的，并且我们无须考虑区块链系统底层技术的差异。公证人机制的主要缺点在于中心化风险,特别是在单一公证人模式下,公证人不可避免地成为信任中心。多重签名公证人模式的情况要略好于单一公证人模式,但仍然存在多个公证人相互勾结的风险。因此,公证人数量一般在 10 到 30 之间比较合适。如果公证人数量过少,那么公证人容易串通"作恶",交易的安全性较低。如果公证人数量过多,公证人效率就会比较低,并且我们难以监控公证人的行为。在公证人的选择方面,我们还应注意公证人本身的信誉,以及公证人能够覆盖的不同机构、组织、地区、行业等。

二、侧链(中继链)

侧链和中继链可以实现类似于公证人的功能,但其主要依赖可自动执行的算法,而不是中间托管人。侧链最初是一种将其他区块链与比特币锚定的构想,被称为"锚定侧链",从而实现资产在多个独立区块链之间的转移。侧链的概念是相对于主链或父链而言的,具有主从关系。侧链的最初目的是,实现其他区块链与比特币的资产转移,在比特币网络(主链)中锁定资产,同时在其他区块链系统(侧链)中释放等价的资产,也可以反过来在其他区块链系统中锁定资产,在比特币网络中释放资产,这被称为"双向锚定"。这样就可以以比特币为基础(例如将比特币作为支付手段),在其他区块链系统中实现比特币网络中没有的功能,从而实现比特币的功能扩展。由于侧链这一概念主要侧重于资产转移,而不涉及其他互操作功能,所以维塔利克·布特林舍弃了"侧链"这一术语,改用"中继链"来代替。同时,中继链也弱化了侧链的主从关系,并将两条需要连接的区块链视为"平行链"。

假设一个在区块链 B 上执行的智能合约需要知道,区块链 A 上的一个特定事件是否发生,或者区块链 A 上的一个特定对象是否在某个特定的时间点具有一个特定的值。如果区块链 A 采用与比特币、以太坊类似的设计,具有区块和区块头的概念,区块头以数字加密签名的方式"代表"了对应的区块（如同我们在前文介绍的，区块头包含了区块数据的哈希码），那么我们可以在区块链 B 上创建一个智能合约，它可以获取区块链 A 的区块头，并使用区块链 A 共识算法的标准验证过程来验证区块头。

图 2-18 展示了区块链 A 和区块链 B 之间的一次跨链交易过程。在区块链 B 上，X 要用区块链 A 上的资产支付给 Y。这在跨链操作中很常见，例如区块链 A 是一个数字货币平台，区块链 B 是一个交易平台并将区块链 A 作为其支付手段。在采用侧链（中继链）技术时，区块链 A 和 B 上的智能合约可以实现互操作。当 X 在区块链 B 上发起向 Y 的支付时，区块链 B 的智能合约首先在区块链 A 上发起一笔交易，将属于 X 的数字资产转移到锁定账户中。为了确保交易的原子性，此时智能合约采用区块链 A 上的共识算法验证交易并等待结果。所以，我们看到，发起的锁定交易是在区块链 A 的 #16527 区块上进行的，在等待交易确认过程中可能还有其他区块加入区块链 A，确认完毕时的区块已经是 #16528 了。这时智能合约会在区块链 B 上创建等值的新资产，并将其放入 X 在区块链 B 上的账户。

接下来，区块链 B 的智能合约将 X 账户上新创建的资产转入 Y 账户，再将 Y 在区块链 B 上的数字资产转入区块链 A 上。接着，智能合约将 Y 收到的资产在区块链 B 的账户上销毁，然后在区块链 A 上发起一笔交易，将等值的资产从刚才的锁定账户解锁到 Y 在区块链 A 上的账户。

侧链（中继链）与公证人机制的最大区别在于，前者不再像后者那样依赖一个或多个信任中心，而是赋予一个区块链系统的智能合约访问另一个区块链系统的能力，并直接利用了区块链数据本身的"自验证"能力，包括哈希校验规则和共识机制，以保障跨链互操作的安全性。因此，侧链（中继链）可以完全避免公证人机制的中心化风险，同时还具

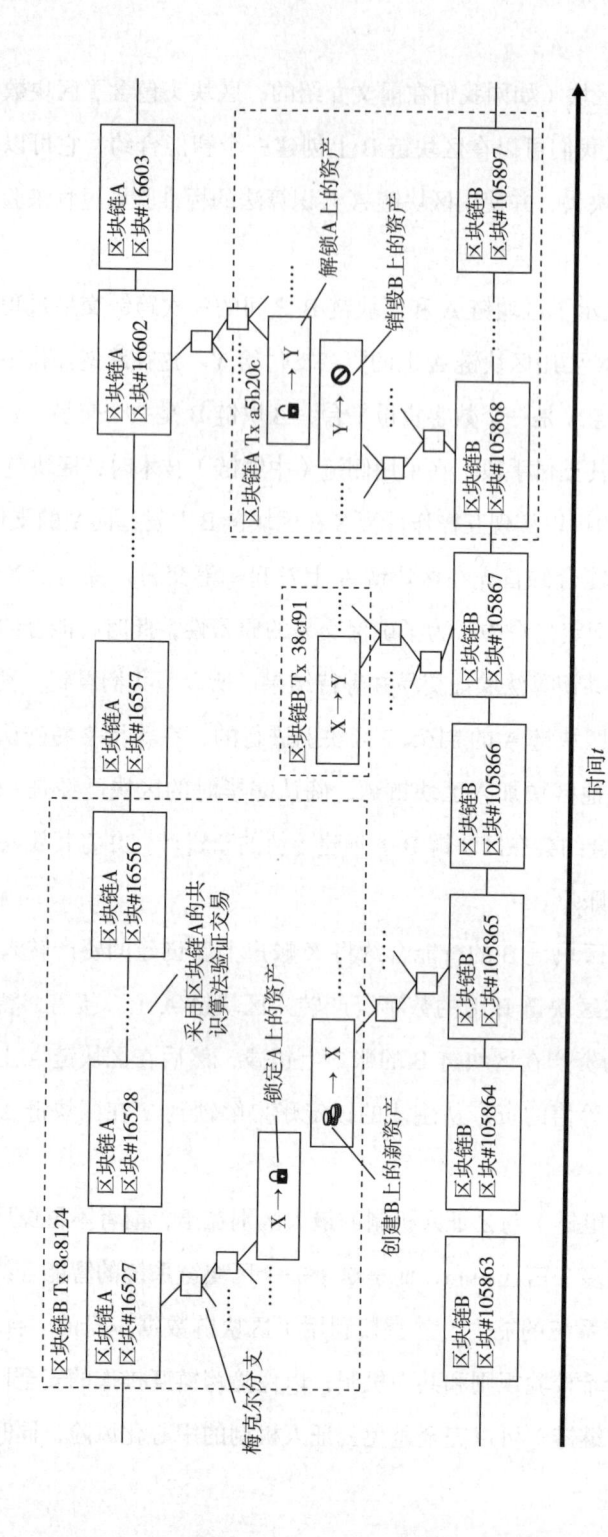

图 2-18 采用侧链（中继链）的跨链资产转移

备强大的功能，包括实现资产转移、原子交换和其他复杂功能。但我们也应看到，侧链（中继链）会导致侧链与主链之间、平行链与平行链之间的紧耦合，技术复杂性较高，功能扩展性较低。侧链（中继链）的典型代表是 BTC Relay（比特币中继）和 Liquid（比特币侧链网络）项目。BTC Relay 用以太坊智能合约读取比特币区块链，从而具备跨链数据库的功能。Liquid 由 Blockstream 公司开发，其目的是让特定应用领域的联盟链系统作为比特币网络的侧链，让联盟链可以使用比特币完成交易支付。目前，Liquid 已支持 9 个国家的 20 余个联盟链系统。

三、哈希锁定

哈希锁定的全称为"哈希时间锁定合约"，最早出现于闪电网络，其特点是在降低区块链之间耦合度且不需要公证人参与的情况下，实现跨链原子操作。哈希锁定协调两个区块链之间的交易是依靠相同的数据触发器来实现的，这样的数据触发器被称为"密钥"、"私钥"或"原像"。

假设 A 以 1 比特币与 B 兑换 20 以太币[①]，那么我们需要在比特币和以太坊两条区块链中设置哈希时间锁定合约（智能合约），然后执行图 2-19 中的步骤。

① A 生成 1 个随机字符串 s，并用哈希加密函数计算其哈希码 $h=\text{hash}(h)$。

② A 将哈希码 h 发送给 B。

③ A 在比特币网络中锁定 1 比特币并通知 B，此时 A 开始记录时间并等待 B 申索资产，超时时间为 $2x$ 秒。

④ B 看到 A 锁定的 1 比特币资产。

[①] 本例中的交易价格是以市场价格达成的，与前文中的示例有一定差异，价格波动会影响兑换比例。

⑤B在以太坊网络中锁定20以太币资产，此时B开始记录时间并等待A申索资产，超时时间为 1x 秒。

⑥A用密钥 s 申索资产，B可通过哈希函数校验。如果密钥正确且在时限 1x 秒内，20以太币则被转至A账户；否则，资产将被退还给B。

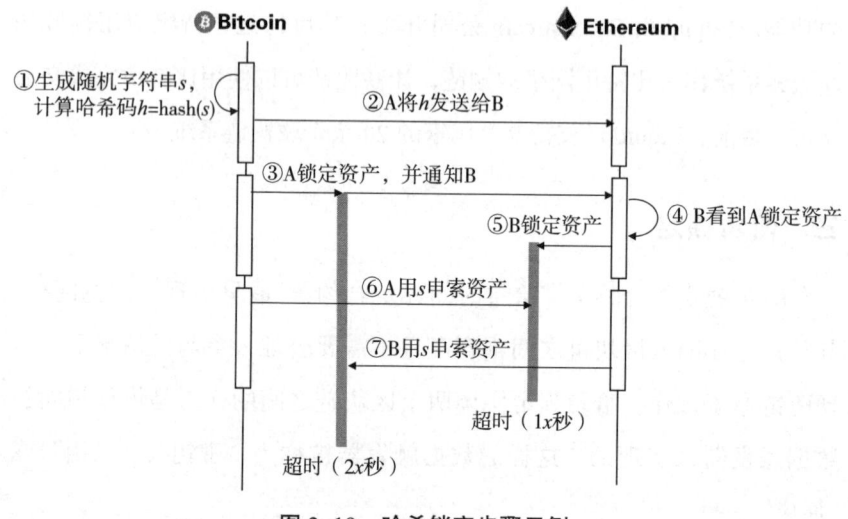

图 2-19 哈希锁定步骤示例

⑦B用从A收到的密钥 s 申索资产，A也可通过哈希函数校验。如果密钥正确且在时限 2x 秒内，1比特币则被转至B账户；否则，资产将被退还给A。

上述过程可以确保原子性。如果A在 1x 秒内提供密钥 s，那么B至少也有 1x 秒的时间窗口来申索资产。如果A出现错误或提供密钥太迟，那么这可能会导致双方无法恢复其资产，但这是交易双方自身的错误，且很容易避免。如果A在 1x 秒到 2x 秒之间提供密钥，那么A会因为超时而无法获得其资产，而B仍然可以得到其资产，但这还是由A的自身错误导致的。如果A在 2x 秒之后才提供密钥，则交易失败，A和B的资产都会退回原来账户。如果A没有锁定其资产，那么B也不会锁定其资产；反过来，如果 B 没有锁定其资产，那么 A 可以不提供密钥，从而退回自己锁定的资产。

需要注意的是，在交易价格波动较大的情况下，哈希锁定仍然可以保证交易原子性，但并不能完美地保证金融安全。A 可以先等到 $0.5x$ 秒的时候提供密钥，由于此时 B 已经锁定资产，这就相当于给了 A 一个选择权：仅在价格变动方向对己有利时，A 才发送密钥给 B。这是由于哈希锁定中的主动权其实是掌握在邀约方（本例中的 A）手里的。

在确保交易原子性方面，哈希锁定不必依赖公证人的介入，不存在中心化风险；同时也不必像侧链（中继链）那样需要让两条区块链的智能合约实现互操作，避免了不同区块链系统之间的紧耦合。但是，哈希锁定只能用于原子交换这一目的，不能实现跨链数据库或便携资产。哈希锁定之所以不能用于跨链数据库，是因为对于被读取的区块链来说，这本质上是一个被动操作，而哈希锁定本质上是两条链上的主动操作。比如在上例中，两条链上的交易双方都有交易意愿才能主动进行哈希锁定的相关操作。哈希锁定不能用于便携资产的原因则更为微妙：哈希锁定的原子交换协议隐含了一个条件，那就是两条链上的两种资产总量是不变的，只是从一个账户到了另一个账户；而便携资产则是将一条区块链上的资产转移到另一条，从而导致前者资产总量减少、后者资产总量增加。

我们可以看出，不同的跨链技术具有不同的优势和劣势，我们应该根据具体的应用场景来进行相应的技术选择。在追求功能扩展性、效率和系统间低耦合时，如果应用场景中具备可靠的信任中心，那么公证人机制是最合适的。如果需要实现互操作的两条区块链具有相同或相似的底层技术，并且智能合约的跨链互操作易于实现，那么采用侧链（中继链）可以有效避免中心化风险。如果应用主要针对原子交换这样的目标，那么哈希锁定的优势更为明显。

第六节　BaaS：让区块链触手可及

区块链技术是一种融合技术，正如我们在前面已经看到的，构成区块链的基础技术包括加密哈希函数、梅克尔树、带有时间戳的分布式账本、共识机制、非对称加密等，区块链技术具有较高的复杂性。随着区块链扩展到更广阔领域的应用场景中，区块链的技术路径越来越复杂，特别是在共识机制、智能合约、跨链技术等方面发展出越来越多的分支。在构建区块链系统时，不同的技术决策会使系统在节点构成、权限模型、安全性、去中心化程度、功能扩展性、外部访问和跨链互操作等方面呈现出明显不同的技术特征。特别是由于区块链和传统中心化解决方案的显著差异，区块链技术应用往往伴随着全新的业务模式，所以技术决策还应综合考虑成员构成、协作机制、数据治理、业务流程、交易模式、监管规则等与应用场景相关的要求。这些特点使得区块链系统在设计、研发、部署、运维和升级扩展方面都具有较高的技术门槛。

如何让更多的用户快速开展区块链实践（从构建原型到不断尝试、迭代，最终演化为生产力系统），是促进区块链走向大规模社会应用的关键。BaaS可以在这方面扮演重要角色。BaaS的中文全称为"区块链即服务"，我们从名称上就可以看出这是一种区块链与云计算相结合的技术。典型的云计算服务类型分为"基础设施即服务"（IaaS）、"平台即服务"（PaaS）、"软件即服务"（SaaS），自下而上依次为用户提供CPU（中央处理器）、内存、磁盘、网络等硬件资源，操作系统、数据库、开发工具等系统平台，以及应用软件、网络服务等软件。云计算的所有软硬件资源均以服务形式提供，用户不必进行控制、管理或运维，不用关心底层技术问题，只需根据自身需要使用。BaaS也是由服务商提供的基于云计算技术的区块链基础设施服务。通过BaaS平台，用户可以不关心区块链底层技术，只需对节点构成、共识机制进行适当配置，并根据需要开发智能合约和DApp，即可实现一个定制的区块链系统。

　　一个区块链系统通常可以分为基础设施层、数据层、网络层、共识层、服务与合约层、应用层六个层次，如图2-20所示。其中涉及硬件资源管理的基础设施层，构成区块链数据管理的数据层，以及实现区块链节点间通信的网络层，均与具体应用场景特征相关性较小，不同的区块链系统在这三个层次的技术差异也较小。因此，这三个层次适合作为BaaS向用户提供，由服务商负责其开发、管理、维护，用户在构建区块链系统时无须关心其细节。共识层提供区块链共识机制，对区块链系统的技术特征有决定性作用。用户和开发者通常难以自行开发共识机制，服务商可提供一些典型的共识机制，以供用户选择和配置。服务与合约层、应用层的相关组成部分与区块链系统的应用场景、业务逻辑密切相关，也是用户关注的重点。BaaS服务商可提供相应的编程接口、程序设计语言、开发工具，以帮助用户完成定制化开发。

应用层	DApp　网络服务　数据分析　外部接口
服务与合约层	数字资产　钱包　智能合约
共识层	工作量证明　权益证明　实用拜占庭容错　权威认证
网络层	P2P网络
数据层	$\{0,1\}^*\rightarrow\{0,1\}^n$ 哈希函数　梅克尔树　数字签名　分布式账本
基础设施层	计算资源　存储　节点　云服务

图2-20　区块链层次模型

最早的 BaaS 源自 2015 年微软与 ConsenSys 合作在微软 Azure 云平台上引入以太坊区块链技术。此后，微软持续与许多区块链开发组织、开源社区开展合作，经过几年的发展，Azure 已成为成熟度最高、影响力最大的 BaaS 项目之一。目前，Azure 云平台提供的区块链产品和服务包括以下几个方面。

- Azure 区块链服务。Azure 区块链服务是一项完全托管的账本服务，用于创建、管理和扩展大规模区块链网络。通过 Azure 区块链服务，用户不必关注区块链底层细节，可以专注于业务逻辑和应用开发。Azure 区块链服务的目标是支持多种账本协议，当前主要使用 IBFT 共识机制为以太坊 Quorum 账本提供支持。

- Azure 区块链令牌。Azure 区块链令牌是由微软及其合作伙伴以令牌分类倡议组织所开发的标准为基础构建的。用户可以在 Azure 中轻松定义、创建和管理合规的令牌，并可在交易各方之间更安全地转移、交易、销毁或铸造令牌，而不考虑账本选择。这实际上是一种区块链数字资产管理和跨链资产交换的标准框架。

- Azure 区块链工作台。工作台用于在 Azure 云端简易快速地构建区块链应用原型。用户可以使用预生成的网络和基础结构来简化区块链应用开发和试验；可以将云服务和消费型应用与区块链集成，加快价值实现速度；可以利用 Azure 开放、可信和覆盖全球的特点实现创新。

- Azure 区块链开发套件。这是微软提供的一整套区块链开发工具，符合微软一向"对开发者友好"的特点。这组套件包括：Azure 区块链服务和工作台的管理；区块链与多种数据库的连接，以及支持使用 SQL 语言查询区块链数据；与 Power BI 这样的商业智能数据分析工具对接；智能合约和 DApp 的开发；等等。大部分工作都可以在开发人员比较熟悉的 Visual Studio 集成开发环境中完成。

可见，微软 Azure 上的 BaaS 产品已经比较完善。Azure 区块链服务是构成区块链系统的基础部分，涵盖了从基础设施层到共识层的完整构件。Azure 区块链令牌为数字资产的管理与交易提供了专门的解决方案。Azure 区块链工作台让用户可以从区块链底层技术中脱离出来，完全专注于业务逻辑在智能合约、DApp 中的实现，通过构造原型和快速迭代形成生产系统。Azure 区块链开发套件则是开发者的有力工具，大幅提高了区块链系统的开发效率。在微软 BaaS 中构建区块链系统的典型流程分为三个步骤：登录和管理区块链网络，包括部署联盟链网络和账本，邀请成员和设置权限等；开发、验证、部署智能合约，将业务逻辑数字化；创建和扩展区块链 DApp，连接外部软件和数据库，投入实际应用。

目前，微软 BaaS 中已经提供或正在尝试的区块链技术框架包括以太坊、Hyperledger Fabric、R3 Corda 等，典型用户有通用电气、J.P. 摩根、纳斯达克、星巴克、新加坡航空等。微软 BaaS 已成为面向商业领域实现区块链应用的典型通用平台。

除微软外，越来越多的区块链和云计算巨头企业也开始提供 BaaS 产品。亚马逊推出的 Amazon Managed Blockchain 是一项完全托管的区块链服务，支持 Hyperledger Fabric 和以太坊开发框架。亚马逊还提供了一个完全托管的分类账本数据库（QLDB），它可以作为区块链数据的不可变副本，帮助用户在链外分析区块链网络的活动。其他重要的通用 BaaS 产品还包括 IBM Blockchain、Oracle Blockchain Platform、SAP Blockchain Applications and Services，以及国内的阿里区块链服务和腾讯云区块链 TBaaS，等等。值得注意的是，这类通用 BaaS 的区块链技术

111

框架大多以 Hyperledger Fabric 为主，主要面向联盟链和私有链，部分服务商针对数字资产、股权交易、知识产权、供应链金融、商品溯源等场景应用进行了优化。大部分 BaaS 服务商还是将区块链服务作为其云计算服务中的一个类别，对区块链底层技术以拿来主义为主。特色相对鲜明的是 SAP（思爱普）的 BaaS 产品，尽管其区块链技术框架仍然是 Hyperledger Fabric，但 SAP 将 BaaS 构建在其 SAP HANA 数据管理套件上，使用户可以直接对区块链上的海量实时业务数据进行查询分析。由于 SAP 本身在供应链、制造、运输、医疗、制药等广泛领域占据重要地位，所以 SAP 在区块链的场景应用方面无疑具有丰富的经验和明显的优势。

从区块链技术与应用的发展角度来看，BaaS 是推动区块链进入大规模社会应用阶段的重要一环。正是 BaaS 大幅降低了采用区块链技术的门槛，才使得更多的企业、机构、组织开展区块链技术实践，并尝试在去中心化信任机制的基础上创造全新的商业模式。这一过程将有力促进区块链在不同行业、领域中发挥革命性作用，并最终形成共识、协作的全新商业生态。

第三章
区块链设计原则：场景决定形态

区块链天然是一种构造交易基础设施的技术。当前，区块链的典型应用场景包括数字货币、供应链金融、知识产权、跨境支付、资产数字化等，大多数与交易密切相关。区块链技术的核心价值在于构建去中心化信任机制，但这是在性能、可扩展性方面付出巨大代价才获得的。在进行有关交易基础设施建设的技术决策时，我们应该充分考虑解决方案的成本收益关系，特别是对市场组织方式和运行机制造成的影响。因此，在应用区块链技术之前，我们必须要解决几个问题：一是特定场景下区块链的适用性；二是在特定场景下应该选择哪种类型的区块链系统，区块链节点如何构成，用户权限如何设计；三是区块链系统在运行中会产生大量的交易数据，这些数据的所有权应该属于谁，这些数据应该如何充分发挥价值。

在多层次资本市场体系中，场内市场目前已经具备比较成熟的市场组织方式和运行机制，传统的中心化解决方案与场内市场的特征是相匹配的；而场外市场则天然具有去中心化特征，并且当前在交易效率、市场透明度、风险管理和监管等方面仍存在许多痛点，是区块链的合适应用场景。但不同类型的场外市场在功能定位、投资者结构、交易品种、交易模式、结算模式、风险管理和监管要求等方面都具有其特殊性，我们在区块链技术的应用方式上需要具体问题具体分析。在本章中，我们主要讨论基于区块链技术构建交易基础设施的一般设计原则，以及技术系统与市场组织方式和运行机制之间的关系。

第一节 区块链适用场景的特征

资本市场在长期演进过程中早已形成复杂的交易基础设施体系，那么基于区块链技术构造的交易基础设施究竟有哪些不同，可以带来哪些价值，又适用于哪些场景呢？

在资本市场中，"交易基础设施"的广义概念通常包括交易场所、经纪商、存管机构、清算机构、信息服务、技术服务等。资本市场交易基础设施的这些组成部分，构成了整个交易链条的信任机制。在比较成熟的场内市场，交易所是最典型的交易场所，整个市场围绕着交易所组织起来。交易所通过会员制、会员保证金、交易席位等方式来确保交易安全性，通过集中撮合交易和做市商交易制度实现交易和价格发现，同时还为市场提供行情数据，为交易结算提供清算数据。经纪商作为交易所会员，为客户提供交易和相关技术服务，将客户交易订单报送到交易所并传回成交回报。存管机构负责集中管理交易资金和证券，清算机构负责盘后的清算与交收，两者共同确保交易结算的安全。信息与技术服务则保障了市场的透明度，提高了交易流程的执行效率。

基于区块链技术构造的交易基础设施与传统场内市场交易所模式在多方面存在显著差异。区块链可以在不依赖信任中心的情况下确保交易安全，并且对交易品种、交易机制的标准化程度要求较低。区块链系统和传统的中心化数据库，都是以数据的形式来表示金融资产的。但两者的区别在于，传统中心化数据库记录的金融资产数据是一种与所有权相分离的数据，理论上用户只要拥有足够的权限就能对其进行修改，因此需要托管机构这种具有公信力的机构来进行管理；区块链系统记录的金融资产数据则直接与所有权捆绑在一起，并将其置于区块链所有节点的共同监督之下，只能在区块链共识机制的认证下才能改变所有权，交易双方或第三方均不能干预其执行。巴曙松等在《区块链新时代：赋能金融场景》中提出，区块链使互联网从传递信息升级到传递价值，也被称为"价值互联网"，可以实现信用机制的颠覆，重构金融生态和金融设施。这就使得区块链系统上发生的交易可以不再依赖交易所、存管机构、清算机构等，也就是实现了交易的去中心化和去中介化，整个区块链网络就是一个大市场。

在去中心化和去中介化后，交易可以在任意两个市场主体之间直接发生。利用区块链网络的P2P广播机制，我们可以实现交易订单在区块链节点之间的传递，既可以将订单发送到指定节点，也可以在全网进行广播。以图3-1为例，假设P在区块链网络上就一笔交易发起广播，其中F_2、F_4、F_6对这笔交易做出报价，最后P选择与F_2成交。我们可以看出，这是一种类似于场外市场询价交易的模式，代替了交易所的集中撮合交易和做市商交易机制，并且更具灵活性。两个市场主体可以就一个特定的交易标的直接协商，而与其他市场主体无关，因此交易品种可以不再要求是标准化的。

P广播询价　　　　　F_2、F_4、F_6广播询价　　　　　P选择与F_2成交

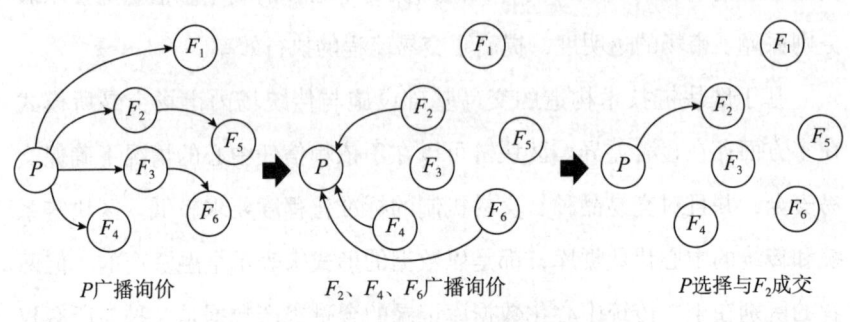

图3-1　区块链上的广播询价过程

区块链也可以保障双边交易结算的安全性，交易资产可以直接在链上发生所有权转移，这也为交易带来了极大的灵活性。首先，清算交收环节不再需要清算机构集中进行轧差清算，这可以实现安全的双边直接

清算，也就是从清算角度也不必要求交易品种是标准化的。其次，清算交收的时间可以根据需要灵活定义。例如，权益或商品现货交易可以选择立即结算，而债券或衍生品可以通过区块链智能合约技术，实现合约存续期内多次不同方向的复杂支付或交付流程，甚至市场也无须再区分开盘、收盘时间，可实现 7×24 小时连续交易。

我们可以看出，基于区块链技术构造的交易基础设施可以实现对传统交易基础设施中大多数组成部分的取代，并可以提供极大的灵活性，降低在交易品种、交易流程、结算流程方面的标准化要求。当然，这并不意味着基于区块链技术构造的交易基础设施不能支持标准化的交易模式，但是否真的要这样做需要多方面权衡。其中比较重要的问题有两个：一个是交易效率，另一个是市场的价格发现功能。

在谈及区块链系统的交易效率时，不同的文献中常常会出现看似矛盾的表述：有的强调采用区块链技术可以有效地提升交易效率，降低成本；有的又和传统的中心化数据库做比较，认为效率和性能是区块链系统的主要缺陷。这实际上是因为这些文献在问题的不同方面采用了不同的对比参照对象。所谓区块链提高交易效率和降低成本，是相对于原来人工操作环节多、自动化程度低的复杂业务流程而言的。这类流程往往发生在不同机构或组织之间，流程标准化程度低，差异化处理多，且不同机构或组织的技术系统的数据表示和接口定义不一致，从而导致自动化程度低，人工操作环节多。在这类场景中，利用区块链技术实现跨机构、跨组织的去中心化信任机制以及智能合约技术的高度灵活性，可以有效提高业务流程自动化水平和交易效率。但对于原来已经实现高度自动化和标准化的场景来说，区块链技术需要对每一笔交易乃至每一次数据操作进行多方验证，势必在性能和交易效率上处于劣势。当前，场内交易所市场典型的技术系统的 TPS 普遍达到百万级，而采用工作量证明共识机制的比特币系统的 TPS 仅在个位数。尽管目前市场已涌现出许多新的共识机制,并且大幅提高了区块链系统的处理性能,但它们仍然很难达到中心化技术系统的性能水平。

资本市场中的"价格发现"是指确定一项特定资产、证券或商品的正确价格的过程。价格发现与估值不同,估值主要采用模型驱动机制,而价格发现主要采用市场驱动机制。价格发现的过程涉及一系列有形或无形的因素,如供求关系、投资者风险偏好、宏观经济情况、地理环境等。其中,最为重要的供求关系又与投资者结构、市场流动性、信息传播速度密切相关。从资本市场价格发现的功能来看,只有市场公认的相同品种的价格比较才有意义,因此价格发现主要针对标准化的交易品种。场内市场交易的主要是标准化品种,由于市场流动性好,价格形成机制可以确保获得连续的行情数据;而场外市场的投资者在进行非标准化品种的定价时,通常是通过交易场内市场相关的标准化品种形成对冲头寸来完成的,因此我们可以认为,资本市场的价格发现功能主要是通过场内市场实现的。

我们通过区块链系统和传统交易基础设施的比较可以看出,区块链适用于那些缺乏信任中心来构建传统信任机制的跨机构、跨组织交易场景,典型的就是采用询价交易模式的场外市场。区块链对于非标准化品种的复杂事务处理具有核心优势,可以有效地提升交易效率和市场透明度,例如具有复杂风险收益结构的衍生品。而对于场内市场标准化品种的交易,区块链并非无法处理,但它并不能带来明显超越传统中心化模式的优势,并且在系统性能、交易效率、价格发现方面存在劣势。表3-1对比了区块链系统与传统中心化交易基础设施在交易各环节适合采用的处理模式。

巴曙松等在《区块链新时代:赋能金融场景》中列举区块链在金融领域中的典型场景包括:贷款调查、审查、贷后管理、首次公开募股、存管、清算交收,提高资产管理透明度,供应链金融,财产权登记,票据业务，大宗商品交易，保险流程与监管，跨境支付，征信，数字货币，等等。当前，这些领域的痛点都集中在数据治理水平低，数据真实性难以保证，难以建立起跨机构、跨组织的信任机制，业务流程复杂，操作风险高等方面。如果我们把讨论范围从广泛的金融领域缩小到资本市场领域，那么银行间债券市场、场外衍生品市场、大宗商品市场、区域性股权市场等都是适合区块链技术应用的场景，这也是本书后续重点讨论的内容。

表 3-1　区块链与传统中心化交易基础设施在交易各环节适用处理模式对比

	区块链交易基础设施	传统中心化交易基础设施
信用来源	技术机制	拥有公信力的机构
市场组织	基于市场参与者共识组织	由权威机构组织
交易品种	可定制的非标准化品种	标准化品种
存管方式	分布式账本	存管机构
交易模式	询价、报价交易	集中撮合或做市商
清算方式	双边清算	集中清算
交收方式	直接支付、交付	按轧差净值交收
处理流程	利用智能合约灵活定制	按既定规则标准化处理

第二节　市场角色、区块链形态与节点构成

在前面的讨论中，我们分析了资本市场中那些在发展中存在迫切痛点，并适合采用区块链技术构造全新交易基础设施，实现去中心化信任机制的场景。接下来的问题是，区块链系统在这些场景中应该如何设计才能真正解决这些痛点，从而使其符合绝大多数市场参与者的共同利益，并满足风险管理和监管的要求？交易基础设施是市场组织机制的载体，并将市场参与主体和各相关方的权利、义务、利益关系以及各自的

行为规则加以固化，而区块链系统又是交易基础设施以技术机制形式的实现。因此，在设计这类区块链系统时，我们必须遵循"技术系统是对真实世界的模型化表达"这一原则，将市场组织机制的各组成部分在区块链系统准确地再现。

区块链是由区块链节点组成的网络系统，其节点的构成、分布方式、管理权限和协作机制决定了区块链系统的基本特征。其中，对于节点的协作机制，也就是区块链的共识机制，我们将在下一章单独讨论。按照节点的构成与分布，我们可以将区块链分为公有链、联盟链和私有链三大类型。其中，公有链不属于任何机构或组织，任何节点都无须认证许可，即可加入。所有节点均可参与公有链的组织管理，如存储分布式账本、交易验证、依据共识机制竞争发布新区块的权限（分布式账本的写入权限）等。联盟链和私有链都是需要认证许可才可加入的，各节点的功能和权限并不要求完全平等，可根据应用场景的需要来设计。两者的区别在于，联盟链的节点由组成联盟的成员机构提供，而私有链的节点完全属于某一组织或机构内部。公有链通常用于虚拟货币这类完全去中心化的场景，联盟链适用于构建特定行业或领域的机构间协作机制，私有链则通常用于组织或机构内部的数据存证和审计。表 3-2 对比了这三类区块链系统的特征，我们可以看出公有链与联盟链、私有链存在明显的差异，而联盟链和私有链在技术方面基本相同。

在设计一个区块链系统时，我们还要考虑如何赋予区块链节点不同的功能和权限。区块链节点的一般功能包括：建立 P2P 网络通信，存储分布式账本的副本，依据共识算法发起或验证数据写入和交易，部署和执行智能合约，提供 DApp 和 API，等等。区块链节点可以按功能和权限分为图 3-2 所示的类别。

表 3-2　公有链、联盟链、私有链比较

	公有链	联盟链	私有链
组织管理	公共	部分参与者	单一机构
交易验证	任何人或矿工	一组权威节点或验证节点	
共识算法	无许可算法（工作量证明、权益证明等）	许可制算法（实用拜占庭容错、权威认证等）	
数据不可篡改性	是，且区块链几乎不可能出现回滚	是，但区块链有可能出现回滚	
交易吞吐量	低（每秒验证十几笔交易）	高（每秒验证数百到数千笔交易）	
网络扩展性	高	低或中等（十几到几百个节点）	
基础结构	高度去中心化	去中心化	分布式①
特征	抗拒监管，不受控、无国界，支持原生资产②，匿名认证，网络可扩展	用于高度规范的业务，交易效率高，交易成本低，易于管理，较好地避免外部干扰	
典型技术	比特币，以太坊，瑞波币	MultiChain，Quorum，HyperLedger，以太坊	

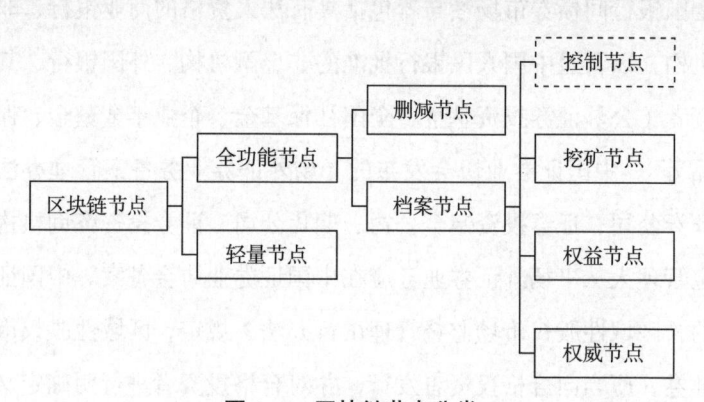

图 3-2　区块链节点分类

① 私有链仅存在于单一机构内部，完全受所属机构控制，不再具备去中心化特征，仅仅成为机构内部的分布式数据库。
② 原生资产指区块链系统产生的资产，例如通过挖矿产生比特币。

区块链节点首先可以分为全功能节点和轻量节点。全功能节点通常是常驻在区块链网络中的服务器节点,具有维持区块链网络P2P通信、存储分布式账本、维护共识机制和进行交易验证等功能。轻量节点是不存储分布式账本且无须一直保持在线的节点。轻量节点仅仅保存每个区块的区块头,并依赖全功能节点获取数据的当前状态(也就是最新区块)来进行交易验证,因此也被称为简单支付验证节点。全功能节点又可以分为档案节点和删减节点。前者存储完整的分布式账本副本;后者通常设置账本存储容量上限,当数据超过容量上限时,系统会删除旧的数据以容纳新数据。档案节点又根据区块链系统采用的不同共识机制分为挖矿节点、权益节点和权威节点等。其中,挖矿节点用于工作量证明共识,权益节点用于权益证明共识,权威节点用于权威认证共识。一些共识机制中还存在着比较特殊的控制节点,这些节点不参与添加区块的工作,仅仅用于保存交易记录并对交易进行验证。

不同于一般商品市场和货币市场,资本市场通常有比较严格的资质要求和准入门槛。例如,《全国银行间债券市场债券交易管理办法》规定,全国银行间债券市场参与者包括具有法人资格的商业银行、非银行金融机构,以及经中国人民银行批准的非金融机构、外国银行、其他机构投资者(公募证券投资基金、全国社保基金、企业年金基金、保险资金产品等)。中国证券业协会发布的《场外证券业务备案管理办法》规定,证券公司、证券投资基金公司、期货公司、证券投资咨询机构、私募基金管理人从事场外证券业务应在中国证券业协会备案。中国证监会发布的《区域性股权市场监督管理试行办法》规定,区域性股权市场若发行证券,应当向合格投资者发行,并对合格投资者进行明确定义。不仅如此,各级市场还对市场中介机构、报价机构、监管主体都进行了明确的规定。由于公有链采用无须认证的匿名机制,无法将不合格的投资者阻挡在市场之外,所以公有链不适合在资本市场的各场景中使用。同时，资本市场的参与者是相互独立的，并不处于任何一个机构的内部，因而也不适合采用私有链。

联盟链可以很好地体现"交易基础设施作为市场参与者之间的协作机制"这一定位。联盟链介于公有链与私有链之间，通常由某个特定行业或领域满足一定条件的成员，经授权提供节点加入网络。联盟链需要身份认证方可加入，这有利于将成员限制在某一行业或领域的专业机构范围内，实现这一行业或领域的资质或门槛要求。联盟链仍然需要实现跨机构、跨组织的信任机制，但其专业机构之间的信任程度远高于公有链中的匿名成员，其成员节点数量也远远少于公有链。因此，联盟链的共识机制可以适当降低其在安全性和去中心化方面的要求，以换取更优的性能和可扩展性。在联盟链中，不同的成员机构可以拥有不同数量、不同权限的节点。这使得联盟链系统的设计，可以有效体现特定行业或领域场景中各成员之间责、权、利的分配关系，并将专业机构之间的协作机制内嵌在联盟链系统中。

在联盟链的节点构成问题上，我们还应该考虑不同市场角色在市场中的功能、地位、信用水平以及技术能力等方面的因素。例如，场外衍生品市场的参与者既有金融机构交易商，也有非金融机构客户（交易对手方）；银行间债券市场的参与者既包括商业银行、非银行金融机构，也包括其他类型的投资者。不同的市场参与者有关上述各因素的情况均不相同，并不是所有市场参与者都具有提供联盟链节点的需求和条件。除一般的市场参与者外，市场中还存在着监管机构、行业自律组织、存管机构、第三方授信机构等；对于采用中央对手方清算模式的交易，还会涉及清算机构。这些市场角色在市场中的功能、地位、利益诉求都各不相同，它们拥有的节点在功能和权限方面也应该有所差异。这些问题都应该根据特定市场的具体情况加以考虑。

第三节　把数据所有权还给用户

数据是信息社会最宝贵的财富，也是一个电子交易平台最重要的资产。交易平台上的数据是通过用户的交易行为产生的，不仅包括成交数据本身，还包括交易前搜索、浏览商品信息或对交易进行询价的行为数据，以及交易后支付、交付和对交易进行评价的数据。在大数据和人工智能技术兴起后，对交易行为数据的分析和加工进一步放大了数据的价值，成为商业和投资行为的重要决策依据。交易行为数据分析的一个著名案例就是啤酒和尿布的故事。20世纪90年代，美国沃尔玛超市管理人员在分析销售数据时，发现了一个令人难以理解的现象：在某些特定的情况下，啤酒与尿布两种看上去毫无关系的商品，会经常出现在同一个购物篮中，且大多出现在年轻的父亲身上。其背后的原因是，年轻的父亲在去超市购买尿布的时候，往往会顺便为自己购买啤酒。于是，沃尔玛尝试将啤酒与尿布摆放在相同的区域，让年轻的父亲可以同时找到这两样东西，从而大幅提高商品销售收入。目前，我们都有这样的体验，当我们在某个电商平台搜索某件商品后，无论是使用电脑浏览器还是移动App（应用程序）浏览，无论是浏览新闻还是娱乐视频，我们都会收到这类商品的相关广告。

然而，在传统的中心化模式下，尽管数据是通过用户的交易行为产生的，但用户并不拥有这些数据的所有权，数据资产完全由平台方掌握。造成这一现象的原因首先在于数据的管理方式：交易行为是在中心化的电商平台上发生的，产生的数据被搜集和存储在平台方的服务器中，自然会被平台方加工、分析并加以利用。造成这一现象的另一个原因是，产生数据的用户往往不具备使用这些数据的需求、能力和途径。换句话说就是，用户产生的数据似乎对用户自己来说"并没有价值"。

大数据之所以被称为"大",不仅仅是因为数据量达到了多少 TB、PB 乃至 BB,更重要的是数据的高维度,也就是海量不同类型的用户在不同交易行为中产生的数据,从不同的侧面(维度)提供有价值的信息。而要真正发挥这些数据的价值,我们必须具有足够的专业技术能力,能够为数据建立合理的结构(数据仓库),发现数据之间的内在联系,结合领域知识建立分析模型,利用人工智能技术进行分类、聚类和回归预测,等等。这显然不是绝大多数用户可以完成的工作。

但是,用户产生的数据对用户自己"并没有价值"其实是一个似是而非的看法。这些数据即使不能对用户自己直接产生价值,但是如果对他人来说具有价值,那么仍然是有价值的。就好比小张家有一套祖传的瓷器,做工精美,造型独特,但对小张自己来说似乎没有什么用处,放在家里还怕打碎。但是,小张完全可以选择将瓷器卖掉变现,或者陈列起来展出,以收取门票,从而实现这套瓷器的价值。当然,即使是在目前的中心化电子交易平台中,用户也有可能享受自己产生的数据所带来的价值。例如,在某租车平台,用户可以用其在某支付平台产生的信用分换取租车押金的减免。但是,在中心化模式下,用户是否以及在什么程度上可以实现数据价值的变现,完全取决于平台方,用户自身没有任何选择权。从这个角度考虑,数据作为一种资产,其所有权问题就显得格外重要。如果用户对自己产生的数据不拥有所有权的话,那么用户不仅不能享受数据的价值,还可能因数据的滥用遭受损失。比较极端的例子就是用户数据隐私泄露,用户甚至因此遭遇欺诈。即使用户不常遇到这种极端的情况,但普遍存在的现象是,用户遭遇平台方的"杀熟"。常常会有用户发现,自己是某平台的老用户,但是购买产品或服务的价格竟然比新用户更高,这是因为平台方通过数据分析认为,老用户已经养成了消费习惯,不必再为其提供价格优惠了。为了保护个人的敏感数据,防止其被滥用,欧盟于 2018 年出台了《通用数据保护条例》,对个人敏感数据、数据主体的权利进行了定义，对数据的处理和使用进行了严格规定。英国航空公司、Facebook（脸书）和谷歌等著名企业都曾因违反《通用数据保护条例》而成为被告。

如何能够既保护用户数据的隐私，又能充分发挥数据的巨大价值，是互联网大数据时代亟待解决的问题。我们如果从资产的角度来看待数据，那么首先要做的就是确定数据的所有权，让数据的生产者获得使用或处置数据资产的选择权，这是实现资产交易的前提。其次，我们需要适当的手段实现数据的有效管理，确保数据存储、访问、使用的安全性，并服从数据所有者的意愿或得到其授权。再次，我们要让数据使用方有条件对得到的数据进行校验，确保数据的真实性。最后，我们要有让数据所有者实现其数据价值的途径，赋予数据所有者交易数据的意愿。

区块链技术的一个重要社会意义就在于其实现了数据资产的确权。这是因为区块链提供了一系列有利于保护数据资产的技术，如加密哈希函数、非对称加密、带有时间戳的链式存储结构等。这些技术归结起来就是保证了数据的真实性和可回溯性，同时数据本身难以被非法破解，而在合法授权访问时又非常易于验证。在区块链系统中，交易一旦发生就会立即不可篡改地被存储在分布式账本中，并直接与产生数据的用户关联起来。不仅如此，区块链技术还可以根据应用场景的实际情况，有针对性地设计数据在分布式账本中的存储方案。如图3-3（a）所示，原始数据块和它对应的区块头（梅克尔树）均存储在分布式账本的区块中，所有用户均可对数据进行访问和校验；如图3-3（b）所示，原始数据块和区块头同样存储于分布式账本中，但原始数据块采用了非对称加密存储，非授权用户无法访问；如图3-3（c）所示，分布式账本中仅仅存放区块头，原始数据存储在数据所有者的私有数据库中，数据所有者可以决定向哪些用户开放哪些数据，但数据访问者可以利用区块头对数据的真实性进行校验。

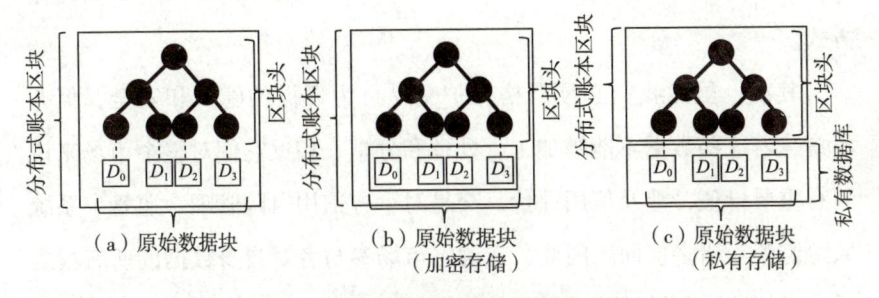

图 3-3　区块链数据的几种存储方案

（a）原始数据块　（b）原始数据块（加密存储）　（c）原始数据块（私有存储）

从技术角度来看，区块链完全可以满足上述条件的前三条，那么如何满足上述条件的第四条，从而让用户得以实现其数据的价值呢？迅雷高级副总裁董鳕认为："区块链的核心价值是将数据的所有权还给了用户，并帮助拥有数据所有权的用户通过分享数据、资源和能力来获得更合理的回报和收益。"有关用户分享数据以及取得回报的形式，需要根据应用场景的特征来具体设计。

如果我们把目光聚焦在资本市场上，那么我们可以看到各应用场景在数据的所有权、价值、分享、隐私保护等问题上具有很多共性。

首先，资本市场中的交易行为数据是市场参与者的重要机密，特别是那些反映投资者账户头寸、交易订单、投资意图、投资方法的数据，必须加以严格保护。在传统的中心化市场组织模式下，这些数据的安全依赖于交易所、清算机构、经纪商等交易基础设施组成部分的保护，这也是证券、期货、基金等从业人员不得参与自己行业投资交易的原因之一。当然，这种归根结底取决于人的模式的安全性仍然不能做到绝对可靠，例如美国就出现过金融机构利用自身信息优势进行"闪电交易"[①]

---

① 闪电交易是指一些金融机构利用自身信息优势，可以同步分析市场所有挂单情况，并预判市场瞬间走势，然后利用高性能计算机和高速网络，以比普通投资者快几毫秒的优势率先成交，从而获取暴利。

的作弊行为。而在基于区块链技术的交易基础设施中，这类数据必须以加密的形式保障其安全性，也就是图 3-3（b）或图 3-3（c）中的存储方式。

其次，虽然我们必须严格保护交易行为数据的隐私和安全，但并不意味着这些数据不能被加工、处理和分享，相反它们对整个市场来说具有重要价值，涉及信用评价、交易对手方信用风险管理、监管、系统风险监测等诸多层面。因此，在确定市场参与者对自身数据的所有权之后，我们还需要设计差异化的数据处理和授权访问机制。例如，监管机构出于监管和防范系统性风险的目的，必须无条件获取市场所有数据。系统可以提供相应的智能合约，并在任何新数据产生的同时向交易报告库报送。再如，由于场外市场中市场参与者的信用水平不统一，所以交易对手的信用评级是交易报价的重要参数，而信用评级本身又应该纳入交易对手的交易行为数据。在这种情况下，我们可以将从交易行为数据产生信用评级的过程由中立执行的智能合约来实现。数据所有者有权决定只向自己的报价对手开放数据，并且可以只开放加工后的信用评级数据，而不开放原始交易行为数据，报价对手能完成对数据真实性的校验。交易行为良好、信用评级较高的市场参与者，可以获得报价机构更优的报价或保证金条件。在场外衍生品市场、银行间债券市场、大宗商品市场中，交易对手方信用风险的计量与管理所依赖的数据，也可以通过类似方式进行授权访问或加工处理。

图 3-4 展示了上述数据的分享模式。在这样的数据分享模式下，区块链技术保障了用户的数据所有权、数据质量、数据存储访问的安全性和数据分享的真实性，并且在数据的存储、授权访问、加工处理等方面具有很大的灵活性，从而真正起到保护用户数据隐私与通过数据分享为用户和市场带来价值之间的平衡的作用。

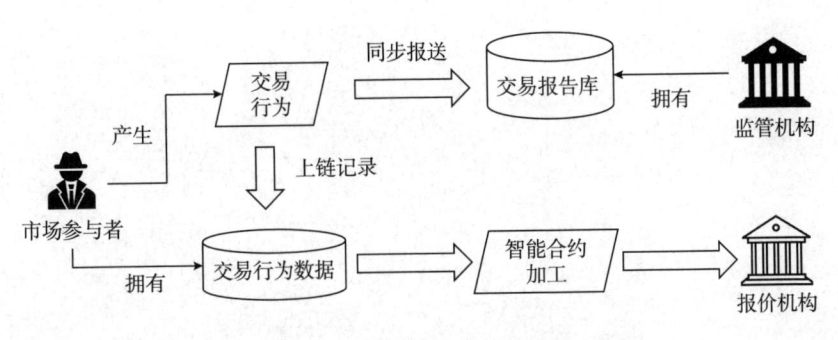

图 3-4 场外市场用户数据分享模式示意图

第四章
共识机制的取舍

我们在第二章从技术角度介绍了共识机制的目标，即解决去中心化的分布式网络中的一致性问题。如果说分布式账本的数据存证功能，为区块链实现去中心化信任机制提供了可靠的数据基础，那么共识机制则保障了分布式账本中数据状态的一致性转换。我们在第三章提到，区块链节点的构成、分布方式、管理权限和协作机制决定了区块链系统的基本特征，其中最为重要的节点间协作机制就是共识机制。

从以比特币为代表的区块链 1.0 时代起，区块链技术及应用已发展到大规模应用的 3.0 时代。与应用场景的不断扩展相对应的是，新的共识机制也不断涌现，以适应不同场景的需求与特征。作为分布式系统中的一致性算法，共识机制仍然受制于"去中心化""安全性""可扩展性"组成的"不可能三角"，各共识机制的差异实际上就是在"不可能三角"中进行的技术权衡与取舍。共识机制的选择问题，实际上就是依据场景特征，对"不可能三角"哪个部分必须坚持，对"不可能三角"哪个部分可以适当妥协做出判断。

在资本市场具有场外市场询价交易特征的场景中，应用区块链技术是为了解决因为缺乏信任中心而带来的信任机制不完善的问题。但需要注意的是，这些场景中仍然存在着一些金融机构可以提供部分或者局部的信用背书，这就使共识机制有可能在去中心化方面做出一定的妥协。同时，由于联盟链系统采用许可制，加入节点需要授权，访问系统需要身份认证，这也分担了共识机制在确保安全性方面的任务。因此，为这些场景选择共识机制时具有较大弹性的问题，有望在可扩展性和性能方面获得改善。

在本章中，我们将首先分析区块链共识机制的"不可能三角"问题，以便对如何选择共识机制形成一般的认识；然后介绍我们在场外市场场景中采用的权威认证共识算法；最后讨论如何通过设计适当的共识机制，来体现各市场角色之间的组织与协作关系，构成去中心化信任机制的行为准则，实现成员责、权、利的统一。

第一节 不可能三角

从计算机科学的角度来说，区块链网络是一种分布式系统。所谓"分布式"，是指系统由多台地理上分散的计算机节点组成，节点之间通过连接它们的网络来实现通信与协调，不同节点上的进程并行执行，从而共同完成系统的任务。分布式系统的网络模型分为异步模型和同步模型。前者指一条消息从一个节点传递到另一个节点的时间延迟是有限但不固定的，节点无法区分其消息是已丢失还是处于延迟状态，因此无法使用 ping -w timeout[①] 这样的命令来检测错误；后者指消息传递的时间延迟是固定的，节点可以通过采样精确地估计延迟的时间上限。例如，在图 4-1 中，节点 N_1 向节点 N_2 发送消息，但迟迟没有收到响应。如果我们采用异步模型的分布式系统，那么节点 N_1 无法判断当前到底是处于通信延迟中，还是因为通信故障，N_1 与 N_2 被分割在了两个子网中——"分区故障"。如果我们采用同步模型的分布式系统，节点 N_1 在超过一定时间后仍未收到响应，我们就可以判断网络出现了通信故障。

除通信故障外，分布式系统还可能出现节点故障。其中，一类节点故障是崩溃故障，指节点因崩溃而停止工作，且不可恢复；另一类节点故障是拜占庭故障，指节点仍然在工作但出现错误的行为，既包括无意

---

① ping 命令是用来检测网络连通性的一个常用命令，当 ping 命令超过默认超时（timeout）时间仍未连通网络，就会收到 request time out 提示；ping 命令也可以加上 ping -w timeout 参数，其中 timeout 是以毫秒为单位设定超时时间的参数。

的 bug（漏洞），也包括恶意行为。崩溃故障是比较容易处理的，因为其行为很容易预测，那就是不工作。但拜占庭故障就很难处理，有的拜占庭故障会增加系统执行任务时的噪声，有的则会造成任务执行中的严重错误。在很多情况下，我们甚至很难区分出现不同结果的节点究竟谁对谁错。因此，如何确保系统的一致性是分布式系统的重要问题。

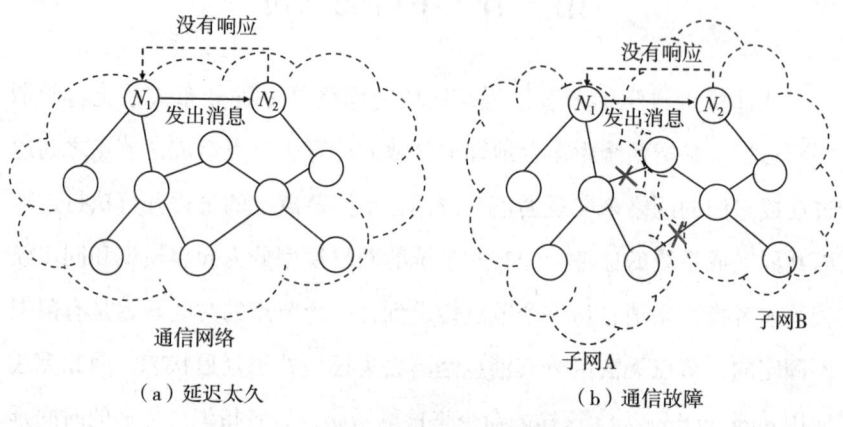

图 4-1　分布式系统失去响应的两种情况

1985 年，迈克尔·J. 费舍尔、南希·A. 林奇、迈克尔·S. 佩特森在其论文中讨论了分布式共识问题，即一组节点如何取得共识以获得正确结果，并提出从三个方面考虑分布式共识问题。

- 安全性。系统各节点达成一致的结果，应该是某个节点提出的"正确值"。
- 活跃性。系统各节点最终可以得到一个一致的结果，也就是系统会保持工作下去，不会出现无限期的延迟。
- 容错性。当出现节点故障的时候，系统仍然可以工作。

然而，迈克尔·J. 费舍尔等人在其论文中证明了一个比较让人失望的结论：在一个异步网络中，无论采取哪种共识算法，只要存在一个未知进程出现"不可用"（例如终止、暂停、出错、失去响应等，包括前面的崩溃故障或拜占庭故障），该网络就不能满足安全性或活跃性的要求。也就是说，任何分布式共识算法仅能满足以上三条要求中的两条，这被称为"FLP不可能原理"或"FLP不可能三角"。但如果是在同步网络中，节点的崩溃故障是可以被检测出的；而如果出现拜占庭故障的节点不超过一定比例，那么我们通过拜占庭容错算法是可以解决FLP问题的。

2000年，埃里克·布鲁尔受邀在分布式计算原理国际会议[①]演讲时，提出了一个后来被称为"CAP理论"的原理，赛斯·吉尔伯特和南希·A.林奇在其论文中对CAP理论进行了证明。CAP理论侧重于分布式冗余存储系统的共识问题，认为无法设计一个同时满足以下三条要求的分布式冗余存储系统，而至多只能满足其中两条。

- 一致性。分布式系统中所有数据备份在同一时刻保持一致，也就是说，每次读取的数据要么是最新写入的，要么读取失败。
- 可用性。系统能在有限时间内响应操作请求，也就是说，数据能够被保证读取成功，但不要求一定是最新写入的。
- 分区容错性。即使系统中的网络发生分区故障，即节点被分成两个或多个子网，节点间通信无法保障，也不会影响系统的正常服务。

FLP不可能原理和CAP理论各自提出了一个"不可能三角"，且两者有相当程度的相似性（见图4-2）。例如，FLP中的安全性要求与CAP

[①] 分布式计算原理国际会议是美国计算机协会有关分布式计算算法的著名国际会议。

中的一致性要求类似，FLP 中的容错性要求与 CAP 中的可用性要求类似。但是，两者仍然存在一些重要差异（见表 4-1）。首先，两者的问题范围不同。FLP 针对的是分布式共识，也就是分布式系统对数据的处理过程和结果，所以主要考虑节点故障，特别是节点的崩溃故障；CAP 主要针对的是分布式冗余存储，也就是多个读写进程在对多个节点反复读写时，不会因为部分节点被写进程写入最新值，而其他节点尚未被写入最新值，从而导致读进程读到的数据不一致，因此主要考虑网络故障，特别是导致系统连通性丧失的分区故障。其次，从问题的形式化程度来看，FLP 是完全形式化的，但 CAP 一开始仅是布鲁尔在分布式计算原理国际会议上的原理性演讲，他自己从未将其称为 CAP 理论，直到吉尔伯特和林奇在论文中对其做了近似的形式化。最后，FLP 可以通过采用同步网络模型得到解决，而 CAP 在理论上是无解的。

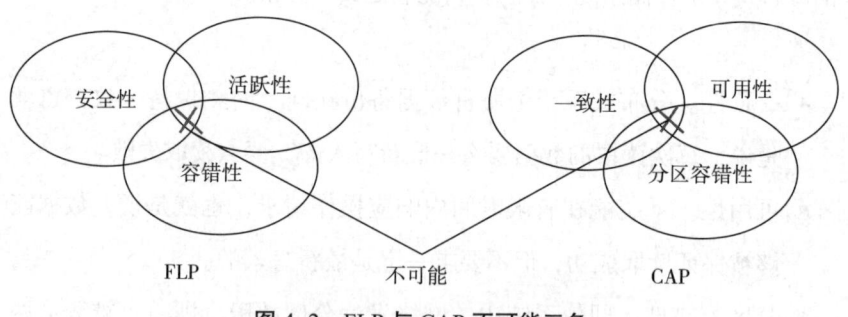

图 4-2 FLP 与 CAP 不可能三角

表 4-1 FLP 与 CAP 问题对比

	FLP	CAP
问题范围	分布式共识	分布式冗余存储
故障	节点的崩溃故障	网络故障
问题正规化	严格正规化	由吉尔伯特和林奇提出近似正规化
解决方案	采用同步网络模型	无解决方案

理解 FLP 和 CAP 问题，有助于在分布式系统设计的初始阶段，就将不切实际的设计需求排除在外，或者鉴别系统的潜在缺陷。FLP 定义了异步网络环境下的一个基本问题：只要有一个潜在的错误就可能导致系统失去一致性。这迫使我们在设计系统时必须权衡是选择安全性还是活跃性，或者采用同步网络模型使三方面要求都得到满足。与 FLP 不同，尽管 CAP 问题在任何网络模型下都无法被彻底解决，但是对 CAP 的权衡不像 FLP 那样遵循"非黑即白"的二元属性，而是在一致性、可用性、分区容错性之间有一定程度的妥协。例如 CAP 中的一致性，按程度由强到弱可分为线性一致性、顺序一致性、因果一致性、最终一致性等。[1] 实践中几乎不存在需要线性一致性的情况，一些典型的拜占庭容错共识算法仅仅要求达到最终一致性。在权衡 CAP 问题时，选择 C（一致性）或 A（可用性），并不意味着要完全牺牲另一特性，而是选择一项需求而尽量优化另一项。正如布鲁尔自己所说："CAP 是一个非正式的直觉表述，而不是一个理论，因为它并没有形式化。因此，我们最好将其作为一个经验法则来看待。"

在区块链中，共识问题被具体化为，在一个去中心化的环境下，如何决定哪个用户有权添加一个新的区块。任何区块链共识机制必须保证：系统的初始状态（如创世块）被一致认同，用户认同决定如何添加区块的共识模型，每个区块通过包含前一区块的哈希值链接到前一区块（创世块除外），用户可以独立地验证每个区块。如果我们将区块链分布式账本视为一个冗余存储的数据库，添加区块是对分布式账本唯一的写操作，那么区块链的共识问题实际上非常类似于 CAP 问题中的分布式冗

---

[1] 线性一致性指读进程读到的必须是最后写入的数据，所谓"最后"是由世界时钟定义的，这是一个非常强的条件，即使是 CPU 缓存的并发协议也做不到；"顺序一致性"指对每个节点的程序次序来说，读写操作的全局次序是一致的；因果一致性指仅保护事件中有因果关系的部分次序；最终一致性指如果没有写操作夹在中间，那么所有的读操作最终会返回相同值。

余存储系统。

关于区块链的共识机制，以太坊创始人维塔利克·布特林也提出了一个"不可能三角"，即不可能同时最大化满足去中心化、可扩展性、安全性这三方面的要求。布特林最初将其称为"可扩展性三难困境"——后来成为流传最广的区块链"不可能三角"版本，以下我们将其简称为"布特林三角"，其中包括三个特点。

- 去中心化。分散在网络中的多个节点负责对数据进行控制和存储。
- 可扩展性。系统的性能（吞吐量、响应时间）不会随节点数的增加而严重下降。
- 安全性。系统可以抵御恶意攻击（如51%攻击[1]、DDoS攻击[2]）。

我们可以将布特林三角与FLP和CAP进行比较。布特林三角中的安全性与CAP中的一致性，从效果上看是比较接近的，都是为了确保各节点中存储数据（写入分布式账本）是一致的。但布特林三角中的安全性又含有一定的容错性要求，即确保出现一定比例的恶意节点时的系统正确性。从容错的角度来看，CAP侧重网络故障，布特林三角则侧重节点故障，但又不同于FLP侧重崩溃故障，而是侧重拜占庭故障。布特林三角中的可扩展性与FLP中的活跃性和CAP中的可用性在内在含义上是相通的，也就是要求系统完成响应的时间是有限的。不过，布特林三角的可扩展性还包括了具体性能的含义，如交易确认时间、TPS等，以及性能与节点规模的相关性。此外，不同区块链系统在响应时间上是否

---

[1] 51%攻击指在采用工作量证明这类共识算法的区块链系统中，攻击者掌握了超过50%的算力，让错误的交易（如"双花"）被确认。
[2] DDoS攻击全称为分布式拒绝服务攻击，指黑客控制多台计算机（肉鸡），利用合理的请求造成资源过载，导致服务不可用。

存在上限，也决定了这一区块链系统是异步分布式系统还是同步分布式系统。布特林三角中的去中心化是区块链的最典型概念，衡量的是区块链的所有权、影响、价值的分散程度。但从技术角度来看，去中心化仅仅指参与数据控制与存储的节点数，在 FLP 和 CAP 中找不到明确的对应概念。因而，去中心化主要还是体现了区块链的社会学意义。

我们可以看出，布特林三角也是一个不太严格的非形式化定义，这也是其在理论严谨性方面饱受质疑的主要原因。在这里，我们大可不必从技术理论的角度对这一定义反复纠缠，可以将其像 CAP 理论一样当成一个经验法则，尽管其形式化程度比 CAP 理论要低得多。布特林三角可以提示区块链系统的设计者，在选择共识算法时应根据应用场景的特征，在中心化、可扩展性、安全性这三方面需求中进行适当的取舍。这里的"取舍"，和 CAP 中的一样，并不是二元属性，而是一个"三维决策空间"。在"取"的方面，这里并不是最大限度地满足，而是要考虑应用场景需要达到什么程度；在"舍"的方面，这里也不是要彻底地放弃，而是考虑如何进行优化，或者用共识算法之外的手段来保证。例如，区块链的安全性要求就不完全依靠共识算法，分布式账本中的加密哈希函数校验规则已经极大程度上降低了遭受恶意攻击的风险。第二章介绍的 $SM(m)$ 算法，在很大程度上就是利用签名机制来解决拜占庭故障问题的。再就是区块链的去中心化要求，这是一个非常程度化的属性，也就是在特定的场景下，究竟需要达到什么样的去中心化程度。通常只有比特币这样的数字货币场景才需要彻底去中心化，随着区块链应用场景的扩展，许多情况是不需要彻底去中心化的。适当降低对去中心化的要求，可以大幅减轻在其他两个方面的设计压力。

由于布特林三角并没有严格形式化的表述，所以我们也不可能对其进行证明。但需要注意的是，我们在实践中并没有发现真正突破布特林三角的共识算法出现。尽管近年来不断有报道宣称某共识算法解决了

"布特林三角"难题，但究其实质仍然是在三个需求中的某方面做出妥协，只是这些妥协比较间接或者易于被接受罢了。例如，当前解决区块链扩容的主要思路是"分片"技术，甚至布特林也是在介绍以太坊分片技术时提出"不可能三角"概念的。所谓"分片"就是利用分而治之的思想，让区块链网络中的一部分节点负责一部分类型的任务，从而提高系统整体的吞吐量。目前，主流的分片技术主要包括网络分片、交易分片、状态分片三类。但是，无论我们采用哪种分片技术，对于一笔交易的确认或者添加一个区块来说，事实上都是降低了去中心化的程度，因此并没有从本质上突破布特林三角。

当前，区块链的共识算法层出不穷，这正是因为布特林三角给出的三维决策空间几乎可以做到无限切割，从而让我们有可能针对场景特征进行精细化的适配。除了比特币最初采用的工作量证明共识外，比较典型的共识机制还有权益证明。权益证明将用户获得添加新区块权限的概率，与其持有的"权益"（数字货币、通证）的数量和时间（币龄）在整个区块链网络所占比例相关联。权益证明和工作量证明都属于一种投注机制，但不像工作量证明把命中概率与算力相关联，因而大幅降低了能耗。同时，权益证明也能抵御 51% 攻击，因为这意味着攻击者拥有的权益和币龄的乘积要占到全网的 51%。但是，权益证明对币龄的要求，使得权益拥有者倾向于存储代币，而不是流通代币。此外，由于不需要挖矿，权益证明产生分岔几乎没有成本，这被称为无成本利益问题。权益证明因缺乏激励机制让系统变得更健壮稳定，也变得更加混乱。在实践中，权益证明通常与工作量证明结合使用，如以太坊的 Casper 协议（一种基于保证金的激励共识协议），并且 Casper 协议要求抵押保证金才能对共识结果下注，以避免无成本利益问题。

活跃度证明则可以看作工作量证明与权益证明的结合体。在活跃度证明共识中，添加区块的过程被分为构造区块头和校验签名两个阶段。

构造区块头由矿工完成，这与工作量证明类似；然后根据构造出的区块头选出 N 个代币，这些代币的持有者参与校验和生成新区块，这又是与权益证明类似的一种彩票算法：代币越多的节点，其中签概率也越大。活跃度证明还要求参与验证的节点必须是在线的活跃节点，这也是"活跃度证明"这一名称的由来。

还有一类是以 RAFT 共识为代表的领导者共识。RAFT 将系统中的节点分为"领导者"、"跟随者"和"候选人"三类角色。只有系统选出的领导者可以与用户交互，接受用户的请求；而其他所有节点作为跟随者，以固定时间间隔与领导者同步并复制数据；在重选领导者时，所有节点都可以成为候选人，要求其他节点为自己投票。RAFT 共识是通过"心跳"机制触发选举的：领导者会周期性地向跟随者发送心跳信号。跟随者如果在一定时间内没有收到信号，就会在等待一个随机时间后发起新的选举，获多数票的节点将当选新的领导者。如果系统没有选出领导者，系统就会在等待一个随机时间后再次发起选举。我们可以看出，RAFT 在很大程度上牺牲了去中心化，但由于任何时候只有不超过一个领导者不受节点总数的影响，因而 RAFT 具有很强的可扩展性。

与 RAFT 共识比较相似的共识机制，还有权威认证共识代表的"代理共识"，我们将在下一节详细讨论。许多实际的区块链项目还会综合运用两种或两种以上的共识机制，形成"混合共识"。混合共识是指将区块链系统取得共识的过程分为不同的阶段，在不同阶段使用不同的共识算法。例如，以太坊、比特联储（UnitedBitcoin）采用的"工作量证明 + 权益证明"，使得矿工可以通过增加工作量来提升赢得区块的机会，代币持有者也可以通过持有更多代币来增加赢得区块的机会。而初链（TrueChain）采用"工作量证明 + 实用拜占庭容错"混合共识，利用速度较快的实用拜占庭容错负责交易记录，而速度较慢的工作量证明则用于选出实用拜占庭容错节点，并建立节点淘汰机制将超出安全边际的节点淘汰，以确保实用拜占庭容错超级节点不超过 30 个。前面提到的活跃度证明也可以被认为是一种混合共识。图 4-3 展示了几种典型共识机制在布特林三角中的权衡与侧重。

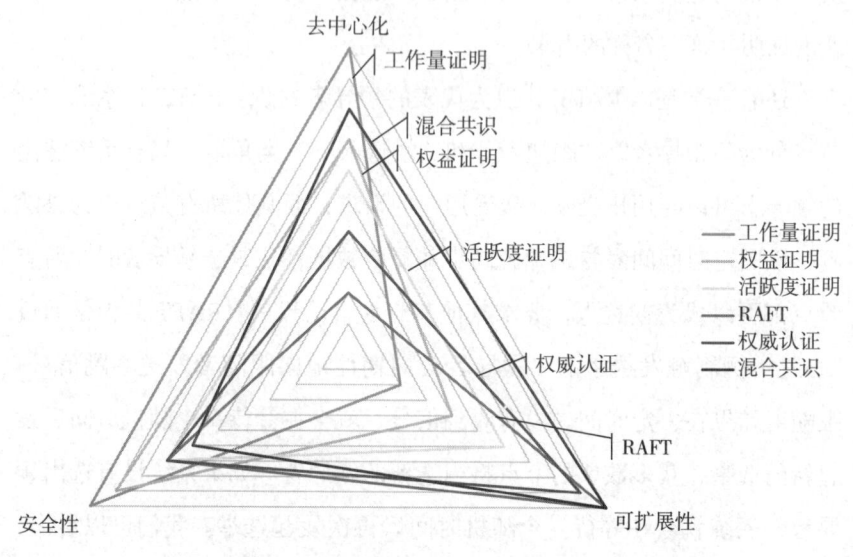

图 4-3　典型共识算法在布特林三角中的权衡与侧重

第二节　场外市场中如何选择共识机制

FLP、CAP 和布特林的"不可能三角"，分别从一般分布式系统到区块链，从形式化的严谨理论到非形式化的经验法则，提出了在设计共识算法时的技术权衡问题。但在实际的应用场景中，共识不仅是决定区块链系统核心技术特征的一种算法，而且是区块链成员之间的行为规则和协作机制。

那么，在多层次资本市场的各个应用场景中，我们应该如何进行共识机制的设计呢？在这些场景中，我们应用区块链技术是为了构造一种全新的交易基础设施，这是我们讨论区块链系统一切技术特征的基础。交易基础设施首先必须保证交易安全性，我们引进区块链技术的最根本目的就是改善市场信任机制，降低交易对手方风险。但是，就整个区块链系统而言，不是所有的安全性问题都必须在共识机制这个层面去解决。我们在上一章讨论过，许可制联盟链是适用于资本市场应用场景的区块链类型，区块链节点应当由市场中具有良好信誉和重要市场地位的金融机构提供并维护，用户访问必须通过身份认证，因此这并不是一个完全不可信的环境。而在资本市场应用场景中，我们还需要考虑一类安全性风险，那就是避免市场参与者利用信息、技术、资金、市场资源的优势地位，产生不当的交易行为，例如我们在前文提到的"闪电交易"。

对于交易基础设施来说，性能与可扩展性也是非常重要的考虑因素。在此前的分析中，我们看到多层次资本市场体系中适合应用区块链技术的主要是具有场外询价交易特征的市场。尽管场外交易的特征是交易规模大、交易频率低，不需要场内市场动辄百万级 TPS 的吞吐能力，但就一笔交易的响应周转时间而言，平均周转时间越长，产生市场风险和信用风险的概率也就越高。例如，许多场外交易必须依靠场内市场的相关品种进行对冲，场内对冲品种的行情会直接影响场外交易的报价，也就是通过场内市场实现了场外市场的价格发现功能。如果场外交易的响应时间过长，对冲品种瞬息万变的价格就会导致原有报价失效。此时，交易商如果坚持按原报价交易，就会承担市场风险。交易商如果不按原报价交易，就会导致信用风险。因此，我们对共识机制在性能方面的关注，主要集中在交易的响应周转时间上。同时，我们也应注意到，中国资本市场中的场外市场，尤其是银行间债券市场和场外衍生品市场，已经达到相当的市场规模。但由于其发展时间较短，投资者培育不足，多层次资本市场体系的"倒三角"现象尚未得到改变，所以我们可以预见场外市场还有相当大的发展空间。这一判断反映在交易基础设施的技术决策上,那就是共识机制必须强调可扩展性。

共识机制的去中心化程度是一个具有很强社会意义的属性。尽管场外市场天然具有去中心化或非中心化的特征,但其并不是完全扁平的结构,不同市场参与者角色的功能定位和市场地位是长期形成的,并由市场规则和监管体系加以明确并保障。因此,场外市场与比特币那样要求完全去中心化的场景不同,需要的是一种多中心机构间的协作机制,在共识机制的技术权衡上可以对去中心化属性适当妥协。此外,我们还要考虑共识机制在具体场景中实现去中心化的实际效果。像工作量证明、权益证明、活跃度证明这类共识机制,是基于算力、资产、活跃时间等资源的投注机制,也就是拥有越多资源的节点,中签的概率越大。这类共识机制对去中心化的保证,其实建立在成员拥有的资源呈均匀分布(见图4-4)或正态分布(见图4-5)的假设上。这在一般的环境下可能是成立的,但是在资本市场中,市场参与主体拥有的资源往往呈幂分布(见图4-6),也就是少数人拥有绝大部分资源。例如,根据中国证券业协会公布的各期《场外证券业务开展情况报告》,场外交易的集中度基本都维持在80%以上。因此,基于投注机制的各类共识机制,像场外市场这类场景事实上无法达到去中心化的效果。

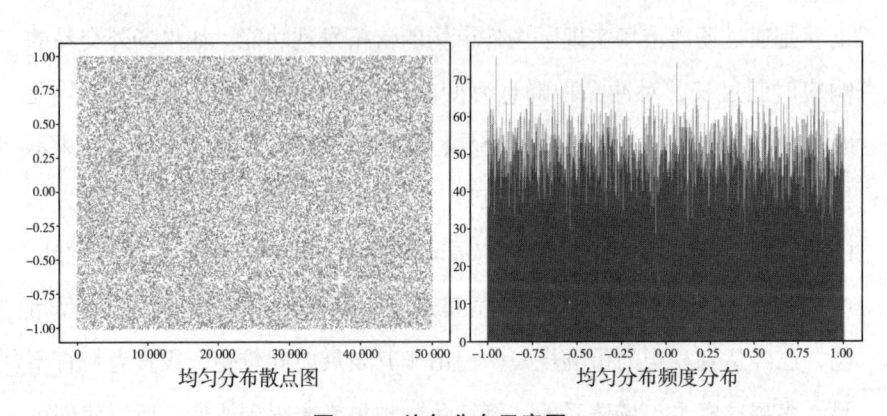

均匀分布散点图　　　　　均匀分布频度分布

图4-4　均匀分布示意图

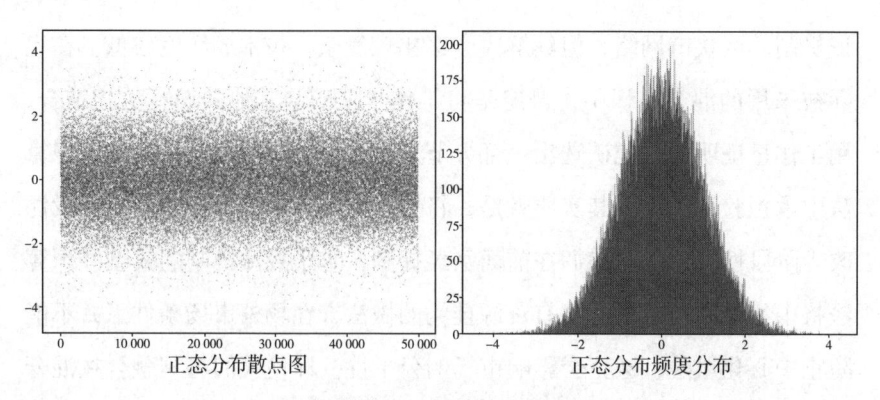

图 4-5 正态分布示意图

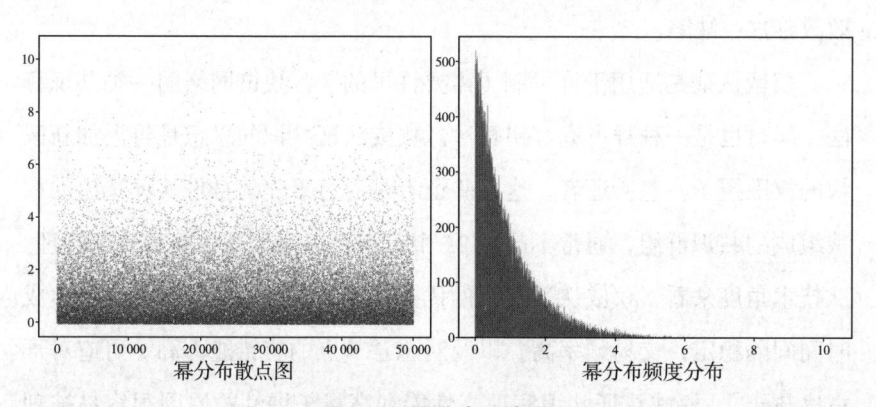

图 4-6 幂分布示意图

　　就当前各主要共识机制在布特林三角中体现出的技术特征来说，RAFT、混合共识、权威认证等共识机制比较符合以上对场外市场场景的分析。RAFT 的优势在于，其易于理解，且具有正确性和高性能。但从领导者选举到完成日志复制这一过程，RAFT 的性能会受到较大影响，高性能仅限于完成日志复制之后这一阶段。从 RAFT 的领导者选举方式来看，各节点的地位是完全均等的，无法体现场外市场中不同参与者角色在功能定位、市场地位和公信力方面的差异。此外，RAFT 对应用场景做出了过多假设，特别是假定不会发生拜占庭攻击，容错能力低，从而限制了其实际应用。从理论上讲，混合共识有望大幅改善采用单一共识机制的区块链网络，但其解决方案比较复杂，技术成熟度较低。在实际被采用的混合共识中，普遍是将工作量证明与其他共识算法相结合，用工作量证明通过挖矿选出一部分节点，再由这部分节点在其他共识算法中承担验证工作。其实质就是，将投注机制从工作量证明的次次投注改为阶段性投注。而我们在前面已经提到，基于投注机制的典型共识算法将中签概率与成员所拥有资源挂钩的做法，在场外市场条件下并不能防止中心化风险，甚至会影响市场的公平性。即使我们将其融合在混合共识中，也可能出现拥有优势资源的成员次次中签的情况，因而不能有效改善这一缺陷。

权威认证是适用于许可制（需要许可的）区块链网络的一类共识算法，同时也是一种拜占庭容错算法。权威认证共识的思想是将添加新区块的权限授予一些验证者，这些验证者是通过事先的身份认证选出的权威组成的共识群组，通常不超过25个节点，以确保高效率和易于管理。从技术角度来看，权威认证共识的优点在于高性能、低能耗，区块生成时间间隔稳定，交易频率高，以及对恶意节点的容错能力高（可应对拜占庭攻击）。权威认证共识实现高性能和高可扩展性的原因很容易被理解，那就是任何时候参与验证的节点较少，数量恒定。每次交易由哪些节点来负责验证是事先确定的，不需要任何临时的投注机制或选举机制。这样一来，无论系统中的节点数增加到多少，交易响应确认的时间都是恒定的，也就是说时间复杂度为 $O(1)$。

事实上，所有提高共识机制性能和可扩展性的基本思想都是相通的，那就是在一段时间内将交易验证的权限集中在一部分节点上。这就像一个公司的最高权力机关是股东大会，但是如果公司的经营决策事事都要通过召开股东大会来决定，那么这必然是非常低效的，这就需要选出董事会来代表股东大会行使公司管理权。但这必然会存在一个疑问：这样的共识机制还是去中心化的吗？甚至有一些观点认为，权威认证共识并不能被称作区块链系统。对于这一问题，我们的观点是视情况而定。第一，联盟链的场景与公有链的场景本身就存在很大差异，所适用的共识机制也必然不同。这一点我们在前面有过许多讨论，这里不再赘述。第二，至少从表层来看，相比 RAFT 为代表的领导者共识任何时候仅有一个领导者，权威认证这样的代理共识中的代表其实有多个，去中心化程度更高而不是更低。第三（真正重要的一点），这些代表究竟是怎么被选出来的呢？这是一个与应用场景密切相关的问题，共识机制能否反映各成员之间的协作机制是真正的评价标准。

工作量证明和权益证明这类与成员拥有资源相关的投注机制，是建立在资源呈均匀分布或正态分布假设上的。在资源呈幂分布的资本市场中，采用这类投注机制有违市场公平的原则。还有一个差异是，数字货币这类公有链至少在理论上是零监管的，而资本市场的各场景不可能忽略监管机构发挥的作用。因此，我们在权威认证共识的基础上进行了适应场外市场的针对性设计，让权威节点的选取与成员自身信用水平及其在市场中承担的交易对手方风险关联起来，并让监管机构在权威节点的遴选过程中发挥关键性的监督作用。在这样的设计下，我们仍然很难准确度量权威认证共识的去中心化程度（去中心化程度本身也是一个难以量化的问题），但可以认为权威认证共识体现了与场外市场信任机制的本质关联，这无疑比理论层面关于去中心化程度的讨论更有意义。

第三节　权威认证共识机制

权威认证算法依赖于一组个数为 $N<25$ 的可信节点，它们被称为"权威"。每个权威通过一个唯一的 ID 认证，并假定大多数，即至少 $N/2+1$ 个节点是诚实的。这些权威负责对客户端发起的交易达成共识。

实现中，权威认证算法主要有两种模式：一种是在 Parity（基于

Rust 语言的以太坊项目）中实现的 Aura（权威循环）模式，另一种是在 Geth（基于 GoLang 语言的以太坊项目）中采用的 Clique（小集团）模式。两者的主要区别在于，Aura 包括提议新区块和接受区块两轮消息传递过程，而 Clique 仅有提议新区块这一轮消息传递过程，如图 4-7 所示。

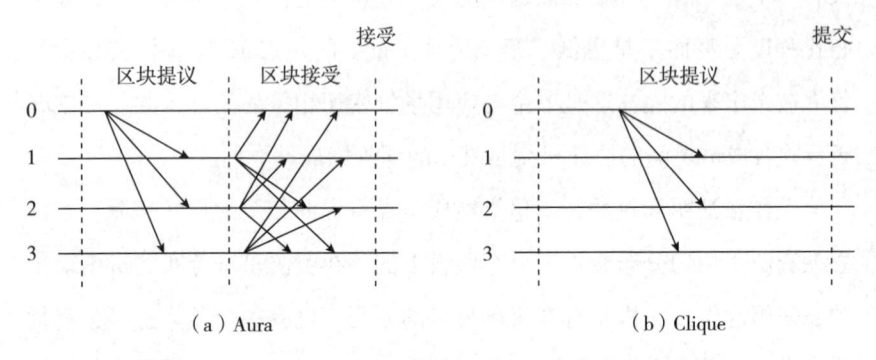

图 4-7 Aura 和 Clique 两种权威认证共识的消息传递

Aura 假定所有的权威以相同的 Unix（操作系统）时间 t 同步。在每个间隔为 step_duration 的时间步，有一个从权威节点中选出的领导者节点。在每个时间步计算 $s=t$/step_duration，然后确定领导者节点的 ID：1=s%N。权威节点在本地维护两个队列，一个是用于记录交易的 Q_{txn}，另一个是用于记录区块的 Q_b。每个发起的交易都会被权威节点收集到 Q_{txn} 中。在每个时间步，领导者节点 1 将 Q_{txn} 中的交易打包到区块 b 中，并向其他权威节点广播，也就是图 4-7 中区块提议这一轮的消息传递。每个权威节点会将收到的区块再向其他权威节点转发，即图 4-7 中区块接受这一轮的消息传递。如果最后所有权威节点收到相同的区块 b，它们就会接受区块 b，并将其加入队列 Q_b。任何不可能称为当前领导者节点的权威节点所发出的区块都会被拒绝。领导者节点要求一致发送区块，如果当前无交易，则发送空区块。

如果权威节点在区块提议阶段不同意提议的区块，这就会触发一次投票来决定当前领导者节点是否为恶意节点，若是则将其驱逐。一个权威节点对当前领导者节点投反对票基于以下几点原因：领导者节点未提议任何区块，领导者节点提议过多区块，领导者节点向不同权威节点发送不同的区块。投票机制由智能合约实现。注意，领导者节点的错误行为既可能是良性错误（如网络不同步、软件冲突），也可能是拜占庭错误（如领导者节点被破坏或有意作恶）。

区块 b 会一致停留在队列 Q_b 中，直到大多数权威节点提议了它们的区块，此时区块 b 就会被提交到区块链。只要大多数权威节点是诚实的，这一机制就可以阻止少数拜占庭领导者节点提交其提议的区块。事实上，任何可疑行为都会触发投票，诚实的多数节点可以驱逐当前领导者节点，而其提议的区块在提交前就会被丢弃。

与 Aura 基于 Unix 时间不同，Clique 是通过一个结合了区块数量和权威节点数量的公式来计算当前时间步及其领导者节点的。除当前领导者节点外，Clique 还允许其他权威提议区块。为避免拜占庭权威节点[1]通过发送大量区块来破坏网络，每个权威节点每隔 $N/2+1$ 个区块才能提议一个区块。这样在每个时间点，至多有 $N-(N/2+1)$ 个权威节点可以提议区块。与 Aura 相同，如果有权威节点行为异常（如在未经允许时发送区块），那么这也会触发投票并将其驱逐。针对某个权威节点的投票可以在每个时间步抛出，如果投票获得多数，那么这一权威节点将被移除合法的权威节点列表。

由于 Clique 中每个时间步有更多的权威节点可以提议区块，这就有可能引起分岔。不过，分岔的可能仅限于一种情况：非领导者节点的权威节点在提议区块时，延迟了一个随机时间，这样领导者节点的区块可能是所有权威节点收到的首个区块。如果分岔发生，算法就会使用 GHOST

---

[1] 拜占庭权威节点是指发生拜占庭错误的权威节点。

协议：领导者节点的区块高度更高，确保了分岔可以得到最终解决。

图4-8展示了两个连续时间步中，可以提议区块的当前领导者节点和权威节点的变化过程。这里有 $N=8$ 个权威节点，这样每个时间步有 $N-(N/2+1)=3$ 个权威节点可提议区块，其中之一作为当前领导者节点。在图4-8（a）中，a_1 为当前领导者节点，a_2 和 a_3 也允许提议区块；在图4-8（b）中，a_1 不再可以提议区块，而 a_4 被允许提议区块，a_2 成为当前领导者节点。根据图4-7（b），在每个时间步，当前领导者节点会广播区块，然后所有的权威节点直接将其提交至区块链。

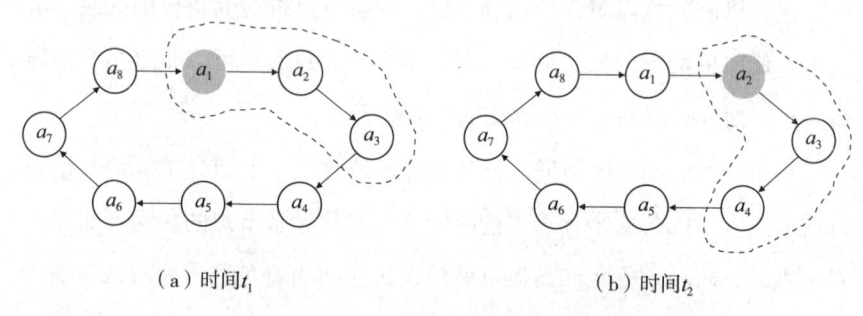

（a）时间 t_1　　　　　　　　　（b）时间 t_2

图4-8　Clique中如何选择哪些权威节点可以提议区块

根据CAP理论，分布式系统最多只能同时满足一致性、可用性和分区容错性中的两项。而区块链本身必须满足分区容错性，因此我们从一致性和可用性两个角度对两种权威认证共识机制进行比较。由于Aura基于Unix同步时间，权威节点可能会因为时钟漂移变得不同步。如果权威节点在地理上分布较远，那么再同步过程可能无法实现网络最终同步。这样就会导致在某些时段，对于当前处于哪个时间步以及哪些权威节点有效，权威节点不能达成一致。当然，时钟偏差可以被认为远远小于时间步的长度，出现冲突的时间窗口极小，但这至少从理论上无法保证Aura的最终一致性。Clique允许多个权威节点提议区块，这也不能保证在出现网络异步或良性（拜占庭）错误时的一致性。但由于Clique采用以太坊 GHOST 协议，其利用区块高度的比较可以获得最终一致性[1]。由于在两种权威认证共识机制中，权威节点提议新区块的间隔被限制为 $N/2+1$ 个区块，即频率为 $\frac{1}{N/2+1}$，拜占庭节点需要达到多数才能实现攻击，因此两种权威认证算法均具备高可用性。综上所述，根据 CAP 理论，Aura 可被归类为 AP 系统[2]，且不保证一致性；Clique 可被归类为 AP 系统，保证最终一致性。

在性能方面，我们可以通过一个交易从客户端提交，到包含这一交易的区块被提交到区块链的时间间隔来度量。在 Aura 中，每个区块提议需要经过两轮消息传递：第一轮，领导者节点向其他权威节点发送提议的区块；第二轮，每个权威节点将收到的区块发送给所有其他权威节点。在大多数权威节点提议其区块后，这一区块才能被提交到区块链，这样 Aura 中的两轮消息传递需要 2（$N/2+1$）的时间延迟，其中 N 为权威节点的个数。在 Clique 中，区块提议仅需一轮消息传递，即领导者节点向其他权威节点发送新区块，区块可以直接被提交，这样 Clique 在消息传递的延迟仅为 1。两者巨大的差异来自它们对恶意权威节点创建分岔的处理策略：Aura 要等待足够多的其他权威节点提议区块才进行提交；而 Clique 则是立即执行提交，如果发送分岔，再另行处理。

经过以上对两种权威认证共识机制的分析，Aura 和 Clique 在可用性方面相当，但 Clique 在性能方面具有显著优势，同时确保了最终一致性。因此，我们推荐在场外市场应用场景中采用 Clique 算法。除非特别说明，后文提到的权威认证共识机制均指采用 Clique 算法的权威认证共识机制。

---

[1] 最终一致性指不保证在任意时刻任意节点上的同一份数据都是相同的，但是随着时间的推移，不同节点上的同一份数据总是在向趋同的方向变化。
[2] AP 系统指"不可能三角"中侧重于可用性和分区容错性的分布式系统。

第四节　责、权、利的统一

权威认证共识机制可以很好地满足场外市场交易基础设施在性能上的要求，但这是建立在权威节点个数必须时刻满足 $N \leqslant 25$ 前提下的。这是因为 Aura 中消息传递的时间复杂度是 $O(N)$；Clique 中消息传递的时间复杂度虽然是 $O(1)$，但权威节点个数增加会提高产生分岔的可能，需要使用 GHOST 协议的概率增大。然而，这带来的另一个问题是，这有限个数的 N 个权威节点或其中大多数节点，是否可能串通作恶？这也是对权威认证共识机制究竟能达到怎样的去中心化程度的担忧。

我们也可以从更一般的角度来思考这个问题：去中心化和中心化是否截然对立？或者说，对于区块链系统而言，怎样的去中心化程度才是适当的？回到应用区块链技术的基本出发点，那就是在一个应用场景中缺乏可以为市场提供信用背书的信任中心，只能通过技术机制来保障成员之间可以达成一致，形成共识，并履行承诺，从而代替信任中心为市场提供信用背书。但是，在许多实际应用场景中，是否存在信任中心并不是泾渭分明的问题。更普遍的情况是，市场中的一些机构，具有为市场提供一定程度信用的意愿、功能和能力，但又不足以为整个市场的信用背书。特别是，其中许多机构是参与市场竞争的主体，具有自身的利益诉求，与其他机构形成既相互协作又相互制约的关系。就像在"囚徒困境"中，双方如果都合作，就可以实现双方利益的最大化；如果己方合作而对方背叛，己方就会遭受最大的损失。在这种情况下，我们如果可以有效地利用这些机构提供的局部信用，奖优罚劣，破除"囚徒困境"，形成整个市场的整体信用，就可以降低共识机制为实现彻底去中心化而付出的代价。

多层次资本市场体系中的各类场外市场，就是具有上述特征的典型场景。我们之所以选择权威认证共识机制，就是因为其建立信用的依据并不是一个预先设定的抽象模型，而是将设计的空间留到具体的应用场景中，从而可以将市场的组织机制、信任机制、监管机制映射到共识机制中，从而实现市场参与者责任、权利、利益的统一。权威认证共识实现这一点的关键，就取决于如何选择权威节点以及如何对其进行有效的组织和管理。具体而言，其关键点又可以分为三个方面：一是哪些机构的节点可以成为候选权威节点，二是候选权威节点成为正式权威节点的选择方式，三是权威节点的监督与退出机制。

一、候选权威机构的认证

布莱恩·柯伦提出了成为权威认证共识的权威节点应满足的三个基本要求，以形成激励机制促使其成为诚实的节点。

- 节点的身份应在区块链上得到正式认证，并可通过公共领域的可信数据进行交叉验证。
- 成为权威节点的资格必须难以获得，以确保节点在经济上或声誉上有清晰的动机保持诚实的行为，以长期获得权威资格。
- 选择权威节点的过程必须完全均匀。

上述第一点要求节点必须是经过授权且以实名方式加入区块链网络的，这也是许可制联盟链系统的一般要求。具体到场外市场的应用场景，这一要求也就是对联盟链成员的资质要求。对此我们在第三章进行过讨论，基本思想就是根据各市场监管规则和行业自律规定，由具有相关业务资格、信用等级、资金实力、市场地位、技术条件的金融机构和监管机构作为联盟链成员。

但并不是所有成员的节点都有条件成为权威认证共识的权威节点。

上述第二点就是有关如何设计权威节点遴选方式的基本原则，其实质就是让节点的诚实行为，也就是"信用"，与节点所属机构的利益正相关，让机构出于自身利益的考虑而选择不去"作恶"。一个比较直接的想法就是，让成为权威节点的可能性与机构的资本金、保证金水平相关联。这个思路也体现在一些场外市场现有的管理方式上，如G20匹兹堡峰会上提出的加强场外衍生品市场监管的措施就包括"提高非集中清算衍生品的资本金要求"和"建设非集中清算衍生品的保证金制度"。但这样的思路其实是在传统场外市场条件下因数据治理水平相对低下而不得已采取的一种不太精细的做法，其潜台词就是"既然无法做到监控每一个环节，那就提高违约的成本"。如果这是一家股份公司，那么股东的表决权和股东持有的股份直接关联当然是合适的。但如果这是一个市场，那么这样做其实是有违市场公平原则的。在资本市场中，大机构相互合作，利用自身优势地位进行不当竞争的行为屡见不鲜，并且在交易环节中尤其突出。这里借用电影《天下无贼》中刘德华的台词："开好车就一定是好人吗？"

那么，怎样才能利用机制设计奖优罚劣呢？我们考虑将两个因素纳入权威节点遴选方式中来。第一个因素是逆向思维，就是谁会因为发生信用风险而遭受损失？这可以用来确定候选权威节点的范围，也就是让候选权威节点的所属机构，出于避免自身损失的动机来主动维护市场公正。第二个因素是节点所属机构的历史行为是否"诚实"？这可以用在正式权威节点的选择过程中，与候选权威节点的当选概率挂钩。我们首先来看如何确定候选权威节点的范围，而如何从候选权威节点选择正式权威节点将在后文讨论。

因为发生信用风险而遭受损失的显然是信用风险的承担者，也就是因持有相关头寸而产生交易对手方信用风险暴露的机构。但是，机构的交易对手方信用风险暴露是来自具体的交易，如买入债券、期权、远期、互换等。根据公式 1-1，这是一个实时动态变化的值，并且属于不宜公开的敏感数据。鉴于机构之间的市场竞争关系，我们并不适合将权威节点的选取与机构的交易对手方信用风险暴露直接挂钩。

不过，如果我们将承担信用风险的金融机构作为一个整体来看，那么维持市场公正秩序仍然是符合其公共利益的，特别是其中的交易商本来就承担了部分市场组织的功能。对于采用中央对手方清算模式的交易而言，中央对手方是用两笔方向相反的交易来代替交易双方原来的交易，并为双方提供信用担保。除此以外，市场中还存在一些为交易提供担保的第三担保机构，在被担保方发生违约或其他信用事件时，为其承担连带清偿责任。[①]担任交易商的金融机构、中央对手方和第三方担保机构，分别代表了场外市场中的几种授信模式：双边授信（如远期、互换交易）、单边授信（如场外期权交易）、集中授信（采用中央对手方清算模式的交易）、第三方授信（由第三方担保机构提供信用担保的交易）。这三类机构组成了承担市场中信用风险的群体，具有出于自身利益考虑维护市场秩序的天然动机，因此我们将其作为权威认证共识机制中的候选权威节点，让其参与权威节点的定期选举。

二、正式权威节点的选择过程

尽管我们确定了候选权威节点的集合，但即使是从满足权威节点数的要求来说，我们也必须有一个正式权威节点的选择方法。候选权威节点的确定方式是以节点所属机构的身份为依据的，以满足柯伦提出的第二点要求。候选权威节点并没有差异化，但在正式权威节点的选择过程中，我们还要采用一种具有激励作用的差异化因素，以强化机构保持诚

[①] 实际上，市场中也发生过第三方担保机构不履行连带清偿义务的事件，甚至是交易一方的关联企业。这当然不能符合成为候选权威节点的要求。我们将在第七章介绍，在基于区块链技术的交易基础设施基础上，构建场外市场全新第三方担保体系的构想。

实行为的动机，同时又要兼顾第三点中"选择权威节点的过程必须完全均匀"的要求。

这种差异化因素就是节点所属机构的信用评分。当前，市场中的信用评级主要来自专门的评级机构，但受限于当前的数据治理水平，这样的信用评级很难准确反映机构在市场中的交易行为。在第七章中，我们将讨论在利用区块链技术改善场外市场数据治理水平的前提下，如何构建更好的信用评价体系的问题。现在我们假设在信用评分是可靠的情况下，如何选择正式权威节点。

现假定某候选机构 i 的信用评分为 C_i，设定参选机构必须达到的最低信用评分为 C_{min}，则按公式 4-1 计算机构 i 当选正式权威节点的概率 P_i。

$$P_i = \begin{cases} \dfrac{C_i}{\sum_j C_j} & C_i \geq C_{min} \\ 0 & C_i < C_{min} \end{cases} \qquad \text{公式 4-1}$$

在执行权威节点选择时，系统为每个候选节点分配一组整数通证，每个候选机构 i 的通证个数占总通证数的比例符合其当选概率 P_i。系统产生均匀分布的随机数，当随机数与某通证匹配时，拥有这一通证的候选机构被选中。若被匹配的候选机构在此前已被选中，则此次匹配结果将被丢弃。系统反复执行这一过程，直至被选中的机构数达到设定的权威节点个数 N。

我们可以看出，这实际上也是一种投注机制，只是中签概率没有与算力或者权益等资源相关联，而是与反映诚实市场行为的信用相关联。在公式 4-1 中，算法首先通过设定最低信用评分 C_{min}，将肯定不符合成为权威节点条件的机构排除出去，然后以与信用分值相关联的概率选出正式权威节点。由于信用评分是有上限的，所以资源分布中常常出现的幂分布现象不可能出现，即使是获得满分的机构也不能确保大概率当选，从而保持了选举过程的均匀性。信用评分本身就与机构是否具有诚实的市场行为相关，只要信用评分本身是公正和科学的，中签概率的分布情况也就不那么重要了。此外，我们将在第六章看到，由于区块链技术可以大幅改善市场数据治理水平，机构的市场行为可以及时、准确、完整地反映在信用评分上。在需要进行权威节点选举时，我们可以立即获得最新的信用评分数据，同时上述选举算法又非常简单，只需占用极少的系统资源，就可以实现权威节点的无缝切换。

三、对权威节点的监督管理

细心的读者可能会发现，在上述候选权威节点的集合中，有一类重要机构的节点没有被包含在内，那就是监管机构。一方面是因为监管机构不直接参与市场中的交易或授信，不是市场信用风险的直接承担者；另一方面是因为监管机构还承担了监督市场秩序的重任。实际上，这体现了一种"官督商办"的市场治理模式：由承担市场信用风险的金融机构，在以信用为基础的激励机制下，通过担任权威节点实现市场的"自组织"运行；监管机构则在市场组织过程中最关键的环节，包括权威节点的选举环节，提供最终的信用保障。

那么，监管机构的作用是如何发挥的呢？事实上，权威节点的选举与区块链系统中的其他重要流程一样，都是通过智能合约来实现的。为了保障监管机构的职能可以得到顺利履行，选举权威节点的智能合约被部署在监管机构的节点上，由监管机构定期触发执行。但其他节点（包括权威节点或非权威节点）都可以独立验证智能合约的执行，监督选举结果。除定期重选以外，监管机构还应监督权威节点的运行情况，包括对权威节点所在机构的业务运行情况、风控指标、市场行为、权威节点的技术状态等进行监督。若某权威机构发生信用事件，或其所属权威节点因良性或拜占庭错误被驱逐,监管机构就执行智能合约——执行对单个权威节点的重选,以补全权威节点的个数。被驱逐的权威节点不得继续作为候选权威节点,只能在重新通过候选权威节点评估和遴选后才能恢复候选权威节点身份。

无论是在定期重选还是临时重选过程中,监管机构都只能通过智能合约,依据既定选举算法指定候选权威机构的名单,或否决特定候选权威机构,不能直接指定正式权威节点,只能通过执行智能合约来完成正式权威节点的选择。监管机构有权驱逐发生信用事件的权威节点,并通过智能合约进行补选。这不仅保障了监管机构履行监督管理职能,又约束了监管机构本身也必须按照既定规则干预市场组织。

第五节 场外市场交易基础设施的参考架构

多层次资本市场体系中的各类场外市场在交易品种、交易方式、清算结算、监管和风险管理等方面都具有很大的相似性。在确定了适合场外市场采用的区块链类型、节点构成、共识机制之后,我们可以初步得到基于区块链的场外市场交易基础设施的参考架构。在涉及具体应用场景时,我们可以在参考架构的基础上做适用性调整。

在图 2-20 中,我们已经看到,区块链系统从下至上可以分为基础设施层、数据层、网络层、共识层、激励层、服务与合约层、应用层。在场外市场交易基础设施的区块链系统中,各层次的构成如表 4-2 所示。其中,基础设施层中的节点、计算资源、存储资源等,按第三章中的原则由联盟链成员机构提供;数据层、网络层采用区块链底层通用技术;共识层为本章所介绍的权威认证共识机制。区块链系统的激励层主要针对公有链,通过发行机制、分配机制,利用数字货币、通证等经济因素鼓励节点参与区块链安全验证工作。但在场外市场各应用场景下,这类激励机制并不适用于当前监管环境。场外市场交易基础设施记录了市场各参与者的行为数据，可在此基础上提供市场统一的信用评价体系（我们将在第六章介绍），这有利于参与者获得更优报价，降低保证金成本，竞争市场份额，从而形成一种间接激励。服务与合约层是区块链系统核心业务流程的载体，在场外市场交易基础设施中，涉及交易全生命周期的所有业务流程，以及监管、风控、信用管理等核心业务流程均应由相应的智能合约实现。特别是场外衍生品的交易后处理阶段具有高度复杂性，用智能合约技术实现智能衍生品合约——作为衍生品的电子交易协议，可以有效地解决这一难题（我们将在第五章介绍）。最后，应用层包括与场外市场各类业务相关的各类 DApp 和 API，以及与用户和其他外部系统实现交互的各类 DApp 和 API。

表 4-2　场外市场交易基础设施区块链系统各层次构成

层次	主要构成
应用层	与交易、结算、合约管理、信用管理、监管、风控相关的 DApp 及 API
服务与合约层	完成各业务流程的智能合约，实现衍生品交易后处理的智能衍生品合约
激励层	交易行为数据、信用计量模型、信用评级
共识层	权威认证共识机制
网络层	P2P 网络、传播机制、验证机制
数据层	数据区块、链式结构、时间戳、哈希函数、梅克尔树、非对称加密
基础设施层	交易商、中央对手方、监管机构、第三方授信机构等机构提供的区块链节点、计算资源、存储资源等

图 4-9 展示了场外市场交易基础设施的区块链系统参考架构。图 4-9 上半部分主要描述了不同市场角色在场外市场中的相互关系，以及权威认证共识机制在场外市场中的针对性设计；图 4-9 下半部分则是技术层次的相互关系。场外市场中最主要的业务关系为交易商与交易对手

方之间的交易关系，这可以分为双边清算模式和中央对手方清算模式，后者又和中央对手方机构具有业务关系。无论采用哪种清算模式，其现金支付均通过交收银行完成，其他资产的交割则通过其他交付机构完成。交易商、中央对手方、第三方授信机构，在参与交易过程中分别为交易对手方提供双边授信、集中授信、第三方授信，它们在图 4-9 中被统称为"授信机构"。根据权威认证共识机制的设计，交易商、中央对手方、监管机构、第三方授信机构等为区块链系统提供节点，但候选权威节点由授信机构所属节点构成，而监管机构负责对权威节点的选举和运行进行管理。各机构提供的区块链节点，以及各机构自身的业务系统、私有数据库，都具备分布式账本的读取权限，但只有当前的权威节点具备验证交易和写入分布式账本的权限。所有区块链成员或用户对区块链系统的访问均通过应用层的 DApp、API 和智能合约完成。

第四章 共识机制的取舍

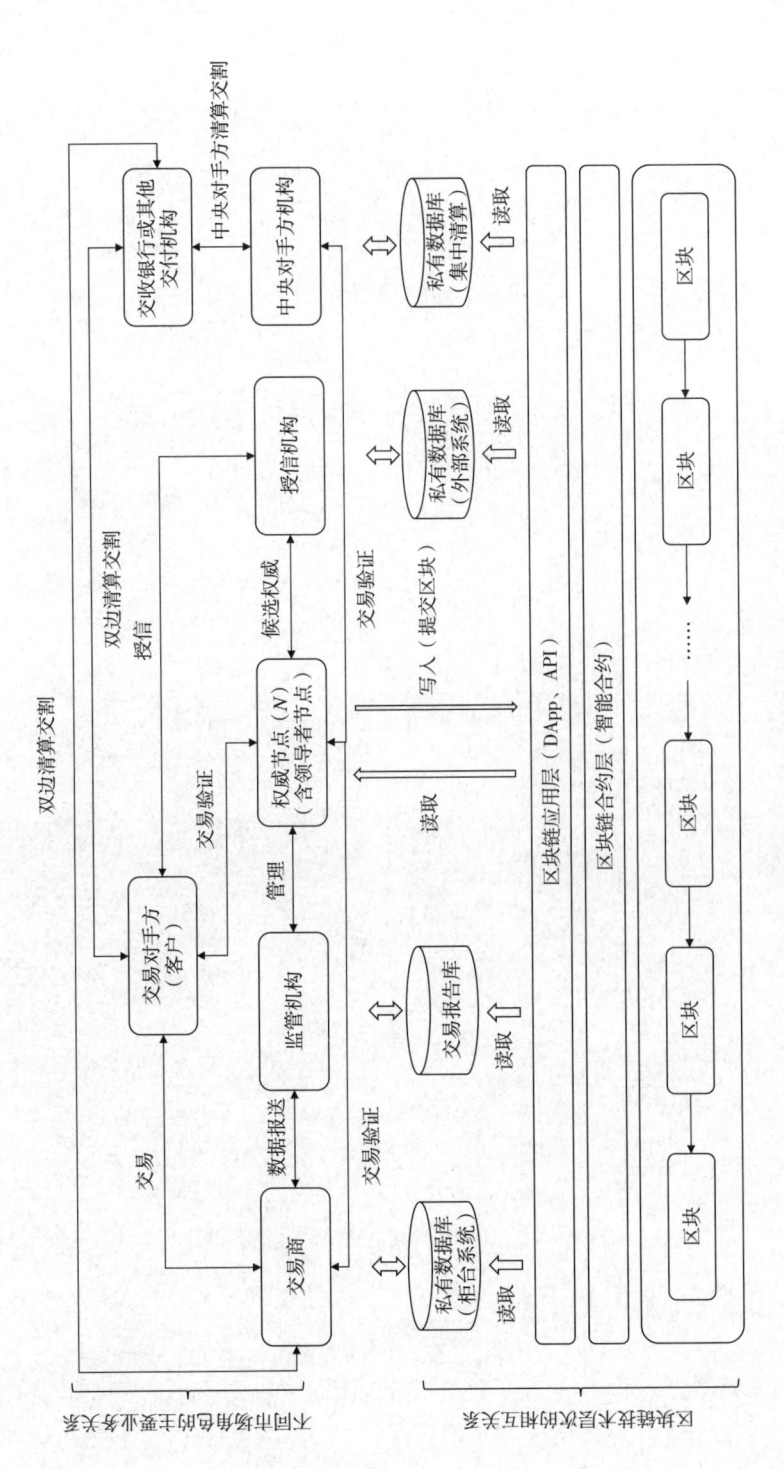

图 4-9 场外市场交易基础设施区块链参考架构

161

第五章
用智能合约规范交易行为

我们在第二章中简单介绍了智能合约这一区块链关键技术。智能合约的重要意义在于，其赋予了去中心化信任机制的灵活定义能力和自动执行能力，而不仅仅是静态的数据存证。这大大扩展了区块链技术的应用场景。对于利用区块链技术构建的交易基础设施，智能合约可以在从询价或报价到交易结算的整个交易生命周期中发挥至关重要的作用，极大地降低信用风险和操作风险，提高交易和清算效率，增加违约成本，减少交易争端。不仅如此，资本市场中的许多交易，特别是衍生品交易，归根结底都是合约交易。正如我们在第一章中看到的，这类交易的交易后处理过程中仍然存在许多亟待解决的难题，而智能合约则可以从根本上改善衍生品交易中这一最重要的环节。

第一节　让合约走向智能

合约是对未来一段时间内（合约有效期内）合约各方对彼此的权利、义务、行为的约定。而金融合约则是以独立安排的协议、合约、认购（认沽）选择权、互换、借出或回购的形式进行的交易，或是其他类似的通常在金融市场各方之间订立的独立安排的交易。合约对于一般的商业活动和金融市场都具有重要作用。

然而，即使在信息技术高度发达的今天，合约的主要形式还是以纸质书面合同为主，合同在拟定后经双方签字、盖章生效执行。纸质合同和印信的技术含量很低，非常容易被仿制和伪造，其真伪难以鉴别。近年来，伪造公章进行欺诈的"萝卜章"事件频发。2020年6月，腾讯公司状告老干妈公司拖欠广告费，后经警方查证，其实是有人伪造老干妈公司印章与腾讯签订了协议，其目的是获取腾讯在推广活动中配套赠送的网络游戏礼包码，之后通过互联网倒卖非法获取经济利益。即使是没有发生欺诈行为的纸质合同，也仅仅能够记录合同各方约定、承诺的内容，其执行仍然需要合同各方主动完成。

再者，尽管合同条款在拟定时已经尽量做到严谨，但合同毕竟是用自然语言书写的，难免会产生歧义，从而引发合同纠纷。金融合约，特别是用来作为交易品种的衍生品合约，比一般商业合约具有更高的要求，对合约各方的权利、义务和履约方式的规定必须做到严格、清晰。在场内市场交易的各类衍生品，均完全采用由交易所设立的标准化合约；场外市场中的衍生品合约尽管是通过交易各方直接协商确立的，但为了改善传统场外衍生品交易、履约、清算、结算等方面的混乱局面，国际掉期与衍生交易组织从20世纪80年代起开始推出ISDA主协议，以提高衍生品合约的标准化程度。目前，各国主要场外衍生品市场均采用以主协议为框架的"一类产品、一个主协议"的文本模式。

自从信息技术诞生以来，让合约走向电子化就成为人们尝试的目标。1991年，联合国国际贸易法委员会下属的国际支付工作组开始负责制定一部世界性的EDI（Electronic Data Interchange，电子数据交换）统一法。1996年12月，联合国国际贸易法委员会第85次全体大会通过了《电子商务示范法》，这是世界上第一部电子商务的统一法规，其目的是向各国提供一套国际公认的法律规则，以供各国法律部门在制定本国电子商务法律规范时参考。EDI是指计算机到计算机之间的商业文件交换，所交换的商业文件遵循商业伙伴之间的标准电子格式。以一个简单的商品买卖活动为例（见图5-1），在传统的纸质文件交换模式下，买卖双方都需要生成买卖订单，打印签章，或扫描成电子格式并通过传真或电子邮件发送给对方，或直接邮寄给对方，买卖双方都要将订单信息人工录入自己的内部系统。如果采用EDI模式，双方的内部系统就可以直接交换 EDI 格式的电子合同文件，从而大幅减少人工操作环节，提高效率，降低操作风险。

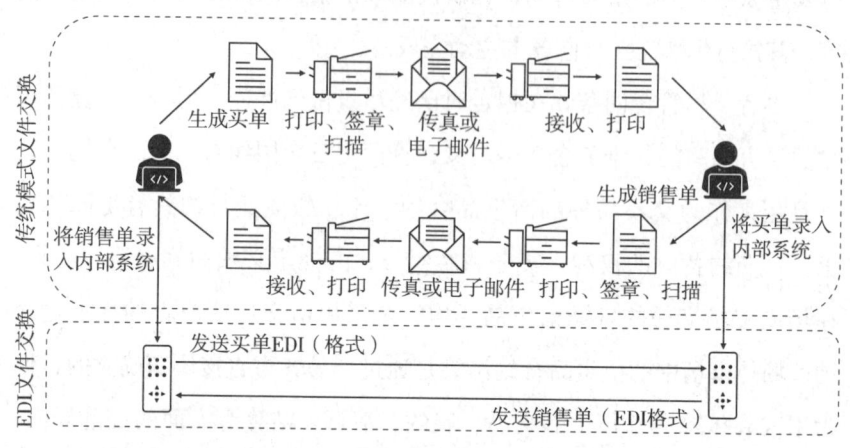

图 5-1　EDI 文件交换和传统模式对比

但是，商业活动中的交易关系是非常复杂的，两两之间都要建立起一套数据交换协议显然是不现实的。如图 5-2（a）所示，如果所有的 N 个买家与 M 个卖家直接建立交换协议，那么我们需要协调 $N×M$ 个相互关系。但如图 5-2（a）所示，如果买卖双方之间存在一个中介，那么我们需要协调 $N+M$ 个相互关系。中介机构可以协调商业活动各方，建立一个统一的 EDI 标准，并为各方之间的交易提供背书，这就是目前普遍采用的中心化模式。

1997 年，MasterCard（万事达卡）和 Visa（维萨）联合 GTE（通用电话电子）、微软、Netscape（网景）、IBM 等公司推出了一种电子支付模型，即"安全电子交易"（secure electronic transaction，缩写为 SET）协议。在一次支付过程中（见图 5-3），支付处理系统会为相关客户、商户和金融机构（银行）生成一个加密数字证书，让参与各方可以通过匹配数字密钥来验证交易。这样一来，客户的信用卡和银行账户信息可以用于完成交易，而不必泄露其个人隐私（比如个人账户余额）。后来，Visa、MasterCard 又转向使用一个被称为"3-D Secure"的数字支付和交易协议。

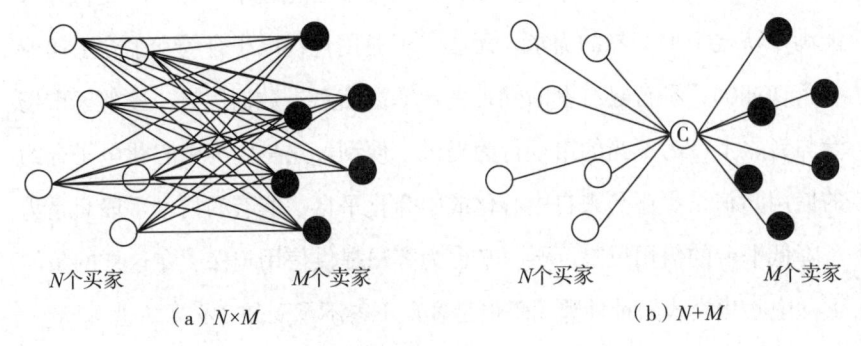

图 5-2 买卖双方的直接关系与采用中介模式对比

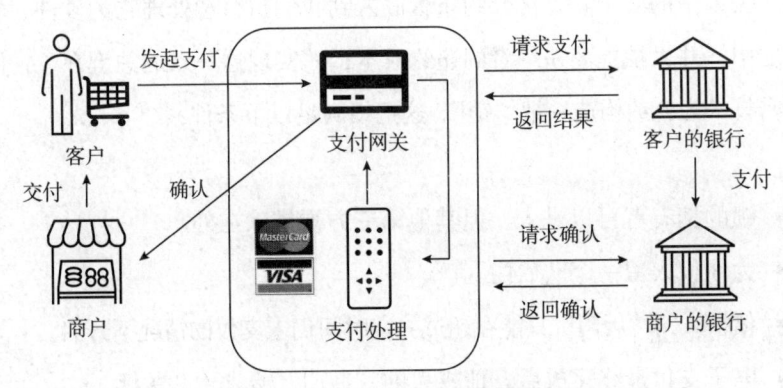

图 5-3 SET 支付流程示意图

在互联网普及以后，电子商务成为全新的商业模式，并随之诞生了 PayPal（贝宝）、支付宝、腾讯支付等专注于在线交易的支付系统。由于电子商务通常不是面对面交易，一些电子商务平台还将支付、物流、货物交付甚至客户评价等流程整合在一起。但无论这些电子化合约有哪些技术差异，其基本的中心化或中介化模式都没有发生变化，即由中心化或中介化平台制定电子化合约的标准，并为平台上发生的交易提供信用背书。例如，在一些西方国家，通过 Visa 或 MasterCard 信用卡交易是可以不设密码的，如果发生盗刷，客户是可以进行追索的；中国的一些电子商务平台也提供了针对交易风险的保险服务。但是，中心化的电子合约模式也带来了一系列弊端：合约由中心化或中介化平台提供，只能满足特定类型交易的需求，无法实现通用化；电子合约和平台上的业务密切捆绑，平台具有垄断性；平台掌握信息、数据优势，凌驾于市场参与者之上，为不当的市场行为提供了便利。这是因为中心化电子合约的信用归根结底还是来自中心化或中介化平台，所有的技术手段只是为了降低平台的信用风险，再由平台为客户提供信用担保。在这样的条件下，中心化模式的种种弊端恐怕是客户不得不承受的"必要之恶"。

早在 1997 年，尼克·萨博就提出了智能合约的概念。萨博认为：合约关系中的安全就是把合约条款嵌入到我们执行和处理它的硬件、软件之中，并大幅提高违约者的违约成本；而实现这一点的关键在于，用加密技术为合约构造一把"锁"。这把锁满足以下条件：

- 锁的拥有者可以进入，但其他第三方被排除在外。
- 为债权人留一个"后门"。
- 债权人的"后门"只能在超过一定时间仍未支付的情况下开启。
- 电子支付最终完成后，债权人的"后门"必须永久关闭。

萨博提出的智能合约与传统的电子化合约的最大差异在于，智能合约将安全置于技术机制，而不是第三方的保护之下，这就取消了对中心化或中介化平台的依赖。当然，萨博提出的智能合约仅仅是一个抽象概念，在当时的技术条件下长期没有得到实现，甚至被人遗忘。直到区块链技术出现后，智能合约的概念再次被人们提及，并以可去中心化执行的程序代码形式成为现实。

第二节　智能合约的运行机制

在讨论智能合约如何为多层次资本市场带来价值之前，我们有必要讨论一下智能合约的运行机制，以便理解智能合约为什么可以实现去中心化的中立执行。

我们在第二章中已经提到，智能合约其实是描述合约执行逻辑的程序代码。当前，影响最大的两种智能合约技术分别是以太坊和Hyperledger Fabric，其中以太坊的主要开发语言是Solidity，Hyperledger Fabric的主要开发语言则是Go，其他常见的智能合约开发语言还有C++、Node.js、Javascript、Java等。智能合约代码编写完毕后，首先要部署到区块链节点中。不同区块链技术框架下智能合约的具体部署方式各有差异，以Hyperledger Fabric为例，需要经过四个步骤，被称为"Fabric链码生命周期"（Fabric Chaincode Lifecycle）[1]。

- 打包链码：这一步骤可以由区块链中的某个组织或者每个组织来完成。
- 在节点上安装链码：区块链中的每个组织都需要使用相关链码来验证交易或查询账本，以完成这一步骤。
- 各组织允许链码定义：每个组织都需要使用相关链码来完成此步骤。在可以运行之前，被部署的链码定义需要由足够数量的组织认可，以满足频道[2]的"生命周期背书政策"。

---

[1] Hyperledger Fabric中的智能合约被称为"链码"，意为在区块链上执行的代码。Fabric链码生命周期指的是这样一个过程：在链码可以在一个频道上运行之前，让多个组织就这一链码如何操作达成一致。

[2] Hyperledger Fabric的网络拓扑被分为节点、组织、频道三个层级。其中节点是最小层级，用于运行Docker容器，并保存一份账本副本，可以与网络中其他节点通信；组织是由一个或多个节点组成的，可以指定一个组织拥有的节点数；频道指两个或多个特定网络成员间的专门以机密交易为目的而建立的私有"子网"。

- 将链码定义提交到频道：一旦频道中有足够数量的组织认可这一链码的定义，该定义就会由其中一个组织提交到频道。提交者需要首先收集到足够多组织的节点"背书"，然后才能执行提交链码定义的交易。

尽管在不同的区块链技术框架下，智能合约的部署存在差异，但是和 Fabric 链码生命周期类似的是，任何智能合约在部署时，都要获得区块链大多数成员的签名认可。另外需要注意的是，从技术的角度来看，智能合约的部署是部署了一个程序，但并未启动一个进程；从业务角度来看，它部署了一个合约的框架，尚不能等同于启动一个具体合约的执行。我们知道，一个进程是一个程序在一组特定的数据集（参数）上的一次执行，是一个动态的概念；而一个合约也需要在确定了一组合约要素后才能启动执行，同样是一个动态的概念。

那么，智能合约是如何在没有中心化或中介化机构控制的情况下，实现中立执行的呢？这实际上是与区块链系统共识机制密切相关的问题，因为我们要让合约各方都认可合约的执行结果，就必须确保智能合约执行的一致性。这里，我们仅结合在第四章中推荐采用的权威认证共识机制，讨论智能合约的执行机制。

首先，我们要考虑智能合约的执行是如何启动的。我们在第二章中看到，智能合约是由函数和状态变量组成的，或者可以将智能合约视为一组程序，是对分布式账本上存储的数据集的一组操作。因此，所谓智能合约的自动执行机制，并不是"无中生有"地自动执行的，而需要赋予其一组消息（参数），并调用智能合约中的函数。调用函数的消息可以分为外部消息和内部消息，每个交易都包含一个外部消息调用，而调用过程中又可以创建更多的内部消息调用。也就是说，一个智能合约在调用过程中，也可以通过内部消息调用其他合约的函数，这有利于实现智能合约的模块化、组件化，赋予智能合约更高的灵活性。外部消息调用通常是由区块链系统的 DApp 触发的，如果调用中需要使用公开数据集作为消息，那么提供外部可信数据源便非常重要。

在权威认证共识机制下，智能合约的执行机制如图 5-4 所示。当 DApp 触发执行智能合约后，执行请求首先被发送至领导者节点。领导者节点会对收到的请求进行排序，并分配给当前各权威节点执行相应的智能合约或链码。各权威节点实际是在各自的 Docker 容器中执行部署在本节点的智能合约程序。同时，共识机制也保证了外部消息和分布式账本各副本的一致性，也就是说，各节点上执行智能合约的各个真实进程、操作的初始数据集是相同的。

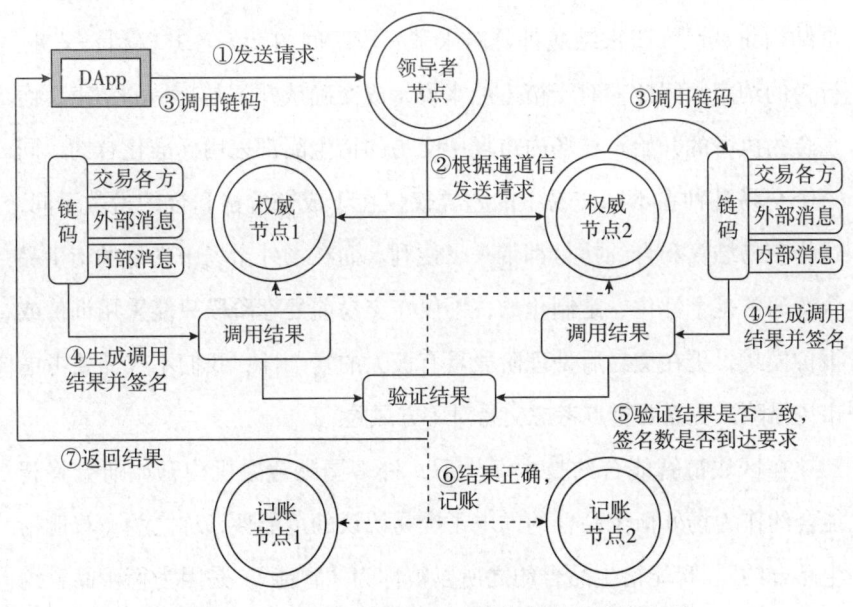

图 5-4　权威认证共识机制下的智能合约执行机制

各个权威节点在完成智能合约的执行后，需要验证各节点执行结果的一致性，并根据相应的验证策略来确定最终的调用结果。一种常用的验证策略是，搜集并比较各权威节点的调用结果。当取得一致的结果数 n 满足 $N/2+1 \leqslant n \leqslant N$ 时，其中 N 为当前权威节点个数，则认为这一调用结果为最终调用结果。最终调用结果会被作为新区块加入分布式账本中，也可能因此而产生通过 API 对区块链外部系统的操作。未担任权威节点的其他普通节点此时充当记账节点，在最终调用结果确认后，也会相应地更新各自节点上的分布式账本的副本。最后，最终调用结果将被返回发起请求的 DApp。

第三节　智能衍生品合约与 ISDA 通用领域模型

衍生品交易是典型的合约交易，无论是期货、远期、期权、互换还是结构化产品，归根结底都是对未来一段时间内交易各方权利、义务、行为的约定。因此，对于衍生品来说，成交确认并不是交易的结束，而是合约执行的开始。在场内市场中交易的衍生品都采用标准化合约，同一个交易品种在不同交易中的差异仅仅在于成交价格和合约份数不同，这为交易结算和合约执行都带来了便利。而在场外市场中交易的衍生品合约通常是个性化、定制化的，不仅在交易前处理阶段只能采用询价或报价模式，更在交易后处理阶段具有极大的复杂性；我们不仅需要考虑市场风险，更需要重点考虑交易对手方风险。

在区块链智能合约技术诞生后，许多国际金融机构开始研究将智能合约作为场外衍生品合约的电子交易协议的可能性，称之为"智能衍生品合约"。智能衍生品合约之所以被称为"智能"，是因为衍生品合约中的部分条款可以自动执行。衍生品合约中可被自动执行的条款，可以用智能合约的程序设计语言来表示，而其他部分条款仍然表示为自然语言。衍生品合约与智能合约、智能法律合约、智能衍生品合约等几个概念的关系如图 5-5 所示。智能合约既可以处理各类业务流程，也可以处理具有法律效力的合约中可自动执行的条款（智能法律合约）；而衍生品合约也属于一种具有法律效力的合约，其可被自动处理的部分就被称为智能衍生品合约。在智能衍生品合约领域率先展开理论研究、原型测试或提出解决方案的金融机构和金融科技公司包括巴克莱银行、国际掉期与衍生品组织、美国财政部金融研究办公室和金杜律师事务所（King & Wood Mallesons）等。

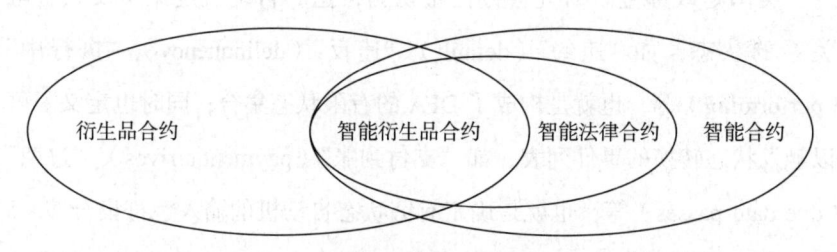

图 5-5　智能衍生品合约概念关系

智能衍生品合约要真正替代衍生品合约，必须解决两个重要问题：一是如何用智能合约程序代码表示衍生品合约条款，且同样具备法律效力？二是如何设计智能衍生品合约，并使其真正具备自动执行的能力。

一、智能衍生品合约的"合法性"

针对上述第一个问题，美国财政部金融研究会办公室首先从理论角度进行了证明。美国财政部金融研究会办公室发现，一份定义良好的金融合约的基本法律结构遵循的是一种状态转换逻辑，而这种状态转换逻辑可以被形式化地表达为一个有穷状态自动机（finite state automaton）。根据形式语言理论，有穷状态自动机包括不确定有穷状态自动机（nondeterministic finite automaton，缩写为 NFA），可以转换为一个确定有穷状态自动机（deterministic finite automaton，缩写为 DFA）。一个确定有穷状态自动机可以表示为一个五元组（Q，Σ，δ，q_0，F）：

- Q 表示一个有限状态集合。
- Σ 表示输入符号（事件）的有限集合。
- $Q \times \Sigma \rightarrow Q$ 为状态转换函数。
- $q_0 \in Q$ 为起始状态。
- $F \subset Q$ 为终止状态集合。

美国财政部金融研究会办公室认为，这一自动机定义了反映金融关系的状态，如"违约"（default）、"违反"（delinquency）、"执行中"（performing）等，也就是构成了 DFA 的有限状态集合；同时也定义了可以触发状态转换的事件列表，如"支付到账"（payment arrives）、"过期"（due date passes）等，也就是确定有穷状态自动机的输入字符集合 Σ，Σ 按照形式语言理论的习惯被称为"字母表"。一份合约的关键在于描述了一组规则，根据这组规则，不同的事件序列会触发相应的合约各方之间关系的状态转换序列。这组规则放在确定有穷状态自动机中，可以表示为状态转换函数的集合 $\delta: Q \times \Sigma \rightarrow Q$。也就是说，合约各方的关系处于状态集合 Q 中的某个状态，将触发字母表 Σ 中定义的某个事件，导致合约各方关系转换为状态集合 Q 中的另一个状态。合约各方的金融关系从一个最初的状态 q_0 出发，经过 Σ 中定义的各个事件进行状态转换，最终达到终止状态集合 F 中的某个状态，合约关系即告结束。

形式语言理论告诉我们，正则语言（正则表达式）、3 型文法、确定有穷状态自动机的实质都是相同的。美国财政部金融研究会办公室在其研究中提出了金融合约的"可计算性表述"，再将其形式化为确定有穷状态自动机以后，用图形化（状态转换图）、表格化、正则语言三种形式对金融合约进行了验证推导。例如，一个简单的欧式看涨期权合约的收益结构如图 5-6（a）所示，以合约成交为起始状态，合约关系状态转换图如图 5-6（b）所示。用状态转换图描述的确定有穷状态自动机可以方便地转换为正则语言或表格化的表达形式,也可以用程序设计语言进行描述。

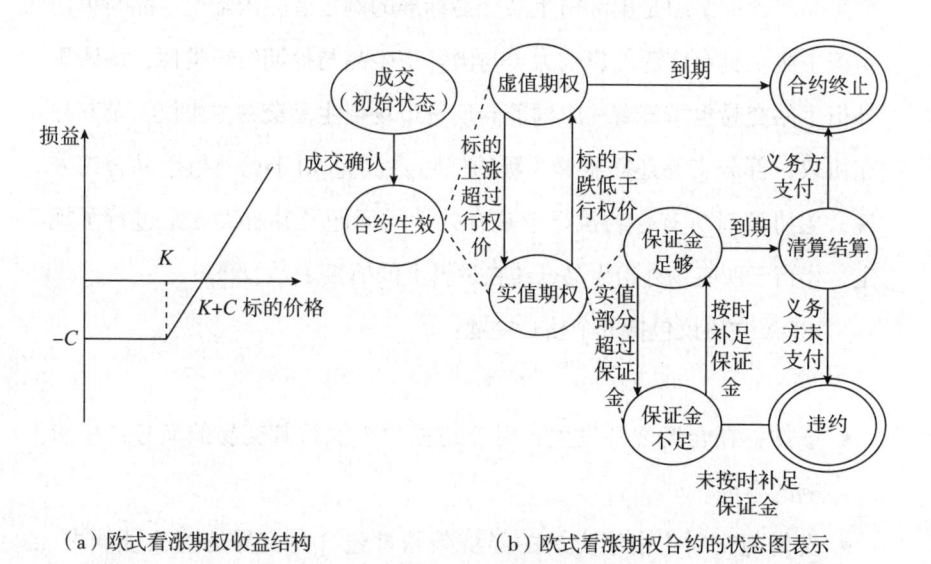

(a) 欧式看涨期权收益结构　　　　(b) 欧式看涨期权合约的状态图表示

图 5-6　欧式看涨期权合约的形式化表示

美国财政部金融研究会办公室这项研究从理论上解决了用程序设计语言描述金融合约的可行性。在形式语言理论中,人们通常采用乔姆斯基(Chomsky)的文法分类方法将语言的文法分为 0~3 共 4 型文法:0 型文法又称"短语结构文法"(phrase structure grammars),对应的自动机为"图灵机",是最复杂、灵活性最高的语言;1 型文法又称"上下文有关文法"(context-sensitive grammars),对应线性有界自动机;2 型文法又称"上下文无关文法"(context-free grammars),对应下推自动机;3 型文法又称"正规文法"(regular grammars),对应有限状态自动机(在前文中,我们已经知道它可以转换为确定有穷状态自动机)。计算机程序设计语言的文法通常属于 2 型文法,智能合约的编程语言也是如此,因此完全可以表达属于 3 型文法的金融合约。

国际衍生品与掉期组织则从实践的角度，以 ISDA 主协议为蓝本设计智能衍生品合约的框架，以此来保证智能衍生品合约的合法性。国际衍生品与掉期组织是国际衍生品交易标准的制定者，国际衍生品与掉期组织主协议具有广泛的影响力。与国际衍生品与掉期组织类似，中国场外衍生品交易也需签署《中国证券期货市场衍生品交易主协议》及其补充协议，部分交易还需签署《履约保障协议》。对于场外衍生品合约来说，主协议对所有合约执行中具有共性的问题及其解决方案进行了规定，相当于所有场外衍生品合约在逻辑上的模板。

ISDA 主协议包括五个核心主题：

- 事件：在合约之外发生，对合约相关方执行其交易的义务产生影响的事件。
- 支付与交付：由于交易的经济条款被包含在交易的确认证据中，ISDA 主协议中含有一系列可能会影响或改变支付与交付的数量与时间，以及支付与交付方式的规定。
- 平仓与结算：在某些情况下，合约相关各方有权终止交易，被写入 ISDA 主协议中。主协议描述了如何执行终止操作。此外，ISDA 主协议包含一些重要条款，以确保一方对另一方所有交易的敞口可以以净值为基础来决定。从减少信用风险和监管的角度来说，这些都有重要意义，因此这也是 ISDA 主协议的重要组成部分。
- 争议：ISDA 主协议制定了合约各方解决其交易关系中所有可能出现争议的方法。
- 合约构成与法律关系：除上述四个核心主题外，ISDA 主协议还包括一些规定（合约如何修正、合约各方的陈述方式以及如何有效传递公告或通知），用于构建合约各方之间具有法律效力且稳固的契约关系。

国际衍生品与掉期组织从法律效力角度,针对智能衍生品合约设计中的涉及上述五个主题的问题提出了建议。中国场外衍生品市场中适用的主协议尽管在具体条款上与 ISDA 主协议存在差异,但其核心主题以及对合约执行中各项问题的处理原则与 ISDA 主协议是一致的,因此我们可以借鉴其中的思想。在 ISDA 主协议的五个核心主题中,与智能衍生品合约直接有关或适于采用技术手段解决的是"事件""支付与交付""平仓与结算"三个主题,而"争议""合约构成与法律关系"不能完全依靠技术手段实现,但我们在智能衍生品合约的设计上应与其原则保持一致,并提供必要的支持。

1. 对事件的处理

ISDA 主协议定义了一系列可能影响交易一方继续履约甚至导致合约终止执行的外部事件。这些事件被分为违约事件和终止事件两大类,每一大类又包含若干细分类别,如表 5-1 所示。尽管两者的最终结果是一样的,即可能导致已存在的交易终止,但它们在概念上存在明显的区别。

表 5-1　ISDA 主协议事件定义

分类	事件	说明
违约事件	交收失败	交易一方未能按 ISDA 主协议规定履行支付或交付
	违反或否认协议	任何一方违反或否认 ISDA 主协议。这一条款赋予一方有权在另一方明确表示不会执行契约义务时,即使尚未实际违约,也可以终止交易
	信用支持违约	当 ISDA 主协议下的义务是由外部信用支持或担保的,如信用支持失效,允许另一方终止交易
	虚假陈述	对 ISDA 主协议特定陈述的违反

（续表）

分类	事件	说明
违约事件	特定交易违约	发生在交易双方之间，但不在ISDA主协议约束下的其他交易（特定交易）的违约事件
	交叉违约	对与借款有关协议（在ISDA主协议中称为"特定债务"）的违约，指一方对第三方债务超过规定阈值，另一方有权要求终止交易
	破产	因破产相关事件导致到期无法支付
	不承担债务合并	交易一方合并至另一实体，或将资产转移到另一实体，而另一实体不承认其此前ISDA主协议规定的义务，或不承担已有的信用支持协议
终止事件	不合法	交易一方完成交易或履行ISDA主协议规定义务因任何适用法律变得不合法，以及执行信用支持文件变得不合法
	不可抗力	当出现不合法定义之外的其他原因导致不能继续执行ISDA主协议
	税务事件与合并税务事件	因法律改变，或交易一方合并，导致这一交易额外税务负担
	合并信用事件	因合并、收购或资产重组导致合并后的实体信用水平降低
	附加终止事件	交易各方可指定任何其他导致交易终止的事件

对事件的处理是智能衍生品合约最复杂的部分。首先，监控那些可能导致违约或终止事件发生的外部事件，具有一定的复杂性。例如，判断一个企业是否破产，是很难通过技术手段来完成的。其次，对事件监控的及时性要求则带来了更多的复杂性。最后，即使违约或终止事件发生，这也不一定意味着合约执行的终止，未发生事件的一方有权选择继续执行或暂停执行合约。对此，国际衍生品与掉期组织对智能衍生品合约的建议是，交易平台对于那些难以被代码处理甚至难以预见的事件，应该考虑在分布式账本之外（off-ledger）处理，而处理完毕后的后续流程又能回到分布式账本上来（on-ledger）。

智能衍生品合约应提供对上述事件的处理机制，涉及事件触发机制、事件描述数据结构、事件数据校验等问题；当事件处理导致交易终止时，还应调用相应的结算处理流程。其中，对于事件处理最复杂的部分触发机制，我们认为与其对事件的性质与发生条件做不切实际的穷举假定，不如回到市场参与者的利益诉求；与其使用复杂技术手段尝试集中监控，不如将事件监控的责任分散到交易的利益攸关方。也就是由交易中因事件可能遭受损失的一方（根据具体交易不同，也可包含中央对手方机构或第三方担保机构），触发智能衍生品合约中有关事件处理的函数。在事件的具体处理中，相关公信力机构，包括监管机构和其他相关权威机构，需要对事件的真实性进行校验并判断事件性质，也就是实现分布式账本之外处理；公信力机构给出的信息又会再次回到智能衍生品合约中，继续触发下一步处理，即回到分布式账本上处理。这样的处理机制也体现了即使在去中心化信任机制下，我们仍然需要特定领域，特别是处于系统边界的信任中心，在特定情况下发挥重要作用。

2. 支付与交付

衍生品交易的确认条款包含支付与交付的内容，还包括确定支付金额的计算、资产交付的数量与方式、支付时间、由谁支付等。例如，一个确认条款会指明在特定日期执行相应的计算，随后交易一方应根据计算结果向另一方发起支付。对于智能衍生品合约而言，支付与交付需要考虑的相关问题有：

- 确认条款所涉及的支付或交付条件如何监控。衍生品合约的支付与交付通常依赖于标的资产的价格变动，这就涉及区块链内外信息如何交互的问题。
- 链上还是链下支付。完全的区块链系统可以将数字货币或通证作为支付媒介，但对于当前国内外场外衍生品市场的主流环境，实际的支付仍然需要通过交收银行完成。除支付外，衍生品合约在涉及场内证券、实物资产的交付时，也必须与其他平台实现交互。

- 净额支付问题。当一笔交易涉及多个支付条款，具有交叉支付的情况时，我们需要计算其净额完成支付。当交易双方之间具有多笔交易时，双方也需要实现净额支付。

支付或交付条件的监控问题与事件处理的问题类似，需要依赖系统外部的可信公开数据源。但其区别在于，支付或交付条件往往涉及公开高频数据，如场内市场中的标的资产价格，因而不适合采用事件处理中采用的由交易利益攸关方自行监控、再由权威机构确认的模式，而应该由可信公开数据源直接向区块链系统广播，并触发相关智能衍生品合约执行支付或交付。

在支付或交付的执行层面，我们假定基于区块链的场外交易平台内部并不提供数字货币或通证，因此实际的支付与交付均发生在系统外部。如果采用其他数字货币作为支付媒介，我们可以利用跨链技术与其他区块链平台实现交互。如果采用传统银行支付以及涉及其他非现金资产交付，我们需要采用 DApp、API 实现与外部系统连接。

智能衍生品合约针对个别交易级别的支付或交付计算如图 5-7 所示。当交易某一方发起支付或交付请求时，其输入信息来自链上的确认条款或链下的数据源，如标的价格、导致交易终止的外部事件等。经智能衍生品合约执行支付或交付计算后，输出信息不仅会用于调用外部系统在链下执行支付或交付，也会在链上对支付或交付数据进行记录。

针对集合交易级别的智能衍生品合约支付或交付计算如图 5-8 所示。集合交易级别的支付或交付计算，既可能包括净额支付相关的交易，也可能包括不参与净额支付的交易。交易双方可对哪些交易参与净额支付进行选择。对于净额支付的交易，经轧差计算后形成一条支付路径，同样需要进行链下支付和链上记录。不参与净额支付的交易会单独形成一条支付路径。

图 5-7 个别交易级别的智能衍生品合约支付或交付计算

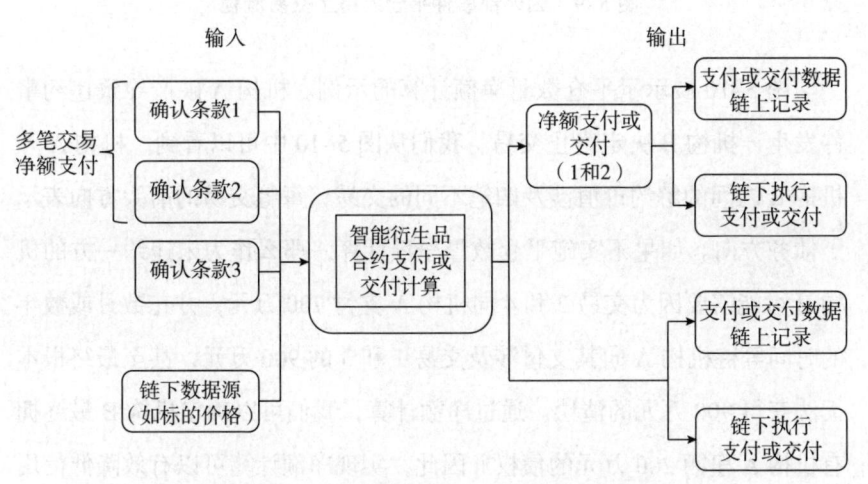

图 5-8 集合交易级别的智能衍生品合约支付或交付计算

3. 平仓与结算

这里的平仓与结算特指因发生违约或终止事件导致的交易终止或平仓。根据 ISDA 主协议，平仓或终止交易的流程如图 5-9 所示。智能衍生品合约在处理平仓流程时，必须考虑如何监测违约或终止事件何时发生以及如何发生，同时也应考虑交易方此时可能选择也可能不选择终止交易。这一点在上述对事件的处理部分已提出解决方案。另外，平仓数量的决定方式和采用的技术解决方案会影响平仓数量的计算。ISDA 主协议认为，平仓数量应将因终止交易而导致的所有损失、成本和已实现收益考虑在内，以净额计算，或提供与被终止交易等值的实物资产。

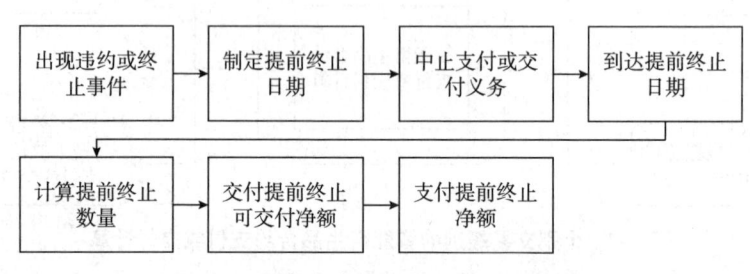

```
出现违约或终 → 制定提前终止 → 中止支付或交 → 到达提前终止
止事件           日期              付义务            日期
                                                        ↓
计算提前终止 → 交付提前终止 → 支付提前终止
数量             可交付净额        净额
```

图 5-9 因外部事件平仓或终止交易流程

图 5-10 展示了平仓数量净额计算的示例。机构 A 破产导致违约事件发生，机构 B 决定终止交易。我们从图 5-10 中可以看到，机构 A 和机构 B 之间的解约价值涉及四笔不同的交易，每笔交易的箭头方向表示了债务方向。如果不实施平仓数量净额计算，那么作为未违约一方的机构 B 可能需要因为交易 2 和 4 向机构 A 支付 700 万元，并花数月或数年的时间等待机构 A 向其支付涉及交易 1 和 3 的 900 万元，甚至最终根本无法获得 900 万元的清偿。通过净额计算，我们可以确定机构 B 最终拥有机构 A 净额 200 万元的债权。因此，实现净额计算可以有效降低信用敞口和对监管资本的需求，智能衍生品合约支持平仓数量净额计算具有重要意义。

实现净额计算的主要困难在于，当事件发生导致平仓处理时，我们如何获取相关交易的估值。与前述"支付与交付"部分类似，此时应针对链上与链下交易分别采用不同的处理流程。

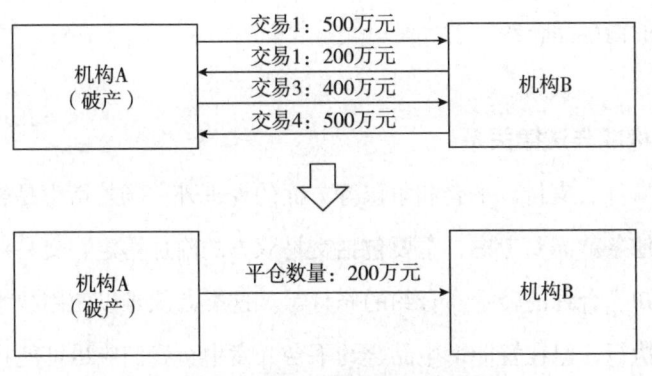

图 5-10 平仓数量净额计算示例

4. 争议

至少就目前而言，交易双方通过双边谈判、仲裁、法庭、听证会等途径解决争议，仍然优于将争议解决和治理机制内置于智能合约平台中。争议解决过程存在着许多不确定因素，往往需要人工介入。此时，交易双方可能选择暂停履行合约，直至争议被解决。为此，智能衍生品合约应提供两项机制：

- 当交易双方出现争议时，暂停智能衍生品合约自动支付或履行其他合约义务的机制。
- 当争议解决后，重启智能衍生品合约自动履约，或启动其他步骤（如启动平仓处理）的机制。

此外，当争议解决后，智能衍生品合约的具体条款可能发生修改，以反映交易双方谈判的结果，这在技术上也是比较难以解决的问题。对此，我们认为比较合理的解决方式是，将出现争议的情况按终止事件方式处理。交易双方终止出现争议的智能衍生品合约，并执行可能涉及的平仓处理流程。交易双方在链外实现争议解决后，根据需要可重新交易一份新的衍生品合约。

5. 合约构成与法律关系

除事件、支付、平仓和争议等方面的处理外，场外衍生品合约还有许多其他条款需要考虑，主要包括交易双方的附加协定、交易双方的陈述或告知、合约的转手、合约的修订等。这类条款难以使用技术手段实现自动执行，但在智能衍生品合约平台开发中，我们应尽可能将整体契约关系纳入考虑，这样可以使平台更加有效并提高开发效率。

因此，智能衍生品合约平台需要特别注意的是，不要让技术解决方案影响交易双方的法律关系。例如，在涉及平台的支付或交付处理方式时，平台不能让交易双方通过平台达成的一笔交易变成交易双方各自与平台的两笔合约。相反，平台还应为合约构成中不能自动化执行的其他部分提供相应的支持，并维护交易双方因合约而形成的法律关系。例如，平台可以将衍生品合约中不能通过智能合约代码实现的部分，仍然保持通过自然语言描述的副本，并将其在分布式账本上进行存证。这部分条款尽管对智能合约执行衍生品交易没有实质影响，但可利用区块链不可篡改的特性为平台之外的事务（如争议解决、仲裁、抵押品处置等）提供证据。

二、智能衍生品合约的开发框架

国际衍生品与掉期组织不仅对智能衍生品合约的合法性问题进行了深入的研究，还联合金杜律师事务所提出了智能衍生品合约的开发框架。在这个框架中，ISDA通用领域模型发挥了重要的作用，以确保贯穿衍生品生命周期的事件、行为的共有的标准化表示可以用于整个行业。为了让智能衍生品合约可以充分发挥其潜力，我们必须在开发过程中保持技术、商业、规则和法律标准的兼容性和一致性，使之既适用于衍生品合约，又适用于智能合约。

ISDA 智能衍生品合约实用开发框架包括五个主要步骤，如图 5-11 所示。

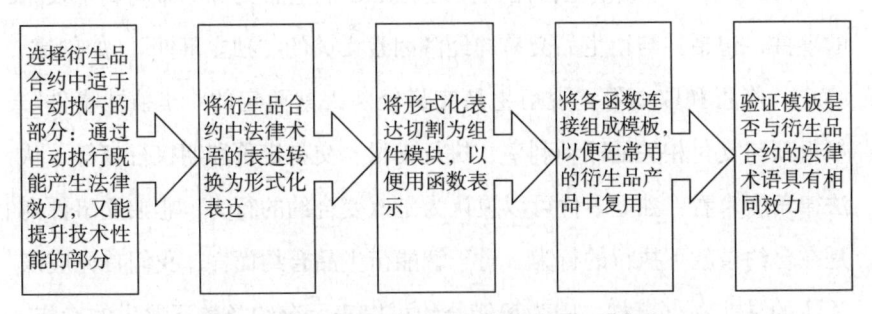

图 5-11　ISDA 智能衍生品合约实用开发框架

第一，从衍生品合约中分离出适于自动执行的部分，即通过自动执行既能产生法律效力，又能提升技术性能的部分。第二，将衍生品合约中的法律条款转换为一种形式化表达。这一步骤的理论基础就是我们在前文中介绍的"金融合约等价于一个确定有穷状态自动机"，而在实践中则主要参考 ISDA 主协议中描述的五个核心主题。第三，我们在程序设计中的常用方法是，将合约中形式化的部分抽象、切割，分成组件化的模块，以便用函数的形式来表述。第四，把这些函数连接成可重复使用的"模板"，这样在设计具体的衍生品产品时就可以用这些模板来进行组装。第五，验证这些模板是否与衍生品合约中的法律条款具有同等法律效力。

ISDA 通用领域模型的目标是，为交易后处理阶段的生命周期提供一个标准化模型，专注于交易生命周期那些无差异化的部分，以便在行业内成为一种可选的交互方式。ISDA 通用领域模型于 2017 年 10 月发布第一个原型，2018 年 6 月发布 1.0 版本。ISDA 通用领域模型为衍生品交易中的事件和行动提供了一个标准化的数字表示，成为任何编程语言或软件技术通用的机器可读格式。理解 ISDA 通用领域模型如何将衍生品交易的不同表述联系起来，对于构造在市场中高效运行的智能衍生品合约非常重要。

ISDA 通用领域模型首先关注的仍然是衍生品交易生命周期中发生的事件，包括：与衍生品交易的经济因素无关的"独立事件"，如创建、终止、修正和取消等；视衍生品交易经济因素而定的"非独立事件"，如更新与支付相关的浮动利率、执行支付、交易定价和期权行权等。从法律角度来看，独立事件可以被认为是改变合约的行为，非独立事件则是在合约条款下执行的行为。对于智能衍生品合约而言，我们首先应该关注的是非独立事件，因为智能合约可以表示合约条款下发生的操作。ISDA 通用领域模型中描述了哪些事件可以通过智能合约函数来实现高度自动化。

ISDA 通用领域模型将合约条款看作交易状态当前表示的输入，而这些输入又可以被拆分为最简单的函数表示，如一个利率互换可以看作两次券息支付的组合。这些最简单的函数又可以被组合到遵循 ISDA 定义的模板中，以创建各种衍生品种。将函数组合到模板中，是智能衍生品合约之所以智能和有效的重要原因之一。这意味着，我们可以创建一个函数库用来为不同的品种组建智能合约模板，而无须分别为不同的品种单独提供定义目录。

构造智能衍生品合约最关键的步骤就是将衍生品合约条款形式化，再将形式化表示转换为函数。ISDA 官网提供了一个"定额计算"（Calculation of a Fixed Amount）的示例。

> Calculation of a Fixed Amount. The Fixed Amount payable by a party on a Payment Date will be:
> （a）If an amount is specified for the Swap Transaction as the Fixed

Amount payable by that party for that Payment Date or for the related Calculation Period, that amount; or

(b) If an amount is not specified for the Swap Transaction as the Fixed Amount payable by that party for that Payment Date or for the related Calculation Period, an amount calculated on a formula basis for that Payment Date or for the related Calculation Period as follows:

Fixed Amount = Calculation Amount × Fixed Rate × Fixed Rate Count Fraction

那么,第一步就是将上述自然语言文本转换为一组指令。

The Fixed Amount

 payable by a party on

 a Payment Date will be:

If an amount is specified for the Swap Transaction as the Fixed Amount payable by that party for that Payment Date or for the related Calculation Period,

 That amount; or

If an amount is not specified for the Swap Transaction as the Fixed Amount payable by that party for that Payment Date or for the related Calculation Period,

 an amount calculated on a formula basis for that Payment Date or for the related Calculation Period as follows:

Fixed Amount = Calculation Amount × Fixed Rate × Fixed Rate Count Fraction

接下来就是进一步将语言形式化。

```
Fixed Amount (PARTY):
    FOR Payment Date (n):
      IF
        EITHER
          amount is specified as Fixed Amount (PARTY) for Payment Date (n)
        OR
          amount is specified as Fixed Amount (PARTY) for Calculation Period (n)
      THEN
          EQUALS amount specified
      ELSE
          EQUALS
Fixed Amount = Calculation Amount × Fixed Rate × Fixed Rate Count Fraction
```

到这里，熟悉程序设计的读者就可以看出，这是非常容易转换为程序代码的文法。其中包括"IF""THEN""ELSE"这样的控制语句，"OR"这样的关系运算符，以及"EQUALS""FOR""EITHER"这样的逻辑语句；还包括以特定的"对手方"（PARTY）和日期（n）为参数进行函数调用的形式。

将智能衍生品合约从一种具有前景的概念实现其在复杂市场环境下的实用价值需要进行许多复杂的工作，如函数模板库的构建、合约合法性的验证与系统外部交互等。但是，美国财政部金融研究会办公室和国际衍生品与掉期组织的研究证明了智能衍生品合约既具有理论、法律层面的可行性，也具有工程化层面的开发方法。

第四节　构造场外市场中的智能合约体系

智能衍生品合约不仅可以用于场外衍生品市场，而且在其他各类场外市场也存在与场外衍生品具有相似特征的交易品种。智能衍生品合约主要针对衍生品交易的交易后处理阶段，是对传统衍生品合约的替代，赋予衍生品合约自动执行机制，提高了交易后处理的安全性和执行效率。但智能合约技术的去中心化中立执行的特性，对于场外交易的整个生命周期都具有重要价值。ISDA通用领域模型函数模板库中的许多函数模板都可以在智能衍生品合约之外的领域实现复用，并可进一步扩充。

以场外市场中典型的询价或报价交易为例，其业务流程的顺序图如图5-12所示（图中虚线部分为非必要操作，实线部分为必要操作）。我们可以看出，从交易对手方请求授信并开始询价起直至成交的整个流程，需要经过多个不同机构间多次交互。所有需要上链记录的数据，均需要先通过权威节点验证。流程中的许多环节均有可能产生不同的操作分支，并导致不同的结果。各步骤的执行总体来说是异步的，也就是说，流程执行过程中存在许多需要暂停等待的"中间状态"，必须在分布式账本上进行存证，并挂起流程等待下一步的触发信号。场外市场还存在着许多这样涉及多个不同类型机构且具有复杂业务逻辑的流程。在场外市场的去中心化环境下，只有智能合约既具备表达复杂业务逻辑的能力，又可实现去中心化中立执行。

从技术角度来看，区块链分布式账本可以被视为去中心化环境下的可信数据库，而智能合约则是在这个可信数据库之上的处理层，区块链系统中的所有业务逻辑都可以由智能合约配合DApp和API加以实现。在基于区块链技术构造的场外市场交易技术设施中，我们也应该以智能合约为核心，实现交易生命周期的全流程管理，形成市场自组织运行机制。

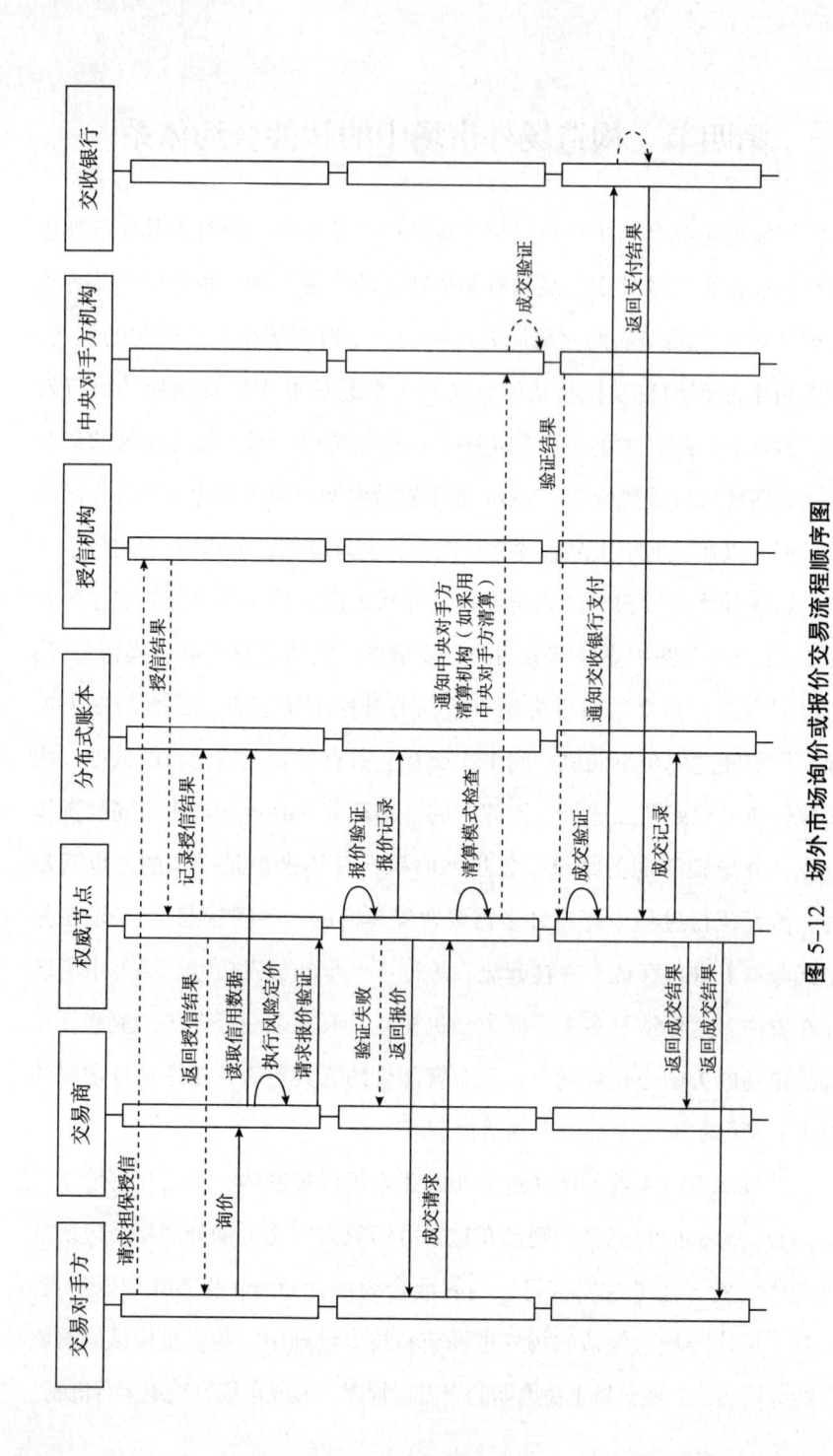

图 5-12 场外市场询价或报价交易流程顺序图

借鉴ISDA通用领域模型的设计思想，在设计场外市场交易技术设施的智能合约时，我们也应该在对业务逻辑充分抽象的基础上，将其中具有通用性、原子性的部分独立出来形成组件，形成场外市场的智能合约体系。这样，在各个具体的场外市场应用场景中，交易品种、交易流程、结算流程、监管流程、风险管理流程等，均可以通过拼装组件快速定义。这将为构建场外市场交易基础设施带来巨大的灵活性，从而适应场外市场品种丰富、业务流程多样化、金融创新速度快等个性化、定制化特征。

我们认为，场外市场的智能合约体系应由涵盖交易品种、交易流程、监管流程、风控流程、信用评价、跨市场交互、外部可信数据源等方面的智能合约模板组成，如图5-13所示。

其中，交易品种主要包括作为衍生品电子化交易协议的智能衍生品合约。但为了实现交易品种的统一管理模式，其他权益、利率、商品类交易品种也可以同样抽象为智能合约形式。这样做还可以带来另一个潜在的好处，就是可以将以账户为中心的管理模式改变为以资产或合约为中心的管理模式。例如，有一份定期付息的债券，如果以资产为中心进行管理，那么不管债券如何交易，我们只需修改债权所有人的记录，在付息时只需按此记录支付即可。

智能合约体系中最主要的一部分是交易流程，并可以进一步细分为交易前处理、交易后处理、清算、支付或交付等部分。这部分智能合约涉及整个交易生命周期的流程，业务逻辑最复杂。但由于场外市场交易模式的相似性，这部分流程在不同市场应用场景下通用性最高，也最具有进行模板化、组件化设计的价值。

监管流程的部分智能合约是监管机构职能在交易基础设施中的映射。数据报送流程可以在交易发生的同时将交易数据报送至交易报告库，大幅提高数据报送的准确性和及时性。外部事件校验流程是指在交

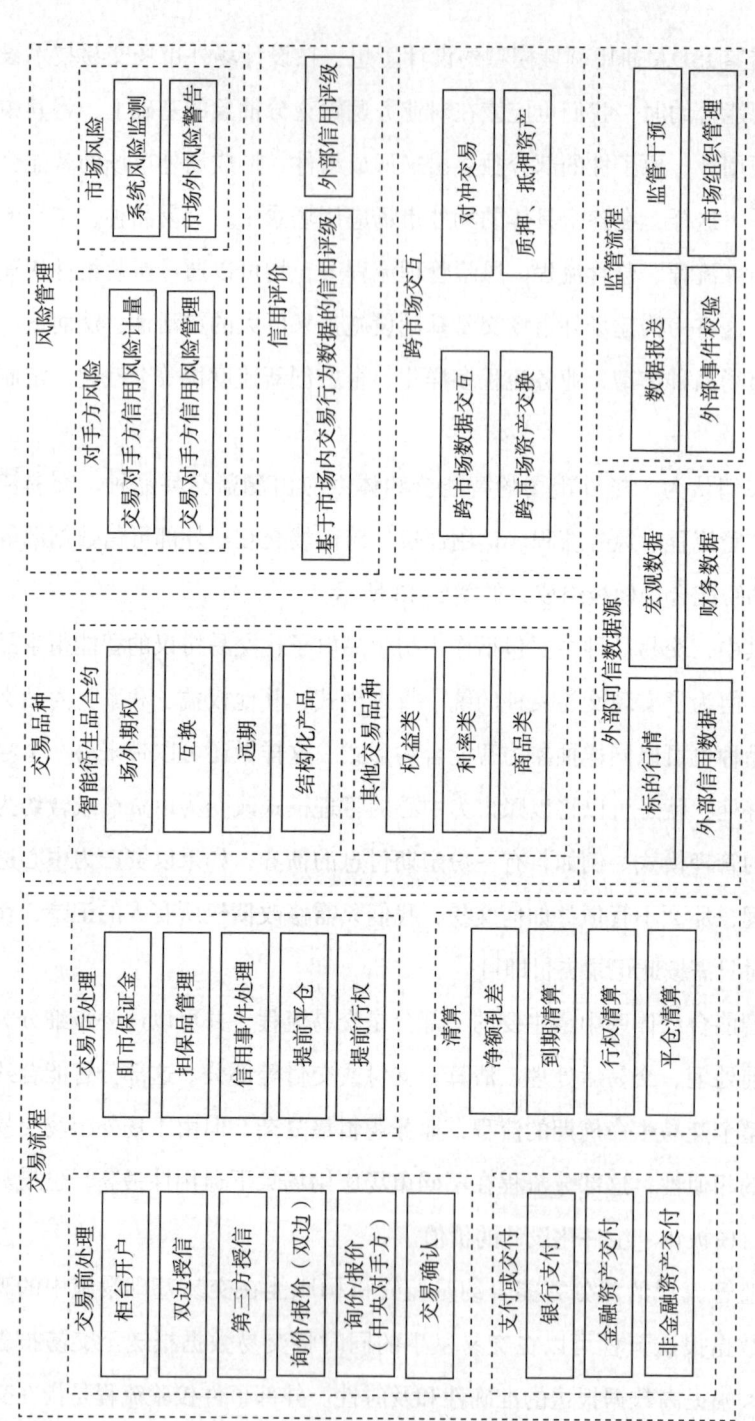

图 5-13 场外市场智能合约体系

易发生信用事件时，由监管机构对事件的真实性和性质做出判断。监管干预则是指监管机构主动对交易或相关机构采取干预措施。此外，根据前述权威认证共识机制的设计方式，监管机构还要通过市场组织管理流程对权威节点进行管理。

风险管理、信用评价这两部分智能合约是风险计量模型、风险监测模型、信用模型等数据分析模型在智能合约上的实现，是以区块链中的可信数据为基础，对风险和信用客观中立的展现。

场外市场往往需要通过交易其他市场的品种来实现风险对冲和价格发现。跨市场交互流程提供了有关跨市场数据交互和资产交互的智能合约，实现信息和价值的跨市场流通。此外，跨市场交互流程还提供资产质押、抵押功能，以完善场外市场的担保体系。

场外市场的许多交易都依赖市场外部的公开信息，包括宏观数据、标的行情、相关企业的财务数据和信用数据。外部可信数据源流程负责完成此项工作。

不同类别的智能合约不是相互孤立的，可以根据需要相互调用，例如：各类智能衍生品合约在执行合约条款时，需要调用交易后处理、清算、支付或交付等流程；信用事件处理需要调用外部事件校验；所有交易发生时都会调用数据报送流程；大部分交易都需要参考市场外部数据；等等。这些体现了智能合约组件化设计的优势和必要性：通过组件的复用，降低系统的开发成本和复杂性，为系统带来更大的灵活性。当某智能合约需要更新时，其他调用它的智能合约代码不必进行修改，能够降低出错的可能，从而提高系统的质量与稳定性。

第六章
交易对手方信用风险管理

交易对手方信用风险是指交易对手违反债券、衍生品、保单或其他合约中的支付义务的可能性或概率。场内交易所市场由于采用了交易所会员制度、保证金制度、集中交易、集中清算等一系列措施，可以基本忽略交易对手方信用风险。但是我们在第一章中已经了解到，交易对手方信用风险是场外市场中的核心风险，并且可能传导、扩散成为系统性风险，或者通过跨市场对冲、套利交易将风险导向场内市场。关于交易对手方信用风险的第一个问题是如何对其进行有效计量，第二个问题是如何防范和管理交易对手方信用风险。

区块链技术可以有效改善场外市场的数据治理水平，提高交易流程的执行效率和安全性，赋予场外市场一种全新的去中心化信任机制，具有改善交易对手方信用风险计量和风险管理的巨大潜力。在本章中，我们首先分析场外衍生品市场中交易对手方信用风险计量模型的原理，然后讨论区块链技术如何提高交易对手方信用风险计量的有效性和改善交易对手方的信用风险管理水平。

第一节　交易对手方信用风险计量原理

成立于 1974 年的巴塞尔银行监管委员会（Basel Committee on Banking Supervision）是国际金融监管标准的制定者。其发布的巴塞尔协议Ⅰ（Basel Ⅰ）、巴塞尔协议Ⅱ（Basel Ⅱ）、巴塞尔协议Ⅲ（Basel Ⅲ）对建立交易对手方信用风险标准计量体系有着重大影响。特别是 2008 年金融危机后，巴塞尔银行监管委员会针对巴塞尔协议Ⅱ框架暴露出的不足，推出了巴塞尔协议Ⅲ框架。其中，巴塞尔银行监管委员会于

2014年发布的《交易对手方信用风险暴露计量的标准法》(Standardized Approach for Measuring Counterparty Credit Risk Exposures，缩写为 SA-CCR)，针对原巴塞尔协议 II 框架下现期暴露法和标准化方法模型的缺陷进行了改进，并扩大了交易对手方信用风险的概念：将因交易对手信用水平恶化（但并未实际发生违约）造成另一方的损失也纳入交易对手方信用风险的范畴，被称为信用估值调整（Credit Valuation Adjustment，缩写为 CVA) 损失。

我们已在第一章中提到，对交易对手方信用风险的计量主要是估计"可能的"交易对手违约所造成的期望损失。而期望损失又是违约概率、违约暴露以及违约损失三部分的乘积。除期望损失外，交易对手方信用风险还可能造成非预期损失（Unexpected Loss，缩写为 UL)，但通常非预期损失是不可预测或难以估计的，因此交易对手方信用风险计量中一般仅考虑期望损失。接下来，我们讨论违约暴露、违约概率、违约损失计量模型。

一、违约暴露的计量

交易对手方违约造成的损失根本上来自另一方在交易中拥有正收益价值，而违约造成这部分价值无法实现或无法完全实现。违约暴露就是对这部分价值的估计，而违约暴露又受到利率、汇率、商品价格等市场因素的影响，其趋势难以预测，因此违约暴露是交易对手方信用风险计量的核心问题。

在巴塞尔协议 II 框架下的现期暴露法（Current Exposure Method，缩写为 CEM) 中，违约暴露的计算参见公式 6-1。

$$EAD_{CEM}=RC+add\_on \qquad 公式 6-1$$

其中 RC 是重置成本（Replacement Cost）与 0 之间的较大者。重置成本是衍生品逐日盯市（Mark to Market，缩写为 MTM）价值，是合约当前价值与初始价值之差，反映了当前风险暴露。add_on 则是潜在未来暴露（Potential Future Exposure，缩写为 PFE）的估计，覆盖了合约风险暴露的波动率。在现期暴露法中，add_on 以合约名义资本金乘以一个对应于衍生品类别的附加系数来计算。现期暴露法的缺陷是显而易见的：首先，其并未对是否有保证金的情况进行区分；其次，add_on 以附加系数来计算，无法捕捉到当前观测到的波动率水平；最后，在涉及某个交易对手或某个衍生品组合的违约暴露估计时，现期暴露法未能考虑多个合约之间的实质相关性。

标准化方法（Standardized Method，缩写为 SM）的违约暴露计算参见公式 6-2。

$$EAD_{SM}=1.4 \times \max[(CMV-CMC),(RPT-RPC)] \times CCF \qquad 公式\ 6\text{-}2$$

其中，CMV 是衍生品交易的当前市场价值（Current Market Value），CMC 为抵押品当前市场价值（Current Market Value of the Collateral），RPT 为衍生品交易的未来风险头寸（Risk Position from Transaction），RPC 为抵押品风险头寸（Risk Position of Collateral）；CCF 为信用转换因子（Credit Conversion Factor）。标准化方法的风险敏感度较现期暴露法有所增强，但标准化方法仍然没有区分保证金与非保证金交易，且其违约暴露计算的是当前风险与潜在风险的较大者，而不是同时覆盖两者。

内部模型法（Internal Model Method，缩写为 IMM）的违约暴露计算参见公式 6-3。

$$EAD_{MM}=\alpha \cdot Effective\ EPE \qquad 公式\ 6\text{-}3$$

预期暴露（Expected Exposure，缩写为 EE）是组合在存续期内未来每个计量日各种可能的当前风险暴露的均值。有效预期暴露（Effective

Expected Exposure，缩写为 Effective EE）则是从交易开始到计量日的时间区间内每个计量日预期暴露的最大值。计量日的有效预期暴露 Effective EE_{t_k} 的计算参见公式 6-4。

$$\text{Effective EE}_{t_k}=\max\left(\text{Effective EE}_{t_{k-1}},\ EE_{t_k}\right) \qquad 公式\ 6\text{-}4$$

在公式 6-3 中，α 是标准值 1.4，银行也可以使用内部估计值，但不得低于 1.2；而公式 6-3 中的 Effective EPE 是有效预期正暴露（Effective Expected Positive Exposure），是每个计量日有效预期暴露的加权平均，其权重为当前计量日 t_k 与上个计量日 t_{k-1} 之间的时间区间占整个净额组合存续期的比重 Δt_k，参见公式 6-5。

$$\text{Effective EPE}=\sum_{k=1}^{\min(1\text{year},\ \text{maturity})}\text{Effective EE}_{t_k}\cdot\Delta t_k \qquad 公式\ 6\text{-}5$$

在内部模型法中，预期暴露是违约暴露计量的基础，预期暴露的估计主要依靠机构内部的风险模型完成。例如，常用的蒙特卡洛方法，其估计方法如图 6-1 所示：首先根据计量日前逐日盯市的历史数据计算均值与标准差作为正态分布的参数，然后模拟产生大量满足这一分布的随机游走路径，长度为 1 年或"到期"（maturity）之间的较小值，即公式 6-5 中的 min（1year，maturity）。在由此产生的未来暴露样本中，取正值部分计算其均值，即对预期暴露的估计。

内部模型法的风险敏感性较现期模型法、标准化方法大大提高，需要综合考虑单笔交易和衍生品组合的结构特征。但内部模型法客观上有利于银行降低衍生品交易的资本要求，利用风险模型实施监管套利，因而被大多数欧美金融机构采用，这在 2008 年金融危机中暴露出严重的缺陷。

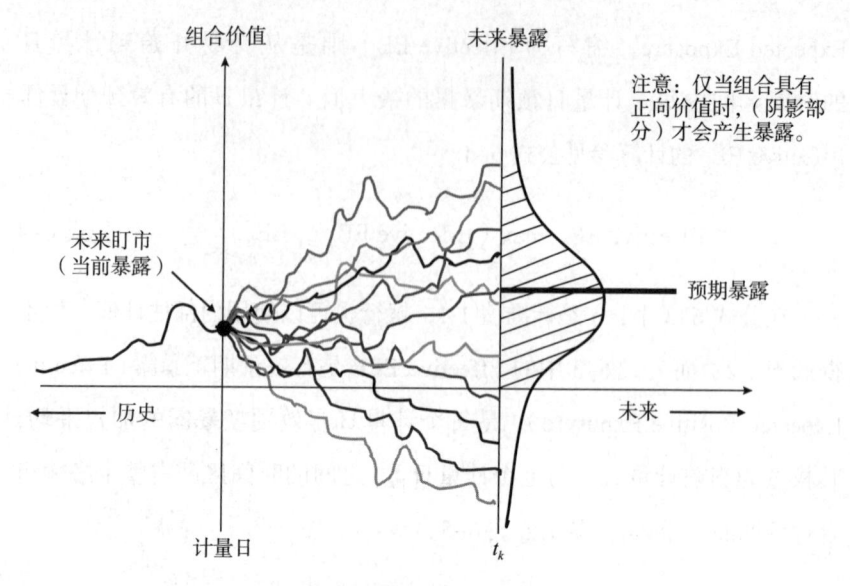

图 6-1 预期暴露的蒙特卡洛估计

针对 2008 年金融危机暴露的问题，巴塞尔协议Ⅲ调整了交易对手方信用风险资本监管框架，并在 2014 年公布了《交易对手方信用风险暴露计量的标准法》，取代了现期模型法和标准化方法，并将其作为内部模型法对资本要求底线的计量基础。《交易对手方信用风险暴露计量的标准法》的违约暴露计算见公式 6-6。

$$EAD_{SA\text{-}CCR} = \alpha \cdot (RC + PFE) \quad \text{公式 6-6}$$

其中，α 为常数，与内部模型法一样取 1.4。我们可以看出，《交易对手方信用风险暴露计量的标准法》的违约暴露计算框架与现期模型法基本一致，但其重置成本和潜在未来暴露的计算却大相径庭。《交易对手方信用风险暴露计量的标准法》的重置成本分为无担保品和有无担保两种情况，将有无担保进一步区分为保证金交易和非保证金交易，其计算参见公式 6-7。

$$RC = \begin{cases} \max(V, 0) & \text{无担保品} \\ \max(V-C, 0) & \text{有担保品，无保证金} \\ \max(V-C, TH+MTA-NICA, 0) & \text{有担保品，有保证金} \end{cases}$$

公式 6-7

对于无担保品的情况，我们只需计算净额结算组合的盯市价值为正的部分。对于有担保品无保证金的情况，重置成本为组合的盯市价值与折算后抵押品价值之差为正的部分。对于有担保品且有保证金的情况，我们还要考虑不会触发担保交易的最大暴露。其中，TH（Threshold）为阈值，超过 TH 则必须提交抵押品；MTA 为最低转移数量（Minimum Transfer Amount），即交易对手转移抵押品的最小数量；TH+MTA 表示超过这个水平才会发生追加可变保证金；NICA 为独立抵押净值（Net Independent Collateral Amount），即交易对手提供的可用于抵消违约风险暴露的担保品净值。TH+MTA-NICA 代表了触发追加可变保证金之前的最大风险暴露。

《交易对手方信用风险暴露计量的标准法》中的潜在未来暴露定义见公式 6-8。

$$PFE = multiplier \cdot Add\_on_{aggregate}$$

公式 6-8

其中，multiplier 是代表认可超额抵押的乘数，以便减少合约对最低资本金的要求。聚合附加暴露 $Add\_on_{aggregate}$ 为合约中不同资产类别附加项的函数，其定义参见公式 6-9。

$$Add\_on_{aggregate} = \sum_j Add\_on_j$$

公式 6-9

由于每种资产类别在其类别的对冲组合中是独立计算的，所以用 Add_on 表示不同资产类别的附加暴露。《交易对手方信用风险暴露计量的标准法》将衍生品交易分为利率、外汇、信用、股权和商品五大类资产，各类资产可分别形成抵消组合，其附加暴露可部分或全部抵消。

建立计算未来盯市价值的潜在未来暴露的框架是非常必要的，特别是大规模的投资组合，可用于与信贷额度的比较以及为交易对手方信用风险定价和对冲。潜在未来暴露计算框架必须是通用的，以便计算未来整个敞口的分布情况。

除了采用附加暴露的计算框架，我们也可以使用蒙特卡洛框架来计算潜在未来暴露。这一方法与内部模型法的预期暴露估计类似，其中历史数据采用未来盯市价值作为统计样本，然后通过产生大量的随机游走路径形成对未来盯市价值分布的估计，将按一定置信度（通常为95%）截取的值作为对潜在未来暴露的估计（见图6-2）。

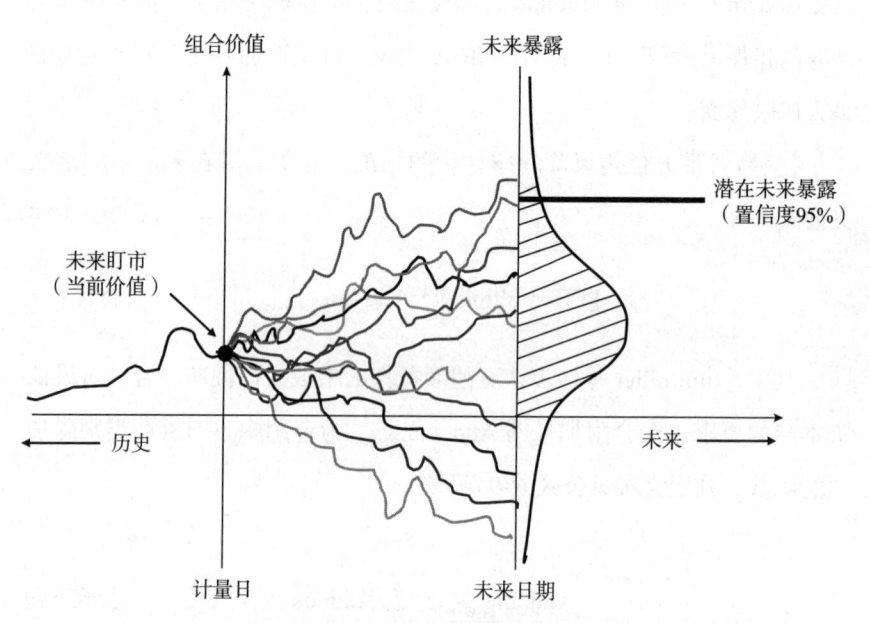

图6-2 潜在未来暴露的蒙特卡洛估计

二、违约概率的计量

违约概率是对特定一段时间内交易对手发生违约事件可能性的估计。在计算违约概率时，我们需要考虑交易对手的历史信用数据、外部信用评级、资产价格变动以及经济环境等多方面因素。违约概率本身是一个期望值，我们可以考虑用实际的违约频率（Default Frequency，缩写为 DF），即违约债务人与总债务人数之比，来代替 PD，参见公式 6–10。

$$DF = \frac{\text{Defaulted obligors}}{\text{Total number of obligors}} \qquad \text{公式 6-10}$$

一个债务人的违约概率不仅依赖这一特定债务人自身的风险特征，也依赖经济环境及其对债务人的影响。因此，违约概率可分为非强调违约概率（Unstressed PD）和强调违约概率（Stressed PD）。非强调违约概率是通过当前宏观经济和债务人特定信息来估计违约概率的。这意味着宏观经济条件恶化，债务人的违约概率会增加；而宏观经济好转，债务人的违约概率会降低。强调违约概率则是通过债务人特定信息以及强调的与当前经济状况无关的宏观经济因子来估计违约概率的。强调违约概率与债务人的风险特征有关，而不太受到经济周期变化的影响。

与非强调违约概率或强调违约概率概念相关的还有周期（Through-the-Cycle，缩写为 TTC）违约概率和时间点（Point-in-Time，缩写为 PIT）违约概率。在一个时间点信用评级系统中，一个篮子中的所有债务人均有相同的非强调违约概率；而在一个周期信用评级系统中，一个篮子中的所有债务人均有相同的强调违约概率。也就是说，时间点评级系统是针对时间点的，在一个时间点上，所有债务人所处的宏观经济环境是一样的；周期评级系统是针对周期的，具有相同风险特征的债务人，影响他们的宏观经济因子是一样的。

违约概率还可以通过信用违约互换的市场价格来估计，称为CDS隐含（CDS-implied）违约概率。信用违约互换价格包含了作用于市场的所有信息，为违约概率提供了风险中立的估计。但CDS隐含违约概率因为包含了风险溢价，可能会过度估计真实的违约概率。

违约概率的具体估计方法包括以下几种：对实际违约历史数据采用Logistic回归；通过可观测的信用违约互换、债券、期权价格进行估计；采用外部权威机构的信用评级等。常用的统计方法包括线性回归、判别式分析、Logit和Probit模型、面板模型、COX比例风险回归模型、神经网络、分类树等。

三、违约损失的计量

违约损失是对违约暴露中可能发生损失的部分的估计，被定义为违约事件中预期无法被追偿部分的百分比，参见公式6-11。

$$LGD=1-RR \qquad 公式6-11$$

其中，RR为"追偿率"（Recovery Rate），是资产被偿付的比率。在巴塞尔协议中，违约损失还必须包含争议的解决成本，这意味着违约损失在理论上有可能大于1，但在一般情况下仍然假定违约损失≤1。

有多种违约损失估计方法，如Gross LGD是计算违约暴露中分离出来的全部损失，Blanco LGD则是违约暴露中信贷额度未担保的部分。学术界更倾向于使用前者，因为担保品价值往往是未知的或难以计算的。后者在一些实践领域（如银行）用得更多，因为银行通常会有许多担保措施，并需要区分担保部分与非担保部分的损失，这也是巴塞尔协议II的要求之一。

巴塞尔协议规定，违约损失的估计方法可分为基础方法和高级方法。在基础方法中,对于无担保的风险暴露,国际清算银行(BIS)按索赔优先级给出固定违约损失比率:对有优先追索权的违约损失为 45%,对于次级追索权的违约损失为 75%。对于有担保的风险暴露,违约损失则是扣除担保品净值(包含回购成本)后的损失部分占违约暴露的比率。

在高级方法中,银行可以基于可靠的数据和分析,自行决定适用于每个敞口的违约损失。分析方法必须既可以在银行内部,也可以被监管机构验证。银行使用自己的违约损失估计方法,有利于其针对不同产品类型、不同抵押品类型的交易特征以及交易对手的特征,对违约损失进行区分。银行要使用自己的违约损失估计,必须向监管机构证明其达到了完整性和可靠性的最低要求。

第二节 区块链对交易对手方信用风险计量的改善作用

我们从交易对手方信用风险的计量原理中可以看到,在构成期望损失的三个组成部分中,违约暴露的计量模型最丰富,标准化程度最高。这是因为违约暴露估计的是交易中具有正收益的部分,是信用风险可能造成影响的范围,本质上属于市场风险的范畴,其估计方法也主要依靠市场数据。但在违约概率和违约损失方面,尽管有许多计量模型和统计方法,但其很难实现标准化,对内部模型和评级系统的依赖程度较高。模型差异带来的另一个问题是,对于违约概率和违约损失估计所依赖的数据本身很难保证其全面性和及时性,而不同的模型对数据的要求大相径庭,这使得问题进一步复杂化。例如,对于具体交易对手的违约概率而言,非强调违约概率过于粗糙,强调违约概率估计模型差异就会很大。在违约损失的估计上,Gross LGD 与 Blanco LGD 的差异也与之类似。在巴塞尔协议违约损失估计的基础方法中,我们只能根据评级给出固定的违约损失值；而在高级方法中，我们只能依靠内部模型。

我们可以看出，交易对手方信用风险计量的困难很大程度源于缺乏足够的数据来满足计量模型的需要，从而限制了许多计量模型的实际运用。由于可获取数据的差异，不同机构很难采用相同的交易对手方信用风险计量模型，这使得不同机构的交易对手方信用风险值无法进行相互比较，它们只能用于机构内部的风险管理，难以为整个市场的风险管理提供标准。因此，我们认为改善场外市场交易对手方信用风险计量的思路，首先是改善场外市场的数据治理，提高数据的准确性、全面性、及时性，以满足采用更精细化的计量模型的要求；其次是为全市场提供一个统一的交易对手方信用风险计量标准，使得不同机构的交易对手方信用风险值可以相互比较，这有利于在交易决策和风险定价过程中纳入交易对手方信用风险因素，也有利于加强对整个市场系统性风险的监测和防范。（第八章将要介绍的系统风险监测模型，就有赖于全市场统一标准的交易对手方信用风险计量。）

区块链技术实现了去中心化环境下的可信数据管理。在基于区块链的场外市场交易基础设施中，所有与交易活动相关的数据均不可篡改地、可追溯地存证于分布式账本中。这既包括交易品种、合约规模、交易量、持仓量、交易时间、到期时间等直接交易数据，也包括保证金、抵押资产、授信额度及占用等间接相关数据；既包括有关当前交易和头寸的状态数据，也包括历史交易笔数、历史违约数、违约金额、追偿金额等可回溯的历史交易行为数据，以及在此基础上加工的信用评级数据（我们将在第七章讨论基于区块链的信用评价体系）；既包括分布式账本中的市场内部数据，也可融合来自可信外部数据源的市场外部数据。运用区块链技术，可以极大地提高场外市场的数据治理水平，从根本上消除场外市场的"数据孤岛"现象，这为交易对手方信用风险计量模型的应用提供了坚实的基础。同时，鉴于区块链的工作机制，所有交易状态一旦发生变化，相关数据就会立即写入分布式账本的区块中，从而实现数据的实时更新。这就确保了任何时候都可以最新的、一致的参数执行交易对手方信用风险计量模型。

巴塞尔协议Ⅲ的《交易对手方信用风险暴露计量的标准法》规定，违约暴露计量主要针对头寸当前的风险暴露，即重置成本值，以及对未来风险暴露的估计，即潜在未来暴露值。其中，《交易对手方信用风险暴露计量的标准法》模型的重置成本计算与巴塞尔协议Ⅱ框架下现期模型法中的重置成本计算相比，最大的差异在于《交易对手方信用风险暴露计量的标准法》的重置成本值更加细致地区分了担保品和保证金的情况，也就是重置成本值等于结算组合的盯市价值除去担保品价值后的部分，与需要追加保证金的部分相比的最大正值（见公式6-7）。当交易中存在担保品时，《交易对手方信用风险暴露计量的标准法》需要估计担保品的价值。但如果是非现金担保品，其价值本身也是动态变化的。影响担保品价值的因素包括担保品的市场价格或估值、担保品是否存在折旧、是否发生物权转移（抵押还是质押）、担保比例等。这类数据结构复杂，来源多样，并且需要经过交易各方的一致认可。当采用保证金交易时，《交易对手方信用风险暴露计量的标准法》还要考虑保证金追加和转移的情况，公式6-7中的代表了触发追加可变保证金之前的最大风险暴露，也就是需要追加但尚未追加的保证金。

对于《交易对手方信用风险暴露计量的标准法》下违约暴露计量的潜在未来暴露部分，我们可以采用聚合附加暴露（见公式6-8）和蒙特卡洛两种方法。蒙特卡洛是一种完全采用随机模拟的方法，并不要求复杂的数据集。但如果采用聚合附加暴露方法，那么我们需要将组合中不同资产类别的附加暴露正负相加抵销（见公式6-9），这就需要密切跟踪组合中各种资产类别的头寸情况。在传统的场外市场中，这类数据通常以人工方式登记在交易商的柜台系统中，更新频率通常为交易日。对于交易对手方信用风险计量来说，风险很难及时准确地得到反映。除了不同资产类别附加暴露的抵销计算，聚合附加暴露还需要确定资本金可超额抵押的乘数，在实际交易中这需要得到交易各方的一致认可，因而也是合约中需要存证的条款数据。

在基于区块链的场外市场交易基础设施中，所有的合约条款、头寸和支付信息，包括保证金的支付转移信息，都可以实时地记录于分布式账本中，并得到交易各方的一致认可。《交易对手方信用风险暴露计量的标准法》中涉及重置成本值计算的保证金部分的数据，以及采用聚合附加暴露方法计算潜在未来暴露部分的数据，都可以从分布式账本中及时、准确、完整地获取。而对于有关担保品价值的计量问题，我们将在第七章讨论一种基于区块链的场外市场担保授信模式，这一模式可以有效提高担保授信业务的规范性，并为担保品的价值计量提供坚实的数据支持。因此，得益于区块链技术的强大数据治理能力，我们有条件在整个市场范围内统一采用以《交易对手方信用风险暴露计量的标准法》为标准的违约暴露计量，并确保足够的权威性，以获得市场参与者的一致认可。

对于违约概率和违约损失的计量而言，其实质其实是对未来可能发生的情况的一种估计或者预测：违约概率是估计交易对手未来有多大的概率会发生违约；违约损失则是估计如果交易对手发生违约，那么实际造成的损失会占风险暴露的百分比，所以是 1 减去被追偿回来的这个部分。既然是估计或者预测，那么就只能从交易对手的历史数据去分析了，例如估计违约概率时用到的强调违约概率，或者先将交易对手归到某一类别，再用同属这一类别的所有市场主体的历史数据（非强调违约概率）。即使是像蒙特卡洛模拟这样的方法，构成其预测轨迹的随机数，其实也服从由历史数据得到的统计分布。因此，我们在估计违约概率时用到的各种统计或机器学习方法，都属于在历史数据基础上的回归模型。而在估计违约损失时，除了基础方法是给出固定违约损失比率外，高级方法中的各种内部模型也必须依赖历史数据。

分布式账本的数据回溯能力在这里就可以发挥巨大的作用了。我们在第二章中已经知道，分布式账本中的区块是以链式存储结构组织起来的，每个区块的区块头都含有上一个区块的哈希码。在区块链中，我们只能添加新的区块，不可以删除或修改旧的区块，如果试图篡改旧的区块，就会立即导致与存放在新区块中的哈希码不一致，从而达到防篡改的效果。所以，每个区块代表的是账本数据的一个状态，最新区块代表的是账本数据的最新状态，其他区块则是账本数据状态每一次变化的记录。

在基于区块链的场外市场交易基础设施中，所有的历史交易行为数据都存放在分布式账本中，而且利用哈希函数可以很容易校验数据的正确性。这可以为违约概率和违约损失的计量提供适用于不同模型的调整因子。假设有一个交易对手 P_i，对其已了结或终止的交易 $Trade_{i,j}$，可以提供一个元组数据，参见公式 6–12。

$$Trade_{i,j} = (\, Rt_{i,j-1},\ Sz_{i,j},\ Len_{i,j},\ Coll_{i,j},\ Margin_{i,j},\ Guar_{i,j},\ Def_{i,j},\ RR_{i,j}\,)$$

公式 6–12

其中，$Rt_{i,j-1}$ 为发生这一笔交易前信用评级系统的最新评级（Rating，信用评级模型将在第七章中讨论）；$Sz_{i,j}$ 为这一笔交易的规模（Size）；$Len_{i,j}$ 为这一合约的执行时间（Length）；$Coll_{i,j}$ 为这一笔交易的担保品价值（Collateral）；$Margin_{i,j}$ 为是否采用逐日盯市保证金，1 为是，0 为否；$Guar_{i,j}$ 为第三方担保额度（Guarantee）；$Def_{i,j} = \{0, 1\}$ 为是否发生违约（Default），1 为是，0 为否；$RR_{i,j}$ 为发生违约（$Def_{i,j}=1$）时的追偿率。

这样，在估计违约概率和违约损失时，我们就可以利用相应的智能合约计算相关因子。例如，在违约概率估计中，交易对手 P_i 的违约频率 DF_i 可以按公式 6–13 来计算。

$$DF_i = \frac{\sum_{j=1}^{N_i} \text{Def}_{i,j}}{N_i} \qquad \text{公式 6-13}$$

其中，N_i 为 P_i 的总交易次数。某一特定类别（或全市场）机构的违约频率可以按公式 6-14 来计算。

$$DF = \frac{\sum_{i=1}^{p}\sum_{j=1}^{N_i} \text{Def}_{i,j}}{\sum_{i=1}^{p} N_i} \qquad \text{公式 6-14}$$

其中，p 为这一类别机构（或全市场）的总数。也就是说，无论采用非强调违约概率还是强调违约概率，我们均可以得到合适统计口径的历史数据作为违约概率估计的调整因子。

再如，在违约损失的估计中，我们可以将对实际违约交易的追偿率的统计作为对追偿率的估计。对交易对手 P_i 的追偿率 RR_i 计算参见公式 6-15。

$$RR_i = \frac{\sum_{j=1}^{N_i} \text{Def}_{i,j} \times RR_{i,j} \times \text{EAD}_{i,j}}{\sum_{j=1}^{N_i} \text{Def}_{i,j} \times \text{EAD}_{i,j}} \qquad \text{公式 6-15}$$

公式 6-15 在计算中考虑了与交易规模或风险暴露规模相关的权重因素：对于 P_i 的每笔交易 $\text{Trade}_{i,j}$，我们用这一笔交易的 $\text{EAD}_{i,j}$ 作为 $RR_{i,j}$ 的权重，加权计算 P_i 在发生违约时的 RR_i。这里的 $\text{Def}_{i,j}=0$ 的交易，也就是没有发生违约的交易，不在考虑之内。以此类推，某一特定类别（或全市场）机构的追偿率也可以按公式 6-16 来计算。

$$RR = \frac{\sum_{i=1}^{p}\sum_{j=1}^{N_i} \text{Def}_{i,j} \times RR_{i,j} \times \text{EAD}_{i,j}}{\sum_{i=1}^{p}\sum_{j=1}^{N_i} \text{Def}_{i,j} \times \text{EAD}_{i,j}} \qquad \text{公式 6-16}$$

在违约概率和违约损失计量中，我们都可以根据需要按不同的因素（如合约类型、交易对手信用评级、授信方式、担保品类型、是否采用保证金等）对机构或交易进行分类，然后依据分布式账本中的历史数据计算不同的调整因子。基于调整因子的违约损失计量模型可以归为巴塞尔协议中的高级方法，相对于基础方法中的固定违约损失比率，具有更高的客观性与准确性。

第三节　区块链对交易对手方信用风险管理的改善作用

交易对手方信用风险管理的目的是，降低某个机构所承担的或整个市场中的交易对手方信用风险，或者将其控制在一个可以承受的水平。整个市场的交易对手方信用风险管理，其实质是避免市场中的交易对手方信用风险传染、扩散，从而避免形成系统性风险，我们将在第八章进行这方面的讨论。在本节中，我们只关注机构的交易对手方信用风险管理。对于一个特定的机构来说，交易对手方信用风险管理主要包括事前防范、事中监测和事后阻断三个阶段，而实现对交易对手方信用风险的准确计量是实现交易对手方信用风险管理的前提。

所谓交易对手方信用风险管理的事前防范，其实就是将交易对手方信用风险管理融入交易决策和定价过程中。这里面涉及的问题如下：是否要与特定的交易对手达成交易？综合考虑市场风险和对手方风险，交易应该如何定价？应该设立哪些保证金和其他担保品的条款，并与交易对手协商一致？风险是否可以被对冲？有哪些对冲方案？特别是市场风险和对手方风险的对冲途径是否分开考虑，以及对冲成本如何？可以说，对于不同的机构和不同的交易来说，这些都是非常个性化的问题，可以采用的模型也千差万别。因此，我们在这里要讨论的不是各机构的交易决策和定价模型，而是这些模型中具有共性的重要参数：交易对手的信用评级和当前的交易对手方信用风险计量值。

对一个市场主体进行信用评级，是为了揭示其违约风险的大小，所评价的是这一市场主体按合同约定如期履行债务或其他义务的能力和意愿。也就是说，信用评级是针对一个市场主体本身的，与具体的交易无关。在基于区块链的交易基础设施中，信用评级所依赖的数据主要来自分布式账本中的历史交易行为数据，所采用的模型可以做到全市场统一（具体模型见第七章）。分布式账本中的数据由于在创建之时，就由区块链共识机制而保证了一致性，且无法被篡改，所以可以视作全市场一致认可的可信数据。信用评级的结果是通过智能合约在可信数据上执行统一的信用评级模型而得到的。智能合约由于具有去中心化中立执行的特点，保证了信用评级结果的客观、中立和公正，可以被视作全市场一致认可的信用评级结果。这就使得信用评级本身不再依赖特定的市场外部评级机构，而是受到区块链技术机制的保障，这代表了市场的"共识"。因此，区块链技术使信用评级成为市场主体信用水平的度量标准，并可以在不同市场主体之间相互比较，从而成为交易决策和定价模型的可靠参数。

市场主体的交易对手方信用风险值则与这一市场主体当前持有的交易头寸相关。与信用评级一样，区块链系统也可以保证交易对手方信用风险值的客观、准确并及时更新。但需要注意的是，与一笔交易或一个投资组合的交易对手方信用风险值不同，一个市场主体的交易对手方信用风险值实际分为两个方面：这一市场主体作为交易的义务方，向其交易对手产生的交易对手方信用风险暴露，我们将其记为 CCR_{out}；这一市场主体作为交易的权利方，承担其交易对手产生的交易对手方信用风险暴露，我们将其记为 CR_{in}。事实上，像远期、互换这样的交易，交易双方在不同的市场条件下都可能成为权利方或义务方。在考虑一个市场主体的交易对手方信用风险值时，我们既要考虑 CCR_{out}，也要考虑 CR_{in}，且两者的关系不是相互抵消，而是相加。这是因为这一市场主体既可能由于自身主观或客观原因发生违约，造成其 CCR_{out} 部分的风险实现，也可能因为其交易对手违约，导致这一市场主体不得不连带发生违约，造成其 CR_{in} 部分的风险实现。

市场主体的交易对手方信用风险值与其信用评级相比还存在一个显著的差异：由于交易对手方信用风险值是和当前具体的交易头寸相关的，所以它属于市场主体的关键敏感数据，并不能像信用评级模型那样直接向全市场公开。但是，如果交易对手的交易对手方信用风险值不对外公开，而我们的交易决策与定价模型又需要这部分数据，那么我们应该怎么办呢？这实质上是一个数据所有权的问题。我们认为，合适的答案是：将这个问题交给市场来解决。因为交易对手方信用风险值是关键敏感数据，而且并不是所有机构的模型都必须使用交易对手方信用风险值，所以它不能被直接公开。如果它确实需要公开，那么我们可直接与交易对手协商。在这里，区块链技术实现"数据资产确权"的价值可以得到充分体现。市场主体的关键敏感数据，可以以非对称加密的方式存储于分布式账本中，甚至可以完全存储在市场主体自己的私有数据库里，而仅在分布式账本中存放数据的哈希码。但是，一旦这一市场主体向另一方授权开放这部分数据，另一方就可以利用加密哈希函数轻松校验数据的真实性。区块链技术使市场主体成为其所产生的数据的真正主人，可以在隐私安全保护和实现数据价值之间自主选择。

交易对手方信用风险管理的事中监测是指，市场主体密切监控当前持有交易头寸的交易对手方信用风险值。注意，这里的交易对手方信用风险值的计量口径仅限于当前所涉及的单笔交易或投资组合，而不是交易对手作为一个整体的交易对手方信用风险值。事中监测的交易对手方信用风险值与交易对手的关键敏感数据隐私保护无关，因为作为交易中的一方，市场主体本来就可以掌握自身头寸的数据。在事中监测阶段，对违约概率和违约损失的估计值变化频率较低，或者本身就是违约暴露的函数[①]，所以此时对交易对手方信用风险的监测主要针对的是违约暴露。

我们已经知道，区块链技术可以有效提高违约暴露计量所依赖数据的及时性、准确性和完整性，而在事中监测阶段，数据的准确性在很大程度上会依赖及时性。以《交易对手方信用风险暴露计量的标准法》为例，违约暴露的重置成本部分是随着盯市价值动态变化的，如果违约暴露中潜在未来暴露部分采用蒙特卡洛模拟，那么我们需要注意此方法本身带来的问题。蒙特卡洛模拟通常采用的是正态分布假设，也就是通过统计历史数据得到收益率样本的期望和标准差，由此来确定一个正态分布，再由服从这个正态分布的随机数构造未来的价格轨迹。当然，实际的金融时间序列并不是严格服从正态分布的，而是普遍存在"肥尾"现象。也就是说，样本在远离期望值的两侧出现的频率，比正态分布概率密度函数所展现出的频率要高得多。特别是在市场出现较大幅度波动的情况下，"肥尾"现象尤为突出。例如2015年，市场各主要股指均出现了明显的"肥尾"现象，如图6-3所示。金融时间序列的"肥尾"现象可能会造成蒙特卡洛模拟对风险的低估。另外，蒙特卡洛模拟产生的随机数代表的是固定时间周期内的收益率（例如日收益率），然后再累积形成价格轨迹。因此，预测的期限越长，"肥尾"现象造成的误差就会越累积越大。在估计潜在未来暴露时，蒙特卡洛模拟产生的价格轨迹通常是从当前时间一直到合约到期日；在距离到期日较远且市场价格连续急剧变化时，实际的潜在未来暴露可能会大大超过蒙特卡洛模拟所预测的值。

[①] 随着违约暴露的增加，配合市场内外其他因素的影响，交易对手的偿债压力增加，违约概率有可能随之增大。而当交易对手偿付能力一定时，若实际发生违约，那么当违约暴露增大时，违约损失也随之增大。

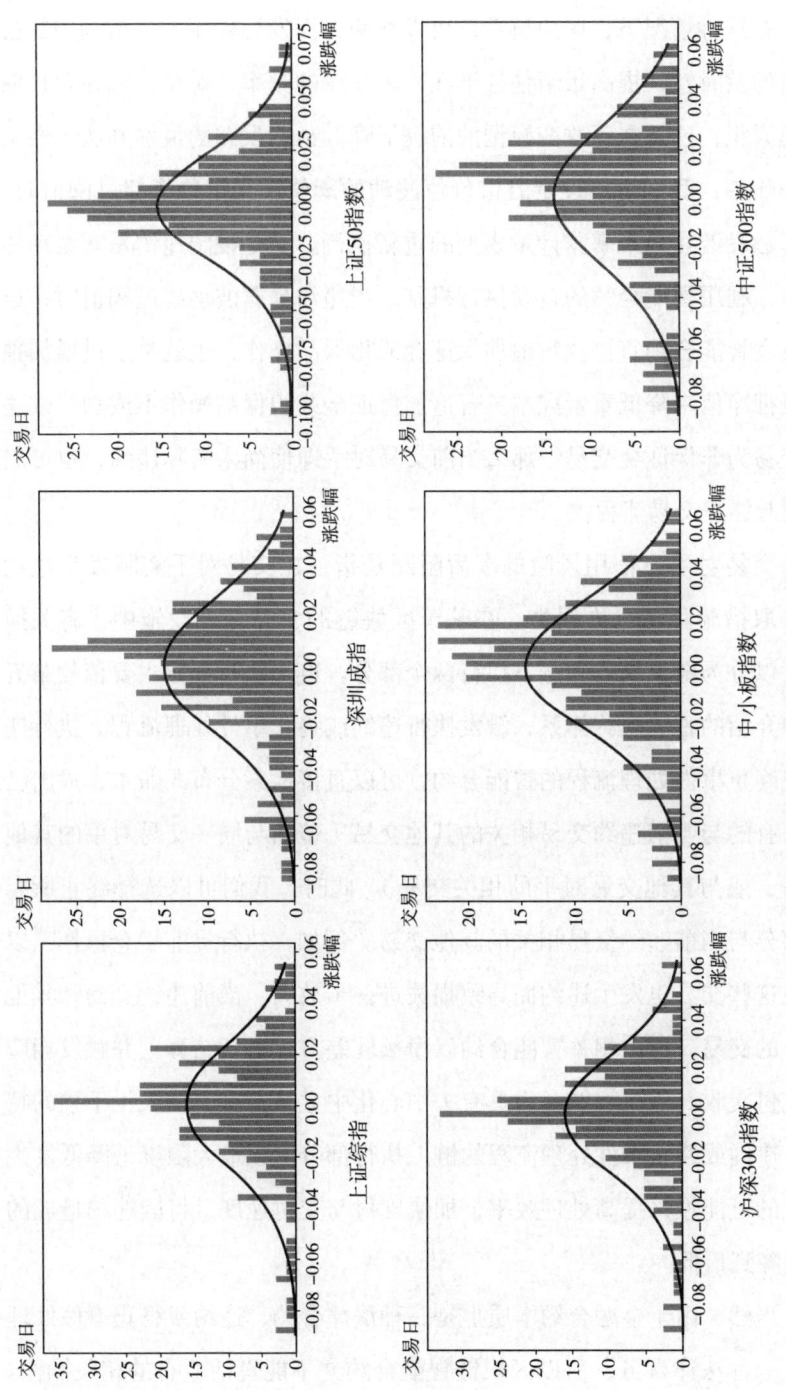

图 6-3 2015 年各主要指数对数收益率的"肥尾"分布

在这种情况下，区块链系统可以在两方面发挥作用。一是利用数据更新的及时性，提高重新估计潜在未来暴露的频率，避免误差在较长期限内累积，这是在不改变模型的前提下降低预测误差的最好办法。在实际操作中，我们可以设定盯市价值波动的阈值，当市价值超过阈值时，立即触发潜在未来暴露计量模型的重新执行。二是设定违约暴露波动的阈值，利用智能合约的自动执行机制，当违约暴露波动超过阈值时，通过触发智能合约直接执行追加保证金或担保品操作，也就是通过增加独立抵押净值来降低重置成本。若追加保证金或担保品操作不成功，或这一交易为非保证金交易，那么当前交易对手即使尚未实际违约，也可立即发起终止交易流程。

交易对手方信用风险的事后阻断是指，在交易对手实际发生违约时采取措施降低己方损失。在基于区块链的交易基础设施中，有关措施可以分为链上执行和链下执行两个部分。链上执行部分主要依赖第五章中介绍的智能合约体系，触发执行违约或终止事件处理流程。执行违约或终止事件处理流程的智能合约，可以直接检索分布式账本，找出己方持有的与当前违约交易相关的其他交易（包括与同一交易对手的其他交易，或与其他交易对手的相关交易）。此时，我们可以选择终止所有或部分与当前违约交易相关的其他交易。例如，执行提前平仓操作，以避免这些交易也发生违约而导致损失进一步放大。当前违约交易和其他终止的交易，可由相关智能合约以净额轧差方式进行结算，并触发相应的支付交收。由于智能合约具有去中心化中立执行且无须人工干预的特点，违约或终止事件处理流程的链上执行部分可以最大限度地降低发生争议的可能性，提高处理效率，加快支付与交付速度，将因违约造成的损失降到最低。

当然，由于金融合约本质上是一种法律合约，违约或终止事件处理也是一种法律事务，所以区块链智能合约并不能囊括所有的相关操作。

对于需要链下执行的部分，基于区块链的交易基础设施的主要作用是提供完整、可回溯、经交易各方一致认可且不可篡改的数据证据。这可以有效降低对违约或终止事件的争议解决和诉讼成本，改善市场的信用环境。

最后，无论是链上还是链下的执行结果，都必须作为交易行为数据再次上链记录，作为信用评级以及交易对手方信用风险计量模型中违约损失计量的重要参数。

第七章
数据治理重塑信用评价体系

信用是商业的基础。美国南北战争前的著名参议员丹尼尔·韦伯斯特曾说："信用是现代商业系统至关重要的空气，它对国家富强的作用，比世界上所有宝藏的一千倍还要大。它激发劳动者，刺激生产，让商业跨越海洋，让每个国家、每个王国和每个小部落都加入声望竞赛中。它供养了陆军，装备了海军，远不止数字。它建立了国家在智慧、财富和组织良好的工业基础上的优势地位。"

在主要交易中长期资产的资本市场，无论是权益、固定收益、商品类资产还是其衍生品合约的交易，都涉及交易各方未来一段时间的权利与义务，因而对信用的要求也比一般交易更高。在场内交易所市场，解决信用问题的方式是统一信用水平。具体的措施一方面是提高准入门槛，如会员制度、交易席位；另一方面是提高违约成本，如保证金制度；再就是依托信任中心，如交易所集中交易、登记结算公司集中清算、证券中央存管、资金第三方存管等。在统一场内市场的信用水平之后，市场参与者无须关注不同交易对手之间信用水平的差异，甚至不必关心自己的交易对手是谁，也可以认为交易是安全的。但场内市场保障交易信用的方式是高成本的，同时必然要求交易品种、交易模式、结算方式都是高度标准化的，这也是场内市场无法完全取代场外市场的原因。

既然场外市场不能采用场内市场那样统一信用水平的方式来解决市场信用问题，我们就必须对市场参与者的信用水平实现计量，并将其作为交易决策和风险管理的重要参数。我们在第六章也看到，许多交易对手方信用风险计量模型也依赖信用评级。因此，对市场参与者的信用评价是场外市场信任机制的重要环节，是市场参与者开展场外交易的基本条件。但是，当前对企业或其他机构的信用评级存在着难以获取可靠数据、过度依赖评级机构、评级成本过高及评级周期过长等难题,这使得传统的信用评级方式与资本市场(尤其是场外市场)对信用水平度量的迫切需求不相适应。

区块链的技术机制为改善场外市场信用评级现状带来了新的思路。分布式账本和共识机制可以从根本上改善市场的数据治理水平,可以为信用评级提供坚实的数据基础。利用智能合约以去中心化、中立的方式执行信用评级模型,可以大幅降低对信用评级机构的依赖,降低评级成本,提高信用评级过程的效率。加密哈希函数和非对称加密技术的运用,可以有效保护用户对数据的所有权,在实现信用评级的同时保护数据隐私和安全。利用跨链技术和 DApp,还可以实现信用数据、担保资产在不同市场之间流转,促进多层次资本市场各层级的相互衔接。

第一节 信用评级的是是非非

信用评级是对一般意义上的借款人或者特定的债务、金融合约的信贷信用的量化评价。信用评级可以针对任何需要借款的主体,包括个人、企业、地方政府或主权国家,衡量的是借款人按照合约规定清偿债务的能力和意愿。高信用评级意味着不出现差错完整偿还债务的可能性高;低信用评级意味着借款人过去曾经出现偿债困难,在未来可能出现相同的情况。信用评级会影响借款人获得贷款或优惠条件的机会。信用评级可以细分为针对企业和政府的信用评级,从高到低通常为从 AAA 到 C 和 D;针对个人的信用评分,分值范围通常为 300~850[①]。如无特殊说明,后文中的信用评级均指对企业和政府的评级,信用评分均指对个人的评分。

[①] 针对个人的信用评分主要采用费埃哲公司(Fair Isaac Corporation,缩写为 FICO)发明的信用评分模型,即 FICO 模型。

信用评级主要由评级机构通过对借款人大量的尽职调查得出。由于信用评级对借款人能否获得贷款以及贷款人给出的利率有重要影响，借款人都会争取获得最高信用评级。而评级机构则必须以客观中立的态度考察借款人的财务状况和偿债能力。对于借款人来说，其不但要获得而且要保持高信用评级。因为信用评级不是静态的，而会随着最新的数据不断变化，任何一次负面行为都会降低信用评级。信用还需要时间来积累，同样是良好的信用，信用历史越长，贷款人越能相信借款人可以长期保持良好的信用。评级机构在对受评人进行信用评级时，通常考虑两方面的因素：首先是受评人的借贷和偿还历史，任何未能及时偿还或违约的行为都会对评级造成负面影响；其次是受评人未来的经济前景，前景好说明偿还能力强，评级机构相应地会提高其信用评级，反之则会降低其信用评级。

最早的信用评级开始于1909年穆迪（Moody's）为债券提供的公开信用评级。1936年，美国出台法规禁止银行投资投机债券或信用评级低的债券，以防止违约导致的金融损失。这使得采用信用评级成为美国金融机构和其他公司普遍依赖的规范。目前，全球的信用评级产业呈现出高度集中的态势，穆迪、标准普尔（Standard & Poor's，缩写为S&P）、惠誉（Fitch）三大评级机构几乎控制了整个市场。借助其在信用评级产业的权威地位，三大评级机构可谓"无冕之王"，对全球金融市场都具有重要的影响。2009年12月，标准普尔将希腊信用展望评级降至负面，惠誉将希腊主权信用评级由"A–"降为"BBB+"，随后穆迪也将希腊短期主权信用级别由"A–1"下调至"A–2"，由此引爆了希腊债务危机。此后，三大评级机构又下调了葡萄牙和西班牙的主权评级，希腊债务危机开始向欧洲蔓延，引发全球市场恐慌。即使是面对其所在国政府，权威评级机构也会"铁面无私"。标准普尔在2011年8月调低了美国联邦政府的信用评级，造成全球股市暴跌好几个星期。难怪《纽约时报》的一位专栏作家曾说"美国可以用核弹摧毁一个国家,穆迪可以用评级毁灭一个国家",真可谓"口含天宪"。

中国资本市场也逐步形成了信用评级规范和体系。2003年,保监会发布《保险公司投资企业债券管理暂行办法》,相继认可了五家评级公司,规定保险公司可以买卖经这五家评级机构评级 AA 以上的企业债券。此后,证券业协会颁布的《证券公司债券管理暂行办法》、人民银行和银监会联合发布的《商业银行次级债券发行管理办法》、保监会发布的《保险公司次级定期债务管理暂行办法》、人民银行发布的《证券公司短期融资券管理办法》《全国银行间债券市场金融债券发行管理办法》《短期融资券管理办法》等法规都对债券信用评级做出了规定。证券业协会 2016 年发布的《证券公司全面风险管理规范》和 2019 年发布的《证券公司信用风险管理指引》对证券公司开展融资类业务、场外衍生品业务、债券投资交易、非标准化债权资产投资、创设信用保护工具的信用风险管理做出了要求。

但是,传统的信用评级体系在资本市场中并不是完美的,甚至曾经引发过灾难性的后果,最著名的例子就是 2008 年美国次贷危机。在住房贷款环节,传统的信用评级体系对个人借款人采用的是 FICO 模型信用评分,最低为 300 分,最高为 850 分,美国的中位数为 723 分。显然,FICO 评分越低,借款人可以获得的利率就越高,甚至因为违约风险太大而本不应该获得贷款。但是,在当时美国房地产价格快速上涨的情况下,没有人相信会产生违约风险。FICO 评分在 620 分以下的借款人不符合常规抵押贷款的借贷条件,只能寻求低首付、高利率且通常为浮动利率[①]的次级抵押贷款。发放贷款的金融机构既希望赚取借款人特别是 FICO 评分较低的借款人的高利率,又希望规避违约风险,于是采用资

---

① 为了吸引甚至引诱借款人,这些次级抵押贷款的利率往往被设计为初始几年的低利率,在此之后为高利率的浮动利率。

产证券化的手段将风险转移到资本市场。

其中,第一种转移风险的工具是"债务担保证券",其实质就是将高、中、低不同FICO评分的债权打包在一个贷款池里,形成一个债券产品。但是,债务担保证券需要获得良好的信用评级才能卖得出去,发放贷款的金融机构(也是设计债务担保证券的金融机构)又是如何做到这一点的呢?这些金融机构利用了评级机构的一条规则:穆迪和标准普尔都不要求提供所有借款人的FICO评分,而只需要贷款池的平均FICO评分。评级机构的标准是,要让任何指定的债务担保证券贷款池中产生3A级债券的比例最大化,那么贷款池中借款人的平均FICO评分需要达到615分左右。熟悉统计学的人都知道,均值其实是不靠谱的,哪怕贷款池中有一半借款人的FICO评分为550分,只要另一半人的FICO评分为680分,就能达到615分的平均分。而这样的贷款池的违约风险,其实远远高于同样平均分为615分,但所有人的FICO评分都为615分的贷款池。即使所谓高评分的借款人的FICO评分,其实也是存在很大水分的,例如,可以通过先用信用卡取现,然后紧接着还款的方式来提高信用评分。而且,债券评级机构的模型甚至没有区分"薄纸"和"厚纸"FICO评分的差别,前者指信用历史很短的借款人,后者才是具有足够信用历史的借款人。这样一来,市场中就充斥着大量名不副实的3A评级债务担保证券,它们将风险"成功"地转移到了投资者身上。

另一种转移风险的工具就是信用违约互换,信用违约互换最早出现于20世纪90年代的J.P.摩根公司。信用违约互换主要针对企业债券,通过按期支付固定保费来换取在债券发生违约时获得赔偿。这是一种从信用风险本身转化而来的高杠杆衍生品,如果违约没有发生,那么投资者将损失购买信用违约互换的所有费用;但如果违约发生了,那么投资者将获得数十倍的收益。信用违约互换并不是只有债券持有人才能购买,只是非债券持有人在偿付方面会比较复杂。例如,一只债券发生违约，债券持有人收回了 30% 而遭受了 70% 的损失，那么非债券持有人购买的信用违约互换只能拿到这 70% 的损失部分。从 2005 年开始，美国市场上出现了针对次级贷款债务担保证券的信用违约互换，出售这些信用违约互换的金融机构，如德意志银行、高盛等，都是按照穆迪、标准普尔、惠誉三大评级机构给出的评级，取其中最低评级来给信用违约互换定价的。例如，3A 级债券的信用违约互换价格为 20BP[①]，A 级为 50BP，3B 级为 200BP。由于非债券持有人也可以购买信用违约互换，所以挂钩次级贷款的信用违约互换成为一种杠杆极高的投机工具。就这样，从个人住房贷款到被包装成为债务担保证券，再进一步被设计为信用违约互换这样的信用衍生品，让人不得不佩服美国资本市场强大的金融创新能力。但是，在次贷危机中，这些以风险管理工具名义诞生的金融创新，反而成为风险的放大器，最终发展成一场巨大的金融海啸。而在这样一场危机中，权威评级机构是难辞其咎的。

事实上，债务担保证券和信用违约互换都主要在场外市场交易，对信用评级高度依赖，两者的确都是基于信用评级来定价的。但是，次贷危机却深刻暴露了传统信用评级体系的缺陷以及与场外市场的不适应。为什么这些最权威的评级机构在次贷危机中表现如此差呢？信用评级可以分为外部评级和内部评级，前者由独立的信用评级机构对债券等金融产品、发行产品的机构[②]或交易对手进行评级；后者则通常由金融机构内部从交易金融产品的角度，对金融产品、发行产品的机构或交易对手进行评级。不同的信用评级机构和金融机构在进行评级时采用的模型和依赖的数据各不相同。外部评级又可分为卖方评级和买方评级：卖方评级是由金融产品的发行人出资，请信用评级机构对金融产品或发行机构

---

① BP 指基点（basis point），是衡量债券或期票利率变动的最小计量单位，1BP=0.01%。
② 在债券信用评级中，针对债券发行主体的评级被称为"主体评级"，对债券本身的评级被称为"债项评级"。

进行评级；买方评级则是由金融产品的买方出资进行评级。我们不难看出，卖方和买方进行信用评级的目的是不同的，卖方是为了发行销售金融产品，而买方则是为了买入金融产品而评价风险。尽管评级机构应该从客观中立的角度给出信用评级，但在面对卖方和买方时，评级模型的参数和风险尺度仍然会有差异。另外，虽然评级机构给出的信用评级结果会被公开，但评级报告的细节通常只向出资方提供。在次贷危机中，为购房者提供贷款服务的金融机构将贷款池打包成债务担保证券产品，是为了在赚取高利率的同时向资本市场转嫁违约风险。而不同评级机构之间也存在竞争关系，因此都会不自觉地迎合客户。客观来说，评级机构都没有得到债务担保证券产品贷款池中全部贷款人的数据，也不太可能对贷款人逐个进行调查。

在次贷危机信用违约互换交易中，卖出信用违约互换的金融机构应该采用内部模型对信用违约互换挂钩的次级债券进行信用评级。但是，这些金融机构在卖出信用违约互换时，对美国房价的持续上涨充满信心，而只要房价保持上涨，次级债券贷款池中的抵押品即房产会持续升值。如果借款人违约就会丧失抵押品的赎回权，那么房价上涨的收益也会被提供贷款的金融机构，同时也是债务担保债券的发行方占有。也就是说，在房价上涨的预期下，即使构成次级债券的贷款池中有购房者违约，次级债券本身也不会违约。信用违约互换相当于一份对信用违约的保险，发行信用违约互换的金融机构就相当于"保险公司"。如果风险显然不会发生，那么保险公司当然乐于卖出一份永不用赔付的"保单"而白白赚取"保费"。因此，这些金融机构才草草地使用评级机构给出的信用评级为信用违约互换定价，尽管各大金融机构选择了三大评级机构给出的最低评级，但因为前面提到的问题，这些评级都是不可靠的。正是金融机构和评级机构的贪婪，才导致了对次级债券违约风险的视而不见和集体失声。

中国资本市场的信用评级体系发展时间比美国晚了近100年，信用评级行业整体还不够成熟。首先，有关信用评级的法律法规和行业自律规范来自银行、证券、保险等不同监管体系下的多个部委和行业自律组织，如中国人民银行、证监会、银保监会、证券业协会等，有政出多门之嫌，各项管理规定有待系统化、规范化、清晰化。其次，中国目前的信用评级机构过多，不利于评级机构的独立性。美国在全球信用评级行业具有垄断地位，但其评级机构仅有穆迪、标准普尔、惠誉三家；日本有日本公社债券研究所、日本投资家服务公司和日本评级研究所三家；加拿大有自治区债券评级公司和加拿大债券评级公司两家；英国有国际银行信用分析公司一家；而中国债券市场的信用评级机构有中诚信国际、中诚信证评、联合资信、联合评级、大公资信、上海新世纪、东方金诚、中证鹏元、远东资信、标普（中国）共10家。信用评级机构过多，有可能引发评级机构之间的恶性竞争，出于争夺客户的目的而丧失信用评级的独立性、中立性和客观性。最后，中国信用评级机构在评级技术、指标体系、从业人员素质等方面还不成熟。中国证券业协会发布的《2019年第一季度债券市场信用评级机构业务运行及合规情况通报》指出，评级机构存在多项不足：评级结果对受评对象信用风险预警功能薄弱；评级结果的给定合理性差，评级质量控制不足；调查访谈工作不到位，自律规则执行不严；评级报告信息披露不充分；甚至存在"部分受评对象在违约前6个月依然维持AA级及以上级别"这种未能及时反映受评对象信用风险水平的情况。

当前资本市场的信用评级体系，特别是外部信用评级主要针对债券，受评对象主要是发债主体（主体评级）和债券（债项评级）。在信用评级方法上，目前我们主要采用比率分析法，这是通过同期财务报表上若干重要项目的相关数据相互比较，求出比率，用以分析和评价公司的经营活动以及公司目前和历史状况的一种方法，主要分析受评对象的获利能力比率、偿债能力比率、成长能力比率、周转能力比率等。

由于场外市场的主要风险在于交易对手方信用风险，所以其对交易对手的信用评级有着迫切需求。但即使是在银行间债券市场，对交易对手的信用评级也没有被纳入外部信用评级体系。而在场外衍生品市场、大宗商品市场、区域性股权市场等其他场外市场，外部信用评级体系则更是处于缺位状态。此外，比率分析法这类分析方法归根结底是通过财务报表来分析受评对象的偿债能力的，比较适用于主体评级。而交易对手方评级主要考察的是受评对象履行金融合约的能力与意愿，更需要考虑的是受评人的投资能力、风险管理能力、风险承受能力，并不适用比率分析法这类方法。因此，对交易对手信用评级主要依靠金融机构的内部评级，采用的模型通常考虑交易对手的类型、资质、资金规模、产品类型、交易量等因素。但不同机构的内部模型各不相同，无法为场外市场提供可相互比较的信用评级，因而不能满足场外市场将交易对手的信用水平因素纳入交易决策、产品定价、对手方风险管理过程的需求。

第二节　如何解决信用评级中的数据问题

尽管本书不是一本探讨信用评级的专业著作，但是我们至少已经知道，可靠的信用评级是建立在真实、准确、详尽、及时的数据基础上，再通过具有足够表征能力的评级模型加工得到的，并且数据加工过程必须保证独立与中立。我们已经在前面看到传统信用评级体系的种种不足，而导致这些缺陷的根本原因归根结底都是与数据相关的问题。

首先是数据的来源问题。信用评级依据历史数据对受评对象的未来行为进行预测，而预测一方面是针对受评对象偿还债务或履行合约的能力，另一方面则是受评对象偿还债务或履行合约的意愿，也就是受评对象是否"诚实"。前者需要综合判断受评对象的财务状况、经营状况。

例如，前面提到的比率分析法，其各项指标主要来自受评对象的财务报表。后者则需要分析受评对象的历史行为，如受评对象在过去是否出现过偿债困难、违约等行为。此外，我们还要考虑历史数据"薄纸"和"厚纸"的问题，也就是可以用于信用评级的数据有多长的历史、涉及多少笔历史交易、历史交易的规模有多大等。

不同类型的信用评级对数据的要求也不一样。主体评级主要关注发债企业的偿债能力，因此需要反映受评对象财务状况、经营状况、获利能力的数据。债项评级在主体评级的基础上，还需要涉及具体产品的数据，如第三方担保、资产质押等有关增信措施的数据。交易对手评级则更多地关注受评对象在市场中的历史交易行为数据，以及当前持有头寸的风险敞口。不同类型的数据来源各不相同，这为数据的获取、验证和管理增加了复杂性。甚至在很多时候，能够进行哪些类型的信用评级和采用哪些评级模型，往往取决于能够获得并信任哪些数据。

传统上，要获取这些数据，我们只能通过对受评对象进行尽职调查，但这又会引发一系列的问题：不管是出于主观还是客观原因，受评对象能否完整地提供信用评级所需的数据？评级机构如何验证这些数据的真实性？信用评级的成本有多高？如何保护受评人的数据隐私？这些问题实际上就是数据资产的所有权问题：谁拥有以及如何保护和体现这些数据的所有权？谁可以使用以及如何使用这些数据？如何防止数据被用于授权之外的用途？从概念上说，这些问题是比较容易回答的：受评对象拥有数据的所有权，并保证数据的真实性和有效性；评级机构经授权可以使用这些数据做出信用评级，但同时应保证数据不被泄露或用于其他目的。但是，在传统的信用评级模式下，受评对象为了获得更好的信用评级，不得不将这些关键数据交给评级机构，并把数据不被滥用的希望寄托在评级机构自身的信用上。而评级机构只能通过调研、技术、模型等各种手段来判断数据的真实性，这又会大大增加信用评级的成本。尽管受评对象和评级机构可以通过合同来确定法律关系上的权利和义务，但由于缺乏技术机制的保障，在执行上只能依靠双方的主观行为，受评对象和评级机构仿佛共同陷入了"囚徒困境"。

其次是数据的处理问题，也就是由谁加工数据以及如何加工数据从而形成信用评级。我们在上一节已经知道，信用评级可以分为由专门的评级机构受卖方或买方的委托做出的"外部评级"和由交易的另一方金融机构依据其内部评级模型做出的"内部评级"。对于外部评级，我们必须注意的是，外部评级机构通常是营利性企业，尽管确保信用评级的客观、中立是外部评级机构的职业道德，但有偿为客户提供信用评级服务才是外部评级机构的经营目的。因此，在对同一个受评对象分别进行卖方和买方评级时，外部评级机构即使采用的评级模型相同，在具体的指标选择和评价尺度上也会存在差异。在存在多家评级机构的情况下，由于评级机构之间的相互竞争关系，受评人和评级机构甚至会形成某种"默契"，从而影响信用评级的独立性和中立性。而对于内部评级，实施信用评级的金融机构与受评对象通常互为交易对手，在利益上天然存在冲突。这既增加了获取可靠数据的困难度，也使得评级结果必然带有倾向性。最终的评级结果往往是在外部评级的基础上进行的修正，或者更多只是对受评对象市场地位的反映。例如，在银行间债券市场许多金融机构制定的交易对手库中，A类信用通常就是指国家政策性银行、国有商业或股份制银行等，B类信用则是部分城市商业银行、保险公司、证券公司、基金公司等，C类为农村信用社、部分城市商业银行，D类才是那些面临清盘、倒闭或具有不良历史交易行为的金融机构。

我们可以将造成传统信用评级体系缺陷的根本原因归结为，中心化的数据管理和处理模式与资本市场中各市场参与主体、评级机构之间既竞争又合作的格局不相适应。如果存在一种机制，它可以解决信用评级所依赖数据的所有权、使用权、可验证性和隐私保护问题，资本市场中信用评级的状况就可以得到明显改善。而区块链正是一种可以建立起这种机制的技术。构建去中心化信任机制是区块链技术的核心价值，而这一价值又是通过实现一种去中心化的可信数据管理来实现的。正如我们在第二章中看到的，区块链技术从根本上解决了数据"你是谁，你从哪里来，要到哪里去"三大问题，也就是数据的所有权、可验证性和规范使用的问题。

从数据的产生过程来看，区块链平台上产生的所有数据都是随着交易行为的发生，经共识机制确认后，实时地写入分布式账本的。区块链平台是以去中心化的方式进行管理的，而共识机制确保了其所有产生的数据均获得了系统成员的一致认可，因此我们可以认为，区块链平台上产生的任何数据在源头上都具有真实性。分布式账本中的每个区块代表了对系统数据状态的一次变化，任何交易行为一经发生就会向账本中添加新区块，数据更新的及时性与传统信用评级相比有着显著的提高。而通过访问账本中的历史区块，又可以获得数据状态变化的完整过程。在信用评级过程中，最主要的成本来自数据的获取和真实性校验，区块链技术的上述特性可以将这些成本降低到接近于 0。

从数据的管理方式来看，分布式账本中的数据可以以非对称加密的形式存储，这就赋予了用户对自身产生的交易数据的完全控制权，而控制权才是对所有权的真正体现。拥有数据所有权的用户，可以选择仅对特定机构的特定用途开放数据，如向评级机构或交易对手开放用于信用评级，这就可以在最大程度上保护用户的数据隐私。然而，获得授权使用数据的机构又可以不必担心数据的真实性，因为所有的数据都可以通过第二章中介绍的加密哈希函数进行校验。图 7–1 展示了区块链用户 X 向用户 Y 授权访问加密数据的过程，Y 不仅可以通过加密哈希函数校验数据副本 B 本身的真实性，还可以验证数据区块的产生时间、在区块链中的次序等。这就如同爱因斯坦在描述量子纠缠理论时所说的"鬼魅般的超距作用"：如果 A 是原始数据，B 是经授权获得的数据副本，在授

权之前没人知道 A 是什么，而在授权拿到 B 以后，我们可以确保 B 和 A 是一样的。这就从根本上解决了信用评级中数据的所有权、使用权和隐私保护问题，将受评对象、评级机构和交易对手从"罗生门"中解救出来。

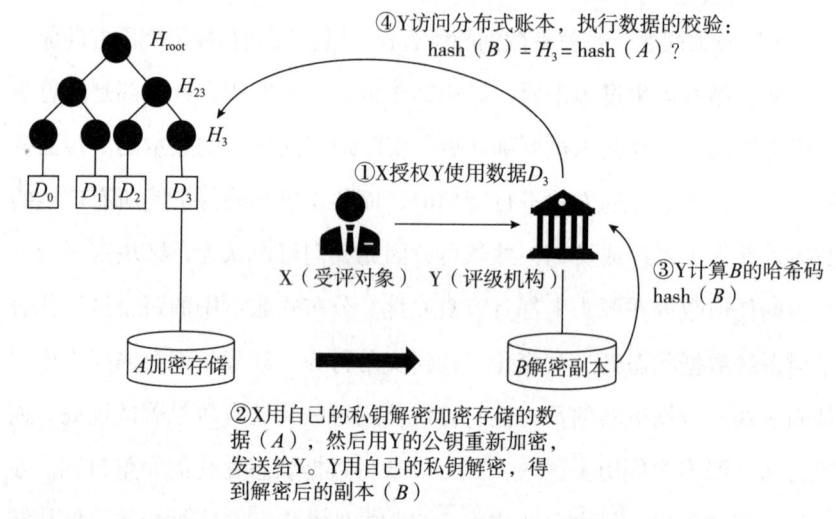

④Y访问分布式账本，执行数据的校验：
hash（B）＝H_3＝hash（A）？

①X授权Y使用数据D_3

X（受评对象）　Y（评级机构）

③Y计算B的哈希码
hash（B）

A加密存储　　　　　　　　　　B解密副本

②X用自己的私钥解密加密存储的数据（A），然后用Y的公钥重新加密，发送给Y。Y用自己的私钥解密，得到解密后的副本（B）

图7-1　区块链用户授权访问加密数据示意图

从数据的处理模式上看，区块链的另一个撒手锏是智能合约。智能合约本身是可以在区块链上执行的程序代码，当然是可以用来实现评级模型的。更重要的是，智能合约是在共识机制的管理下以去中心化的方式执行的。也就是说，智能合约只能依据既定的规则执行，而不会受任何一方的控制，这可以从根本上保障信用评级的中立性。如果采用智能合约执行信用评级，用户就可以不再向任何评级机构或交易对手公开数据，而仅需展示智能合约给出的评级结果，用户的数据隐私也可以得到彻底的保障。另外，智能合约还可以为全市场提供统一的信用评级模型，从而使得市场不同参与主体的信用水平可以实现相互比较。这对场外市场尤为重要，因为只有通过统一标准得到可比较的信用水平，才可以被用于交易决策、产品定价和风险管理。

区块链技术在信用评级领域的巨大潜力，引起了业界的广泛关注和讨论，甚至有人认为基于区块链技术的信用评级让三大评级机构也相形见绌。但我们认为，至少在当前，基于区块链的信用评级尚不能完全取代传统的信用评级体系，两者是一种相互补充的关系。这是因为区块链只能保证区块链系统中产生的数据的真实性，并不能防止链外数据从源头上造假。而不同类型的信用评级涉及的数据非常复杂，来源多样，这就需要区块链系统和传统信用评级体系相互协作，共同改善市场的信用水平。例如，基于区块链技术构建的交易基础设施，可以提供市场参与主体的交易行为数据，适用于对交易对手评级。但主体评级所需要的反映受评对象偿债能力的财务数据，或者债项评级所需要的增信数据，并不来自区块链平台。此时，区块链系统中产生的交易行为数据、外部评级机构通过尽职调查得到的数据，都是对方所不容易获取的，双方可以互为可信数据源，通过区块链技术机制实现信用评级体系的协作与融合。基于这样的设想，我们将在下一节中介绍一种以区块链系统交易行为数据为基础、结合外部信用评级数据的信用评级模型框架。

第三节　基于交易行为的信用评级

场外市场的核心风险是交易对手方信用风险，这也决定了在场外市场中最重要的信用评级就是交易对手方信用评级。我们在第六章中已经看到，交易对手方信用评级在交易对手方信用风险计量和风险管理中都具有重要作用。在实践中，金融机构也是基于信用评级来选择交易对手的，判断与某个特定交易对手可以进行哪些交易，确定交易品种的报价、保证金或其他抵押品条款等。在第四章介绍的基于区块链的交易基础设施中，交易对手方信用评级也是权威认证共识机制选取权威节点的重要参数。

在传统模式下，交易对手方信用评级一般是由各金融机构依据其内部模型做出的，各金融机构的内部评级缺乏统一标准。在内部评级模式下，金融机构需要逐个调查交易对手，获取相关数据并进行验证，这样做不仅成本高昂而且很难保证数据的真实性和及时性。各金融机构之间存在着业务竞争关系，很难将自己客户的信用评级数据向其他机构开放，而且由于各机构模型之间的差异，不同的信用评级数据之间也难以进行相互比较。这会导致特定的客户群体与特定的金融机构之间的捆绑关系，不利于市场竞争。而从监管和防范系统风险的角度来看，场外市场由于不能像场内市场那样实现信用水平的统一，那么自然要求以统一的标准对信用水平进行度量。因此，缺乏统一标准的交易对手方信用评级严重制约了场外市场的发展，甚至为市场稳定埋下了隐患。当然，建立统一的交易对手方信用评级并不是要完全取代金融机构的内部评级，而是为内部评级提供一个可以比较的基准。

交易对手方信用评级依赖的数据包括受评对象的偿债能力和受评对象的历史交易行为两个方面。对基于区块链的交易基础设施而言，前者主要发生在系统之外，主要通过评级机构的尽职调查来获取，更新频率慢；后者完全在系统内部产生，随着交易行为的发生将数据同步记录至分布式账本，可以做到实时更新。在接下来要介绍的交易对手方信用评级框架中，信用评级是综合外部评级和市场内部评级[①]得出的。对于外部评级而言，区块链系统的作用在于对评级机构给出的评级予以确认和存证，明确评级的责任主体。而对于市场内部评级，区块链系统是评级数据的唯一可信来源，并负责执行评级模型给出评级结果。另需说明的是，我们在本节中给出的并不是一个具体的信用评级模型，而是一个模型框架，它仅仅表示不同来源的数据之间的关系，以及这些数据如何融合在一起形成信用评级，并跟随数据的更新而变化。

---

① 为了和一般意义上金融机构的"内部评级"相区别，我们用"市场内部评级"表示评级是由市场交易基础设施给出的全市场统一标准的信用评级。

为了便于综合计算外部评级和市场内部评级，我们采用百分制信用分代替通常的信用评级，在信用分最终确定之后，再分级靠档形成信用评级。在本节后面的描述中，我们暂时忽略信用评分和信用评级在概念上的差异，两者均指可量化计算的信用分值。我们将一个交易对手的最新信用评级定义为外部评级和市场内部评级的一个加权平均值，参见公式 7-1。

$$Rt_{i,j} = \begin{cases} Rt\_out_{i,j} & j=0 \\ \alpha \cdot Rt\_out_{i,j} + \beta \cdot Rt\_td_{i,j} & j>0 \end{cases} \qquad 公式\ 7\text{-}1$$

其中，$Rt\_out_{i,j}$ 为外部评级系统给出的最新外部评级；$Rt\_td_{i,j}$ 为根据交易行为数据形成的市场内部评级；α 和 β 为两者的权重，$\alpha+\beta=1$；j 为当前 P_i 已了结的交易次数；$Rt_{i,j}$ 代表 P_i 在第 i 笔交易之后的最新评级。也就是说，交易对手信用评级的更新时机是在任何一笔交易了结时随时发生的，而不是采用固定更新频率，以便提升评级更新的及时性。若 P_i 尚无历史交易（$j=0$），则直接使用外部评级。

$Rt\_td_{i,j}$ 是根据的历史交易行为数据构建的市场内部评级。我们在第六章中可以看到，P_i 的每一笔交易都可以形成一个元组数据 $Trade_{i,j}$，见公式 6-12，并且 $Trade_{i,j}$ 中还包含了 P_i 在上一笔交易（$j-1$）后的信用评级 $Rt_{i,j-1}$。如果将 P_i 所有交易记录都搜集在一起，我们就可以得到一个可以反映 P_i 历史交易行为的已了结交易序列 td_lst_i，而市场内部评级 $Rt\_td_{i,j}$ 其实是 td_lst_i 的函数，参见公式 7-2。

$$Rt\_td_{i,j} = RT(td\_lst_i),\ td\_lst_i = [Trade_{i,0} \cdots Trade_{i,j}] \qquad 公式\ 7\text{-}2$$

公式 7-1 和公式 7-2 只是展示了交易对手信用评级系统的一个粗略框架。在实践中，计算市场内部评级 $Rt\_td_{i,j}$ 的评级模型 RT，以及计算综合的交易对手方信用评级 $Rt_{i,j}$ 时的权重参数 α 和 β，都可以根据实际情况来设计。但为了展示交易对手方信用评级系统的工作模式，我们给出一个参考评级模型，简称为 CCRM。CCRM 主要定义了交易对手方信用评级中的市场内部评级，也就是 $Rt\_td_{i,j}$ 部分，以展现在基于区块链的交易基础设施中，如何利用区块链在数据治理上的优势改善场外市场的信用评级体系。而对于外部评级，即 $Rt\_out_{i,j}$ 部分，则采用定期更新的模拟数据来展现模型效果。

CCRM 重新计算受评对象的信用评级有非固定和固定两个时机。非固定时机为 P_i 的任何一笔交易结束时，包括到期结算、行权、提前平仓等正常结束的情况，也包括因信用事件导致非正常结束的情况。如果交易正常结束，无信用事件发生，则以固定百分比 r_{aw} 增加交易对手的信用评分，其中 $0<r_{aw}<1$，通常取 $r_{aw}=0.01$。由于信用评分采用百分制，加分后的 $Rt\_td_{i,j}$ 不得超过 100，所以 $Rt\_td_{i,j}$ 取加分后分值与 100 的较小值（见公式 7-3）。这样考虑的原因在于，不发生违约是投资者应履行的义务，故仅以固定的小比例增加信用评分以示激励。

$$Rt\_td_{i,j}=\min\left[Rt\_td_{i,j-1}\times(1+r_{aw}),100\right] \qquad 公式\ 7\text{-}3$$

对于信用事件导致交易终止的情况，我们可以减少交易对手的信用评分。对每次信用事件扣减信用评分的上限为 r_{pen}，$0<r_{pen}<1$，通常取 $r_{pen}=0.05$。但实际扣减的分数还要考虑违约损失，即仅对造成最终损失的部分扣分。根据公式 6-11，$LGD=1-RR$，且减分后 $Rt\_td_{i,j}$ 不得低于 0，则发生信用事件后信用评分的变化参见公式 7-4。

$$\begin{aligned}Rt\_td_{i,j}&=\max\left[Rt\_td_{i,j-1}\times(1-r_{pen}\times LGD_j),0\right]\\&=\max\{Rt\_td_{i,j-1}\times[1-r_{pen}\times(1-RR_j)],0\}\qquad 公式\ 7\text{-}4\end{aligned}$$

注意，与交易对手方信用风险计量时违约损失与追偿率为估计值不同，这里的 LGD_j 和 RR_j 分别为第 j 次交易造成的实际违约损失和追偿率。

CCRM 重新计算受评对象的信用评级的固定时机是指，系统每个月进行一次扫描,对一个月内未进行交易且未持有头寸的账户扣减一个信用衰减罚分 r_{fo}, $0<r_{fo}<1$,通常取 $r_{fo}=0.01$,参见公式 7–5。

$$Rt\_td_{i,j}=\max\left[Rt\_td_{i,j-1}\times(1-r_{fo}), 0\right] \qquad 公式 7-5$$

这样做的原因一方面是为了激励交易活跃度,另一方面则是如果长期不发生交易,其历史交易行为记录就和"薄纸"记录一样,越来越不能反映受评对象的信用水平。

综合上述情况,市场内部评级 $Rt\_td_{i,j}$ 在不同情况下的变化方式参见公式 7–6。

$$Rt\_td_{i,j}=\begin{cases} Rt\_out_{i,j} & 初始值 \\ Rt\_td_{i,j-1} & 一个月内有未了结头寸 \\ \min[Rt\_td_{i,j-1}\times(1+r_{aw}), 100] & 正常结束 \\ \max\{Rt\_td_{i,j-1}\times[1-r_{pen}\times(1-RR_j)], 0\} & 违约事件 \\ \max[Rt\_td_{i,j-1}\times(1-r_{fo}), 0] & 一个月内无交易 \end{cases}$$

$$公式 7-6$$

根据公式 7–1,我们知道,在一般情况下,交易对手信用评分为 $Rt_{i,j}=\alpha\cdot Rt\_out_{i,j}+\beta\cdot Rt\_td_{i,j}$,即外部与内部信用评级的加权平均。外部评级 $Rt\_out_{i,j}$ 的更新频率以外部评级机构为准,在这里不做考虑。除新账户直接采用外部评级作为初始交易对手方评级外,其他账户在更新外部评级和市场内部评级时互不影响,避免两者的分值相互抵销。

为了展示 CCRM 在不同情况下给出的交易对手方信用评级变化,我们模拟了 10 个账户的交易历史,其中包含正常结束交易和违约终止交易的各种情况。假设各账户的外部评分每年更新一次,其变化如图 7–2 所示;各账户市场内部评分按公式 7–6 的规则计算,其变化如图 7–3 所示;各账户市场最终的交易对手方信用评分按公式 7–1 计算,其变化如

图 7-4 所示。信用评分与评级相对应，96～100 为 AAA 级，91～95 为 AA 级，以此类推，40 以下全部为 E 级。

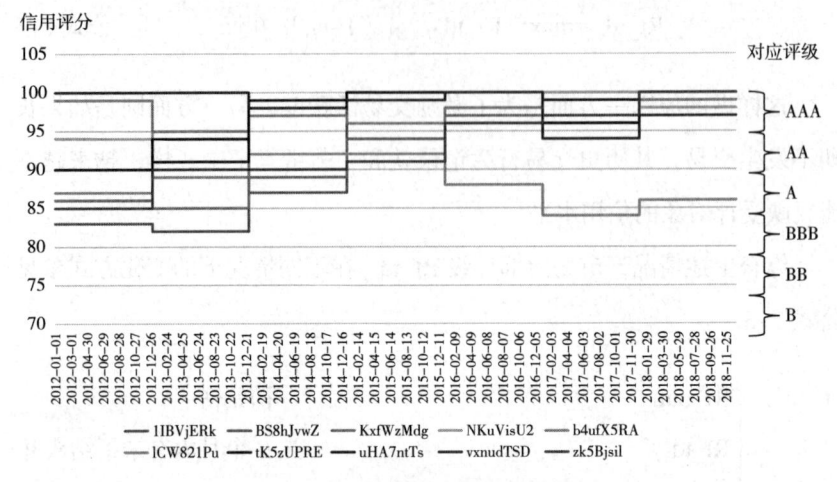

图 7-2　各账户外部评级变化

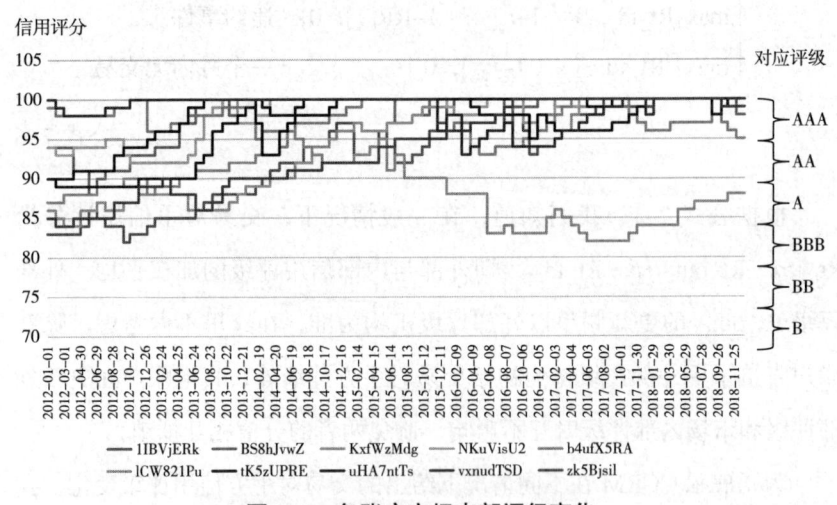

图 7-3　各账户市场内部评级变化

我们以样本数据中 2016 年 4 月为例，在此期间各账户了结的交易如表 7-1 所示，各交易账户的信用评分变化如表 7-2 所示。我们可以看出，2016 年 4 月有三笔了结的交易属于账户 b4ufX5RA，其中有两笔正常结束，一笔违约。由于这笔违约交易违约损失为 0.5，实际造成的损失为违约暴露的一半，根据公式 7-4，此时应扣减 b4ufX5RA 的内部信用评分 $r_{pen} \times GD_j$=2.5%。由于 b4ufX5RA 还有两笔正常了结的交易，每笔贡献内部信用评分增幅 1%，b4ufX5RA 内部信用评分累计变化为 –0.54%。其他几笔交易均为正常了结交易，均为其对应账户贡献内部信用评分增幅 1%。此外，账户 uHA7ntTs 因在一个月内无交易，造成内部信用评分衰减 1%。其余账户因持有交易头寸而未了结，因此内部信用评分维持不变。

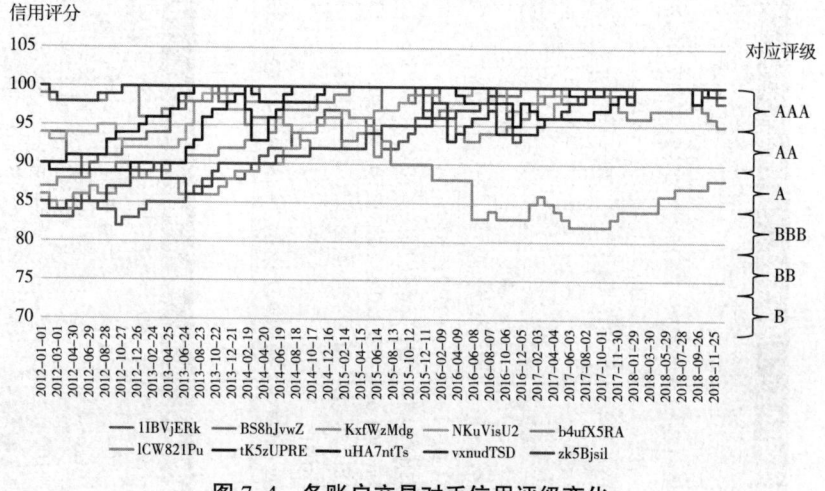

图 7-4　各账户交易对手信用评级变化

我们可以看出，信用评分的变化是非连续的，仅当外部评级发生变化、交易结束或终止、无交易导致评分衰减等事件发生时，评分才会发生变化；在两次事件之间，信用评分是维持不变的。由于信用评级模型是由区块链智能合约实现的，所以只要有可能改变信用评分的事件发生，都可以触发智能合约自动执行评级模型，从而大幅提高信用评级的敏感性，及时反映受评对象的信用水平。这也是图 7-3、图 7-4 中评级变化频率远远高于图 7-2 的原因。

表 7-1 结交易情况

账户	b4ufX5RA	b4ufX5RA	b4ufX5RA	vxnudTSD	NKuVisU2	KxfWzMdg	BS8hJvwZ
合约规模（元）	10 948 400	24 493 800	1 4157 700	47 804 800	41 276 100	16 796 400	17 370 800
是否违约	0	0	1	0	0	0	0
成交日	2015-10-13	2015-12-30	2016-01-15	2015-07-23	2016-03-10	2015-10-29	2015-10-09
合约存续期（元）	120	80	80	180	20	120	120
结束日期	2016-04-06	2016-04-28	2016-04-01	2016-04-19	2016-04-07	2016-04-22	2016-04-01
实际存续期（元）	120	80	51	180	20	120	120
盯市保证金	1	1	1	1	1	1	1
抵押资产（元）	21 900	0	35 400	0	123 800	33 600	43 400
担保额度（元）	1 642 300	3 674 100	707 900	3 824 400	8 255 200	1 343 700	1 389 700
重置成本（元）	12 032 138.39	24 818 729.77	13 631 912.52	50 110 514.81	40 346 064.7	18 290 309.14	17 078 515.78
潜在未来暴露（元）	161 97 144.65	24 818 729.77	15 168 410.61	50 110 514.81	49 620 698.58	21 958 827.56	21 174 722.95
违约暴露（元）	39 520 996.26	34 746 221.67	40 320 452.38	70 154 720.73	125 953 468.6	56 348 791.39	53 554 534.22
违约概率	0.157 894 737	0.190 476 19	0.1739 130 43	0.033 333 333	0.093 75	0.083 333 333	0.095 238 095
违约损失	0.66	0.71	0.5	0.65	0.49	0.56	0.82
期望损失（元）	4 118 503.82	4 699 012.836	350 612 6.294	152 001 8.949	578 598 7.464	262 961 0.265	418 235 4.101

表 7-2 信用评分变化情况

账户	1IBVjERk	BS8hJvwZ	KxfWzMdg	NKuVisU2	b4ufX5RA	ICW821Pu	tK5zUPRE	uHA7ntTs	vxnudTSD	zk5Bjsil
当前外部评分	96	100	97	100	98	88	100	100	100	96
期初内部评分	100	100	100	98	94	88	100	99	94	97
期初总评分	99	100	99	99	95	88	100	99	96	97
期末内部评分	100	100	100	99	93	88	100	98	95	97
期末总评分	99	100	99	99	94	88	100	99	96	97

第四节　让信用在市场间流转

在多层次资本市场体系中，不同市场层级之间会因为跨市场对冲、套利交易、融资、抵押担保、授信等业务而相互衔接，例如：权益类场外期权通常以证券交易所中的个股或股指为标的；商品类的场外期权往往以期货交易所的期货合约为标的；银行间市场的国债交易可以通过国债期货来对冲或套利；大宗商品市场的商品现货可以用期货交易所对应的期货合约来进行对冲交易，也可以用场外期权来进行套期保值。

由于2008年金融危机造成的严重影响，各国在2009年G20匹兹堡峰会上一致同意加强场外市场监管，其中重要的措施之一就是建立非集中清算衍生品的保证金制度。我们在第六章中看到，根据交易对手方信用风险计量原理，增加保证金与担保品对降低违约暴露中的重置成本部分有重要的作用。但是，在交易实践中，增加保证金的要求大大提高了市场参与者的门槛，极大地限制了交易的灵活性和活跃度。在这种情况下，将非现金资产作为担保品成为解决市场中担保品不足问题的新思路。

但是，在传统模式下，将非现金资产作为担保品存在许多难以解决的困难。例如，假设某煤炭现货商希望卖出一份以动力煤期货为标的的场外看涨期权，来对冲其现货交易的风险。由于没有足够的保证金，这一煤炭现货商希望质押自己的动力煤现货，以获得场外期权交易的授信。这实际上是一个典型的期权备兑交易，在理论上并没有任何问题。但是在实践中，作为其交易对手的场外期权交易商是一个金融机构（如某期货风险管理子公司），并不具备对动力煤现货进行准确估值的能力，同时也没有条件对质押品进行有效管理，甚至无法监控这一交易商是否有重复质押的行为，因此无法接受这样的担保品。

如果这笔场外期权交易和大宗商品市场联系起来，并有银行、保险公司参与，情况就会有所不同，如图7-5所示。煤炭现货商可以将动力煤现货存放在具有足够公信力和专业能力的现货交易场所，如某大宗商品交易所。现货交易场所具备为特定质押品估值的专业能力，并以此为基础计算授信额度。银行、保险公司作为担保方，在收到现货交易场所提供的授信额度后，可以为煤炭现货商的场外期权交易提供担保授信，并通知场外衍生品市场的交易商（柜台交易商）。此时，煤炭现货商就可以与柜台交易商完成场外期权交易。如果交易最终顺利了结，现货交易场所、银行或保险公司就可以因提供担保授信服务收取费用。如果煤炭现货商在交易中出现违约，作为担保方的银行或保险公司就可以先行承担连带清偿责任，向柜台交易商先行赔付。现货交易场所则可以对质押品进行处置，再根据担保法规定，用处置所得资金清偿赔付金。

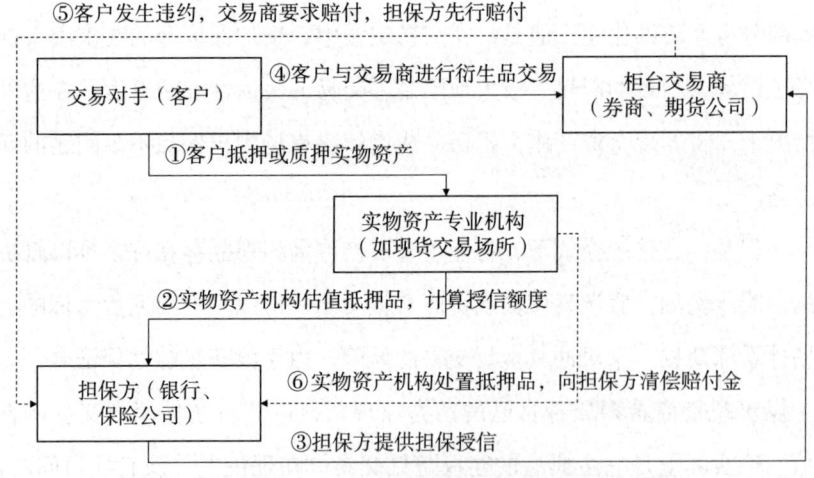

图7-5　场外市场实物资产抵押或质押担保交易示意图

资本市场的不同组成部分因为交易品种、市场参与者、交易结算制度、监管、风险管理等方面的差异，逐步演进分层形成多层次结构。但这并不意味着不同市场层级是截然分开的，相反，不同市场层级不仅天然具有相互衔接的需要，而且跨市场的交易和业务也是金融创新的重要来源。我们认为，要衔接两个不同层级的市场，交易基础设施必须在四个层面实现联通。

- 数据互通：两个市场的交易数据、清算数据、账户头寸数据等能够实现互联互通，这是实现两个市场衔接的最基础要求。但必须注意的是，不同类型数据的所有权、使用权不同，涉及的数据隐私、敏感信息不同，因此必须有严格的技术机制来保证与数据所有权相关的问题。
- 信用流转：这既包括一个市场中产生的信用记录、评级可以被另一个市场获取并采用或参考，也包括一个市场可以为另一个市场中的交易提供担保、抵押、授信等增信服务。信用在不同市场间的流转是实现两个市场真正衔接的核心标志。
- 互操作：在实现数据和信用流通的基础上，一个市场中发生的变化可以触发另一个市场中的关联行为。例如，场内市场中标的证券价格的变化，可以自动触发场外市场中某个相关合约执行追加保证金的操作。再如，某机构在一个市场中的违约行为，可以自动触发这一机构在另一个市场中持有的合约自动进入终止结算流程。
- 价值流通：位于不同市场中的资产可以实现跨市场转移。例如，跨市场对冲交易中常见的情况就是，在一个市场中的头寸盈利，而在另一个市场中的头寸亏损，为了维持对冲组合不得不为亏损头寸追加保证金。如果能够实现价值、资产的跨市场转移，我们就可以大幅降低对冲交易的成本和操作风险。

区块链技术不仅可以为一个市场提供去中心化信任机制，也可以为不同市场之间的可信任交互提供条件。从技术上看，区块链系统与外部非区块链系统之间可以通过 DApp 和 API 进行交互；两个区块链系统之间可以通过跨链技术进行交互。相对于传统模式，区块链实现跨系统交互的优势在于可以对跨系统的数据访问和操作权限进行精细化设计，使系统中资源（数据、信用、操作、资产等）的所有权得以明确，经授权才可访问；一旦获得授权，我们就可以保证被访问资源的真实性，并确保对资源的访问不被用于被授权以外的目的。归根结底就是，在实现有效数据治理的基础上，区块链系统能够实现跨市场的信任机制。只有实现信用在不同市场之间的流转，所有的互操作和价值流转以及在此基础上的创新业务才有可能。

对于一个采用区块链技术构建交易基础设施的市场而言，如何实现与其他市场的交互要从以下几个方面去考虑。首先需要明确的是，传统的中心化信任机制是将信用保障寄托在人、机构、组织这样的信任中心身上，而区块链的去中心化信任机制则是由一套以相互监督为原则的技术机制来保障的。我们在第二章中已经知道，跨链技术主要有公证人机制、侧链（中继链）、哈希锁定等模式，而对于非区块链系统，我们只能通过 DApp 和 API 来实现交互。当一个区块链系统与一个非区块链系统交互，以及两个区块链系统通过公证人机制进行交互时，两个系统交互部分的信任机制不再是"去中心化"的了，而是依赖于区块链系统中某些特殊节点所代表的机构或组织。这些特殊节点代表了区块链系统中局部的信任中心或可信数据源，对于这个"局部"而言，区块链的作用只是将对它们的信任融合到系统内部的信任机制中。如果我们采用侧链（中继链）、哈希锁定这样的跨链技术，那么这代表了两套区块链信任机制之间相互信任，即使是两个系统交互的部分也并不存在对任何信任中心的依赖。

真正对跨市场交互模式起决定作用的是，需要交互的两个市场本身的技术机制。例如，场外衍生品市场、银行间债券市场与场内交易所市场之间的交互，由于场内市场本身是高度标准化、中心化的，我们只能选择采用DApp或API来实现与场内市场之间的衔接。此时，我们就必须考虑由谁来负责这些DApp或API的运行管理，才不会滥用其作为信任中心的优势地位。

如果跨市场交互发生在两个采用区块链技术的市场之间，如两个场外市场之间，我们就要依据跨市场交互中具体的业务模式和两者的技术特征来考虑。跨链技术的典型应用场景包括便携资产、同步支付、跨链数据库、资产担保和通用跨链合约等。如果两个市场之间能够实现信用评级、风险管理数据的相互访问，这就属于跨链数据库类型的场景。如果在一个市场中锁定资产并将其作为抵押，为另一个市场中的交易提供增信，这就属于资产担保类型的场景。通用跨链合约让智能合约可以在不同的区块链系统之间进行互操作，被认为是可以满足任何场景需求的技术。公证人机制、侧链（中继链）、哈希锁定三种跨链技术，对不同类型场景的适用性是不一样的。公证人机制可以满足几乎任何场景的需求，并保持系统之间的耦合程度最低，但前提是必须存在具有公信力的信任中心；侧链（中继链）最适合实现通用跨链合约，也可以满足几乎任何场景需求，但要求两个区块链系统的底层技术必须保持一致；哈希锁定既不需要公证人作为中介，也不要求两个区块链系统之间的紧耦合，但哈希锁定只能实现原子交互这类非常有限的场景需求。

鉴于在世界范围内，基于区块链的资本市场交易基础设施都还处于探索阶段，要实现不同层级市场之间的跨市场交互，我们面临最多的情况仍然是区块链系统与非区块链系统之间的交互。在这种情况下，我们可以充分发挥传统交易基础设施的重要组成部分（如监管机构及其派出机构、场内交易所等）作为具有公信力的信任中心的作用，负责跨市场交互的DApp和API的运行管理，将其信用融入区块链系统中。而在那些具有场外交易特征的市场中，我们可以在不同类型的市场场景下探索构建基于区块链的交易基础设施，再利用跨链技术实现市场之间的相互衔接，让信用在不同市场之间流转，为更多的金融创新业务模式提供基础。

第八章
监管与系统风险监测

一般认为，金融监管的三大目标是维护金融业的安全与稳定、保护公众的利益、维持金融业的运作秩序和公平竞争。国际证监会组织提出的证券监管三项目标为保护投资者利益，保证市场公平、高效和透明，减少系统性风险。事实上，这三项目标是相互联系的，只有保证了市场的公平、高效和透明，才能防范和减少系统性风险，从而保护投资者利益。而在公平、高效和透明之中，透明又是最重要的。如果市场不透明，那么公平和高效都无从谈起，系统性风险更加难以防范。

　　我们在第一章中看到，场外市场因为其满足个性化、定制化投融资需求的功能定位，交易品种标准化程度低，所以主要采用询价交易和非集中清算模式。相对于场内市场，场外市场的数据治理水平比较低下。交易对手方信用风险是其主要风险，并且可能与市场风险相结合，相互放大、传导、扩散，甚至形成波及场内外多个市场的系统性风险。在2008年金融危机中，以信用违约互换为代表的场外衍生品被认为是导致系统性风险的重要因素。当前改进场外市场监管的思路，主要来自2009年G20匹兹堡峰会在总结2008年金融危机教训的基础上提出的四方面改进措施。巴塞尔银行监管委员会随后也制定了更严格的巴塞尔协议Ⅲ。但我们在第一章中也提出，G20峰会的改进思路实际是以场内市场高度标准化、中心化的管理模式为蓝本的，与场外市场个性化、去中心化的特征不相适应，并可能导致一系列的问题。

　　在本章中，我们将讨论在场外市场中引入区块链技术，并从根本上改善场外市场的信用环境和数据治理水平之后，对提高市场透明度、加强监管穿透、改善交易报告库数据质量的重要作用。不仅如此，分布式账本中还实时记录了全市场所有参与者持有的头寸，这为基于复杂网络理论的系统风险监测模型的实际应用提供了基础，有望大幅提高防范系统风险的能力。

第一节　黑天鹅与灰犀牛：风险的传染与扩散

《黑天鹅》和《灰犀牛》是两本帮助我们认识风险的著作，同时也是非常有趣的著作。我们在这两本书的副标题上都会看到它们有趣的一面：《黑天鹅》的副标题是"如何应对不可知的未来"，而《灰犀牛》的副标题则是"如何应对大概率危机"。这两本书的副标题怎么看都有那么一点对立，但是实际上，"黑天鹅"和"灰犀牛"有可能是一回事，至少是有着密切联系的两件事。

纳西姆·尼古拉斯·塔勒布在《黑天鹅》中写道："在发现澳大利亚黑天鹅之前，所有的欧洲人都确信天鹅全部是白色的，这是一个牢不可破的信念，因为它似乎在人们的经验中得到了完全的证实。……它（发现黑天鹅）说明我们通过观察或经验获得的知识具有严重的局限性和脆弱性。仅仅一次观察就可以颠覆上千年来对白天鹅的数百万次确定性观察所得出的结论。你所需要的只是看见一次黑天鹅（据说很丑）就够了"。塔勒布用"黑天鹅"来指代这样一类事件："首先，它具有意外性，即它在通常的预期之外，也就是在过去没有任何能够确定它发生的可能性的证据。其次，它会产生极端影响。再次，虽然它具有意外性，但人的本性促使我们在事后为它的发生编造理由，并且使它变得可解释和可预测。"塔勒布把这三点概括为"稀有性"、"极大的冲击性"和"事后可预测性"。

既然"黑天鹅"事件如此稀有，那么它还值得我们重视或者应该纳入我们决策的考虑范围吗？事实上，大多数人的确是不重视的，就像证券分析师在路演时经常会说"我们的策略是用过去20年的数据进行回测""我们做过蒙特卡洛模拟""这个策略通过了压力测试""你说的是小概率事件""只要不发生系统性风险,就绝对不会有问题"……可是这些稀有的事件真的那么不重要吗?为此,塔勒布做了一个有趣的实验:去掉过去50年中美国股市单日涨幅最大的10天,我们会看到市场收益的巨大差异,而传统金融学把这些单日大幅上涨仅仅当作异常。我们用中国A股部分指数近10年的数据重现了塔勒布的实验,并做了一点小小的改造(见图8-1):去掉单日涨幅最大的10天,用前一个交易日的涨跌幅代替;去掉单日跌幅最大的10天,用前一个交易日的涨跌幅代替。第一次做这个简单实验的人可能都会感到惊讶:原来10年的历史几乎就取决于这短短的10天,如果市场错过了10年中最好的10天,那么各指数只能达到当前不足一半的点位;如果市场躲开了10年中最差的10天,那么各指数可以达到现在的两倍多。塔勒布创作《黑天鹅》这本书就是要告诉我们:"黑天鹅"事件尽管稀有,但我们遇见它的可能性要比我们想象的大得多(回想一下我们在图6-3中看到的"肥尾"现象);我们必须承认,然后习惯和适应"黑天鹅"的存在。

米歇尔·渥克创作《灰犀牛》的动机正好相反:尽管人们都开始重视"黑天鹅"事件和"肥尾"效应了,然而"分析家和决策者甚至连那些可怕的、明显的、高概率事件都无法防范"。渥克说:"一头灰犀牛就是指概率极大、冲击力极强的风险——一个我们应该意识到的风险,就像是一头两吨重的犀牛,把牛角对准我们全速向我们攻击……灰犀牛同样体型大,所以,我们应该很容易就看到它。你可能会认为,如此醒目的庞然大物,应该不会被忽视。实际情况却恰恰相反,我们没能及时有效地回应,原因之一正是它的体型蠢笨巨大。"渥克认为,人们之所以会忽视显而易见的"灰犀牛",是因为并不能确定风险什么时候会发生以

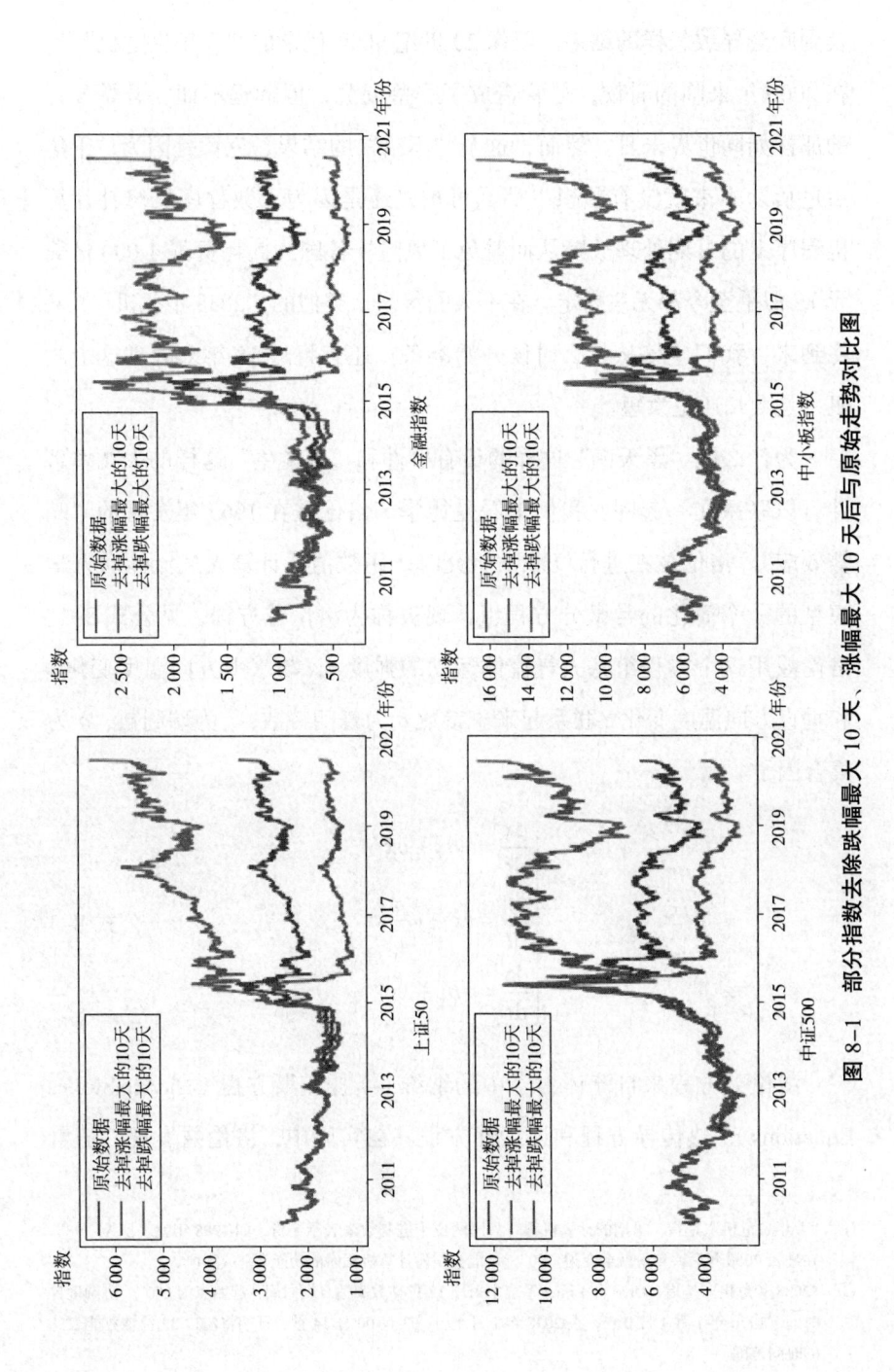

图 8-1 部分指数去除跌幅最大 10 天、涨幅最大 10 天后与原始走势对比图

及到底会导致怎样的结果。就像20世纪90年代末的"千年虫危机"[①]，在2000年来临的时候，尽管造成了一些混乱，但远远不如一开始预计的那样如同世界末日。然而，这个"不错"的结果，究竟是因为"千年虫危机"本来就没有预想中那么可怕，还是因为无数程序员修补计算机程序上的日期处理故障从而避免了风险（各国为此耗费了4 000亿美元），似乎至今都无法断定。在不久的将来，类似的"2038年危机"[②]又将到来，我们应该从什么时候开始准备？还有将近18年来处理这个危机，是太长还是太短？

为什么说"黑天鹅"这样的稀有事件和"灰犀牛"这样的大概率事件可以联系在一起呢？我们来看爱德华·洛伦兹在1963年发现的"蝴蝶效应"。洛伦兹在进行气象学研究时，用数值法计算大气流体动力学模型的一个简化的常微分方程组，现被称为洛伦兹方程，见公式8-1。洛伦兹用这个方程组将大气流体运动的强度x，与水平方向温度变化y和垂直方向温度变化z联系起来。参数σ为普朗特数，r为瑞利数，b为集合因子。

$$\begin{cases} \dfrac{\mathrm{d}x}{\mathrm{d}t} = -\sigma x + \sigma x \\ \dfrac{\mathrm{d}y}{\mathrm{d}t} = rx - y - xz \\ \dfrac{\mathrm{d}z}{\mathrm{d}t} = -bz + xy \end{cases}$$ 公式8-1

洛伦兹方程来自流体力学中的纳维-斯托克斯方程（Navier-Stokes Equations）、热传导方程和连续性方程。在实验中，洛伦兹发现，随着

[①] "千年虫危机"是指，早期的计算机程序只用两位十进制数来表示年份，如1998年就表示为"98"，在进入2000年后，年份就会变为"00"，可能会引发计算机程序的功能紊乱或崩溃。
[②] "2038年危机"是指，Unix和Linux系统中采用32位整数表达日期时间，起始点为UTC（协调世界时间）1970年1月1日0点，在2038年1月19日03点00分14秒，日期将溢出32位整数能表达的时间范围。

值的增大，系统的演化不再像先前那样收缩到稳定的平衡状态［见图 8-2（a）］。特别是当时，相空间中的轨线会在左右两侧飘忽不定地绕圈，每次绕的圈数和何时发生跳跃都是随机的［见图 8-2（b）］。更重要的是，在值较小时，无论初值差异多大，系统最终都会像图 8-2 左图那样收缩到一个点［图 8-2（a）中两根轨线的初值分别为 $x=2$，$y=3$，$z=3$ 和 $x=0$，$y=1$，$z=0$］；而在值较大时，即使初值只有微小的差异，都会产生完全不同的结果［图 8-2（b）中两根轨线的初值分别为 $x=0$，$y=1$，$z=0$ 和 $x=0$，$y=1$，$z=0.000\,000\,001$，也就是说 z 值相差了十亿分之一］。洛伦兹的发现开启了混沌理论研究的热潮。鉴于系统的轨迹如同蝴蝶的翅膀，洛伦兹在一次演讲中的题目是"可预测性：一只巴西的蝴蝶扇动翅膀，会引起得克萨斯的一场风暴吗？"，这就是"蝴蝶效应"的由来。

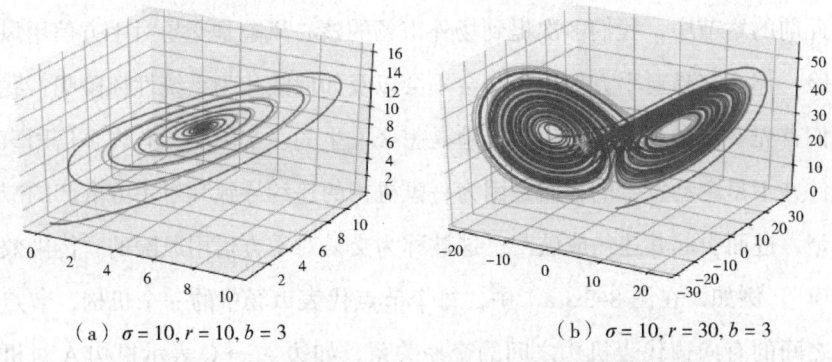

（a）$\sigma=10, r=10, b=3$　　　　（b）$\sigma=10, r=30, b=3$

图 8-2　当 r 值不同时洛伦兹方程在相空间中的轨线对比

当然，我们都知道并不是每一只蝴蝶每一次扇动翅膀都会带来风暴，导致"蝴蝶效应"的根本原因在于洛伦兹方程中参数的值，也就是系统的内在结构导致系统处于不稳定和初值敏感的状态。这可能就是渥克所说的"灰犀牛"：看上去目前还是处于平衡状态（不动点），却是不稳定的平衡状态（不稳定的不动点），只要有微小的扰动就会发生巨大的变化。现在的问题就是：这个扰动什么时候会发生？事实上，这一扰动随时都可能会发生。"黑天鹅"事件之所以会产生极大的冲击性，也许就是因为系统中早已存在的"灰犀牛"。

我们已经有了一个不同的视角去看待市场中的风险，现在让我们回到监管和系统风险监测的话题上来。所谓"系统性风险"又称"不可分散风险"，是影响整个市场而不是某只股票或某个行业的风险。这类风险既不可预测也无法完全避免，不能通过分散投资来消除，只能通过对冲或采用正确的资产配置策略来应对。从系统性风险的定义来看，我们已经感受到它与"黑天鹅"事件的相似之处了，也的确有很多人将系统性风险称为"黑天鹅"事件。但是，如果系统性风险真的就是无法预测的"黑天鹅"事件，而监管的目标之一就是减少系统性风险，那么到底应该如何监管它呢？

这个时候，我们就应该去找一找隐藏在市场中的"灰犀牛"了。在此前的章节中，我们多次提到场外市场的核心风险是交易对手方信用风险，那么交易对手方信用风险会不会以及如何演化为系统性风险呢？我们首先要从微观上了解信用风险是怎么发生的。实际上，有许多信用事件并不是主动发生的，而是因为一家机构的违约导致其对手方资产的减记，进而引起其违约或破产，这被称为交易对手方信用风险的"传染效应"。例如，在图8-3（a）中，每个节点代表市场中的一个机构，节点之间的有向边代表机构之间的交易关系，如边A→C表示机构A对机构C因交易存在一个合约义务，或者说机构C对机构A有一个风险暴露（比如机构A向机构C卖出一份场外期权）。假设机构A发生违约，就将导致机构C因为A的违约遭受损失；如果此时机构C的资本金不足，那么机构C也会被迫对机构B和F发生违约。假设在一连串的违约连锁反应之后[见图8-3（b）]，机构C、F、D相继因为机构A的违约其自身也发生违约，而机构B和G因为资本金充足或没有可违约的头寸，没有让违约蔓延下去。真实市场中的情况会更加复杂，可能同时会有多家机构发生信用事件，然后在市场中传染、扩散。当违约或破产的机构达到一定数量时，我们就可以说发生了系统性风险。

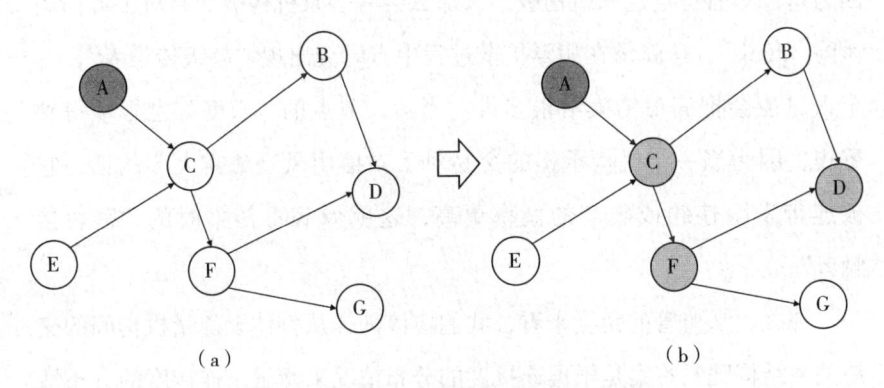

图 8-3　交易对手方信用风险的传染效应

那么，在交易对手方信用风险的传染过程中，是什么决定了交易对手方信用风险最终的扩散范围呢？我们可以说，节点和边都非常重要，或者说市场中各机构间因交易产生的关系结构非常重要。代表机构的节点很重要，这很容易理解，如果一个机构拥有足够的资本金可以抵御交易对手违约所造成的损失，那么它不会因此再对其他机构违约，交易对手方信用风险的传染过程就会被这个机构"阻断"。这就像发生病毒传染时，如果一个被传染的人自身有抗体，他就不会将病毒再传染给下一个人。如果一个机构资本金过低，它就成为交易对手方信用风险传染过程中的"易感人群"。2009 年 G20 峰会中建议采取"提高非集中清算衍生品的资本金要求"的措施，实际上就是增加机构对交易对手方信用风险的抵抗力。

但是，这些边也非常重要，甚至更加重要。在图论中，一个节点的边的条数被称为这个节点的"连接度"。在有向图中，从一个节点发出的边的条数被称为这个节点的"出度"，指向一个节点的边的条数被称为这个节点的"入度"。在图 8-3 这种描述机构间关系的有向图中，节点的"出度"表示该机构对多少家机构承担合约义务，节点的"入度"表示这一机构对多少家机构存在风险暴露。节点的"出度"更加重要，因为这意味着一旦这家机构破产，那么会有多家机构被交易对手方信用风险"传染"。这就像在病毒扩散过程中有时会出现"超级传染者"，一个人可能会把病毒传染给很多人。当然，节点的"入度"也必须得到重视，因为当一个机构承担的交易对手方信用风险暴露太多的话，它被连带发生违约或破产的概率更高，这就像病毒传染时的"密切接触者"。

那么，从监管的角度来看，我们应该怎样从整体上衡量机构间的交易关系结构呢？答案是根据连接度的分布情况来衡量。连接度的分布情况被称为"度分布"，这也是描述图的拓扑结构特征的重要指标。按照度分布的特征，描述图可以分为四种类型。

- 规则图：每个节点都拥有相同数量的邻居（边）。
- 随机图：任意两个节点都以概率连接起来。
- 小世界网络：规则图和随机图之间的过渡状态。假如构造一个规则图，以概率 β（$0 \leqslant \beta \leqslant 1$）重新连接图中的每条边，边的一个端点保持不变，随机选择网络中的一个节点作为另一个端点，并且保证每两个节点间至多有一条边，每个节点不能和自身相连。当 $\beta=0$ 时，它就仍然是原来的规则图；当 $\beta=1$ 时，它就成为一个随机图；当 $0<\beta<1$ 时，它就成了一个小世界网络（见图 8-4）。
- 无标度网络：度分布呈幂分布，即少量节点拥有大量的边，而大多数节点只有少量的边（见图 8-5）。

$\beta=0$ $\beta=0.075$ $\beta=1$

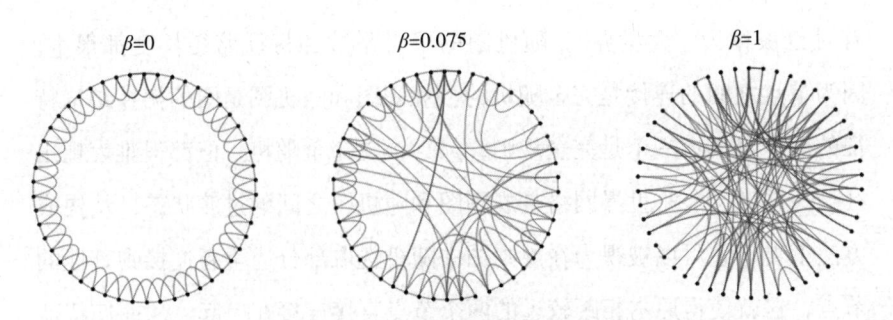

图 8-4 从规则图到小世界网络再到随机图的变化过程

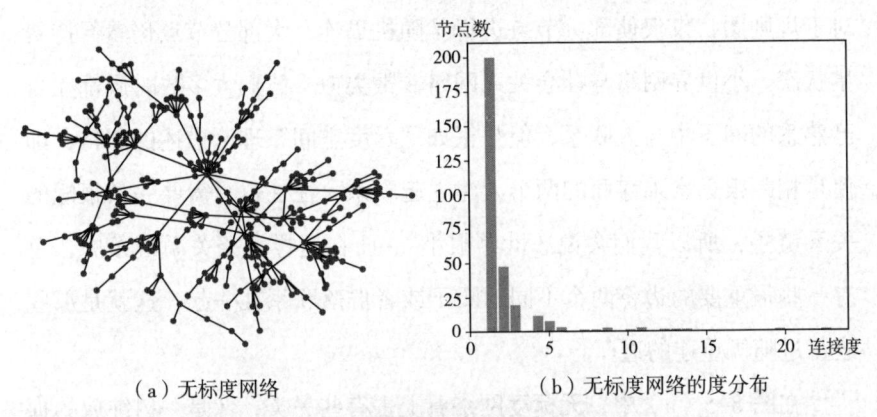

（a）无标度网络 （b）无标度网络的度分布

图 8-5 无标度网络及其度分布示意图

有两个常用的指标可以衡量图的拓扑结构特征：一个是特征路径长度[①]，衡量的是图中节点与节点之间的典型距离；另一个是聚集系数[②]，衡量的是图中节点聚合在一起的程度。规则图有很高的聚集系数，节点都非常规则地聚集在一起；同时特征路径长度随节点数线性增长，即空间复杂度为 $O(n)$，所以当节点数较多时，规则图的特征路径长度会很大，

---

① 特征路径长度指连通图中任意两个节点最短需要经过的边数（路径长度）的平均值。
② 聚集系数有全局聚集系数和局部聚集系数两种算法。如果图中的一些节点两两相连组成一个三角形，那么它被称为"闭三点组"；如果三个节点之间由两条边连在一起（缺一条边的三角形），那么它被称为"开三点组"。全局聚集系数就是计算图中所有闭三点组的数量与所有连通三点组（无论开还是闭）的总量之比，再乘以 3（乘以 3 是为了让完全图中的整体聚集系数等于 1）。局部聚集系数是面向节点计算的，对于任何一个节点 v_i，找出其直接相连的邻居节点集合 N_i，计算集合 N_i 构成的子网络中的边数 k，与集合中可能构成的最多边数 $|N_i|\times(|N_i|-1)/2$ 之比。

有时也被称为"大世界"。随机图的聚合系数和特征路径长度都很小，因为节点之间的连接是完全随机的。规则图和随机图是图的拓扑结构特征的两个极端：一个是完全规则，另一个是完全随机，但都很难表现出社会关系意义。小世界网络是规则图和随机图之间的过渡状态，从构成方法上看，它可以被视为在规则图中随机选取部分边重新连接到其他的节点，这就使得原本相距较远的两个节点直接连接在一起，从而使特征路径长度变小，随节点数增长的速度为$O(\log n)$。同时，小世界网络相对于规则图，仅仅使部分节点进行了随机重连，大部分节点仍然保持聚集状态。小世界网络与社会关系网络非常类似，我们大多数时候都在自己熟悉的圈子中与人联系，但是正如"六度空间"理论描述的那样，即使是相距很远素未谋面的两个人建立起联系，往往也只需要一条很短的关系链条，所以我们会说"世界很小"。而在这样一条关系链条中，总有一些很重要的边将两个不同的圈子或者群落联系在一起，这就是那些进行过随机重连的边。

在图8-5（a）中，无标度网络看上去有些另类，像是一树绽放的梅花。在计算机中构造无标度网络通常采用BA构造算法：首先生成一个只有少量节点的连通图[①]，然后在图中加入新节点，对原来图中每个有k_i条边的节点v_i，以概率$p_i = k_i / \sum_i k_j$与新节点连接。也就是说，原来图中连接度越高的节点，与新节点建立连接的概率越大。这就像一个新用户加入微博时，其关注大V的概率远远高于关注其他普通用户。因此，在图8-5（b）中，我们可以看到无标度网络的度分布呈幂分布，这反映了大多数社会关系中常见的"马太效应"。

那么，市场中的交易关系网络到底是规则图、随机图、小世界网络还是无标度网络呢？在没有准确数据的情况下，我们也不知道，但我们

---

① 连通图指图中没有孤立的节点，所有节点都直接或间接地连接在一起。

可以试着猜测一下。首先不太可能是规则图或随机图，在市场经济条件下建立交易关系，既不可能像计划经济那样是完全条块分割的，也不可能是完全随机盲目的。小世界网络和无标度网络都被称为复杂网络，且两者都有相应的社会学基础，但两者的度分布有很大区别：小世界网络的度分布呈正态分布，而无标度网络的度分布呈幂分布。在《黑天鹅》中，塔勒布把前者称为"平均斯坦"或者"温和的第一类随机现象"，而把后者称为"极端斯坦"或者"疯狂的（甚至超级疯狂的）第二类随机现象"。对于"平均斯坦"，最典型的成员为中庸成员，即使是赢家也只能获得整块蛋糕中的一小块。身高、体重、每日摄入的热量等都属于"平均斯坦"。对于"极端斯坦"，最"典型"的成员要么是巨人，要么是侏儒，也就是没有典型成员，呈现出赢家通吃的现象。微博用户的粉丝数、作者的图书销量、个人的财富或收入等都属于"极端斯坦"。尽管我们还没有展现市场交易关系的准确数据，但我们猜测可能性最大的一定是无标度网络，也就是少数占据市场主导地位的机构拥有远高于其他机构的交易对手数。在中国证券业协会每月公布的《场外证券业务开展情况报告》中，有关交易集中度的数据也可以佐证这一点。当然，我们还是希望能够清晰地看到市场中交易关系网络的形态，这样才能从上面有趣的思想实验走向真正有效的监管实践，而借助区块链技术，我会很快将其变为现实。

第二节　让监管实现"No Fog"

著名的游戏公司 Kalypso Media 曾在 2001 年发布了一款经典的即时战略游戏《突袭》。这款游戏以第二次世界大战为背景，其特点是精确地还原了当时欧洲战场上各参战国的地形、场景、兵种和武器装备，而且规模宏大，玩家甚至可以精确地控制上千个作战单位。这是一款令人着迷的游戏，但是操作难度也相当大，玩家的视野局限在地图上己方作战单位可以观测到的距离，其他区域都被"战雾"①覆盖。玩家必须非常小心地派出有限的带着望远镜的军官或狙击手，冒着可能被痛击的危险去侦察敌方的兵力部署。然后判断目标是否具有值得去使用弹药有限的远程火炮，或者使用最多 3 次的空中支援机会，再或者用装甲集群发起一次突击。很多时候，这会变成非常漫长的精细操作，还要时刻防备着随时可能到来的敌军进攻。玩家通过一个关卡往往需要数小时，甚至要通宵达旦。但是，很快玩家便发现了游戏的一个后门：只要输入"No Fog"命令，战雾就会消失，敌军的部署和行动便会一目了然。玩家很容易通过这样的作弊来完成关卡，虽然这样也失去了很多游戏的乐趣，但是毕竟不用通宵熬夜了。

孙子在《孙子兵法·谋攻篇》里说"知彼知己，百战不殆"，而我们在监管市场风险时又何尝不是这样。在图 8-3 中，我们用有向图来表示市场中各机构之间的交易关系网络，但实际的交易关系比这要复杂得多。市场中存在大量的参与主体，它们之间存在各种各样、相互交叉的交易关系。我们往往需要将两个机构的头寸全部净额轧差后，才能得到一条表征风险暴露的有向边来连接代表两个机构的节点，边上还要有权重来代表风险暴露的规模。而且，这些交易关系时刻都在变化之中，一个远期交易可能随着标的价格的涨跌，使得代表风险暴露的有向边的权重不断变化，甚至来回掉转方向。随着交易的成交和了结，代表交易关系的边也在不断地建立和消失，甚至代表机构的节点也会加入和退出网络。我们在上一节已经看到，小世界网络中各个群落是通过一些关键的边连在一起的，无标度网络中则存在一些对整个网络有重要影响的关键节点。在图 8-3 的例子中，机构 C 就对交易对手方信用风险的传导起到

---

① "战雾"指电脑游戏中无法观察到对手行动的区域。

了关键作用。为了监测和防范系统风险，我们必须及时找到有可能威胁整个市场的交易关系或机构。因此，我们在监管中也需要"No Fog"这样的秘籍，来精确地发现需要干预的对象。

事实上，在 2009 年 G20 峰会提出建立交易报告库的监管措施之后，各国都逐步建立了交易报告库和交易报送制度。中国证监会 2016 年发布的《关于进一步规范证券基金经营机构参与场外衍生品交易的通知》和中国证券业协会 2017 年发布的《关于加强场外衍生品业务自律管理的通知》，都对场外衍生品市场的数据报送提出了要求。中国证券业协会 2018 年 5 月发布的《关于进一步加强证券公司场外期权业务自律管理的通知》要求："交易商及协会认定的场外期权业务重要交易对手（以下统称报送机构）应当定期向协会报送规定的场外期权业务信息"，"业务信息包括但不限于在 SAC、NAFMII、ISDA 等主协议项下的场外期权业务信息"（SAC 即中国证券业协会，NAFMII 即中国银行间市场交易商协会），"中证机构间报价系统股份有限公司（以下简称中证报价）应在协会指导下对报送机构的业务数据报送实施管理"。《证券公司场外期权业务数据报送须知》要求：报送机构应在交易达成后 1 个交易日内报送交易确认书，5 个交易日内报送主协议、补充协议。此外，该须知还有月度、季度、年度、重大事项报告等要求。中国证券业协会 2018 年发布的《关于加强证券基金经营机构债券投资交易监测的通知》要求："开展债券现券交易、债券回购、债券远期和债券借贷交易业务的证券公司、证券公司资管子公司、证券公司另类投资子公司、证券公司私募基金投资子公司、基金公司及基金公司子公司，母、子公司应当分别报送各自相关业务数据。"

尽管交易报告库和交易报送制度已经成为场外市场监管体系中必不可少的组成部分，但是当前的交易报送方式仍然相当落后。首先，在报送频率上，最高要求也是在 1 个交易日内报送成交确认书，而更详细的主协议和补充协议则是在5个交易日内报送。这对于监管而言存在很多潜在的盲点，给风险的发生和传染留下了时间窗口。在交易报送的形式上，目前主要由报送机构的专岗数据报送人员按照数据报送要求，以人工方式进行数据报送。由于场外市场个性化、定制化的特征，在传统技术条件下，这也是不得已而为之。对于防止场外市场交易商及其交易对手的违规行为这一监管目标来说，作为一种事后机制，人工报送方式可以起到比较有效的制约作用。但在场外市场中，并不是只有违规行为才会造成严重的风险。在2008年美国次贷危机中，从三大评级机构给出的信用评级到贷款机构发放次级贷款，再到将次级贷款池打包成债务担保证券产品，以及利用信用违约互换交易进行做空，绝大多数交易行为至少在形式上是合规的，然而结果却是我们都看到的严重的金融风暴。人工报送方式必然使得报送数据无法得到高效的处理和分析，在识别风险时存在严重的滞后性。因此，依靠当前的数据报送方式不可能在交易报告库中建立起及时准确的交易关系网络视图，并分析当前市场的整体风险情况。尽管一般而言，场外市场通常采用询价-报价交易模式，交易各方协商过程比较长，交易频率远远低于场内市场，但是一旦交易得到确认，相关机构通常立即就会在场内市场建立相应的对冲头寸。也就是说，在交易确认之后和交易报送之前，机构之间的风险暴露已经形成，而且通常已经不再局限于场外市场，而是传导到场内市场。对于监管而言，市场中已经笼罩着浓浓的"战雾"。

区块链技术的应用可以彻底改变场外市场交易报送的格局。我们在第四章中介绍了基于区块链的场外市场交易基础设施的参考架构，其中监管机构作为区块链系统中具有特殊作用的重要节点，承担权威认证共识机制中权威节点的组织与管理功能，并拥有对分布式账本的超级访问权限。第五章介绍了场外市场交易基础设施中的智能合约体系，其中就涵盖了有关监管和交易报送的智能合约，市场中所有导致交易状态发生变化的事件都会实时自动触发执行交易报送智能合约。基于区块链技术的交易报送方式具有以下几个方面的优势。

- 提供实时数据。交易确认或其他导致交易状态变化的事件，都会实时地在分布式账本中记录，并同步触发执行负责交易报送的智能合约。这使得监管机构可以实时监测到相关数据的变化，而不是像当前这样以交易日、周（5个交易日）、月度、季度的频率进行报送。
- 拥有完整粒度。为了保护市场参与主体的数据所有权，任何市场参与主体只拥有与自身交易相关的数据访问权限，其他访问者需要经过数据所有者的授权。但监管相关智能合约可以在任何交易事件中发生，并在写入分布式账本的同时，直接向交易报告库同步报送数据，从而实现监管机构对市场信息的"单向透明"，监管机构可以获得市场中任何粒度的数据。
- 高质量数据。分布式账本中的每个区块都包含了本区块数据的梅克尔树，区块头包含了本区块的梅克尔根和前一区块头的哈希码。监管机构可以利用这一特性轻易地校验数据的正确性、一致性，并对交易状态的变化过程进行回溯，保障了交易报告库的数据质量。
- 完美的跨机构匹配。当前的交易报送制度规定，由包括交易商和重要交易对手方在内的报送义务人主动向监管机构报送交易数据。由于人工操作环节多，可能出现各机构报送数据不一致的现象，监管机构必须对不同来源的数据进行匹配和校验。而在基于区块链的交易基础设施中，交易报送是由去中心化中立执行的智能合约完成的，并且经过共识机制的确认。这彻底保障了报送数据的一致性，大幅降低了匹配和校验数据的成本。

- 一致的数据模型和数据逻辑。一些场外市场场景存在多头监管的格局，如银行间债券市场就涉及人民银行、证监会、银行间市场交易商协会、中国证券业协会等多个监管机构和行业自律组织的监管规范。区块链智能合约可以实现完整粒度的标准化数据报送格式，统一监管数据模型和数据逻辑，从而降低所有相关机构的监管成本和复杂性，并可为未来监管数据模型的升级提供支持。

- 实现穿透监管。场外市场一般实行投资者适当性管理，例如中国证监会发布的《关于进一步加强证券公司场外期权业务自律管理的通知》要求：交易商对其交易对手进行尽职调查，确保交易对手满足准入标准；对交易对手进行穿透式核查，确保其穿透后的委托人的投资者适当性；对同一主体控制的机构、产品集中统一监测监控。但事实上，交易商很难拥有完整、准确和可验证的数据来源以完成监管穿透要求。而在基于区块链的交易基础设施中，交易报告库的数据仓库可以专门设立有关交易对手的数据主题，并依据报送数据实时更新。这样在监管机构这一端就可以实行穿透式监管，并为市场参与主体提供服务或指引。

- 为新技术的应用提供基础。通过智能合约和 API 接口采集的交易报送数据，具有标准化的数据格式和模型，可以实现高质量和有效管理数据仓库。这为大数据分析、人工智能等先进技术的应用提供坚实的数据基础，我们在下一节中将要介绍的"基于复杂网络的系统监测模型"也建立在这样的基础之上。交易报告库中的数据不仅可以满足当前监管要求，而且也可以用于经济预测、构建新经济模型等学术研究。

图 8-6 展示了基于区块链的交易基础设施中有关监管数据报送的情况。执行任何交易活动的智能合约，在产生任何导致交易状态改变的数

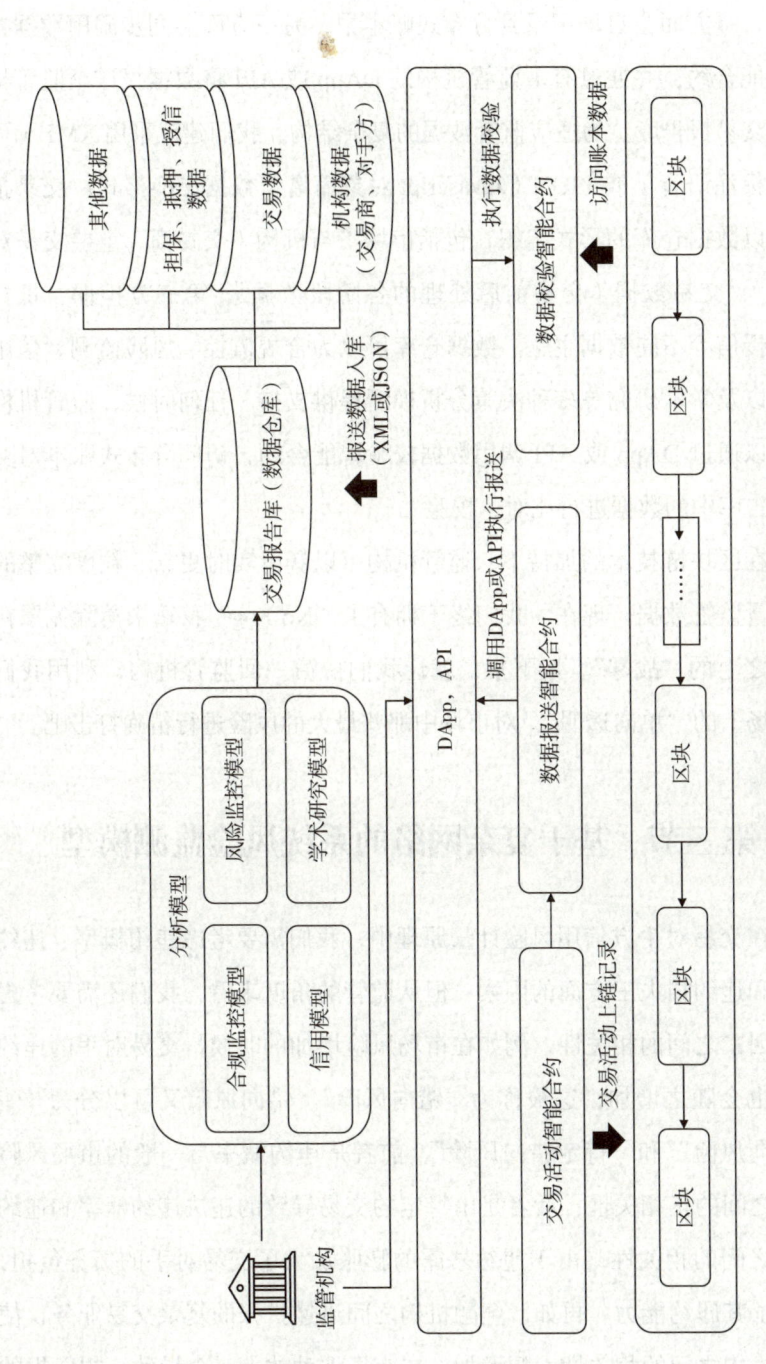

图 8-6 基于区块链的监管数据报送示意图

据时，一方面会自动记录到分布式账本中，另一方面会同步调用数据报送智能合约，并通过有关监管机构的 DApp 或 API 将数据报送至监管机构的交易报告库。为适应监管数据的复杂结构，我们建议采用 XML（可扩展标注语音）或 JSON（Javascript 对象简谱）数据交换格式。交易报告库以数据仓库的形式组织，包括市场参与机构（交易商、重要交易对手方）、交易数据（交易前后处理的各阶段数据）、第三方担保、抵押品、授信等不同数据主题。数据仓库可以为合规监控、风险监测、信用分析以及学术研究等多种决策分析模型提供支持。任何时候，监管机构都可以通过 DApp 或 API 调用数据校验智能合约，访问分布式账本对交易报告库中的数据进行比对、校验。

在区块链技术的加持下，监管机构可以获得实时更新、粒度完整的高质量监管数据。现在，我们终于拥有了"No Fog"秘籍来消除笼罩在市场之上的"战雾"。接下来，就让我们扮演一回监管机构，利用我们在市场上的"单向透明"，对市场中那些最大的风险进行精确打击吧。

第三节　基于复杂网络的系统风险监测模型

在交易对手方信用风险计量原理中，我们需要考虑违约概率、违约暴露和违约损失三方面的因素。但从监管的角度来看，我们还需要考虑各项因素之间的相关性，例如在市场风险增加的时候，交易对手的违约概率也会随之增加，这被称为"错向风险"。错向风险又可以分为"一般错向风险"和"特定错向风险"，前者是违约概率与一般的市场风险因子之间的正相关性；后者是由特定的交易导致的违法违约概率和违约暴露之间的相关性，由于违约暴露的膨胀加大了交易对手的债务负担，恶化了其履约能力。再如，金融机构之间迅速扩张的复杂交易业务，使得各机构之间的相关性大幅增加，在市场波动放大时会导致一损俱损的巨大风险,这被称为"资产价值相关性"(Asset Value Correlation,缩写为 AVC)。另外,我们还需要对金融机构资本金提出要求,这又是以信用估值调整的计量为基础的。从 2008 年金融危机的情况来看,交易对手方实际违约造成的损失仅占 1/3,而有 2/3 的损失是因为市场剧烈波动导致金融衍生工具价值剧烈变化,原来信用良好的交易对手方也无法履约,使得交易对手方的信用状况恶化从而产生风险。信用估值调整正是反映了交易对手方信用状况恶化,信用利差扩大导致银行衍生交易发生损失的风险。

由于汲取了 2008 年金融危机的教训,巴塞尔协议 III 对交易对手方信用风险资本监管规则进行了一系列的调整,包括:将信用估值调整纳入交易对手方信用风险资本监管框架,而不像巴塞尔协议 II 那样仅仅考虑交易对手方违约而可能导致的损失,这就推高了对金融机构资本金的要求,即同时覆盖预期损失和非预期损失;提高大型金融机构的相关性系数资产价值相关性,例如将商业银行和其他不受监管的金融机构的资产价值相关性统一提高 25%;强化对错向风险的计量要求,比如要求使用内部模型法的机构必须使用压力情形下的参数,将特定错向风险纳入风险加权资产计量等;延长风险保证金期限;强化交易对手方信用风险管理要求,包括对模型的验证、压力测试,对抵押品的估值、控制等。

即使是在改进后的巴塞尔协议 III 中,事实上也存在许多强假设的情况,而且相关模型非常复杂。多种复杂的模型叠加在一起使用,在理论上会导致模型的偏差在一定条件下放大,成为引发得克萨斯风暴的那只巴西蝴蝶。在这些模型中,被普遍采用的是线性相关系数,如 Pearson(皮尔逊)线性相关系数。但线性相关系数在反映相关性方面本身存在一些缺陷,如无法反映非线性相关性,无法反映因果关系,甚至在很多时候很难确定采用何种相关系数才是适当的,各机构各自采用不同模型的问题也没有得到解决,这为监管机构把握整个市场的风险情况带来了障碍。

那么，我们应该怎样改进系统风险监测呢？我们在本章第一节中已经了解了交易对手方信用风险传染和扩散的原理，我们在本章第二节中也知道了区块链技术可以让我们获得整个市场交易状态的全粒度数据。在这样的条件下，我们有两个比较简单的思路。在评价一部手机的整体性能水平时，我们会使用一些专门的Benchmark[①]测评软件（俗称"跑分软件"）来进行测试。而在衡量一台计算机的性能时，我们会用"线性系统软件包"，也就是利用 LINPACK 测试来进行计算系统的浮点性能测试。那么，对于交易对手方信用风险在市场上由交易关系构成的复杂网络中可能的传播情况，我们也可以考虑用计算模拟的方式进行推导：如果某些机构发生风险，那么市场将会怎样？这是我们的第一个思路。第二个思路则是，我们要反复、频繁地进行这项测试。例如，我们在此前提到，使用基于正态分布的假设模型，"肥尾"现象可能造成严重的预测偏差。但是，在有更好的模型之前，我们仍然不得不使用这些模型。这时，我们可以通过提高预测频率来反复修正这样的偏差。这就像用一把直尺去丈量曲线的长度，当我们测量的频率无限高的时候，我们就是在运用微积分了。

随着复杂系统动力学理论特别是复杂网络模型研究的兴起，目前已出现了一系列基于复杂网络模型的系统风险监管方法。这类方法通过理论及实验金融学仿真模型给出了交易对手方信用风险"传染效应"的形成机制，以及系统性信用风险监测的新框架。然而，受限于数据在完整性、准确性、及时性方面的不足，我们尚未发现这类方法的实践案例。但是，当我们通过区块链技术实现对市场的全局监测，在交易报告库中

[①] Benchmark 可以被译为"基准测试"，是一项或者多项具体的标准，用于评估受评对象的表现、性能或者质量标准水平。例如，对计算机系统或其他计算设备的性能表现、公司业绩表现、交易策略表现等的测试，均可称为 Benchmark。

构筑起市场交易关系网络全景图的时候，这类方法就可以成为检验当前市场系统性风险的 Benchmark 算法。

首先，我们对图 8-3 所描述的交易关系网络进行形式化描述：有向图中各节点 $j \in V$ 代表参与交易的机构；节点之间的有向边 E_{ij} 代表机构之间的风险暴露关系。E_{ij} 意味着机构 i 对机构 j 因交易存在一个合约义务，或者说机构 j 对机构 i 有一个风险暴露。在图 8-3 中，如果机构 A 发生违约，涉及与机构 C 交易的违约暴露为 EAD_{AC}，违约损失比例为 LGD_{AC}，则机构 C 因机构 A 违约而实际遭受的损失 L_{AC} 可以用公式 8-2 表示[①]。

$$L_{AC} = EAD_{AC} \cdot LGD_{AC} \qquad 公式\ 8\text{-}2$$

接下来要考虑的问题是：假设在 A 违约或发生其他引起交易对手方信用风险的情况下，哪些机构会被"传染"而发生同样的情况？在实际操作中，我们可以参照巴塞尔协议Ⅲ的要求考虑有关信用估值调整、错向风险、违约概率等方面的模型，但不需要考虑金融机构之间的相关性，因为市场交易关系网络更加精确地描述了机构之间的相关关系。为了简单起见，避免引入其他模型带来的复杂性，我们假定 A 违约导致 C 也一同违约的条件是，C 的资本金 C_C 已不足以承担 C 对其他机构（在图 8-3 中是对机构 B 和 C）的合约义务，参见公式 8-3。

$$C_C - L_{AC} < EAD_{CB} + EAD_{CF} \qquad 公式\ 8\text{-}3$$

为了在整体上测量市场中出现交易对手方信用风险的机构所造成的影响，我们可以构建一个交易对手方信用风险传染模型。假设当前整个市场中存在交易对手方信用风险的机构，在交易关系网络中的节

[①] 因违约已实际发生，$PD_{AC}=1$；当前损失为实际损失，而不是期望损失（EL_{AC}），因此用 L_{AC} 表示。

点集合为 Λ，那么我们可以定义一个交易对手方信用风险传染机构序列 $\{D_0(\Lambda),\cdots,D_k(\Lambda)\}$。其中，$D_k(\Lambda)$ 表示因为集合 Λ 中的机构违约，经过第 k 轮传染导致连带发生违约的机构的集合，$D_0(\Lambda)=\Lambda$。那么，在第 k 轮交易对手方信用风险传染中，机构 j 的资本金 C_j^k 会因为与其有风险暴露关系的机构违约而减记，参见公式 8-4。

$$C_j^k = C_j^{k-1} - \sum_{v \in D_{k-1}(\Lambda)} \text{EAD}_{vj} \cdot \text{LGD}_{vj} \qquad 公式\ 8\text{-}4$$

L_{vj} 是机构 j 因为机构 v 违约而造成的损失，$L_{vj}=\text{EAD}_{vj}\cdot\text{LGD}_{vj}$，且 $v \in D_{k-1}(\Lambda)$。也就是说，机构 v 已经被包括在第 $k-1$ 轮被传染的机构集合中。第 k 轮交易对手方信用风险传染导致机构 j 也发生违约或破产，即 $j \in D_k(\Lambda)$ 的条件参见公式 8-5。

$$C_j^k < \sum_v \text{EAD}_{jv} \qquad 公式\ 8\text{-}5$$

交易对手方信用风险传染模型按照图的广度有限搜索算法不断迭代，$D_k(\Lambda)=D_{k-1}(\Lambda)$，即违约机构集合不再扩大，则扩散终止。至此，包含在 $D_k(\Lambda)$ 中的机构就是因为集合 Λ 中的机构违约可能导致发生连带违约的所有机构。在图 8-3 的例子中，执行交易对手方信用风险传染模型的推导过程如图 8-7 所示，经过 3 轮传染连带发生违约的机构扩散至 $D_3(\Lambda)=\{A,C,F,D\}$。

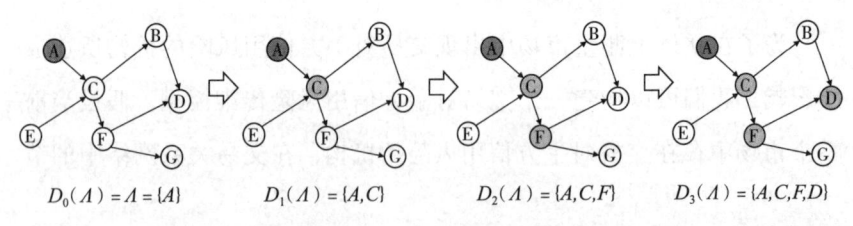

图 8-7 交易对手方信用风险传染模型推导过程示例

在基于区块链的场外市场交易基础设施中，执行数据报送的智能合约可以实时更新交易报告库中的交易关系网络视图，每次数据更新可以触发监管机构的系统风险监测程序的一次执行。在每次数据更新时，监测程序可以首先计算每个机构承担的风险暴露与其资本金的比值，称为违约风险系数 dr_j，参见公式 8-6。

$$dr_j = \frac{\sum_v \text{EAD}_{jv}}{C_j^k} \qquad \text{公式 8-6}$$

在监测过程中，我们可以为监测程序设定警戒值参数 dr_{caution}，当数据更新触发执行监测程序时，将所有违约风险系数超过警戒值（$dr_j \geq dr_{\text{caution}}$）的机构加入集合 Λ。若集合 Λ 非空，即 $D_0(\Lambda)=\Lambda \neq \varnothing$，则执行上述交易对手方信用风险传染模型的推导过程。直至推导结束，即 $D_k(\Lambda)$ 不再扩大，对所有 $D_k(\Lambda)$ 中的机构发出风险警示，敦促其通过削减头寸、提高资本金等手段来降低违约风险实际发生的可能。

可见，通过构建基于区块链的场外市场交易基础设施，可以从根本上改善场外市场监管数据报送的及时性、准确性和完备性，使以大数据分析、人工智能、复杂系统理论为基础的分析模型和风险监测手段进入应用实践，从而从根本上改善场外市场监管和防范系统风险的效果。

第九章
多层次资本市场典型场景

区块链技术的核心价值在于为市场提供一种去中心化信任机制。在多层次资本市场体系中，那些以双边授信为基础、采用询价或报价交易和双边清算模式、具有场外市场特征的组成部分，是最能发挥区块链技术巨大价值的场景。上升到更普遍的角度，任何涉及跨组织多方协作但又缺乏为整个市场中的交易行为背书的场景，都可以通过区块链技术获得显著的改善效果。

在前面各章节中，我们已经讨论了在多层次资本市场的适用场景中应用区块链技术的共性问题：市场中不同角色如何实现去中心化组织，以及在区块链系统中如何映射；采用何种共识机制来协调市场中的行为，以及在"不可能三角"中的权衡、取舍；如何构建智能合约体系，在规范交易行为的同时满足业务流程的灵活性要求；区块链技术对交易对手方信用风险管理、信用评价体系、监管与系统风险监测等方面的改进作用。

在本章中，我们将针对场外衍生品市场、银行间债券市场、大宗商品市场、区域性股权市场等典型场景，讨论区块链技术应用的思路、解决方案和价值。

第一节　场外衍生品市场

一、场外衍生品市场的格局与困境

金融衍生品是在股票、债券、商品、货币、利率、指数等基础资产上衍生形成的金融工具，如期货、远期、期权、互换等。金融衍生品一般以合约形式约定了未来一定条件下对标的资产权利义务的处置,其价值取决于标的资产的价格波动,通常具有杠杆和信用交易特征,是投资者实施套期保值、风险对冲、套利和投机交易的重要工具。

按照交易场所的不同,金融衍生品可分为在交易所交易的场内衍生品和由交易双方直接协商、基于双边授信的场外衍生品。场内衍生品通常为标准化合约,其标的资产、合约规模、结算方式等要素由交易所定义,在交易所公开报价,其交易与结算受交易所监管与保障,已形成规范、完备的风险管理体系,从而具备了充足的流动性和良好的价格发现功能。场外衍生品的合约要素则通常由交易双方协商确定,收益结构复杂多样,可以满足投资者个性化、定制化的需求,但也因此导致场外衍生品在信用风险的度量与管理、合约定价、产品对冲等方面的困难以及市场流动性的不足。

场外衍生品交易是围绕开展场外柜台交易业务的金融机构进行的。以中国场外衍生品市场为例,其主要包括证券公司场外衍生品业务和期货公司风险管理子公司场外衍生品业务。通常,我们将开展场外柜台交易业务的金融机构称为"交易商"。[①] 场外衍生品交易中的一方必须是交易商,另一方被称为"交易对手方";交易商之间也可以进行场外衍生品交易。除了参与交易,交易商还负有投资者适当性管理、引导投资者风险管理、监管数据报送等责任。从商业模式来看,场外衍生品市场交易商为客户(交易对手)提供的是定制化的投融资和风险管理服务,起到风险中介的作用(见图9-1)。交易商将来自不同客户的个性化需求

---

① 中国证券业协会发布的《关于进一步加强证券公司场外期权业务自律管理的通知》要求:最近一年分类评级在A类AA级以上的证券公司,经中国证监会认可,可以成为一级交易商;最近一年分类评级在A类A级以上的证券公司,经中国证券业协会备案,可以成为二级交易商。一级交易商可以在沪深证券交易所开立场内个股对冲交易专用账户,直接开展对冲交易。二级交易商仅能与一级交易商进行个股对冲交易,不得自行或与一级交易商之外的交易对手开展场内个股对冲交易。中国期货业协会发布的《期货公司风险管理公司业务试点指引》规定,在期货公司备案风险管理公司时,期货公司最近一期分类评级不低于B类BB级,净资本不低于人民币3亿元。

整合在一起，通过针对性的衍生品产品设计以实现风险转换，例如：将方向性风险转换为波动性风险并进行风险再分配；通过场内市场对场外头寸进行风险对冲和价格发现，将风险重新分配给风险偏好不同的投资者。同时，交易商通常具有较高的信用水平和较强的资产实力，以保障场外衍生品交易，完成交易商的风险中介职能。

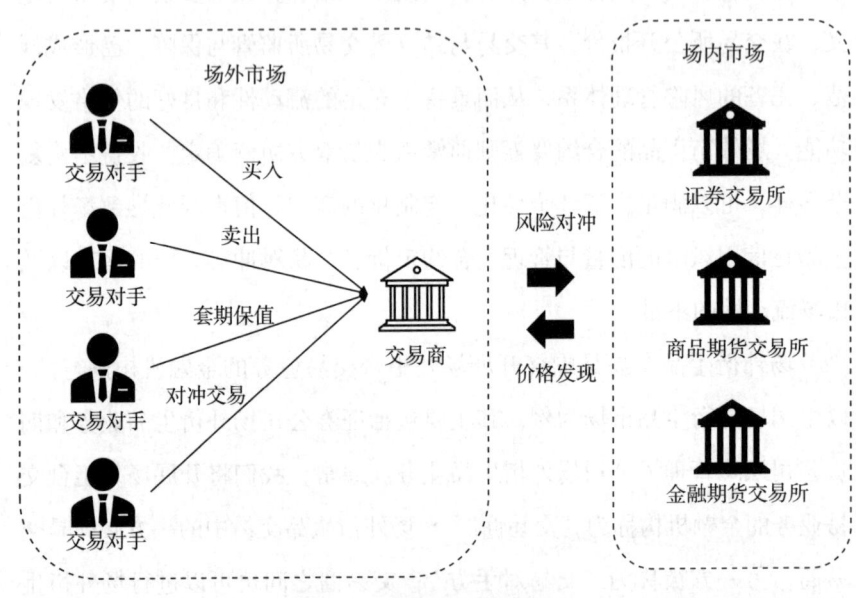

图 9-1 交易商的商业模式

  大多数场外衍生品交易采用基于双边授信的询价或报价交易和双边清算模式。在 2009 年 G20 峰会后，为加强场外衍生品市场的监管，标准化程度高的交易品种转向基于集中授信的中央对手方清算模式。但是，由于场外衍生品市场满足个性化、定制化投融资需求和精细化风险管理需求的定位，仍然有大量标准化程度低的交易品种坚持采用双边清算模式。交易商和中央对手方在场外衍生品市场的组织机制中，都具有重要的核心地位，这也决定了场外衍生品市场天然的去中心化或多中心化特征。

场外衍生品市场中的交易品种主要包括利率、商品、权益、固定收益类衍生品以及信用违约互换，衍生品合约类型主要有场外期权、互换、远期和结构化产品。在国际场外衍生品市场中，规模占比最高的为利率类衍生品，其次为固定收益类衍生品。而在中国场外衍生品市场中，证券公司场外衍生品业务以权益类和商品类场外期权为主，其次为各类收益互换；期货风险管理子公司则以商品类和权益类场外期权为主，还包括各类收益互换和远期。证券公司和期货风险管理子公司的场外衍生品业务并没有明显的界限，有许多交易品种是重叠的，例如都可以开展个股、股票指数、大宗商品等资产为合约标的的场外期权业务。

相对于基础资产，衍生品是具有复杂收益结构的金融合约。而由于场外市场的个性化、定制化特征，场外衍生品的复杂程度又远高于采用标准化合约的场内市场。以期权为例，场内市场交易的期权通常都是常见的"香草期权"，也就是收益结构如图9-2所示的欧式或美式看涨或看跌期权。然而，在场外衍生品市场，除香草期权外，还有许多收益结构更加复杂的"奇异期权"。图9-3是"二元期权"的收益结构，期权合约的收益不再像香草期权那样随标的价格线性增长。对于看涨二元期权来说，如果标的价格超过行权价，则获得全部收益，如果标的低于行权价，则承担全部损失。看跌二元期权则正好相反。图9-4是"牛市价差期权"和"熊市价差期权"的收益结构，可以由香草看涨、看跌期权组合形成。图9-5是"鲨鱼鳍期权"的收益结构，其中看涨鲨鱼鳍期权与香草看涨期权类似，但多了一个障碍水平B，当标的价格超过B时，期权自动敲出作废；看跌鲨鱼鳍期权与香草看跌期权类似，但也同样多了一个让期权敲出作废的障碍水平B。鲨鱼鳍期权属于障碍期权，还有结合看涨与看跌鲨鱼鳍期权的双边障碍期权，也就是"双鲨期权"，其收益结构如图9-6所示。这些还都是场外期权中比较常见的、标准化程度较高的期权品种，实际交易中还存在定制化程度更高的合约，例如将鲨鱼鳍期权的敲出部分不再设为作废，而是设计为仍获得一部分收益。

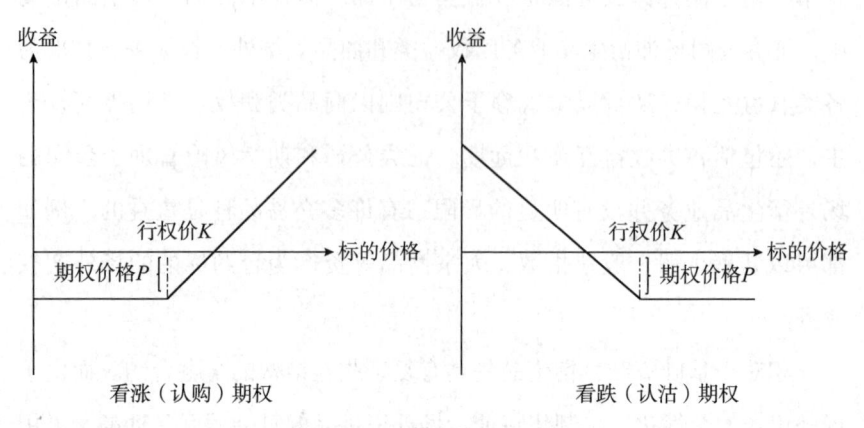

图 9-2　香草期权收益结构

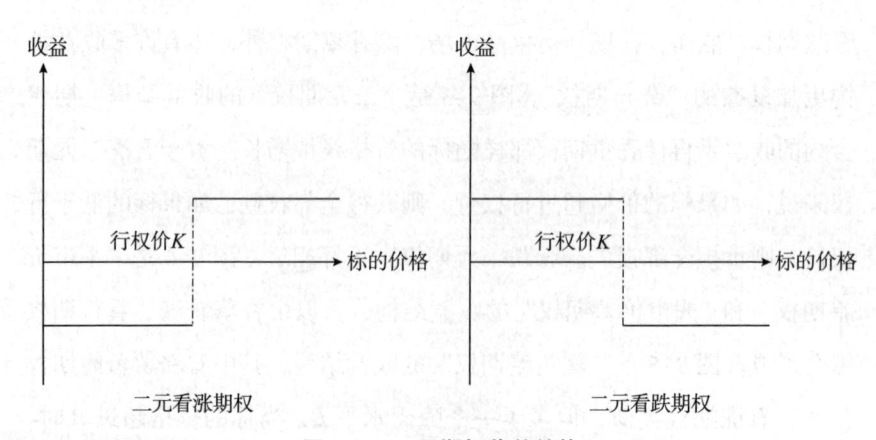

图 9-3　二元期权收益结构

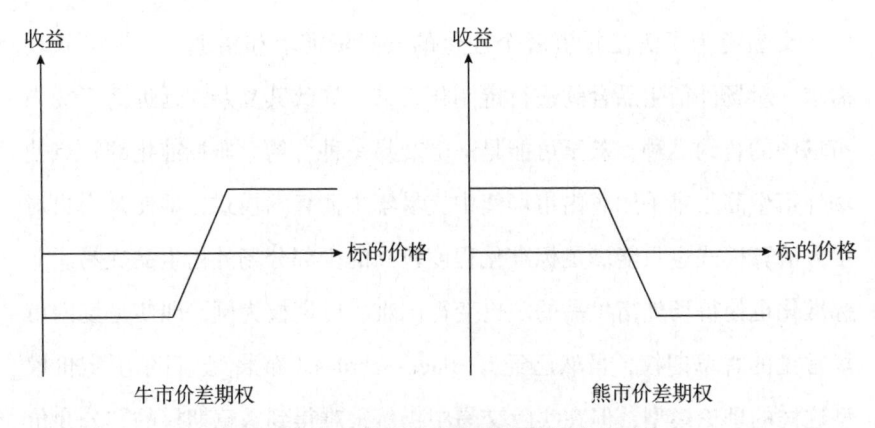

图 9-4 牛市价差或熊市价差期权收益结构

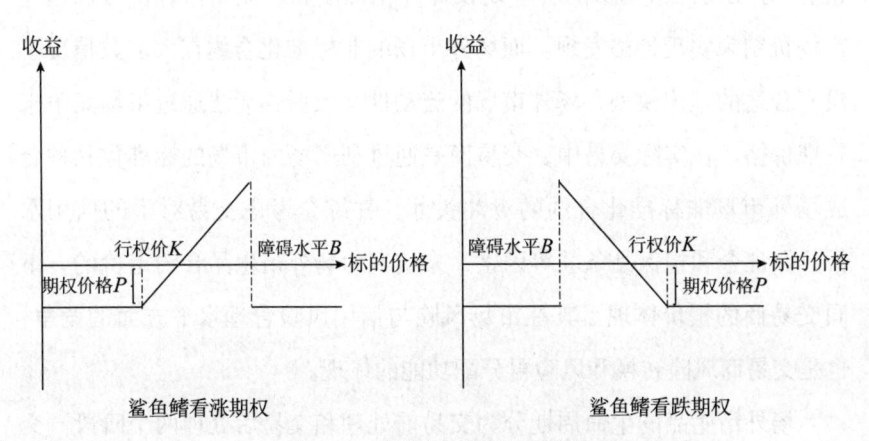

图 9-5 鲨鱼鳍期权收益结构

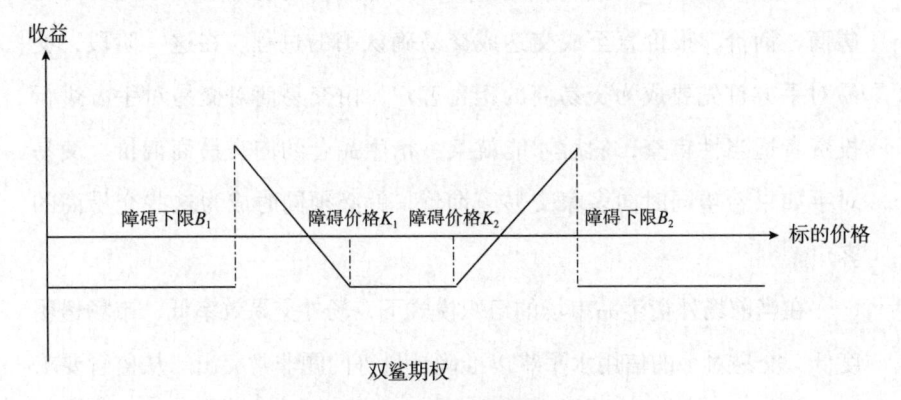

图 9-6 双鲨期权收益结构

交易商为了满足投资者个性化的投融资需求和精细化的风险管理需求，对场外衍生品合约进行定制化设计，导致其复杂性远远高于场内市场中的合约品种，甚至可能是一笔交易一种合约。非标准化的特点使场外衍生品很难采用场内市场集中交易集中清算的模式，即使是中央对手方清算模式也只能满足标准化程度较高的少部分场外衍生品交易。非标准化也使得场外衍生品的定价变得困难。以期权为例，即使是场内市场常见的香草期权，虽然已经有 Black-Scholes（布莱克-肖尔）定价模型这样的理论模型，但在实际交易中仍然很难得到香草期权的"公允价格"。好在场内市场中的香草期权标准化程度高、流动性好，可以通过市场机制来实现价格发现。而场外市场的非标准化合约在大多数情况下没有合适的理论模型，场外市场的流动性又太低，无法通过市场竞争来发现价格。在实际交易中，交易商是通过利用场内市场的标准化品种合成场外市场非标准化合约的对冲头寸，并综合考虑交易对手的信用水平、保证金和担保品条款等因素，来实现为场外衍生品合约定价的。不同交易商的报价体现了其在市场风险与信用风险管理水平方面的竞争，也是交易商风险转换和风险再分配功能的体现。

　　场外衍生品的生命周期分为交易前处理和交易后处理两个阶段。交易前处理阶段是交易商与其交易对手方，就一笔场外衍生品交易进行磋商、询价、报价直至成交达成交易确认书的过程。在这一阶段，交易对手方首先要成为交易商的柜台客户，由交易商对交易对手方进行投资者适当性审查，然后才能就某一衍生品合约向交易商询价。交易对手如果希望同时向多家交易商询价，就必须同时成为这些交易商的客户。

　　在当前场外衍生品市场的组织模式下，场外交易效率低、市场透明度低、交易对手的信用水平难以准确计量等问题非常突出。从监管要求来看，交易对手方的投资者适当性标准是统一的，但在实际操作中，同一个交易对手方在成为不同交易商的柜台客户前，是由不同的交易商分别进行审核的。客户的信用水平估计由交易商的内部模型给出，各交易商之间无法共享。从市场整体的角度来看，这会导致客户被捆绑在特定交易商的小圈子里，不利于交易商之间的充分竞争；不同交易商对客户的尽职调查和信用评估内部模型存在尺度上的差异，可能导致不能满足投资者适当性要求的交易对手方通过风险管理水平较低的交易商进入市场。

而在交易双方进行磋商、询价、报价的过程中，交易对手方要么选择仅向特定的交易商询价，从而导致无法发挥市场的竞争机制；要么需要自行同时向多个交易商询价，但各交易商的询价渠道和柜台交易系统是各自独立的，交易对手方与交易商磋商、询价、报价的效率非常低下，各方数据不能融合，难以及时地比较不同交易商的报价和其他交易条件。场外衍生品的挂钩标的通常是场内市场中交易的品种，交易商给出的报价依赖场内市场对应品种的对冲头寸。由于标的价格在场内市场中的高频变化，交易商的报价在漫长的沟通过程中可能很快失效。部分不熟悉衍生品交易的客户，往往需要交易商为其定制设计衍生产品合约，但这又会造成客户与交易商之间的捆绑。理论上，我们可以由场外中介机构以中立的身份为客户进行产品设计，再向多家交易商询价来解决这一问题。但是，当前对场外中介尚无有效的监管措施，一些场外中介机构甚至沦为不符合适当性要求的投资者进行场外对赌、场外配资的"黑平台""野盘"。

交易后处理是指交易成交后到交易了结前这一阶段，交易双方执行合约条款、完成清算和钱货交割的一系列处理。在远期、互换、期权等衍生品的交易后处理中，可能会随标的价格和交易对手方信用水平的变化，在交易双方形成多次不同方向的保证金支付和担保品交割，以及因为提前或到期平仓、行权、信用事件等产生的清算、交割。由于场外衍生品通常为定制化的非标准化合约，产品的收益结构和合约条款多样化，交易后处理阶段的复杂性远高于场内市场的标准化合约。而在当前场外市场条件下，对于采用双边清算模式的交易，其资金支付主要是通过银行直接转账，而其非现金资产交付则更加复杂，人工操作环节多，这必然导致交割效率低下，甚至产生信用风险。特别是在交易一方或双方存在场内市场对冲头寸并采用逐日盯市保证金的情况下，交易对手方不能即时支付保证金，可能导致对冲头寸被强行平仓的风险。

场外衍生品市场兼具场外市场询价交易和衍生品合约交易的特点，个性化与标准化之间的矛盾尤为突出。个性化是场外衍生品市场的本质特征，体现在定制化合约、询价交易、双边清算等方面。正是因为个性化的特征赋予了场外衍生品市场的独特地位，那些具有特殊的标的和收益结构、合约条款难以标准化、潜在流动性达不到交易所上市要求的衍生品合约，即"有交易需求但不广泛"的品种，可以在场外衍生品市场进行交易。与场内市场标准化衍生品相比，场外衍生品体现出以下个性化特征：合约的挂钩标的更加广泛，既可以是场内的交易品种，也可以是场外的商品现货、票据、收益凭证等；品种更加丰富，包括互换、远期、场外期权、结构化产品等；收益结构更加复杂，各种合约要素均可通过交易双方协商达成。但也正是这些个性化特征，导致场外衍生品市场的数据治理水平、交易效率和市场透明度远低于场内市场，并且在交易对手方信用风险管理、监管、系统性风险监测等方面存在明显的缺陷。

改善场外衍生品市场的传统思路以 2009 年 G20 峰会提出的四方面监管措施为代表：提高合约的标准化程度，对标准化品种采取中央对手方清算，建立交易报告库，提高非标准化合约交易的资本金要求。此后，许多国家的场外衍生品市场均进行了对这些措施的尝试。2013 年，经中国证监会批准，由中国证券业协会管理的中证资本市场发展监测中心有限责任公司成立。2015年，公司改名为中证机构间报价系统股份有限公司，建立"机构间私募产品报价与服务系统"（以下简称"机构间市场"），提供证券公司柜台市场、区域性股权交易市场等私募市场的信息和交易联网服务。机构间市场在中国场外衍生品市场中，兼有交易报告库和中央对手方的功能。然而，机构间市场仍然采用中心化组织方式，在交易品种方面只能支持预先设定的标准化产品，并不能满足交易双方磋商、定制、交易、执行非标准化合约的需求。G20峰会提出的监管措施实际上是将场内市场标准化、中心化的管理思想移植到场外衍生品市场，其代价是牺牲场外衍生品市场的个性化特征，弱化场内外市场之间的差异，甚至威胁场外衍生品市场在多层次资本市场体系中的地位。而如果个性化的投融资需求无法在规范的场外衍生品市场中得到满足，那么它必然会流向其他地方，这甚至可能导致非正规的交易场所滋生。

二、用区块链实现有弹性的标准化

我们认为，基于区块链技术在场外衍生品市场构建一种全新的交易基础设施，实现市场的去中心化信任机制，有望解决制约场外衍生品市场发展的根本问题，并能充分发挥场外衍生品市场在多层次资本市场体系中的功能。

区块链技术带来的第一个重要价值是实现了一种全新的市场组织机制。在第三章中，我们已经讨论了适用于场外市场的区块链形态和节点构成原则，并在第四章中提出采用权威认证共识机制，以实现不同市场角色的功能职责、权利与利益在系统运行机制中的映射，从而平衡系统在去中心化、安全性、可扩展性等三方面的技术需求。场外衍生品市场是围绕着交易商的柜台业务开展的，交易商在市场组织中具有重要的核心地位；中央对手方为市场中标准化程度较高的交易提供集中授信、集中清算服务，可以有效降低这部分交易的信用风险；监管机构对维护市场秩序、保障交易合规、防范系统性风险具有重要作用；符合一定资质的第三方担保机构，通过承担信用风险为市场提供增信，并且对衔接资本市场中不同市场层级具有重要作用。这些市场角色的共同点是，都具有直接产生或访问交易数据、执行交易验证的需求，都有足够的公信力和利益动机来维护市场的公正与秩序，都具备较强的风险管理能力，都拥有足够的信息技术治理能力来参与区块链节点的维护。因此，基于区块链的场外衍生品市场交易基础设施，首先应该是一个由上述机构提供节点的、需要认证许可的联盟链系统。至于市场中的其他角色，交易对手方在公信力、风险管理能力和技术运维能力等方面，都远不能和上述机构相比，因此仅需以用户身份通过访问区块链 DApp 参与交易，而不需要提供区块链节点；而负责资金、证券、商品和其他资产存管、支付、交付的机构，如银行、登记结算公司、大宗商品交易场所等，在不同时承担场外衍生品市场其他角色的情况下，并不直接参与交易或为交易提供授信，因此也不必为区块链网络提供节点，仅需为支付或交付相关的智能合约提供 API。

在第四章中，我们讨论了权威认证共识机制权威节点的选取、组织、管理原则。在提供区块链节点的机构中，交易商在交易过程中因承担了交易对手的违约风险，所以可以被视为向交易对手提供了双边授信；中央对手方为保证交易不因交易任何一方违约而失败，所以为交易各方提供了集中授信；第三方担保机构为交易提供第三方授信，承担因担保方违约而造成的连带清偿责任。因此，交易商、中央对手方、第三方担保机构是市场信用风险的承担者，从自身利益出发，天然具有诚实验证交易和维护市场秩序的经济或声誉动机，具备成为候选权威节点的条件。而监管机构不直接参与交易，不作为候选权威节点。但监管机构拥有市场最高公信力，将负责权威节点选择与管理的智能合约程序部署于监管机构所属节点，可以从机制上保证监管机构有条件履行监管职责和维护市场秩序。候选权威节点当选权威节点的概率与机构的信用评级相关，权威节点在验证交易、添加区块、执行智能合约时，既由区块链技术机制保证正确性、一致性，又受到监管机构的监督。这样的节点构成和权威认证共识机制的组织方式，充分体现了不同市场角色责、权、利的统一，让市场成员在共识的基础上进行协作和相互监督，形成线上治理与线下治理相结合的市场组织机制。

区块链技术带来的第二个重要价值是建立了一个全市场统一的交易平台。基于区块链的交易基础设施仍然保持了场外市场柜台交易的特征，也并不存在一个中心化或中介化的交易所，只是通过区块链网络将交易商和其他市场角色联系在一起，但这形成了一个无形的统一交易场所。正如我们在图3-1中所看到的，统一的交易平台可以实现在整个区块链网络上的广播询价，这就使询价范围从原来局限在有限的交易商扩展到整个市场。对于交易对手方来说，他们可以通过交易商之间在报价、合约条款、产品设计、风险管理服务等方面的竞争而获得收益；对于交易商来说，市场的壁垒被打破，更重要的是客户的交易需求被进一步激发，从而可以大幅降低获客成本，通过竞争扩大业务范围。而对于整个市场来说，信息在全市场中的传播和交互成为可能，这将显著提升市场交易效率和透明度。由于"市场的边界不超过信息能够及时到达的范围"，扩大信息传播的范围实际上就是扩大市场的边界，使市场更具有价值。

将区块链系统作为全市场统一的交易平台，还有望促进场外衍生品市场形成统一的账户管理体系。在场内市场，如果我们在任何一家证券公司开立交易账户，我们就同时拥有了一个交易所的证券账户，并可以与交易所中任何对手方进行交易。但是在场外市场，如果一个交易对手已在交易商 A 的柜台系统开立账户，那么当下一次与另一个交易商 B 交易时，他需要再次在交易商 B 的柜台系统中重新开立账户。开立账户的过程，其实也是交易商对客户进行尽职调查、检验其投资者适当性、评估其信用水平的过程。同一个客户在不同交易商的柜台系统重复开立账户，不仅会造成调查评估过程的重复和成本的浪费，还可能因"数据孤岛"难以得到准确的评估结果。而在区块链系统中，客户可以拥有全市场通用的唯一账户，一旦通过投资者适当性评估，就可以与市场中所有交易商进行交易。当然，将客户引进市场的交易商会有把自己的客户让给其他交易商的顾虑，但这个问题可以通过一些激励机制来解决，例如让付出调查评估成本的交易商分享交易佣金，或者增加这一交易商的信用评分。而对于整个市场来说，统一的账户管理体系有利于消除市场中的条块分割，实现客户信息共享，扩大市场总体份额，做大整个市场的蛋糕。

区块链技术在场外衍生品市场最重要的优势体现在衍生品交易的交易后处理阶段，确切地说，就是通过智能衍生品合约，同时实现差异化的投融资需求对个性化衍生品合约的要求以及风险管理和监管对标准化的要求，我们将其称为"有弹性的标准化"。巴克莱银行、国际掉期与衍生品组织、美国财政部金融研究办公室、金杜律师事务所等金融机构和金融科技公司，对于区块链在场外衍生品市场中的应用研究，均集中在如何利用区块链智能合约技术构造智能衍生品合约，实现对场外衍生品合约具有法律效力的描述，赋予其自动执行合约条款的能力，从而改善场外衍生品交易后处理效率、安全性、及时性，降低交易对手方信用风险的发生概率。我们在第五章中对智能衍生品合约的话题进行了深入的讨论，包括从形式语言理论和与 ISDA 主协议对应关系角度证明智能衍生品合约的合法性，依托 ISDA 通用领域模型的智能衍生品合约开发框架。

场外衍生品交易的生命周期是从衍生品合约的产品设计开始的。传统的中心化系统之所以难以支持非标准化的场外衍生品合约，是因为传统系统需要预先将交易品种进行形式化表达，并部署到交易系统才可以进行交易；而场外衍生品往往是经过交易双方甚至包括提供担保授信的第三方，磋商谈判形成的非标准化合约，这是无法预先在系统中进行部署的。而智能衍生品合约可以随时进行定制化开发，并实时部署在运行状态下的区块链系统中。特别是我们在第五章中提出，将智能衍生品合约中具有通用性的功能以组件化的方式提供给智能衍生品合约的开发者，可以大幅提高智能衍生品合约的开发和部署效率。组件化还为未来研究通过形式化方法实现智能衍生品合约的自动化构造和合法性校验提供了基础。

如果说智能衍生品合约在产品设计阶段满足了场外衍生品的个性化、定制化需求，那么智能衍生品合约在交易后处理阶段则实现了监管和风险管理所需要的规范性、标准化要求。这是因为智能衍生品合约在区块链系统中一经设立和成交，就不会再受到任何人为因素的控制，而是在可信数据源的事件触发下，由共识机制保证一致性，以去中心化的方式按照合约条款中立执行。如图9-7所示，两个机构经过交易协商、询价、报价达成交易以后，合约的执行就由智能衍生品合约来完成。智能衍生品合约是双方达成的合约条款和执行逻辑的映射，但又可以程序代码的形式来执行。来自可信数据源的信息，如公开市场中的标的行情数据，可以形成触发合约条款执行的事件，以程序参数的形式送入智能衍生品合约中执行。如果依据合约条款需要在机构之间发生支付交收，那么智能衍生品合约会将交收指令发送至相应机构的存管银行。任何导致交易状态发生变化的数据，都会由智能衍生品合约经共识机制验证后，写入区块链分布式账本。

依托智能衍生品合约以及区块链系统中整个智能合约体系，我们一方面保持了场外衍生品合约的个性化特征，另一方面在履行合同方面实现了类似场内市场的标准化自动执行机制。不仅如此，基于区块链的场外衍生品市场交易基础设施，还可以有效改善场外市场的核心风险——交易对手方信用风险的计量与管理，建立基于交易行为的全市场统一信用评价体系和规范的第三方担保体系，改善监管和防范系统风险。这部分内容我们已在第六、七、八章进行了详细讨论，在此不再赘述。这一系列技术机制消除了制约场外衍生品市场发展的根本矛盾，促进了市场参与者加强自律，提升了市场整体信用水平和风险管理能力。在此基础上，我们有望进一步激发场外衍生品市场中的金融创新，提升市场的价值，充分发挥其满足个性化投融资需求和精细化风险管理需求以及衔接资本市场各层级的功能。

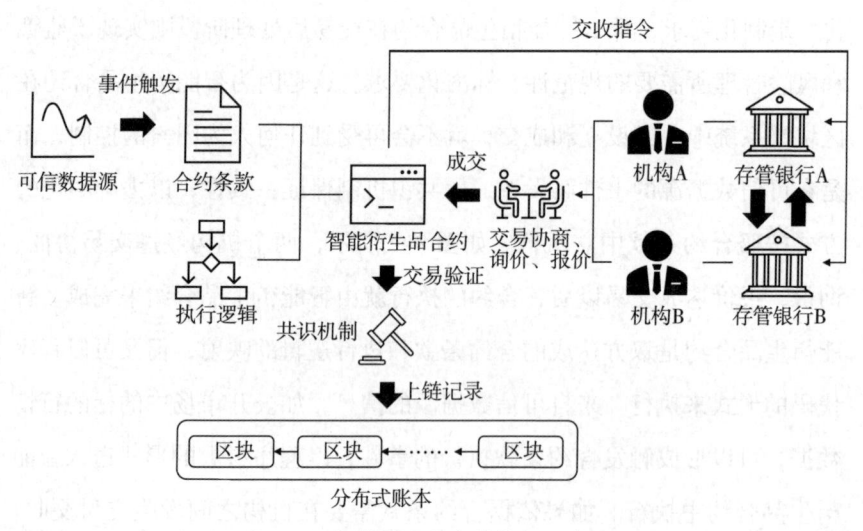

图 9-7　智能衍生品合约执行示意图

第二节 银行间债券市场

一、银行间债券交易概况

中国债券市场包括银行间债券市场、交易所债券市场、商业银行柜台市场和自贸区市场四个组成部分，其中交易所债券市场为场内市场，其他市场为场外市场。当前，中国债券市场已发展出门类齐全的债券品种结构，按发行主体分类包括政府债券、中央银行票据、政府支持机构债券、金融债券、企业信用债券、资产支持证券、熊猫债券、同业存单，详细分类如图9-8所示；按付息方式划分包括零息债券、贴现债券、固定利率附息债券、浮动利率附息债券、利随本清债券等；除此以外还有利率期货[①]、债券远期、债券期权、利率互换、远期利率协议、标准债券远期等利率类衍生品。目前，中国债券市场已形成比较完善的登记托管结算体系，涉及债券集中托管业务的机构有中央结算公司、中证登、上海清算所。其中，中央结算公司占市场主要份额，涉及品种最多。根据2019年年末数据，中央结算公司总登记量占全市场的74.36%，交易结算占全市场的62.25%。中央结算公司和上海清算所主要针对银行间债券市场，中证登主要针对交易所债券市场。

银行间债券市场是各类机构投资者之间的大宗交易市场，在中国债券市场体系中市场规模最大、地位最高，债券存量占全市场的90%。银行间债券市场的参与主体包括在中国境内具有法人资格的商业银行及其授权分支机构、在中国境内具有法人资格的非银行金融机构和非金融机构、经中国人民银行批准经营人民币业务的外国银行分行，以及其他经

[①] 中国当前的利率期货主要指在中国金融期货交易所上市交易的2年、5年、10年期国债期货。

人民银行批准进入银行间债券市场的机构投资者等。

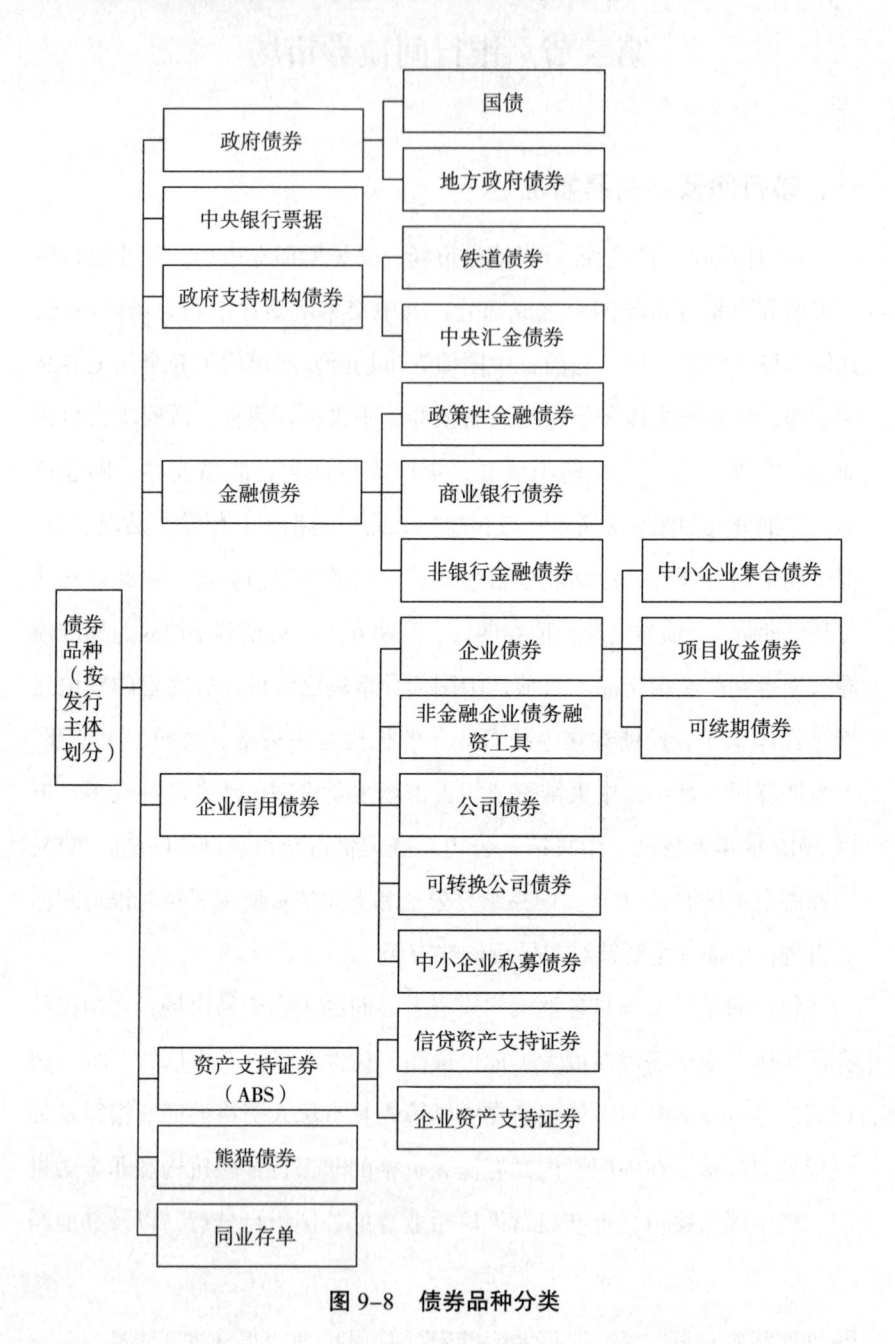

图 9-8 债券品种分类

银行间债券市场兼具一级市场和二级市场功能，也就是同时具有债券发行和债券交易功能。债券发行的方式分为公募发行、私募发行和柜台发行三种方式。其中，公募发行是银行间债券市场主流发行方式，又可以具体分为招标发行和簿记建档发行。招标发行指由发行人确定招标方式、中标方式等发行条件，在市场上公开招标，承销团成员按中标额度承销债券。政府债券、金融债券、规模较大的企业信用债券大多采用招标发行。簿记建档发行指发行人和主承销商协商确定利率或价格区间后，由簿记管理人（一般由主承销商担任）与投资者进行一对一的沟通协商，投资者确定在不同利率档次下的申购订单，管理人将订单汇集后按约定的定价和配售方式确定最终发行利率或价格，进行配售发行。企业信用债券、金融债券、信贷资产支持证券、非金融企业债务融资工具等大多采用簿记建档发行。中央结算公司为债券发行提供了一体化综合发行服务平台，可以灵活支持招标和簿记建档等多样化的发行方式，满足发行人的个性化发行需求，支持定制发行、区域发行和远程发行等方式。

　　典型的债券交易业务类型包括现券交易、回购交易、债券借贷、债券衍生品交易、国库现金管理、公开市场操作等。

- 现券交易是最基本的债券交易，指交易双方在交易达成当日或次日，以约定的品种、数量、价格转让债券所有权。
- 回购交易是债券市场最主要的交易品种，又可以分为质押式回购和买断式回购。质押式回购指交易双方以债券为权利质押进行短期资金融通，当资金融入方（正回购方）将债券出质给资金融出方（逆回购方）融入资金时，交易双方约定在未来某一指定日期由正回购方按约定的回购利率计算的资金额向逆回购方返还资金，逆回购方向正回购方解押出质债券。对于回购期内正回购方出质的债券，回购双方均不得动用，质押冻结期间的债券利息归出质方所有。买断式回购指当正回购方将债券卖给逆回购方时，交易双方约定在未来某一日期，正回购方再以约定价格从逆回购方买回同等数量同种债券。与质押式回购不同，在买断式回购期间，逆回购方不仅可获得回购期间融出资金的利息收入，亦可获得回购期间债券的所有权和使用权，只要到期有足够的同种债券返还给正回购方即可。

- 债券借贷指债券融入方以一定数量的债券为质物，从债券融出方借入标的债券，同时约定在未来某一日期归还所借入标的债券，并由债券融出方返还相应质物的债券融通行为。
- 债券衍生品交易中最常见的是银行间债券市场的债券远期和交易所市场的国债期货。债券远期指交易双方约定在未来某一日期，以约定价格和数量买卖标的债券。在银行间债券市场中，还有将标的债券、交割日等产品要素标准化的标准债券远期。
- 国库现金管理是指在确保国库支付需要的前提下，以实现国库现金余额最小化和投资收益最大化为目标的一系列财政管理活动。其中，中央国库现金管理的操作方式包括商业银行定期存款、买回国债、国债回购和逆回购等；地方国库现金管理的操作工具主要为商业银行定期存款。
- 公开市场操作是中央银行吞吐基础货币、调节市场流动性的主要货币政策工具，中央银行通过与指定交易商进行有价证券和外汇交易以实现货币政策调控目标。

银行间债券市场的组织形式属于场外市场，因此债券交易主要通过询价方式来达成。交易双方可以通过外汇交易中心的电子交易系统（China Foreign Exchange Trade System，缩写为CFETS）进行询价，也可以通过电话、传真、即时通信工具进行。交易达成后，交易双方要统一在外汇交易中心电子交易系统中输入交易数据，生成成交单。询价交易可以分为：第一意向报价，指交易成员向全市场、特定交易成员或系统用户发出的表明其交易意向的报价；第二双向报价，指交易成员向全市场发出的同时表明其买入（卖出）或融入（融出）意向的报价；第三对话报价，指交易成员为达成交易向特定系统用户发出的交易要素具体明确的报价，受价方可直接确认成交。除询价交易外，银行间债券市场还有点击成交。点击成交指报价方发出具名或匿名的要约报价，受价方点击这一报价后成交或由限价报价直接与之匹配成交的交易方式。另外，银行间证券市场还有请求报价。请求报价指要价方向特定市场成员发出报价请求，报价方据此回复交易价格及其他交易要素，并由发出请求的市场成员确认成交的交易方式。银行间债券市场的做市商报价就属于点击成交报价方式，即同时对某一个券种报出买入、卖出价格和数量。

债券交易结算方式按结算头寸是否轧差，可以分为全额结算和净额结算。目前，中央结算公司提供实时全额逐笔结算，银行间债券市场主要采用全额结算方式。债券结算方式按照债券交收和资金支付的关系，又可以分为券款对付（delivery versus payment，缩写为 DVP）和非券款对付方式。券款对付方式指在结算日债券交割与资金支付同步进行并互为约束条件的一种结算方式。而非券款对付结算则包括：一是纯券过户（free of payment，缩写为 FOP），指交易结算双方只要求中央结算公司办理债券交割，自行办理资金结算；二是见券付款（payment after delivery，缩写为 PAD），指在结算日收券方通过中债综合业务系统得知付券方有履行义务所需的足额债券，即向对方划付款项并予以确认，然后通知中央结算公司办理债券结算的方式；三是见款付券（delivery after payment，缩写为 DAP），指付券方确定收到收券方应付款项后予以确认，要求中央结算公司办理债券交割的结算方式。中央结算公司中央债券综合业务系统与人民银行大额支付系统联网，实现了银行间市场的券款对付结算。目前，银行间市场的交易均采用券款对付结算方式。

我们可以看出，银行间债券市场的债券交易具有较高的复杂性。债券本身具有较长的存续期和多样化的付息方式，而债券从发行到交易、结算，再到兑付的整个生命周期内，都存在多种模式。其中，回购交易、债券借贷、衍生品交易等交易业务类型，都呈现出合约交易的特点。债券市场中存在着不同角色的参与人，如发行人、承销商、做市商、货币经纪公司、结算代理人、境内投资人、境外投资者等。其中，不同的发行人、承销商、做市商、境内外投资人，都具有不同的信用水平。在这种复杂的市场环境下，债券交易的各环节都可能出现信用风险。首先，债券发行人可能出现债券违约的情况。图9-9是2014年以来中国债券市场的违约情况统计，我们可以看出违约次数和规模逐年上升，在2018年和2019年更是进入高发期，而2020年的数据仅截至7月，违约涉及的规模已经超过了2019年的一半。尽管债券违约并不意味着全部本息的损失，但仍可能对市场形成很大冲击，特别是如果存在相关衍生品交易的话，2008年美国次贷危机就是典型的例子。

其次，债券的交易环节面临的风险更为复杂。第一是市场风险，这是债券价格波动带来的风险。而债券的回购、债券借贷和高杠杆衍生品交易，都可能造成市场风险的进一步放大、转移和集中。第二是流动性风险。这主要是由于杠杆过大和资金安排期限错配，再加上市场利率波动情况下的资金面趋紧。第三是信用风险。在银行间市场的询价交易模式下，交易双方可能会通过异常交易实施利益输送或职务侵占。例如，交易商通过寻找潜在的买卖双方赚取搭桥的差价收入，即获零风险收益，甚至交易商与买卖双方形成利益纽带，相互配合赚取不当得利。在传统询价交易模式下，市场透明度低，交易商之间达成交易的过程难以监控，这些都增加了异常交易行为的隐蔽性。在特定市场条件下，债券的交易环节还可能出现市场风险、流动性风险和信用风险的相互作用，交易环节的风险与债券违约风险相互作用，甚至引发严重的系统性风险。

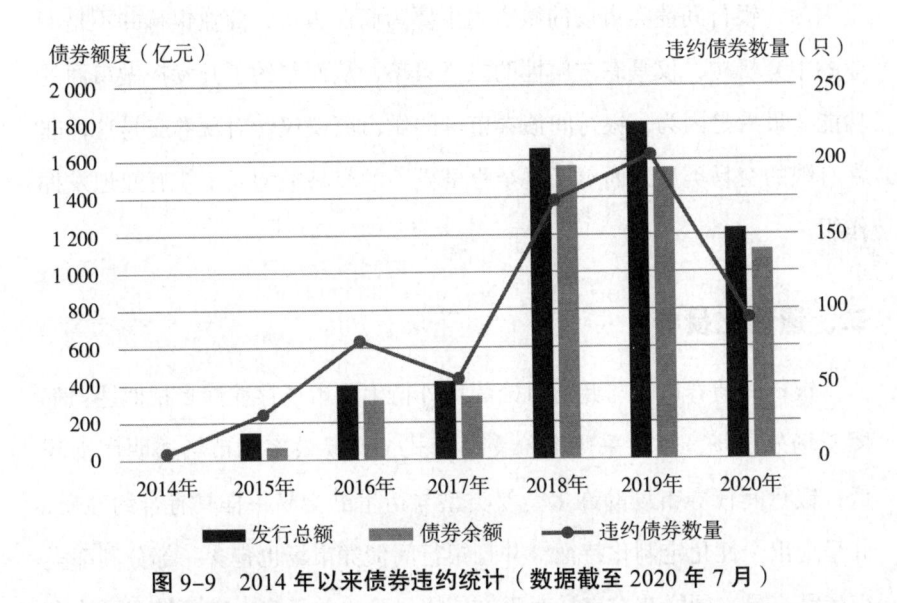

图 9-9 2014 年以来债券违约统计（数据截至 2020 年 7 月）

数据来源：万得资讯。

2007 年，中国人民银行发布的《全国银行间债券市场做市商管理规定》指出，由经市场主管部门认定的债券做市商，在银行间市场提供连续的买卖双边报价，并按其报价与其他投资者达成交易，为市场提供流动性。从理论上说，做市商制度可以增加市场流动性，提高市场透明度，但是在实践中，银行间债券市场的做市商发挥的作用有限。首先是因为"做市商悖论"，即做市商在提供市场流动性的同时，依靠买卖价差来获取收益。实际情况是，在市场流动性较好的情况下，做市商买卖双边报价产生的成交量正好相当，做市商比较容易获得收益；而在出现单边行情且市场流动性较差时，做市商往往会有存货风险。由于买卖价差产生的利润空间很小，并且在流动性缺失的情况下，做市商承担的单边风险又过大，这些在客观上制约了做市商的积极性。其次是因为，在银行间债券市场，这种以询价交易为基本交易制度的场外市场，价格形成机制并不完善，做市商往往还要承担因信息不对称带来的风险。再次是因为，银行间债券市场的做市商主要为商业银行，商业银行并不是专业的中介机构，仅具有方向性的投资策略，从而制约了其发挥做市商的功能。最后是因为，银行间债券市场的做市商仅仅针对现券交易这样非常有限的交易类型，而对于复杂程度更高的交易类型尚不能有效地发挥作用。

二、通证化债券

银行间债券市场与此前讨论的场外衍生品市场存在许多相似性：都属于场外市场，主要采用询价交易模式，交易效率和市场透明度都较低；银行间债券市场的许多交易类型与衍生品交易一样具有合约性质，并呈现出个性化定制化特征，并且银行间债券市场也包含一部分利率类衍生品交易；同样存在交易对手方信用风险，并且在一定条件下可能在市场中传染、扩散为系统性风险；监管难度大，成本高。银行间债券市场与场外衍生品市场的一个差异在于：银行间债券市场中除了交易环节的信用风险外，其债券作为一种交易品种还存在发行人的违约风险；而场外衍生品市场中交易的是衍生品合约，合约要素是在交易协商过程中达成的，只可能存在交易对手违约的情况，合约本身并不存在违约风险。另一个差异在于：由于银行间债券市场中的债券均集中托管在中央结算公司和上海清算所，所有交易达成后均登记在外汇交易中心电子交易系统，交易结算均采用券款对付方式，因此银行间债券市场现券交易的结算风险要比场外衍生品市场小得多，但回购、债券借贷和衍生品交易等复杂交易类型仍然存在违约风险。

鉴于银行间债券市场的上述特点，我们可以很自然地联想到将银行间市场作为区块链技术应用的一个场景，事实上这也是国内外债券市场在金融科技领域探索的重要方向。早在2018年8月，世界银行就发布了世界上第一只利用区块链技术创建、承销、交易和管理的债券Bond-i。世界银行委托澳大利亚联邦银行（Commonwealth Bank of Australia，缩写为CBA）管理，Bond-i主要投资者包括澳大利亚联邦银行、新南威尔士州财政部公司（NSW Treasury Corporation）、北方信托（Northern Trust）、昆士兰保险集团（QBE）等机构。Bond-i采用的是基于以太坊的私有链平台。在债券发行过程中，经过事先认证的投资者用证书登录平台，通过网络接口报出买单；世界银行可以实时监测询价圈购的情况，直至形成最终价格。投资者更新报价是通过世界银行提供的在线通信功能直接与世界银行通信的，投资者也可以实时看到其报单和中标情况。鉴于当前尚无可以被普遍接受的数字货币，资金结算仍然在链下采用法币完成。世界银行资金运营资本市场（Treasury Operations Capital Markets）经理保罗·斯奈思认为，应用区块链具有简化债券市场中介和机构之间流程的潜力，可以简化资产发行和证券交易，提高操作效率，并加强监管。保罗·斯奈思认为，Bond-i主要作用在于以下几个方面。

- 学习。Bond-i是世界银行学习使用区块链技术的机会，不仅仅是出于发展资本市场的目的，还包括研究区块链技术在土地治理、供应链管理、健康、教育、跨境支付和碳排放交易等领域的应用。
- 效率。分布式账本作为唯一、可验证并且持续更新的数据源，可以减少或消除对账成本。
- 透明度。为投资者和发行方提供实时信息。
- 自动化。通过智能合约执行交易条款，实现流程的简化与自动化。
- 审计报告。不可篡改的自动化报告平台，对投资者、发行方和监管机构都有利。

此后，德意志银行（Deutsche Bank）、野村综合研究所（Nomura Research Institute，缩写为 NRI）、菲律宾联盟银行（Union Bank）、泰国泰京银行（Krung Thai Bank，缩写为 KTB）、丰田租赁（泰国）、西班牙桑坦德银行（Banco Santander）、法国兴业银行（Societe Generale）、法国巴黎银行（BNP Paribas）等均尝试基于区块链技术发行债券。这些项目大多针对政府债券发行，利用区块链技术提高债券发行的安全性、透明度和效率，降低发行成本，改进数据搜集、处理、验证的方式，通过智能合约赋予债券条款自动执行机制，避免人为操作错误。基于区块链的债券发行系统，可以实现发行人到最终投资者的直接信息交互，个人投资者甚至可以不需要拥有银行账户，而只需要在区块链系统中注册账户。这类基于区块链技术发行的债券被称为"通证化债券"。

中国银行于 2019 年 12 月推出国内首个区块链债券发行系统，并完成 200 亿元小微企业专项金融债券发行。这一债券发行系统的运作主要包括三个主要环节。

- 颁发 CA 证书。债券发行参与主体（包括发行人、承销商、投资者）在系统注册过程中，自动获取区块链 CA 证书，内含公钥和私钥，用于数字签名认证及信息加密传输。
- 链上组建承销团。在发行人指定簿记管理人、簿记管理人组建承销团时，系统将使用各参与主体的 CA 证书逐个完成区块链层的组团签名认证。
- 链上存证。在债券发行过程中，系统分步在不同时间点通过智能合约自动将关键信息上链存储，包括债券详情、公告文件、配售结果等。上链信息实时在全网广播，系统用户可查看各步上链信息的区块链交易 ID、区块哈希值和区块编号。

中国银行认为，运用区块链技术发行债券，上链信息实时在全网记账，降低了单节点记账失败的风险，降低了债券发行过程中的信息不对称风险；区块链智能合约可以自动执行债券发行，将复杂的业务处理流程自动化，减少人工干预，降低债券发行成本，提高债券发行效率；债券发行相关信息以不可篡改的形式记录在区块链上，有利于日后对债券发行过程进行追溯查证，降低了数据核实工作量，并可根据需要利用链上数据自动生成具有公信力的报告和统计。

尽管目前区块链技术在债券市场的应用主要集中在债券发行（一级市场）方面，但是国内外金融机构有关区块链应用于债券交易（二级市场）的探索也在进行之中。2016 年，IBM 和日本证券公司思佰益（SBI）开始合作开发一个基于区块链的债券交易系统，合作目标是基于 IBM 的 Hyper Ledger 区块链创建一种全新的债券交易机制。著名的区块链创新企业 R3 也尝试在 Corda 区块链平台基础上，独立构建一套债券交易生态系统。2020 年 7 月 28 日，中国人民银行清算总中心与中国民生银行、中信银行、中国银行正式签署区块链福费廷[①]交易平台合作协议。根据协议，人民银行清算总中心将借鉴三家商业银行前期区块链福费廷交易平台建设实践经验，完善人民银行国内电子信用证系统资产交易功能。福费廷业务尽管并非真正的债券业务，但与债券市场中的复杂交易类型存在许多相似性，涉及进口商、出口商和双方所在银行之间复杂的票据、合约和资金往来流程，以及利率、汇率和信用风险的交换和转移，因而对债券市场有很强的借鉴意义。

目前，虽然我们尚不清楚上述项目的详细情况，但我们仍可以对区块链在银行间债券市场的应用思路进行讨论。首先，我们应该考虑为什么要在银行间债券市场应用区块链技术。从根本上说，这是因为银行间

---

① "福费廷"（Forfeiting）业务是一种以无追索权形式为出口商贴现大额远期票据提供融资并能防范信贷风险与汇价风险的金融服务。

债券市场作为一个场外市场，债券发行人与投资者之间、交易商之间需要一种去中心化信任机制来改善市场的信用水平，同时能够在这种信任机制下完成对复杂的债券发行和交易流程的处理。

根据这一目标，接下来我们考虑适用于银行间债券市场的区块链形态和节点构成方案。世界银行等金融机构在采用区块链技术尝试债券发行时采用了私有链平台，首先这是因为这类项目仅仅是验证性的，尚不具备在多家金融机构之间形成区块链网络条件；其次，这类项目主要尝试的是政府债券发行和履行还本付息责任，侧重于债券发行人与最终投资者之间的直接联系，除债券发行人（政府及其委托的商业银行）外，最终投资者（往往是个人投资者）是没有能力为区块链系统提供系统节点的；再次，由于发行人是政府，代表了主权信用，本身具有较高的公信力，并没有建立去中心化信任机制的需求。也就是说，世界银行这类项目仅仅尝试了利用分布式账本的数据存证功能和智能合约处理复杂业务流程的能力。但是在银行间债券市场，我们需要的是一种基于区块链技术的交易基础设施，解决的是以银行间市场交易商为核心、涵盖所有市场参与者和监管机构的信任问题，涉及债券发行、交易、风险管理、监管、信用评价等多个方面。这决定了基于区块链的银行间债券市场交易平台不可能是中心化的，而是去中心化或多中心的，仍然应该采用需要认证的联盟链系统。

而在区块链系统节点构成方面，原则上它仍然应该以交易商为主，并包括信用增进机构、中介机构、托管机构和监管机构。但是，银行间债券市场会员的类型相比场外衍生品市场要复杂得多，不同会员的信用水平差异很大。因此，银行间债券市场中的区块链节点构成并不能像场外衍生品市场那样采用简单的标准。在目前条件下，可以采用的标准是，由监管机构在综合考虑会员的资产、信用水平、结算账户等级、技术运维能力等因素的前提下，在链下进行筛选。当然，在确定区块链节点的构成之后，我们仍然可以采用第四章中介绍的权威认证共识机制和场外市场交易基础设施参考架构，来构建银行间市场区块链交易平台的框架。

智能合约技术对于处理银行间债券市场的复杂交易流程具有明显的优势。不同债券的还本付息方式有很大差异，与不同类型的债券交易相结合会带来更大的复杂性。例如，在质押式回购中，正回购方是将债券出质给逆回购方以融入资金。尽管在回购期内，回购双方均不得动用正回购方出质的债券，但如果在此期间发生债券派息，利息收入仍归正回购方所有。而在买断式回购中，正回购方是将债券出售给逆回购方，到期后正回购方再以约定价格从逆回购方买回。与质押式回购不同，在买断式回购期间，逆回购方不仅可获得回购期间融出资金的利息收入，亦可获得回购期间债券的所有权和使用权，只要到期有足够的同种债券返还给正回购方即可。回购期间债券利息归债券持有人所有（可能属于逆回购方，也可能因为逆回购方将其卖出而归第三方所有）。

此时，利用智能合约技术实现通证化债券就有很大优势。通证化债券是将债券本身也视为一种金融合约，用智能合约程序表达其还本付息流程（我们在第五章中讨论过这种做法的合法性问题），将债券的所有权信息和交易流水记录在分布式账本中，与用户账户实时绑定。各种类型的债券交易流程也是通过智能合约来执行的。例如，在执行质押式回购交易中，质押式回购智能合约和通证化债券智能合约同时发生作用，如图 9-10（a）所示；在执行买断式回购交易中，买断式回购智能合约和通证化债券智能合约同时发生作用，如图 9-10（b）所示。在质押式回购中，智能合约对正回购方出质的债券进行的是"锁定"操作，使其在回购期内无法发生交易，但并未改变正回购方对出质债券的所有权，在回购到期正回购方向逆回购方偿还资金后，智能合约再对出质债券进行"解锁"。由于区块链共识算法实现了抵御双花攻击和拜占庭攻击，债券的出质状态在整个系统中是一致的，所以尽管正回方购仍然拥有出质债券的所有权，但无法动用。而在进行买断式回购时，智能合约是将正回购方卖出的债券所有权划转给逆回购方，甚至在回购期内，这部分债券还可能发生多次交易和所有权转换。此时，如果发生派息，那么通证化债券智能合约只需从分布式账本中获取债券当前的所有权，并据此支付债券利息，而不必关心当前债券所涉及的具体交易。而处理不同交易类型的智能合约，与我们在第五章中介绍的智能衍生品合约类似，又可以中立的方式执行合约条款，最大限度地确保交易双方履行合约责任。

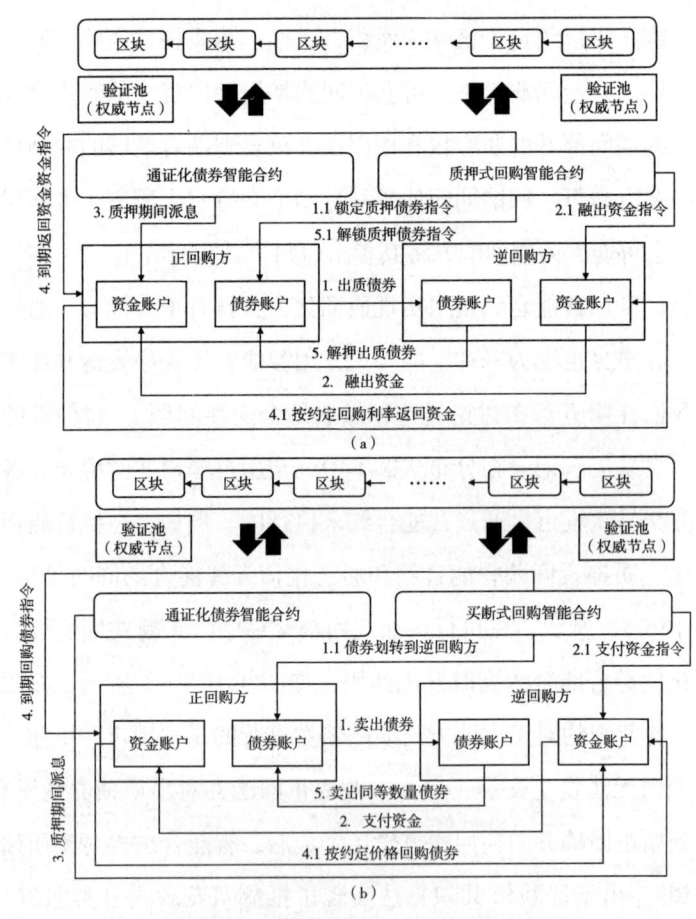

图 9-10 通证化债券的回购交易示例

除了区块链的形态、节点构成、共识机制和智能合约技术的应用等方面的问题外，基于区块链的银行间债券市场交易设施的其他组成部分，如链上广播询价模式、交易对手方信用评级、交易对手方信用风险管理、监管和系统风险监测，与我们在此前各章中讨论的模式类似，在此不再赘述。但需要注意的是，基于区块链的询价机制结合交易对手方信用评价体系，与银行间债券市场当前的询价机制相比有本质的不同。这样的询价机制将银行间债券市场的询价过程从线下转移到电子交易平台上，在交易决策中不仅考虑对手方的报价，而且可以参考全市场统一的、可比较的交易对手方信用评级，而不必完全依赖机构的内部评级。这将显著提高市场的透明度，促进完善银行间债券市场的价格形成机制。市场中从询价到交易执行过程中的所有数据，均被不可篡改地记录在分布式账本中，并且可追溯、可校验，这有助于监管机构及时发现市场中的异常交易行为，对违规交易和利益输送形成震慑。

另外需要注意的是，基于区块链的交易平台只能确保平台上所发生数据的质量。银行间债券市场可以有效改善交易对手方信用评级所依赖的交易行为数据的质量，对于债券交易非常重要的发行人主体评级和债项评级，区块链技术尚不能取代评级机构的尽职调查。但是，基于区块链的交易平台仍然可以将来自评级机构的评级数据存证在分布式账本中，并且在交易过程中，交易商可以直接获取相关数据。相比当前在中国债券信息网（www.chinabond.com.cn）进行信息披露这种与交易平台相分离的方式，在分布式账本中，存证评级数据可以有效提高银行间债券市场的数据治理水平，实现市场内外信用数据的流通与融合，可以有效地提高市场透明度和交易效率。

第三节　大宗商品现货市场

中国国家标准《大宗商品电子交易规范》（GB/T18769—2003）指出，大宗商品是指可进入流通领域但非零售环节，具有商品属性，用于工农业生产与消费的大批量买卖的物质商品。大宗商品通常可以分为：农产品类，包括谷物、食品、牲畜、肉类等；能源类，包括原油、成品油、天然气、乙醇、PTA[①]等；金属类，又分为工业金属类，如铜、铁、铅、锌、锡、铝、镍、钴、钼等，以及贵金属类，如黄金、铂、银等；其他还包括橡胶、棕榈油、羊毛、琥珀、木材；等等。大宗商品市场涉及大宗商品的交易、物流、金融、信息等服务，是既具有商品贸易属性又具有金融属性的多边融合市场。大宗商品是经济社会发展的必需品，几乎所有社会生产部门都会受到大宗商品的影响。中国的资源分布和储备极不平衡，当前已经成为许多大宗商品的最大消费国和进口国。然而，由于产地、期货投机市场、供方垄断和国际政治等原因，当前中国在国际大宗商品市场中仍然处于价格接受者的尴尬地位，甚至出现"中国买什么，什么就涨价；中国卖什么，什么就跌价"的怪圈，全球大宗商品定价权问题是中国经济发展必须面对的重要课题。

大宗商品主要有两种定价方式：对于拥有成熟期货品种和发达期货市场的产品，如原油、大豆、橡胶，其定价方式主要由著名的期货交易所交易的标准化期货合约价格决定；对于没有被广泛认可的成熟期货品种的产品，其定价方式则由市场中的主要买方和卖方每年达成交易。国际政治经济学家苏珊·斯特兰奇认为，大宗商品定价权属于"结构性权力"，由安全、生产、金融和知识四个结构对生产关系产生影响，共同

---

① PTA，即对苯二酸，是石油下端产品，是重要的有机原料，同时也是大宗商品和期货市场的重要品种。

支持了定价权这样一种"软权力"的存在。尽管大宗商品定价权非常复杂，但是有一个明显的趋势，那就是金融化。贸易双方谈判协约定价的方式逐步被大宗商品期货定价取代。一般而言，大宗商品交易可以分为三个市场层次：一是大宗商品市场，主要从事大宗商品的现货交易；二是场外衍生品市场，为大宗商品现货交易提供定制化的套期保值、风险对冲金融服务；三是期货市场，从事以大宗商品为标的、标准化的期货和其他衍生品交易，为大宗商品提供价格发现机制。三个市场层次之间的关系如图 9-11 所示。

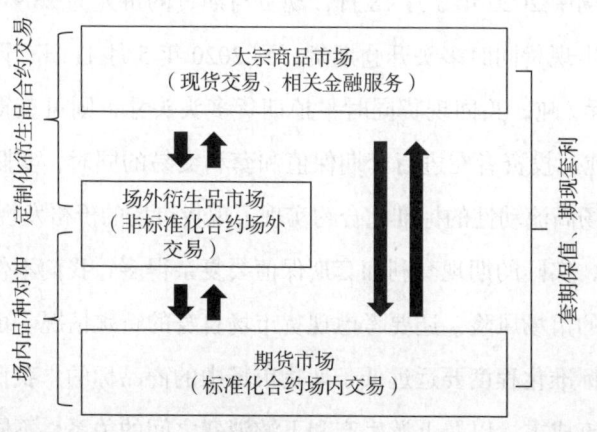

图 9-11 大宗商品市场与期货市场、场外衍生品市场的关系

标准化程度高、流动性好的大宗商品现货交易，可以直接利用期货市场中的标准化合约进行套期保值或套利交易。例如，某贸易商持有秦皇岛港的动力煤现货（Q5500），为避免煤价下跌带来的损失，贸易商可以卖出（空头开仓）同等合约价值的郑商所动力煤期货近月连续合约（ZC00），如图 9-12 所示。贸易商在 2020 年 2 月 28 日建仓，到 2020 年 4 月 27 日平仓，其间动力煤现货从 570.5 元/吨下跌至 477.5 元/吨，损失 93 元/吨；但期货合约价格由 545 元/吨下跌至 467.2 元/吨，期货空头获利 77.8 元/吨。由于期货空头合约的保护，贸易商的实际损失

为 15.2 元/吨，大大低于单纯的现货损失。由于期货与现货之间的价格存在动态变化的价差，所以我们也可以进行相应的期现套利交易：现货与期货的价差通常处于一个相对恒定的水平，如果当前价差高于这个水平，那么我们预期未来价差会收窄，于是做多当前价格较低的品种，同时做空当前价格较高的品种，当价差收窄时再平仓获利，这被称为正向套利；如果当前价差低于通常水平，那么我们可以反过来做空当前价格较低的品种，做多当前价格较高的品种，这被称为反向套利。套利交易其实也可以视为对两个价格相关性较高的品种的价差进行均值回复交易。如上例中 2020 年 3 月 18 日，现货与期货的价差为 25.9 元/吨，此时可以卖出现货同时多头开仓期货；到 2020 年 5 月 11 日，两者价差变为 -17.5 元/吨，买回现货同时平掉期货多头头寸，则可获得套利收益 43.4 元/吨。投资者在进行套期保值和套利交易的同时，实际上也是利用期货市场高流动性的标准化合约实现了现货市场的价格发现。

当然，实际的期现套利和套期保值要复杂得多，我们不仅仅要考虑期货市场的市场风险，还要考虑现货市场自身的特殊情况。由于大宗商品现货的标准化程度要远远低于期货市场中的商品标的，我们还要考虑仓储、物流成本，以及上游生产和下游消费之间的关系，不同品质、交割地、交割时间的现货与标准化期货合约的价格之间会出现不同的升贴水。标准化的期货合约很多时候无法满足个性化、定制化的投融资需求和精细化的风险管理需求，此时就需要场外衍生品市场来发挥作用。正如我们在本章第一节中看到的，场外衍生品市场的交易商一方面通过设计并交易定制化的场外衍生品合约，为客户提供个性化的金融服务，另一方面又通过场内市场（期货市场）对场外衍生品合约进行对冲，从而间接为现货市场完成风险转换、风险转移和价格发现。

图 9-12　套期保值、套利交易示例

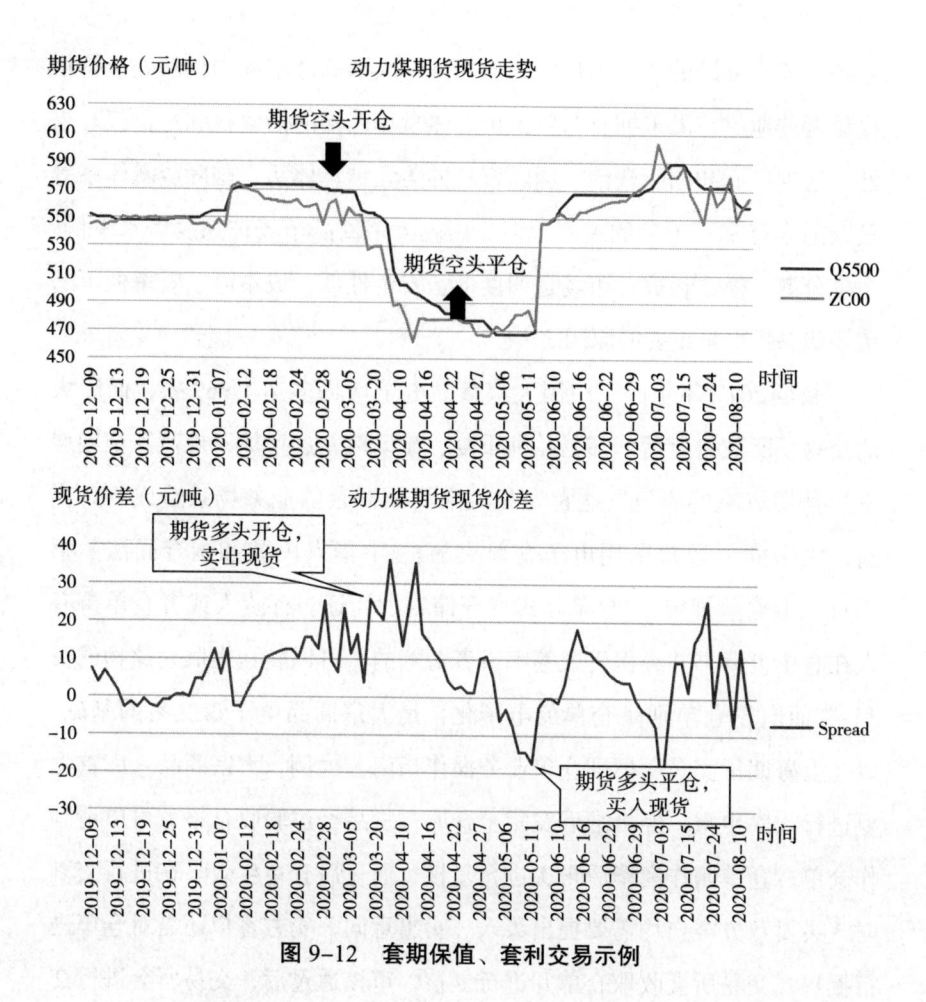

大宗商品市场、场外衍生品市场、期货市场三个市场层次各司其职、相互衔接，是多层次资本市场体系在大宗商品交易领域的体现，共同构成了大宗商品定价权这一"结构性权力"的基础。从国际大宗商品交易的格局来看，当前西方国家的主要交易所，如伦敦金属交易所、芝加哥期货交易所、芝加哥商业交易所、纽约商品交易所、洲际交易所等，以及围绕它们的现货市场、场外衍生品市场，已形成高行业壁垒、寡头竞争的状态，牢牢掌握了国际大宗商品定价权。尽管中国已经是世界第二大经济体，早已是原油、大豆、铁矿石等品种的最大进口国，也

是各类稀土资源的最大出口国，但在国际大宗商品市场中仍然处于价格接受者的地位，尚未拥有与巨大市场体量相匹配的话语权和定价权。当然，这种局面和国际政治、国际贸易的美元结算体系、国际金融体系等复杂因素有密不可分的关系，但是国内大宗商品市场体系发展水平低、力量分散、模式粗放、市场透明度低、安全性低、成本高、效率低下的市场状态，也是重要的原因之一。

截至2017年年底，中国大宗商品电子市场多达1 969家，而庞大的交易场所数量背后，却是品种重复、流动性差、市场不规范甚至屡屡发生信用风险的窘境。这首先是大宗商品复杂的业务场景造成的。当前，大宗商品通常采用电子仓单交易。《中华人民共和国合同法》第三百八十七条规定："仓单是提取仓储物的凭证。存货人或者仓单持有人在仓单上背书并经保管人签字或者盖章的，可以转让提取仓储物的权利。"而电子仓单则是仓单的电子化，是大宗商品电子盘交易的基础。以《上海期货交易所标准仓单业务操作指南》为例，大宗商品入库首先要进行入库申报，经批准后发货至仓库；货品经过验收合格方可申请制作仓单；仓单制作完毕后再次进行复核，通过后仓单生效。在进行交割时，买卖双方客户均需要提出买入、卖出意向，卖方客户还需对仓单进行授权；交易所会收取仓单并进行复核，审核通过后，交易所会进行交割分配，然后释放仓单并分配到买方客户。买方客户拿到仓单后，可向仓库申请出库，仓库对出库申请复核通过后向买方发货。

根据交易期限，大宗商品交易可以分为即期现货交易和中远期现货交易。即期现货交易指买卖双方在电子交易系统内，以价格优先、时间优先原则确定成交价格，并形成电子合约，根据合同约定的交割日在指定交收仓库进行实物交易的模式。中远期现货交易则是交易双方约定在将来某一特定的时间，按照约定的价格，买卖一定数量标的物的合约交易模式。具体的交易模式或者说价格达成方式包括现货远期（中远期撮合）交易、现货挂牌交易、点价交易、竞价拍卖交易、竞价招投标交易、现货延期交易（现货连续交易）、专场交易等多种模式。①

除交易外，大宗商品市场还提供一系列的金融服务，其中最常见的就是保理业务。保理，全称保付代理，又称托收保付，指卖方将其现在或将来的基于其与买方订立的货物销售或服务合同所产生的应收账款转让给保理商（提供保理服务的金融机构），由保理商向其提供资金融通、买方资信评估、销售账户管理、信用风险担保、账款催收等一系列服务的综合金融服务方式。对于保理业务的具体内容，国内外有多种定义，国际统一司法协会订立的《国际保理公约》(The convention on International Factoring)对保理合同的定义如下。

保理合同是指一方当事人（供应商）与另一方当事人（保理商）之间所订立的合同，根据该合同：

（1）供应商可以或将要向保理商转让由供应商与其客户（债务人）订立的货物销售合同所产生的应收账款，但主要供债务人个人、家人或家庭使用的货物销售所产生的应收账款除外。

（2）保理商应履行至少两项下述职能：为供应商融通资金，包括贷款和预付款；管理与应收账款有关的账户（销售分户账）；代收应收账款；对债务人的拖欠提供坏账担保。

中国银监会公布的《商业银行保理业务管理暂行办法》中称，保理业务是以债权人转让其应收账款为前提，集应收账款催收、管理、坏账担保及融资于一体的综合性金融服务。债权人将其应收账款转让给商业银行，由商业银行向其提供下列服务中至少一项的，即为保理业务：

---

① 理论上说，期货合约可以认为是中远期合约的标准化；场内期货市场以集中撮合的方式交易标准化期货合约，也可以被视为大宗商品交易的一种模式。但中国当前合法的、可以交易标准化期货合约的商品期货交易所只有上海期货交易所、大连商品交易所、郑州商品交易所以及上海期货交易所下属的上海国际能源交易中心。大宗商品现货交易所不允许交易标准化期货合约，不允许采用集中撮合的交易方式。我们在本节中仅讨论大宗商品现货市场，而不涉及场内期货交易所。

（1）应收账款催收：商业银行根据应收账款账期，主动或应债权人要求，采取电话、函件、上门等方式或运用法律手段等对债务人进行催收。

（2）应收账款管理：商业银行根据债权人的要求，定期或不定期向其提供关于应收账款的回收情况、逾期账款情况、对账单等财务和统计报表，协助其进行应收账款管理。

（3）坏账担保：商业银行与债权人签订保理协议后，为债务人核定信用额度，并在核准额度内对债权人无商业纠纷的应收账款提供约定的付款担保。

（4）保理融资：以应收账款合法、有效转让为前提的银行融资服务。

保理业务还可以分为有追索权保理和无追索权保理。有追索权保理也称非买断式保理，指当保理商凭债权转让向供应商融通资金后，如果买方拒绝付款或无力付款，那么保理商有权向供应商要求偿还资金，保理商具有全部追索权。但此种保理的保理商并未提供信用担保功能，并非严格意义上的保理。无追索权保理又称买断式保理，指当保理商凭债权转让向供应商融通资金，即放弃对供应商追索的权利后，保理商独自承担买方拒绝付款或无力付款的风险。在实践中，保理商会为债务人核准一个信用额度，保理商只在这个信用额度内承担债务人的信用风险，对于超过额度的部分，保理商仍享有追索权。

大宗商品交易相关的保理业务模式主要有以下几种。

- 预付款融资：保理商为融资主体（下游买方）提供贷款，支持融资主体向上游供货商支付货款，货物、资金、交易接受保理商监管，融资主体销货回款后，可循环使用。
- 电子仓单融资：融资主体将电子仓单质押给银行，获得货值50%~70%的银行贷款。融资主体偿还银行贷款。
- 现货提单融资：买卖双方订立合同后，保理商为融资主体（下游买方）提供贷款支持，作为货款汇入监管账户。上游供货商货权移交融资主体质押后获得 100% 货款。融资主体分批偿还贷款本息，赎货销售。当融资主体无法偿还贷款时，保理商可以通过转让货权方式来兑现。

- 应收账款融资：融资主体（上游卖方）将赊销形成的应收账款转让给金融机构，以获得贷款支持。应收账款的债务人（下游买方）是银行认可的具有偿债能力的企业。融资主体能提供完整、有效的债权转让文件。终端客户到期支付货款，用于偿还银行贷款。

由于大宗商品交易涉及的业务场景复杂，参与方多，且跨越不同领域，导致其配套金融服务经常发生市场风险和信用风险。首先是大宗商品价格大幅波动造成的风险。正如在上文保理业务中，保理商实际上是代替融资主体承担了现货资产或者应收账款的风险，但是如果大宗商品价格大幅下跌，现货资产的价值就会严重缩水，应收账款兑现难度增大，从而导致保理商的损失。其次是货物监管方的资质和信用风险。保理商通常是银行等金融机构，对于大宗商品现货并不具备估值、管理、处置能力，因此它们需要依靠特定行业特定领域的货物监管方，如现货交易所、港口、仓储等。但如果货物监管方资质差、管理不规范，那么货物监管方不能对现货进行准确估值和有效管理，甚至可能虚假估值，造成账实不符，从而引发信用风险。最后，大宗商品交易相关的金融服务是以实际发生的贸易活动为条件的，但是保理商很难掌握交易的真实背景，特别是大宗商品交易往往是跨境贸易，更加难以获得准确、完整、及时的信息。信息不对称还可能使大宗商品融资成为套现手段，造成虚假融资、重复融资。

除了业务模式本身的复杂性以外，当前大宗商品交易的中心化组织方式也是制约大宗商品市场发展的重要原因。大宗商品交易在品种上的多样性和业务模式上的复杂性，决定了中心化模式无法完全满足市场的需求。中心化组织模式必然要求交易品种和交易模式的标准化，因为只有同样的商品才能比较价格，才能具备规模效应，才能实现价格发现。中心化模式带来的功能当然是必要的，国内外主要商品期货交易所就是承担这样的功能。但是，中心化模式只适用于标准化程度高、流动性好且具有重要市场地位的品种，并不能代表全部的现货交易。而且，现货交易只要涉及实物交割，必然依赖物流仓储体系，然而即使是规模最大的场内期货市场，也无法满足整个大宗商品交易的要求。2020年4月20日（美国时间）是WTI原油（美国西得克萨斯轻质原油）2005合约的最后交易日，正是在这一天，原油期货历史性地出现了负价格——达每桶 –37.63 美元。而负价格背后的根本原因是，WTI原油2005合约需要在美国最大的原油储存基地——位于俄克拉荷马州的库欣进行交割，然而当时库欣的存储空间正在被快速填满，可以认为负价格反映的是仓储成本超过商品价值的部分。

从信任机制的角度来看，中心化组织模式的前提是存在具有公信力的信任中心，如期货交易所，但即使是市场地位最高的期货交易所，也无法为所有的现货交易提供信用。中国当前有数量庞大的大宗商品交易场所，其背后当然有地区分割、行业垄断、重复建设等复杂原因，但是大宗商品交易非标准化和区域分散的特点也是不可忽略的。与中国大宗商品交易场所的分散格局相对应的是，各个交易场所的管理模式却是中心化的，不同交易场所运行着功能类似、标准却不统一的电子交易系统。这种市场环境的直接后果就是，各大宗商品交易所对自身数据有绝对控制权，但各交易所之间形成了相互隔绝的信息孤岛。在众多的大宗商品交易场所中，并不是所有的市场组织者都具备足够的资质、资本、管理能力、信用水平来成为信任中心，相反经常出现一些交易场所利用自身信息优势操纵市场，诱导投资者过度投机，甚至篡改数据进行违规交易。自2011年11月国务院发布《关于清理整顿各类交易场所切实防范金融风险的决定》以来，各级监管机构持续进行清理整顿各类交易场所的工作，其中很大一部分就是非正规的大宗商品交易场所。即使是正规的大宗商品交易场所，由于信息无法相互联通，市场风险和信用风险容易隐藏起来形成看不见的"灰犀牛"，并且在特定条件下相互传染、扩散，也难以整合成更具价值的统一市场，无法形成"结构性权力"来争夺国际大宗商品的话语权和定价权。

正如我们在第一章所看到的，在资本市场的演进过程中，技术进步往往会从根本上改变资本市场的格局。对于大宗商品现货市场而言，区块链正是这样一种具有巨大杠杆作用的技术。我们在前文的介绍中已经看到，大宗商品市场的品种、交易模式以及围绕大宗商品交易的金融服务，都涉及多个不同类型的市场参与者，业务流程复杂，信用关系相互交错。在场外衍生品市场和银行间债券市场，我们已经多次看到类似的场景。在区块链技术中，分布式账本的数据存证功能、智能合约技术对复杂流程的描述能力，以及电子化合约取代低效、安全性差的传统合约，都可以解决大宗商品交易中的许多顽疾。利用区块链构建大宗商品市场的交易基础设施，对于改善市场的数据治理、防止信息被篡改和滥用、提高市场透明度和效率、降低对交易中介的依赖、构建市场参与者之间的去中心化信任机制、构建市场信用体系、加强监管和防范风险都具有显著的作用。在这类问题上，利用区块链技术的思路和交易平台的解决方案，与场外衍生品市场、银行间债券市场类似，在此前各章中也分别有针对性的描述。

对于中国大宗商品市场当前的市场环境以及如何解决中国在大宗商品定价权上的弱势地位问题，我们认为，区块链技术还可以发挥更重要的作用。一个市场的价值和地位，取决于这个市场的规模、价格发现能力和被广泛认可的程度。对于中国大宗商品市场来说，就是要改变当前众多大宗商品交易场所相互割裂的状态，形成一个统一的具有足够体量的大市场。但是，由于大宗商品交易非标准化和区域分散的特点，这一目标难以通过中心化的"超级交易所"模式来实现。而利用区块链技术将原来分散的大宗商品交易场所联系起来，则可以充分发挥其构建去中心化信任机制、改善市场组织的作用。

我们将这样的区块链系统称为"大宗商品联盟链"，即由资质良好和具有一定市场地位的大宗商品交易所为联盟链提供节点，如图 9-13 所示。在大宗商品联盟链中，我们可以实现大宗商品交易的数据表示和接口规范的标准化，使不同大宗商品交易所中的交易可以在统一标准下相互联系起来。但涉及不同领域、不同地区的具体交易品种、交易模式、交割方式，仍需通过智能合约来实现灵活定制。参与大宗商品交易的贸易商以区块链用户的身份参与交易，但不作为区块链节点。银行、保险公司等金融机构也以用户身份通过实现特定业务流程的 DApp 为大宗商品交易提供金融服务。

大宗商品联盟链让市场信息的传播突破了原来的单一交易场所，使得大宗商品市场的格局发生了根本性的改变。贸易商通过区块链网络可以与联盟链中任何交易对手方发生交易，而不再受在哪个交易场所挂牌的限制。大宗商品现货交易所（以下简称"现货交易所"）的市场功能也发生了较大的转变：首先，现货交易所不再承担市场中介的功能，不再提供为交易双方达成交易的服务，这一功能由实现各种交易模式的智能合约取代。这从根本上杜绝了现货交易所利用信息优势操纵市场或者篡改数据来获取不当利益的可能性。但这并不意味着现货交易所在大宗商品联盟中的地位是可有可无的，相反现货交易所通过为区块链系统提供节点，并且在共识机制的协调下间接参与了市场组织和交易验证。更重要的是，由于现货交易的特点，现货交易仍然必须依靠现货交易所承担大宗商品交易中的仓储、物流、管理、检验、估值、交割等一系列环

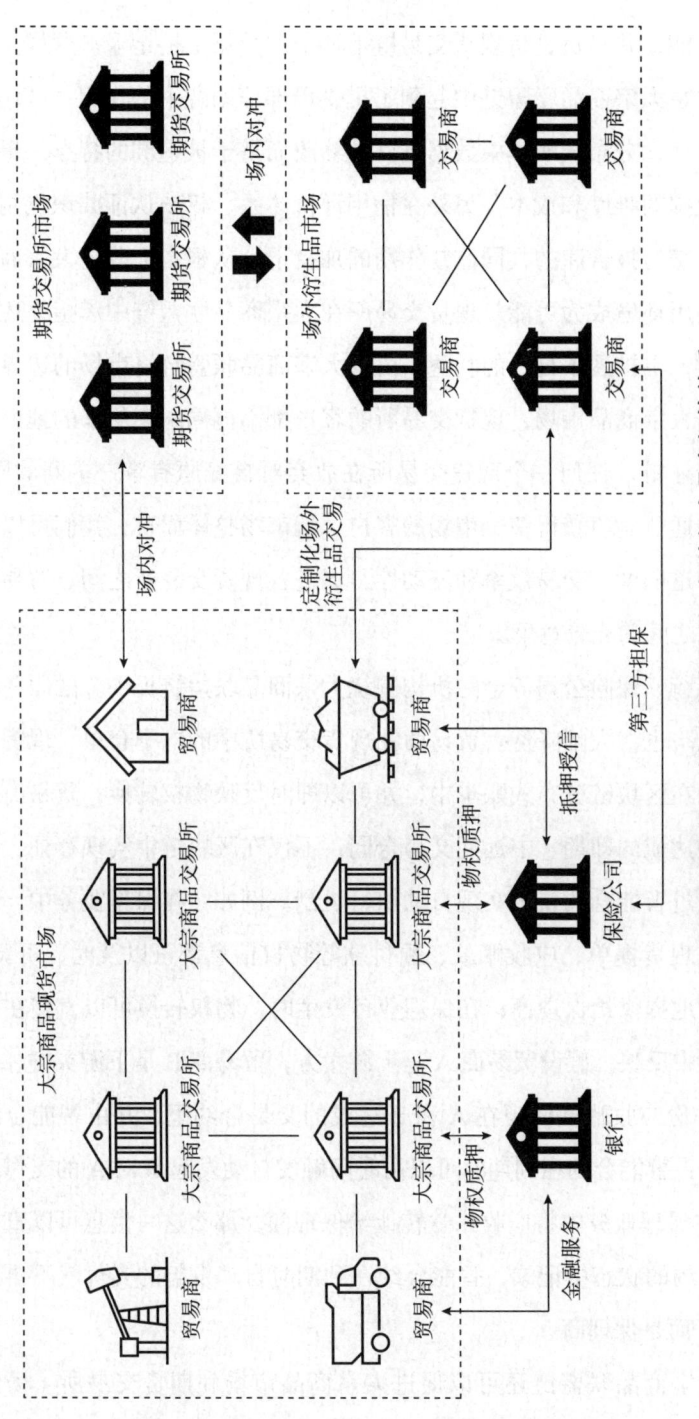

图 9-13 大宗商品联盟链及其与期货交易所、场外衍生品市场的关系

节的功能，并且负责将现货交易链下环节的数据上链记录。这样，现货交易所在大宗商品联盟链中起到了提供局部信用背书的作用。区块链技术的特性、分布式账本中数据难以被篡改而易于被追溯的特点，提高了伪造数据的难度和成本，另外在信用评价体系、权威认证共识机制、监管机构交易报告库的共同监督作用的加持下，从根本上改进大宗商品市场的信用环境成为可能。现货交易所在大宗商品联盟链中承担上述义务的同时，也扩展了自身的利益。由于大宗商品联盟链将市场的边界扩大到整个大宗商品市场，现货交易所的客户都不再局限于原来的地区、行业或产业链，任何一个现货交易所在放弃对自身原有客户垄断的同时，都可以通过竞争获得整个市场的客户。就市场整体而言，我们可以提高市场的透明度、交易效率和流动性，促进各现货交易所之间、贸易商与贸易商之间的充分竞争。

　　银行、保险公司等金融机构围绕大宗商品联盟链提供金融服务时的信用风险也将大幅降低。贸易商在现货交易所中的电子仓单、现货提单都存证在区块链分布式账本中，并可以即时反映物权转换；贸易商与交易对手达成的即期、中远期交易合同，不仅在区块链中实现存证，而且可以通过智能合约技术实现自动执行机制。例如，在保理业务中，电子仓单、现货提单、应收账款、预付款等物权信息都可以及时、可验证、可回溯地提供给保理商；在保理业务发生时，物权转换可以直接在分布式账本中反映。假设贸易商 A 是上游卖方，贸易商 B 是下游买方，A 拥有 B 一份应收账款体现在 A 和 B 达成的交易合约里，并由智能合约技术实现，智能合约在到期时可以由时间触发自动发起 B 对 A 的支付。如果 A 在保理业务中将应收账款转让给保理商，那么这一信息可以直接在智能合约的状态中记录，智能合约在到期时自动发起的支付就不再是支付给 A 而是保理商。

　　大宗商品联盟链还可以促进大宗商品市场和期货交易所（场内市

场)、场外衍生品市场的衔接。贸易商在交易大宗商品现货的同时，可以直接利用期货交易所的标准化品种进行套期保值、套利等交易。在对冲交易中，贸易商需要密切跟踪场内外期货和现货之间的价格与头寸变化，从而规避市场风险。大宗商品联盟链可以提供 DApp 和 API 来实现期现货市场之间的信息交互。贸易商也可以通过在场外衍生品市场交易定制化的衍生品合约，实现精细化的风险管理。在第七章和第九章中，我们都提到过在场外衍生品交易中利用区块链技术实现基于实物资产抵押的第三方担保的思路，以满足场外衍生品市场对担保品越来越高的要求。大宗商品联盟链也可以为这一业务模式提供便利：银行、保险公司在为贸易商提供信用担保时，可以依靠现货交易所实现对现货资产的估值、管理、质押，进而对贸易商提供授信；大宗商品联盟链和基于区块链的场外衍生品交易平台可以通过跨链技术连接在一起，银行、保险公司对贸易商（同时也是场外衍生品交易商的柜台客户）的担保信息可以转换到场外衍生品市场；当贸易商在场外衍生品市场发生违约时，银行、保险公司在承担连带清偿责任后，可以由现货交易所处置贸易商的质押资产，再向银行、保险公司进行赔付。而整个处理环节也是通过分布式账本的数据存证和智能合约的去中心化自动执行机制来开展工作的。

第四节　区域性股权市场

自 2008 年以来，为了探索拓展中小微企业股本融资渠道，各地陆续批设了一批区域性股权市场（俗称"四板"市场）。区域性股权市场，是为省级行政区域内中小微企业证券非公开发行、转让及相关活动提供设施与服务的场所。中国资本市场中的区域性股权市场与美国资本市场中的粉单市场比较类似，都是为了满足处于创业和初步发展阶段的中小微企业融资需求的私募股权市场，处于资本市场体系中的最底层，被称为多层次资本市场体系的"塔基"。截至 2020 年 8 月，中国区域性股权市场的运营机构达 41 家，挂牌企业数达 115 907 家，资产合计超 2.97 万亿元，为广大的中小微企业提供个性化和多样化的资本市场服务、拓宽中小微企业直接融资渠道、推动民间资本向产业资本转化、丰富资本市场层次、加强对实体经济薄弱环节的支持发挥了重要作用。

区域性股权市场是围绕运营机构组织起来的。运营机构通常被称为股权交易中心、股权交易所，承担了股权、可转债的证券发行、转让、账户管理、登记结算等核心功能，并负责区域性股权市场信息系统的开发、运行、维护以及信息安全的管理，向监管机构报送数据，是区域性股权市场的组织者。与美国粉单市场不同的是，中国的区域性股权市场有明确的行政区域划分。中国证监会第 132 号令《区域性股权市场监督管理试行办法》规定，省级人民政府依法对区域性股权市场进行监督管理，负责风险处置；《国务院办公厅关于规范发展区域性股权市场的通知》明确，各省级行政区域内仅能设立一家区域性股权市场运营机构（已设立两家及以上运营机构，要积极稳妥地推动整合为一家），区域性股权市场不得为所在省级行政区域外的企业私募证券或股权的融资、转让提供服务。当前，区域性股权市场挂牌企业在各行政区的分布如图 9-14 所示，挂牌企业数在各行业的分布如图 9-15 所示，挂牌企业的资产合计在各行业的分布如图 9-16 所示。

限制各行政区的区域性股权市场运营机构数量和跨区域经营，是由区域性股权市场服务中小微企业的特点决定的。从证券发行的角度来看，投资者必须了解挂牌企业的真实经营情况，但中小微企业不可能做到主板、中小板、创业板、新三板上市公司那样的信息披露，只有通过属地管理才可能真实地了解企业的经营状况。而从证券交易的角度来看，区域性股权市场为中小微企业提供直接融资渠道，中小微企业本身体量小，且单只证券持有人数量累计不得超过 200 人，因此市场流动性差。如果在统一行政区域重复建设多个运营机构，那么这必然会加剧流动性问题。

挂牌企业数行政区分布

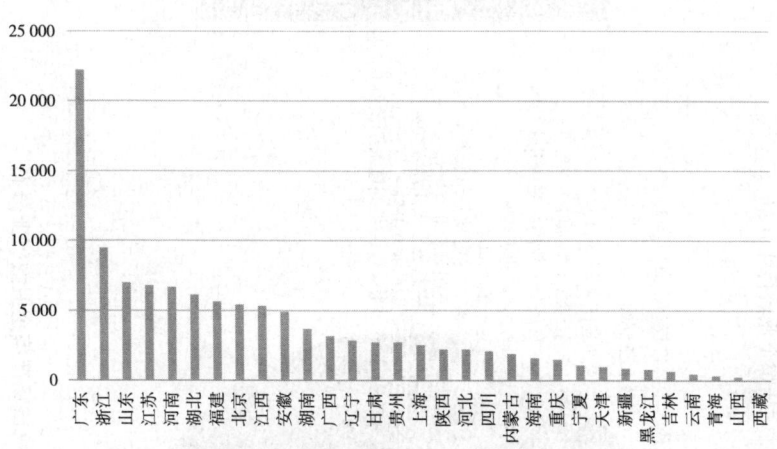

挂牌企业资产合计行政区分布

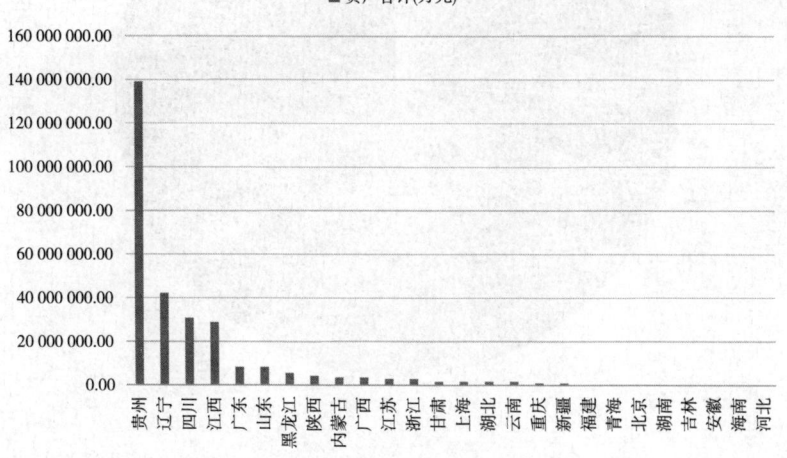

图 9-14　区域性股权市场行政区分布

数据来源：万得资讯。

挂牌企业数行业分布

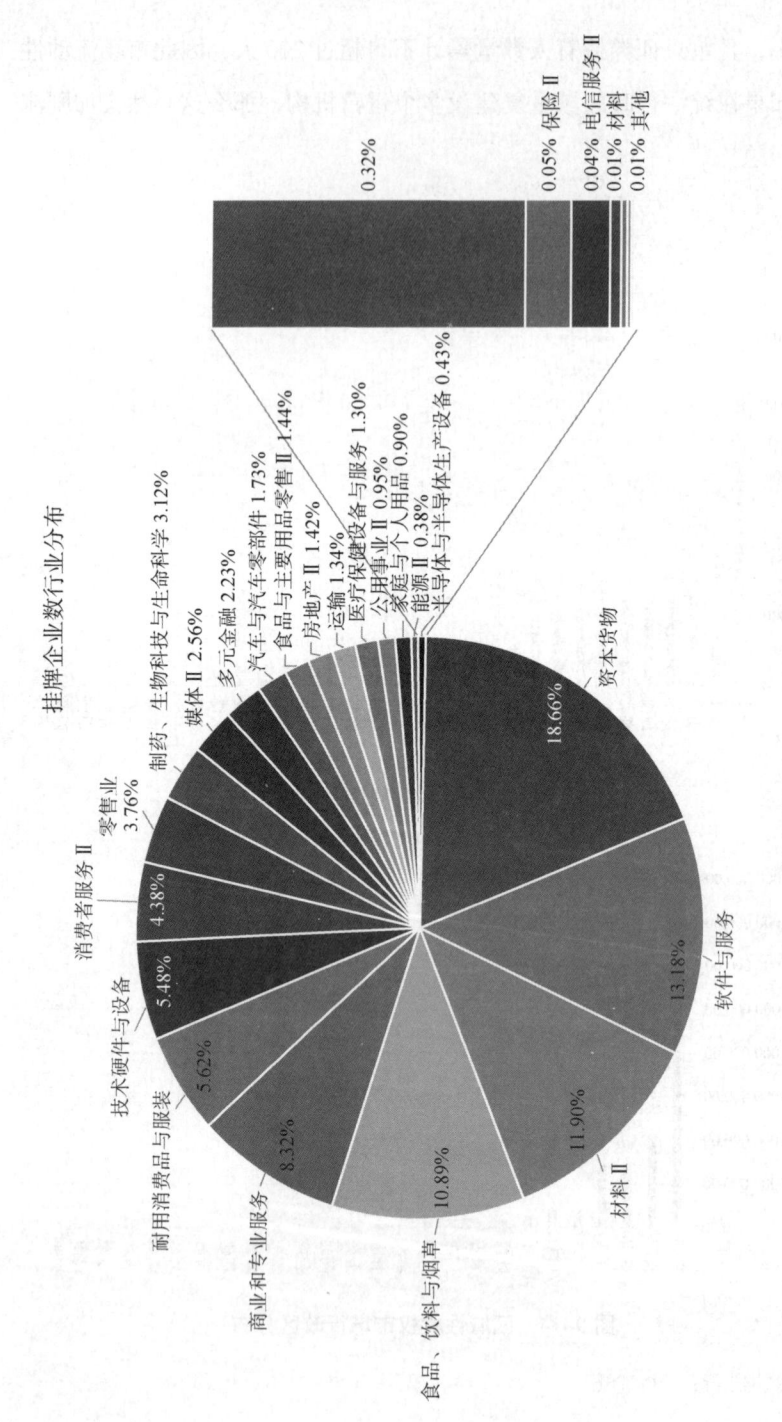

- 资本货物 18.66%
- 软件与服务 13.18%
- 材料Ⅱ 11.90%
- 食品、饮料与烟草 10.89%
- 商业和专业服务 8.32%
- 耐用消费品与服装 5.62%
- 技术硬件与设备 5.48%
- 消费者服务Ⅱ 4.38%
- 零售业 3.76%
- 制药、生物科技与生命科学 3.12%
- 媒体Ⅱ 2.56%
- 多元金融 2.23%
- 汽车与汽车零部件 1.73%
- 食品与主要用品零售Ⅱ 1.44%
- 房地产Ⅱ 1.42%
- 运输 1.34%
- 医疗保健设备与服务 1.30%
- 公用事业Ⅱ 0.95%
- 家庭与个人用品 0.90%
- 能源Ⅱ 0.38%
- 半导体与半导体生产设备 0.43%
- 0.32%
- 保险Ⅱ 0.05%
- 电信服务Ⅱ 0.04%
- 材料 0.01%
- 其他 0.01%

图 9–15　区域性股权市场挂牌企业数行业分布

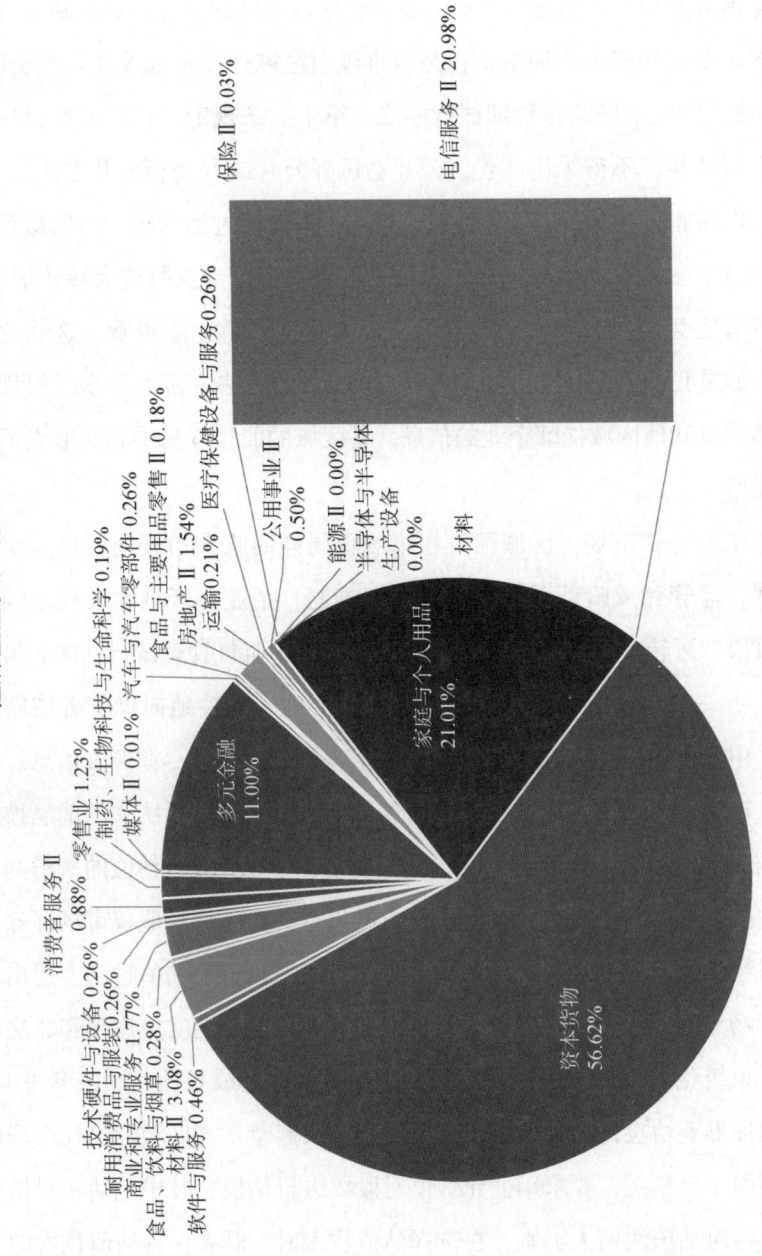

挂牌企业资产合计分布

- 保险 II 0.03%
- 电信服务 II 20.98%
- 医疗保健设备与服务 0.26%
- 公用事业 II 0.50%
- 能源 II 0.00%
- 半导体与半导体生产设备 0.00%
- 材料
- 食品与主要用品零售 II 0.18%
- 汽车与汽车零部件 0.26%
- 生物科技与生命科学 0.19%
- 制药 0.26%
- 零售业 1.23%
- 消费者服务 II 0.88%
- 技术硬件与设备 0.26%
- 耐用消费品与服装 0.26%
- 商业和专业服务 1.77%
- 食品、饮料和烟草 0.28%
- 材料 II 3.08%
- 软件与服务 0.46%
- 媒体 II 0.01%
- 多元金融 11.00%
- 房地产 II 1.54%
- 运输 0.21%
- 家庭与个人用品 21.01%
- 资本货物 56.62%

图 9-16 区域性股权市场挂牌企业资产合计行业分布

但是，作为硬币的另一面，对跨区域经营的限制也会制约资本在全国范围内的流动。特别是对于经济发展较落后地区的企业，如果缺乏有效的展示渠道和资本流通渠道，是很难吸引区域外投资人关注和投资的。《区域性股权市场监督管理试行办法》第十五条规定"在区域性股权市场发行证券，不得采用广告、公开劝诱等公开或者变相公开方式"，因此，作为非公开发行的区域性股权市场，只能通过运营机构的信息系统等网络平台向在本市场开户的合格投资者发布证券发行或者转让信息，投资者需凭用户名和密码等身份认证方式登录后才能查看。这就意味着，如果我们不是在本市场注册开户的合格投资者，那么很多时候我们很难了解其他区域挂牌企业的信息，各区域的股权交易中心又形成了信息孤岛。

作为场外市场，区域性股权市场也同样面临在市场透明度、交易效率、监管和风险管理等方面的共同难题。企业在区域性股权市场发行股票、可转债，必须满足《区域性股权市场监督管理试行办法》第十条、十一条中规定的条件，并且真实、准确、完整地向投资者披露信息；中介机构应当为合格投资者提供企业研究报告和尽职调查信息。但是，在实际操作中，区域性股权市场长期以来一直缺乏统一的信息披露标准和估值体系。挂牌企业以注册资本或者净资产充当估值的例子并不在少数，有时甚至会直接询问投资方的出价。对区域性股权市场证券发行过程的监管难度较大，导致虚假宣传、跟风投资、估值过高、退出渠道不畅等问题大量存在，有的甚至以兜售原始股为名实施诈骗和非法集资。系统化的估值方法也没有兼顾中小微企业的成长性。2019年9月，中国证券业协会区域性股权市场委员会牵头起草了《区域性股权市场估值指引（草案）》，要求用公允价值对股权进行估值，其中包括相对估值法和绝对估值法两大类别；在选择估值技术时，既要保持估值技术的一致性，又要尽量避免只使用一种估值技术为股权估值。但有业内人士认为："估值指引正式出台后，只是将整个四板市场进行规范，各大股权交易中心之间的估值方法还是会存在差异。"即使有了估值体系，估值和信息披露的工作仍然需要挂牌企业、中介机构、运营机构来完成。由于区域性股权市场中的证券是非公开发行的，不像公开市场那样暴露在公众和证券分析师群体的监督之下，如何保证相关数据的真实、准确、完整以及估值方法运用得当，也是必须解决的问题。

在证券转让、登记结算方面，《区域性股权市场监督管理试行办法》规定：持有单只证券的合规投资者累计不得超过200人；转让证券不得采取集中竞价、连续竞价、做市商等集中交易方式；投资者买卖同一证券的时间间隔不得少于5个交易日；登记结算机构负责管理投资者证券账户和证券的集中存管，商业银行或其他具有证券期货保证金存管业务资格的机构负责投资者的资金存管。我们可以看出，区域性股权市场在证券转让和登记结算方面具有明显的场外市场特征，并且对交易制度有着严格限制。在实践中，证券转让通常由买卖双方在线下磋商达成，缺乏成熟的价格形成机制，交易效率低下。登记结算机构通常为运营机构的下属实体，各行政区域的登记结算各自为政，数据治理水平参差不齐。而且，无论是股票还是可转债，都涉及发行人和持有人之间的权利义务关系，如分红、派息、债转股等，具有较为复杂的业务流程。

在监管方面，省级人民政府负责对区域性股权市场进行监督管理，省级人民政府指定地方金融监管部门承担对区域性股权市场的日常监督管理职责，中国证监会及其派出机构对地方金融监管部门进行指导、协调和监督。运营机构、登记结算机构是监管信息报送的主体。根据中国证监会《区域性股权市场信息报送指引（试行）》，运营机构主要通过中国证监会中央监管信息平台的统一数据采集系统报送监管数据，对于影响或者可能影响区域性股权市场安全稳定运行、损害投资者合法权益的重大事件的信息，还要辅以书面或传真手段。当前，区域性股权市场运营机构的交易、登记结算系统并未在技术层面实现与监管机构连接；报送流程的人工操作环节多，甚至没有做到完全无纸化；报送周期长，及时性差（多数信息的报送时间要求为 5 个交易日内）；报送信息的真实性、准确性、完整性难以通过技术手段进行检验。

通过对区域性股权市场现状的了解，以及此前对其他区块链应用场景的分析，我们可以感受到区块链技术对于改善和发展区域性股权市场的潜力。事实上，这也是国内外众多金融机构尝试的热点，其中最典型的案例就来自当初将美国各地的柜台市场连接起来的纳斯达克。纳斯达克在 2015 年推出了面向私募股权市场的区块链解决方案 Nasdaq Linq，这也是区块链技术在证券市场最早的应用之一。Linq 系统主要为非上市公司股份提供在线登记服务，促进其私募股权市场的股份进行转让和出售。Linq 系统的第一个作用看上去非常简单，那就是利用区块链技术取代私募股权市场业务流程中的"纸和笔"或电子表格，实现无纸化作业。事实上，即使是在高度互联网化的今天，我们大多数时候仍然依赖纸质文件的签章作为凭证，这是因为传统信息技术系统通常采用中心化模式，跨组织之间的信息交互受制于缺乏数据交换格式和系统互操作接口，且无法有效防止对方机构对数据的篡改。而解决数据存证正是区块链技术的基本功能，Linq 系统正是利用这一点让私募股权市场业务流程远离传统手工处理方式带来的操作风险。

Linq 系统的另一个作用在于，其基于分布式账本中的可信数据，实现了股权信息的数字化表示的可视化。纳斯达克将其称为"股权时间轴视图"，将股权的所有权及其变更信息表示为一个流程图，如图 9-17 所示。发行人也可以通过专门的面板视图来查看股权在每一轮投资中的发行价格、份额，以及剩余股票期权的占比等信息，如图 9-18 所示。通过点击"股权时间轴视图"中的状态节点，我们还可以进一步按时间、投资者、交易等多种方式查看投资者对股权份额的认证信息，如图 9-19 所示。

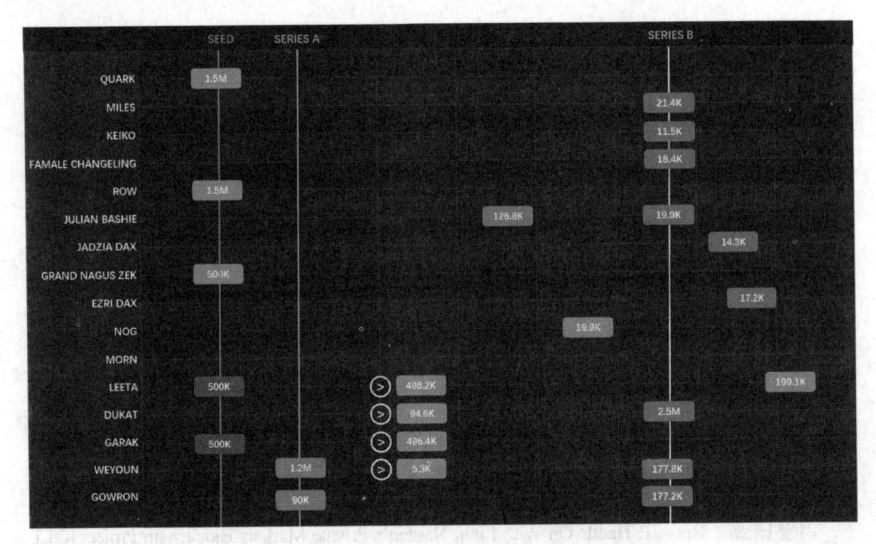

图 9-17　Nasdaq Linq 的股权时间轴视图

资料来源：Pete Rizzo. Hands On With Linq，Nasdaq's Private Markets Blockchain Project [OL]. 2015[2020-08-17] https://www.coindesk.com/hands-on-with-linq-nasdaqs-private-markets-blockchain-project.

图 9-18　Nasdaq Linq 的股权发行人面板

资料来源：Rizzo P. Hands On With Linq, Nasdaq's Private Markets Blockchain Project [OL]. 2015[2020-08-17] https://www.coindesk.com/hands-on-with-linq-nasdaqs-private-markets-blockchain-project.

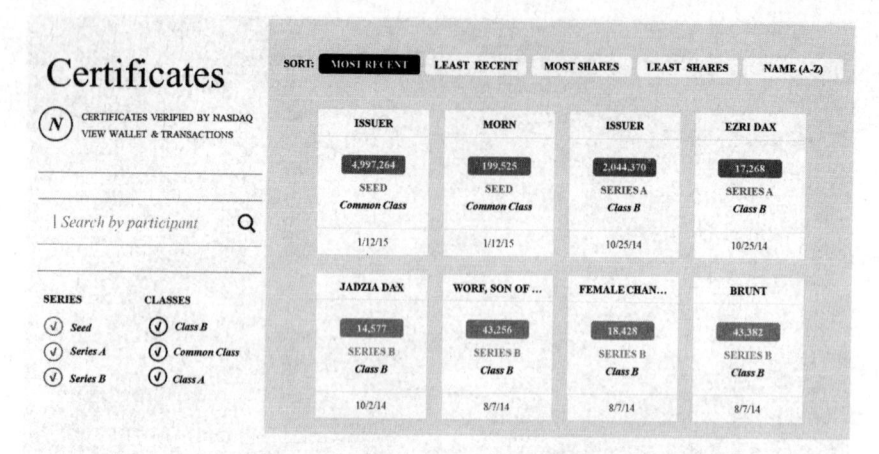

图 9-19　Nasdaq Linq 按时间排列的股权认证信息

资料来源：Rizzo P. Hands On With Linq, Nasdaq's Private Markets Blockchain Project [OL]. 2015[2020–08–17] https://www.coindesk.com/hands-on-with-linq-nasdaqs-private-markets-blockchain-project.

　　除了外在的数据可视化功能，Linq 系统更重要的作用是通过智能合约实现了对私募股权市场核心业务流程的组织，包括点对点交易模式、资产转让合约的实时结算与交割、区块链电子投票等。与此前我们在其他应用场景中看到的情况类似，区块链智能合约赋予了这些流程去中心化中立执行的能力，在大幅提高执行效率的同时，也显著地增加了交易安全性，提高了市场透明度，并且仍然保留了按需定制这些流程的灵活性。

　　区块链在股权市场中的应用案例不只有 Nasdaq Linq，事实上还有一个从 ICO 发展而来的"门派"WSTO。ICO 是 Initial Coin Offering（首次代币发行）的缩写，是一种为加密数字货币或区块链项目筹措资金的常用方式，早期参与者可以从中获得初始产生的加密数字货币作为回报。ICO 一词有模仿证券领域 IPO（首次公开募股）之嫌，本质上是一种融资方式，但在缺乏监管的情况下往往引发过度投机甚至庞氏骗局。

2017年9月，中国人民银行等七部委发布的《关于防范代币发行融资风险的公告》，将ICO定性为一种未经批准非法公开融资的行为。尽管ICO的热潮自2018年开始在全球范围内消退，但ICO的运作模式却被资本市场借鉴，这就是"STO"（Security Token Offering，证券型代币发行）。Overstock旗下的tZERO是STO的一个典型代表，其事实上是将ICO转换到了STO，将股权代币化（通证化）。tZERO的代币"tZERO Preferred"实际上是一种优先股，持有人不参与公司管理，只获取股息收入。利用区块链智能合约，tZERO既实现了发行和向持有人派息，也实现了二级市场交易功能。但是，STO的控制权和ICO一样，完全掌握在发行人手中，与区块链去中心化的目标背道而驰，在缺乏监管的情况下仍然可能沦为恶意炒作的工具。

在中国区域性股权市场中，一些机构也开启了区块链技术应用的破冰之旅。2020年7月，中国证监会发布的《关于原则同意北京、上海、江苏、浙江、深圳等5家区域性股权市场开展区块链建设工作的函》激起了业界极大反响。2017年11月，北京股权交易中心联合深圳证券交易所及其他家区域性股权市场运营机构共同推出了区域性股权市场中介机构征信链，着力建设标准统一、无法篡改的中介机构执业信息共享征信区块链，是行业内第一个正式上线的区块链应用项目。从目前可以获得的资料来看，当前各区域性股权交易中心对区块链技术的应用主要集中在数据存证和实现操作无纸化上，近期目标还包括利用智能合约重构股权交易、登记结算、分红派息、禁售限制等业务流程。

我们认为，仅仅在个别区域性股权市场的运营机构应用区块链技术，只能利用区块链的数据存证功能改善运营机构的数据治理水平，促进相关业务流程的规范化，区块链技术发挥的效果仍然有限，因为这种模式实际上无法获得区块链去中心化信任机制带来的优势。在中国区域性股权市场的特殊背景下，区块链技术除了可以发挥上述重要价值之外，还有望从根本上消除制约四板市场这块多层次资本市场塔基的发展障碍，那就是利用区块链网络将区域性股权交易中心联系起来，形成一个全国统一的大市场。

《区域性股权市场监督管理试行办法》和《国务院办公厅关于规范发展区域性股权市场的通知》对区域性股权市场运营机构跨区域经营的限制，主要是针对发行人的，也就是不得为其所在省级行政区域外企业证券的发行、转让或者登记存管提供服务。但上述法规并未限制合格投资人跨区域参与股权投资，而只要求其在相应区域的登记结算机构开立证券账户，并且对合格投资人的认定标准也是全国统一的。

因此，我们的建议是，由全国各省级行政区区域性股权交易运营机构为节点，构建股权交易联盟链，将其作为全国各区域性股权市场的交易基础设施；利用分布式账本实现发行人信息披露、中介机构尽职调查报告、证券所有权记录等关键数据的存证、可校验、可追溯；利用智能合约实现挂牌发行、托管展示、证券转让、登记结算、分红派息、监管信息报送、禁售限制等核心业务流程的标准化；在此基础上再衍生出信用评价体系、交易对手风险管理、系统风险监测等应用。股权交易联盟链并不对当前的监管政策有任何突破，企业在发行股票、可转债时，仍然是通过所在地区域性股权交易运营机构来完成的，并受地方金融监管机构和证监会派出机构监管。但是，合格投资人可以通过股权交易联盟链在任何区域的股权交易运营机构开立账户，获取证券发行信息并参与投资。股权交易联盟链对区域性股权市场格局来说，与20世纪70年代纳斯达克将美国柜台市场联系在一起、跨市场交易系统将美国各主要证券交易所联系在一起的作用类似。这样一来，无论企业在哪个股权交易中心挂牌，都可以面对来自全国的资本，制约资本流动的信息障碍得以消除。信息的融通和资本的流动，可以有效激发企业在区域性股权市场挂牌的意愿，促进区域性股权市场的发展，增进其在多层次资本市场体系中的价值，夯实"塔基"。不仅如此，企业在所在行政区都可以吸引全国各地资本的关注，其跨区挂牌的意愿就不再强烈，可以有效避免各地股权交易运营机构的恶性竞争，从而促进监管要求得到切实执行。

第十章
共识协作的市场新生态

在本书的最后，我们希望从社会意义的角度来讨论区块链技术应用为资本市场带来的变革。我们认为，在多层次资本市场的适当场景，利用区块链技术构建交易基础设施，最终将形成一种全新的市场生态系统。"生态系统"一词最早是英国生态学家亚瑟·斯坦利在1935年提出的，用来描述一个由相互作用的有机体（或生物）组成的群落，以及与其相互作用的环境（空气、水、土壤等）。为了生存和繁荣，这些有机体相互竞争又相互合作，既争夺资源又共同演化，并共同应对外部威胁。詹姆斯·摩尔在1993年发表于《哈佛商业评论》的文章《掠食者与猎物：一种新的竞争生态》中，采纳了这一生物学概念，将联系日益紧密的商业世界中运行的企业比作为了生存而适应和演化的生物群落。摩尔认为，一个企业不应该被看作单一行业中的实体，而是来自多个行业的成员组成的商业生态系统中的一员。

资本市场和任何市场一样，都是一个生态系统，市场参与主体和其他市场角色在这个生态系统中进行着时而竞争时而合作的博弈。在市场这样一个生态系统中，扮演着"空气"和"水"角色的就是信任，人们离开信任便无法达成任何一笔交易。在传统的信任关系中，信任的对象是人或者组织，由于组织也是由人构成的，因此归根结底信任的对象还是人。区块链技术带来的最大变化就是，将传统的对人的信任转化为对一种抽象的技术机制的信任。对于市场生态系统来说，这相当于将"空气"和"水"替换掉了，也就是彻底改变了市场环境，形成了全新的市场生态。我们认为，这种市场新生态的基本特征就是共识和协作，它们将对资本市场产生深远的影响。

在此前各章中，我们对资本市场中交易支付环节的讨论，仍然是基于传统银行体系的,这是因为当前尚无成熟的数字货币可以代替法币作为金融系统的支付手段。但是,数字货币在支付技术上的优势显而易见,法币数字化也是各国竞相尝试的方向。当真正的数字法币成为现实的时候,基于区块链的交易基础设施就能在支付这个环节形成闭环,资本市场生态系统也将完成新一轮的演进。

第一节　重塑市场信用

区块链是一种构建信任机制的技术,那么所谓的"信任机制"又是什么呢？遗憾的是,在创作本书的时候,对于"信任机制"一词,我们一直没有找到特别满意的抽象化定义,找到的词条要么太过具体,要么就是过于纠结技术细节。为了给读者一个我们认为比较准确的概念,在这里我们尝试提出一个定义。"机制"（mechanism）一词来自希腊文μηχανισμός,原意指由不同组成部分构造的、可以完成特定功能的机械装置,后来又引申为由相互作用的不同组成部分构成的、实现某一目的的系统。这里的"系统",可以是物理的、医学的、生物的、技术的、社会学的,甚至是哲学、心理学的系统。机制这一概念的关键在于由多个不同部分构成,并且这些组成部分都是动态的,按照一定的规则相互协作。对于机制的研究主要关注机制由哪些部分组成、为什么由这些部分组成、这些部分怎样工作和协调,以及为什么要这样工作和协调。在理解"机制"这一定义后,我们可以将"信任机制"定义为一个由多个部分组成,可以用来建立信任关系的系统;这个系统可以是社会学的,也可以是技术的,或者是两者混合的;构成这个系统的组成部分,可以是人、组织或者技术手段,抑或是它们的混合。

传统的信任关系是依赖人的,人与人之间产生信任关系是通过重复博弈来完成的。在博弈论中,重复博弈是指在相同的结构中反复博弈多次，其中的每次博弈被称为"阶段博弈"。在重复博弈中，每次博弈的条件、规则、内容都是相同的。博弈方既要考虑每次阶段博弈时的短期利益，也要考虑整个重复博弈中的长期利益，而这两者往往是矛盾又不确定的。例如，在阶段博弈中，选择对抗可能在未来招致对方的报复或恶性竞争，而选择合作可能在未来获得对方的投桃报李。但这又都取决于对方采取的策略，因而它是不确定的。最著名的重复博弈例子就是"囚徒困境"：警察逮捕了两名犯罪嫌疑人，但没有足够的证据指控这两个人入罪。于是，警方分开囚禁犯罪嫌疑人，分别和这两个人见面，并向双方提供以下相同的选择。

- 如果一人认罪并检举对方（背叛），而对方保持沉默（合作），那么背叛者将获释，合作者将被判处 10 年监禁。
- 如果两个人都认罪并检举对方（背叛），则两个人各自被判处 8 年监禁。
- 如果两个人都保持沉默（合作），则两个人各被判处 1 年监禁。

这个问题可以用表 10-1 来表示。

表 10-1　囚徒困境

囚徒状态	整体收益
A 背叛、B 合作	−8
A 背叛、B 背叛	−16
A 合作、B 合作	−2
A 合作、B 背叛	−8

由于两个囚徒相互隔绝，并不知道对方的选择，那么在阶段博弈中最理性或者最利己的选择显然是背叛：如果对方合作，那么己方被

立即释放，收益为0；如果对方背叛，那么双方一起被判8年，收益为 -8。假设选择合作，如果对方合作，那么双方一起被判1年，收益为 -1；如果对方背叛，那么己方被判10年，收益为 -10。但是，将两个囚徒作为一个整体来看，如果两个人都选择合作，那么各判1年，整体收益为 -2；如果其中一个人背叛，那么一人获释，一人被判10年，整体收益为 -10；如果两个人都选择背叛，那么双方各被判8年，整体收益为 -16。也就是说，在阶段博弈中，对个体最理性的选择对集体却是最差的，人类社会经常出现的集体非理性现象往往都源于此。

如果是重复博弈，那么结果会不会不一样呢？理论上，每个囚徒在下一个阶段都有机会去报复对方上一阶段的背叛行为。这时，背叛的动机可能会被惩罚的威胁克服，相反会产生利他的动机，从而导向一个较好的合作的结果。那么，这个较好的结果是否真的会发生呢？博弈论中有一个概念叫"纳什均衡"，指的是在一个博弈过程中，无论对方选择何种策略，当事人都会选择某个确定的策略，这样的策略被称为"支配性策略"；如果任何玩家都有支配性策略，即无法通过自身来改变策略，其他玩家保持策略不变即可获益，那么当前的策略选择集合及其相应的结果就构成了纳什均衡；一个博弈过程可能有多个纳什均衡，也可能根本没有。在囚徒困境问题中，每个囚徒的支配性策略就是背叛，而且每个囚徒也知道对方的支配性策略就是背叛，所以很不幸，囚徒困境的纳什均衡就是两个囚徒都选择背叛策略，纳什均衡的结果就是各被判8年。

在经济学、博弈论、社会学中，资源分配的理想状态是达到"帕累托最优"，也称"帕累托效率"，指的是无法找到另一种分配方案，在其他人不变得更糟的情况下，至少让其中一个人变得更好。显然，囚徒困境中的纳什均衡不是帕累托最优，这是因为两个囚徒之间缺乏信任。如果我们把两个囚徒看作一个机制的两个组成部分，那么囚徒困境便是一个无法建立信任的机制。造成这个结果的原因不在于囚徒自身，而在于他们之间的相互作用关系，包括让他们相互隔离无法串供以及警察开出的处罚条件。当然，这正是警察故意设计和乐于看到的。

囚徒困境问题可以让我们想象人与人之间的信任关系是怎么建立起来的，那就是在重复博弈过程中不断观察对方的行为，并做出未来行为与历史行为保持一致的预测。现实中也的确存在与囚徒困境的纳什均衡不同的情况。例如，两个囚徒在被捕前早已约好串供，并且在被捕后都试探性地遵守了承诺；反复的串供合作又不断地强化了与对方的信任，那么这对囚徒就会变成让警察头疼的江湖兄弟。当然，这种情况发生的概率很小，而且极不稳定。即使对方在此前有 100 次选择了合作，也并不能确保下一次还会做出同样的选择，更何况此前的合作也许根本就是为了骗取信任的计谋。因此，警察的策略在绝大多数情况下还是有效的，囚徒困境的纳什均衡是由这种机制决定的。

在重复博弈过程中建立起来的信任关系的不稳定性，也让我们认识到传统的依赖人的中心化信任的脆弱性。在 2008 年金融危机中，创立于 19 世纪的雷曼兄弟公司破产。2014 年，瑞士在美国的极限施压下放弃了有 300 年历史的银行保密制度。而且，越是在长期重复博弈中建立起来的信任，一旦崩塌，其造成的影响就越大，因为人们对此完全没有预期。相反，一个可以达到纳什均衡的机制要稳固得多，因为它是"自强化"的机制。根据可以达到怎样的纳什均衡，博弈可以分为合作博弈和非合作博弈。合作博弈是指博弈双方利益都有所增加，或者至少一方利益增加，而另一方利益不受损害；非合作博弈是指参与者不可能达成具有约束力的协议，一方获益必然是以其他人的利益损失为前提的。如果我们希望构建一种信任机制，那么我们要建立一种"合作博弈"机制，让系统的纳什均衡趋向帕累托最优。

在有了上述认识以后，我们就可以理解为什么说区块链技术构建了一种信任机制。我们已经在第二章中详细介绍了区块链实现信任机制的技术细节，其中最关键的两大组成部分是分布式账本和共识机制。其中，分布式账本又由加密哈希函数、梅克尔树和链式存储结构三大技术作为支撑，环环相扣，从技术的角度是实现了数据的可信存储，从建立信任关系的角度就是留下了无可辩驳的凭据。凭据是人们建立信任关系的古老做法，如我们在第一章中提到的"虎符"。凭据让信息的真伪容易被识别，本质上增加了阶段博弈过程中实施背叛或欺诈的成本。

但是，光是留下凭据是不够的，毕竟区块链是在"人性本恶"的假设下工作的，控制凭据的人即使手里有真实凭据，也不能确保他拿出来的是真的。这时就需要"去中心化"，让凭据不是掌握在一个人而是一群人的手里，实现"集体领导""集体决策"；并且，还要在每次阶段博弈中从所有人拿出的凭据里，找到一致且真实的决策，这就是共识机制的任务。共识机制也是机制，代表的是区块链节点及其背后所代表的人或组织之间的协调关系。我们在第四章中已经看到，各种区块链共识机制本质上都是一种"投注机制"，区别在于投注时依据什么决定中签概率：工作量证明取决于算力消耗，权益共识取决于拥有的资产，活跃度证明取决于在线时长，领导者共识奉行机会均等，权威证明取决于信用水平。在不同场景下选择何种共识机制的问题，归根结底就是依据这种共识机制在这样的场景下能不能促使诚信与合作成为成员的"支配策略"，从而达到趋向帕累托最优的纳什均衡。当然，在决定共识机制时，我们还要考虑系统在其他方面的目标，实际上这是一个多目标规划问题。

我们可以看出，分布式账本和共识机制都侧重于阶段博弈这一层面，两者相结合极大地推高了成员在每一次改变区块链系统状态（在分布式账本中写入区块）过程中的"作恶"成本。这种机制产生的信任，比起传统的依赖重复博弈的中心化信任要稳定得多。因为它既不需要用重复博弈产生的历史数据做出预测，也不依赖对手对己方可能的报复的恐惧，或者对己方可能的回报的期望。一句话，人或者组织的行为归根结底是不确定的，而机制却具有"自强化"效应。

在构建最基础的信任机制之后，区块链的其他特有技术还可以进一步实现信任关系的延伸、扩展和迭代。智能合约技术的实质就是，将合约各方之间复杂的权利义务关系通过共识机制置于成员群体的共同监督之下，从而把信任机制延伸到成员之间的复杂业务流程中，成为第一种可信的电子化交易协议。跨链技术实现了不同区块链系统及其代表的应用场景之间的信用交换，将信任关系扩展到系统边界之外，丰富了区块链信任机制的价值。而在区块链可信数据基础上建立起来的信用评价体系，一方面实现了成员信用水平的度量和量化，将信任关系从阶段博弈进一步扩展到重复博弈；另一方面，在权威认证共识机制下，信用水平又可以反过来作用于共识机制的运行，完成了信任关系的迭代，并进一步加强了区块链信任机制的"自强化"效应。

在传统的以中心化模式组织的市场中，信用来自信任中心（如交易所）的公信力、抵押担保品（如保证金）以及监管措施。对于市场的参与主体而言，这些措施都属于市场外部而不是内生力量，所建立的信任关系不是依靠市场主体的支配性策略自发形成的，因而不具有"自强化"效应。不仅如此，这些措施的成本也非常高昂，并且对业务模式和处理流程的标准化有很高的要求。对于标准化程度高、流动性好、市场容量大的场内市场，中心化模式是适当的，其规模效应可以覆盖因为建立市场信用而付出的成本。但是，在场外市场，市场运营组织机构的公信力、资金实力、技术水平、管理能力均无法与场内市场相比，甚至根本就不存在面向全市场的信任中心。多层次资本市场体系中的许多市场层级，也不具备足够的规模来支持中心化信任的高成本。

但是，在这些场景中，我们如果合理应用区块链技术设计交易基础设施，那么这实际上重新塑造了市场信用的来源：让信用不再依赖人或组织，而是依赖一种技术机制；不再由成本高昂的外部力量来保障，而是让市场成员在信任机制的作用下，通过建立市场成员之间的一种交互行为模式和市场成员自身的支配性策略，以自组织、自适应、自监管、自强化的方式，在市场的运行迭代中逐步趋向帕累托最优。在市场生态系统中，信用像空气和水一样是最重要的环境，区块链技术带来的全新信任机制必然会引起资本市场深刻的变革。

第二节　如何在竞争中合作

资本市场中存在着不同的市场角色，有各类市场参与主体以及承担市场组织功能的交易所、登记结算机构、资金存管机构、经纪商，还有监管机构、行业自律组织等。在多层次资本市场体系中，不同市场层级的市场角色也有所差异。例如，场外市场中通常不存在交易所，但往往会有第三方担保机构；大宗商品市场会有保理商；等等。不同市场角色各司其职，各类市场参与主体在市场中既竞争又合作，以满足各自的投融资需求，在市场运行机制的协调和监督之下共同形成了市场生态系统。

在多层次资本市场体系中，不同的市场层级也承担着不同的功能。以中国多层次资本市场为例，证券市场包括：由沪深交易所组成的证券交易所市场，主要承担股票、债券及其采用标准化合约的权益衍生品交易，证券交易所市场内部还包括A股主板、科创板、中小企业板、创业板等不同市场层次；由全国性股份转让系统组成的全国性场外股权市场；由各省级行政区股权交易运营机构组成的区域性股权市场。债券市场以从事机构间债券交易的银行间债券市场为主，还包括证券市场中的交易所债券市场和负责债券零售业务的银行柜台市场。期货及商品现货市场包括：由上海期货交易所、大连商品交易所、郑州商品交易所、中国金融期货交易所、上海能源交易中心等组成的期货交易所市场，主要承担标准化合约的商品期货、金融期货及其衍生品交易；由各地区各行业商品现货交易场所组成的大宗商品市场，主要承担大宗商品现货交易和各类相关金融服务。此外，还有场外衍生品市场，又可分为证券公司柜台市场和期货风险管理子公司柜台市场，主要承担非标准化合约的权益类、固定收益类、商品类衍生品交易。

生态系统的首要作用是确立一个边界，即"生态边界"，这个边界之外的部分被称为环境，而边界内部则是具有特定功能、内部结构、运作机制的一个系统。从生态系统的角度来看，每一个资本市场层级都是一个生态系统，而整个多层次资本市场体系又是由各个市场层级子系统构成的一个大生态系统。在每个市场生态系统内部，市场参与主体之间形成了一种"合作竞争"（coopetition）的博弈关系。"合作竞争"一词本来就是由"合作"（cooperation）和"竞争"（competition）组合构造出来的，有时也被写为co-opetition，中文译作"合作竞争"或者"竞合"。合作竞争的概念是耶鲁管理学院的巴里·J.奈尔伯夫和哈佛商学院的亚当·M.布兰登勃格在20世纪90年代提出的，他们认为："创造价值是一个合作过程，攫取价值则需要通过竞争，这一过程不能靠孤军奋战，必须靠相互合作。"在博弈论中，合作竞争指的是通过竞争者之间的合作，来实现所有参与者的利益提升和整个系统的改善。奈尔伯夫和布兰登勃格提出用一个"价值网络"模型来表示商业领域中的合作竞争关系，如图10-1所示。

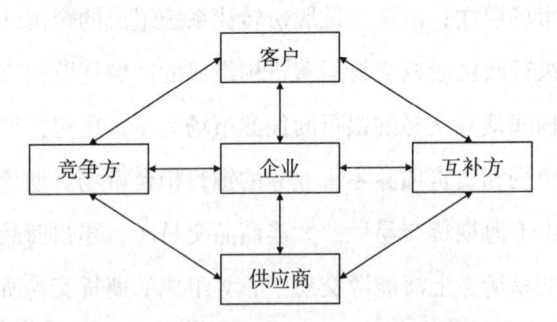

图 10-1　合作竞争关系中的价值网络

价值网络描述了对一个企业来说影响最大的四类实体：客户、供应商、竞争方、互补方。其中，客户、供应商比较容易理解；竞争方包括已有的竞争对手、新同行、替代者（提供不同类产品但可以替代现有产品的竞争对手）；互补方指提供可以增加己方产品吸引力和价值的其他产品的企业，如手机游戏、应用软件的开发商就是手机制造商或手机操作系统开发商的互补方。对于企业而言，合作竞争是一种长期发展战略，目的是通过与竞争对手之间的合作与相互学习，进行产品、服务、技术、管理等方面的创新，在专利授权和标准制定方面展开合作，使企业形成持久的竞争优势。合作竞争给企业带来的效益包括以下几点。

- 规模效应：竞合企业共同开拓市场，实现规模经济和品牌效应；充分发挥单个企业的相对优势，提高专业化分工，实现研发、生产、销售各环节的优化组合；共同制定行业技术标准，延长外部合作面。
- 成本效应：降低竞合企业的外部交易成本和内部组织成本。例如，竞合企业联合对上下游进行价格、产能分配的谈判，降低市场价格波动带来的风险，实现竞合企业之间的信息共享，降低内部管理成本，提高组织效率。
- 协同效应：同一资源在不同企业中表现出很强的异质性，可以通过合作竞争实现竞合企业之间的资源互补融合，既可以利用对方资源，也可以提高己方资源的利用效率，降低竞合企业总体资源投入，减少企业沉没成本。
- 创新效应：合作竞争可以使企业相互学习和在信息收集方面展开合作，有利于竞合企业之间的知识传播、创新、融合和应用，为企业提供新的思想和活力。

资本市场一般被认为是一个零和博弈甚至负零和博弈的市场,从市场主体参与交易的角度来说的确如此,价格涨跌对于多头与空头的影响一定是相反的。但是市场参与主体之间、不同市场角色之间,仍然具有共同利益或者共识,仍然可以形成合作竞争关系。尽管多空头经常处于彼此博弈的状态,但双方在达成交易的那一刻,仍然可以被视为达成了一种合作关系:交易双方都得到了自己认可的价格,并都帮助对方完成了交易。无论是多头还是空头,其实都不希望市场价格出现大幅波动。2016年11月11日,正当人们享受周末晚上的休闲时光,或者忙着参与"双十一"购物节狂欢时,期货市场夜盘却上演了惊魂一幕:焦煤、焦炭、铁矿石、沪铜期货等先是纷纷涨停,但接着出现急跌局面;PTA、棉花和橡胶更是几分钟内从涨停到跌停。在这个晚上,许多多头和空头变成了一条绳上的蚂蚱,当价格快速上涨时,许多保证金不足的空头被强行平仓[①];但当空头还在惊魂未定地计算损失的时候,价格又快速跌停,多头也遭受了空头的同等待遇。

事实上,不同市场角色之间有许多共同的利益,例如都不希望出现大幅价格波动、信用风险、内幕交易和操纵市场,都希望提高市场的透明度、效益效率、信用水平、流动性、信息化水平。这些共同利益就是市场角色之间展开合作竞争的可能方向。我们以场外衍生品市场为例构建了场外市场交易商的价值网络模型,如图10-2所示。这里的交易商可以是开展场外衍生品业务的证券公司和期货风险管理子公司,交易商的交易对手通常是其客户(也可以是其他交易商)。双方在进行交易时当然是一种竞争博弈的关系,但交易商与客户展开场外衍生品业务的实质是为客户提供定制化的金融服务,满足客户个性化的投融资和风险管理需求,因此也可以被认为是一种合作关系。从业务竞争角度来看,交

[①] 期货交易采用盯市保证金制度,当实时价格波动导致保证金账户不足时,持有的头寸将会被强行平仓。

易商之间显然是竞争关系；但是，交易商作为一个群体，需要依靠由交易平台、登记结算机构（如中央对手方）、存管机构、监管机构、自律组织等组成的交易基础设施开展业务，共同面对市场风险、交易对手方信用风险甚至系统性风险，都需要和外部市场或机构发生交互。在这些方面上，交易商之间存在巨大的共同利益和广阔的合作空间。对标商业领域的价值网络模型，交易基础设施为交易商开展业务提供了必要条件，可以被视为一般商业领域价值网络中的"供应商"；第三方授信机构为交易商的交易对手方提供了授信担保，降低了交易商承担的风险，而外部市场为交易商提供了风险对冲的途径，可以被视为一般商业领域价值网络中的"互补方"。

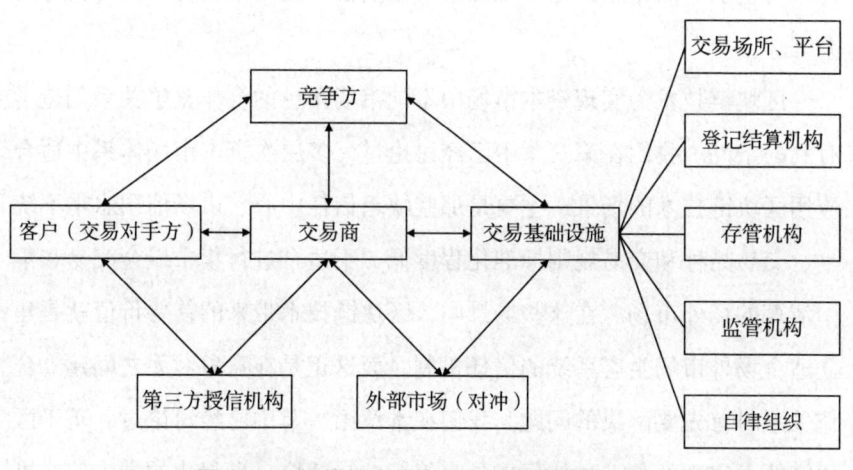

图 10-2 场外衍生品市场交易商的价值网络

合作竞争的思想就是要求所有参与者共同把蛋糕做大，最终每个参与者通过竞争获得的利益都会相应增加。基于资本市场中不同市场角色的共同利益，我们认为在这些市场角色之间，特别是具有竞争关系的市场参与主体之间，合作竞争的目标就是实现市场的公开、公平、公正，落实市场的功能定位，扩大市场的价值。但是，正如我们在第一章中所看到的，中国多层次资本市场体系的格局呈现出比较明显的"倒金字塔"形，各类场外市场在市场规模、地位、流动性、风险管理、监管、运行机制、技术水平等多方面都难以和场内市场相提并论，距离实现资本市场合作竞争的目标还比较遥远。这既有各类场外市场发展历史较短、运行管理机制不成熟的原因，也有场外市场业务灵活性高、标准化程度低、市场治理难度大、难以获得规模效应等内在特征的原因。在场外衍生品市场和银行间债券市场，交易商既是参与交易的市场主体，又承担了市场组织功能；在大宗商品市场和区域性股权市场，各地区各行业的交易所、交易中心在承担市场组织功能的同时，也相互竞争市场份额。在这些机构之间建立有效的合作竞争关系，充分发挥它们在各类场外市场组织中的作用，是实现做大市场蛋糕、提升市场价值这一目标的关键。

区块链技术为实现资本市场中不同市场角色的合作竞争关系创造了有利的条件。我们在第三章中已经讨论过，多层次资本市场体系中适合应用区块链技术的场景，主要是那些缺乏信任中心、市场信用水平不统一、交易品种和交易规则标准化程度低、不适合进行集中撮合交易和集中清算的场外市场。在这些场景中，区块链技术带来的首要价值就是建立适合场外市场生态系统的信任机制，而这正是在竞争对手之间建立合作关系时首先要解决的问题。我们在本章第一节中已经讨论过，基于区块链技术实现的是一种依靠成员自组织、自适应、自强化的内生信任机制，并且相对于场内市场的中心化信任具有较低的成本。这种信任机制既为实现市场成员之间的合作竞争提供了信用基础，其本身又是市场成员合作竞争的产物。

建立合作竞争关系的另一个前提是有合理的权利、责任分配方式。这个问题在一般的商业领域，是通过竞合企业之间直接协商和约定解决的。但是，在资本市场场景中，参与合作竞争的机构要远远多于一般商业领域中的企业联盟、行业联盟，这时就需要一种体现各方责、权的协作机制。在区块链系统中，这种协作机制的核心就是区块链的形态、节点构成和共识机制。我们在第三章、第四章中详细讨论过这些问题，我们认为在各类场外市场中，普遍适用的是许可制联盟链和权威认证共识机制；在第九章中，我们又针对场外市场的各个具体场景，讨论了为区块链系统提供节点的相关市场角色以及它们之间的权限分配问题。在基于区块链的交易基础设施中，市场成员为区块链系统提供节点，参与分布式账本的维护，验证交易，执行智能合约，既体现了一种权利，也承担了相应的义务。为了实现市场治理的目标，促进节点所属机构诚实履行职责，我们提出了市场组织的基本原则：让市场信用风险的承担者参与市场管理和维护市场秩序，并充分发挥监管机构作为维护市场稳定的"锚点"的作用。在第四章中，我们将这一原则内化到权威认证共识机制中，并使它成为市场协作机制的核心。需要注意的是，在这里我们只是针对权利、责任的分配方式，并没有直接涉及利益分配，这是因为合作竞争并不是为了分割垄断利益，更不是要取消竞争。合作竞争的目的是做大蛋糕，但蛋糕的分配仍然需要通过竞争来实现。

合作竞争还必须促进信息的流通，这与资本市场对信息传播的依赖是一致的。但必须认识到的是，制约信息传播的不仅仅是技术问题、标准问题，更重要的是数据所有权问题。在资本市场中，数据涉及市场参与者的信用、风险、投资策略等敏感信息，是最重要的资产之一。如果不能很好地解决数据所有权问题，我们要么不能实现信息的流通，要么会导致信息的滥用。区块链中广泛采用的加密哈希函数和非对称加密技术很好地解决了这个问题，用户通过这些加密手段拥有并保护了自身数据的所有权，可以通过自主决策有选择地开放数据、获取收益；同时，数据的使用方可以有效地鉴别数据的真实性、准确性。最典型的例子就是市场参与者通过开放有关自身信用评级的数据，获得交易对手更优的报价或保证金条件。

利用区块链技术实现各类场外市场的交易基础设施，从根本上解决了场外市场治理的难题，让合作竞争成为市场生态系统的基本协作方式。由于合作竞争的目标来自所有市场角色的共同利益，也就是市场成员的共识，并且是在区块链技术机制的保障下依靠所有市场成员的协作来实现的，因此我们将这种通过合作竞争产生的市场生态称为共识、协作的市场新生态。除了在各场外市场层级实现共识、协作的市场新生态外，依托区块链的跨链技术、外部API、DApp等技术手段，还可以实现不同区块链系统之间、区块链与其他类型交易系统之间的数据交换和互操作。对于整个多层次资本市场体系而言，这意味着实现各市场层级之间的信息、信用、价值的交互和转移，使场内、场外各层级市场生态系统形成既保留边界又相互融通的格局，促进多层次资本市场体系成为一个多样化的生态系统体系。

第三节　换个角度看数字货币

尽管区块链技术最初是以比特币这一数字货币的形式呈现在人们面前的，但是比特币是否可以被视为货币一直是人们争论的话题。有关比特币货币属性的问题包括：比特币的价值问题，比特币是通过挖矿产生的，挖矿过程中消耗的算力可否被认为其赋予了比特币价值；比特币可否被接受为一般等价物；比特币可否被作为计价单位；比特币可否作为价值储藏的手段；比特币的总量有上限，长期来看必然是通缩的，但短期价格大幅波动；比特币是否挑战了国家货币主权；比特币的匿名性使其经常被用于非法交易和洗钱；等等。这些争论自比特币诞生时就开始存在，并且有长期化的趋势。不同国家对比特币的态度也大不相同：日本、澳大利亚承认比特币的法币地位；马耳他、瑞士、新加坡、韩国、新西兰等国将其视为资产，允许交易，但不将其视为法币。

事实上，现代货币早已从以物易物发展起来的金银货币发展为以国家主权信用背书的主权信用货币。那么，什么是国家主权信用？国家主权信用又是如何赋予货币以价值的呢？抛开复杂的宏观经济和货币理论，我们可以从一段有趣的历史看出一二。明太祖朱元璋在创建大明王朝之后，开始效法唐宋铸造铜钱用以流通。但是由于战乱，铜矿开采停滞，朝廷难以铸造足够的铜钱进入流通领域，为此甚至强迫民间销毁铜器上缴用来铸币。洪武八年（公元1375年），朝廷开始发行纸币来代替铜钱，这一纸币被称为"大明宝钞"，币值从一贯（一千文）到一百文共六等，并强行规定了纸币、黄金、白银、铜钱之间的汇率。但是，大明宝钞仅仅用了二十年时间就宣告失败，这是因为"大明宝钞"有几个明显的缺陷：第一，没有准备金制度，老百姓可以拿真金白银向朝廷兑换纸币，却不能用纸币向朝廷兑换金、银、铜钱；第二，大明宝钞的发行没有上限，朝廷想印多少就印多少；第三，用纸币纳税受到限制，朝廷规定老百姓纳税时只能使用百分之七十的纸币，剩下百分之三十必须用铜钱或者金银。大明宝钞最后沦为逢年过节皇帝赏赐大臣的仪式用品，而明朝的货币体系最终又回归到银本位。

这个例子告诉了我们一种货币背后的信用是靠什么支撑起来的。其中之一是资产储备。例如，美元在"布雷顿森林体系"时期，是利用美国在第二次世界大战以后庞大的黄金储备作为支撑的，美联储保证美元与黄金按固定汇率兑换。除了黄金以外，国家也可以以国际支付中被普遍接受的外汇作为储备，以"外汇占款"为基础发行货币。也就是说，一种货币要"值钱"，归根结底是这种货币能从政府那里兑换资产，货币发行多少要和政府储备的资产挂钩，不能像大明宝钞一样随便印。另一个支撑就是主权债务。当前，美元就采用这种模式，美国政府发行国债（规模由美国国会批准）在市场上销售，剩余部分由美联储买入；如果需要释放流动性，那么美联储可以从市场上购买国债；而如果要回收流动性，那么美联储可以在市场上销售国债；而美国国债是由美国政府的税收担保的，也就是说，美元的价值归根结底还是因为可以用美元来纳税。

比特币依靠区块链技术构造了去中心化的信任机制，但是这种信任机制解决的是支付环节中资产所有权的安全问题，并没有解决比特币的价值来源问题——比特币既无挂钩资产，也无主权信用。当然，任何一种东西，哪怕只是比特币这样的数字符号，只要有人接受，都可以被认为是有价值的，但重要的是其被普遍接受的程度，以及是否具有被人们普遍认可的比较稳定的价格。不幸的是，比特币的价格比网络游戏中的代币或装备这样的数字资产还要难以确定，毕竟游戏有玩家，玩家之间有市场。事实上，比特币价格也一直处于巨幅波动之中，如图10-3所示。2013年12月，中国人民银行、工信部、银监会、证监会、保监会联合发布了《关于防范比特币风险的通知》，认为"比特币不是由货币当局发行的，不具有法偿性与强制性等货币属性，并不是真正意义的货币。从性质上看，比特币是一种特定的虚拟商品，不具有与货币等同的法律地位，不能且不应作为货币在市场上流通使用"。

为了赋予数字货币人们比较容易理解和接受的价值，最直接的办法就是让其与被普遍接受且价值稳定的资产相挂钩，这就是所谓的"稳定币"。其中，影响最大的就是Facebook的Libra（天秤币）计划。2019年6月18日，Facebook位于瑞士的子公司Libra Network（天秤座网络）发布了其加密数字货币项目Libra 1.0版白皮书。根据白皮书，Libra的发行"采用一系列低波动性资产（如稳定且信誉良好的中央银行提供的现金和政府债券）进行抵押"，因此这是一种典型的稳定币。由于不需要通过挖矿得到数字货币，Libra采用拜占庭容错共识算法。Libra的发行由Libra协会管理。Facebook是Libra协会的发起者，任何入会的机构需要向 Facebook 缴纳 1 000 万美元的会费，先后已有 Uber（优步）、eBay（易贝）、PayPal 等著名互联网公司，MasterCard、Visa 等老牌金融机构，在线奢侈品网站 Farfetch 等知名企业加入。2019 年 9 月，Facebook 公布 Libra 货币篮子的构成是美元 50%、欧元 18%、日元 14%、英镑 11% 和新加坡元 7%。按 Libra 1.0 的愿景，Libra 作为一篮子货币稳定币，是一个超主权货币，将在全球范围内使用，是为数十亿人赋能的金融基础设施。

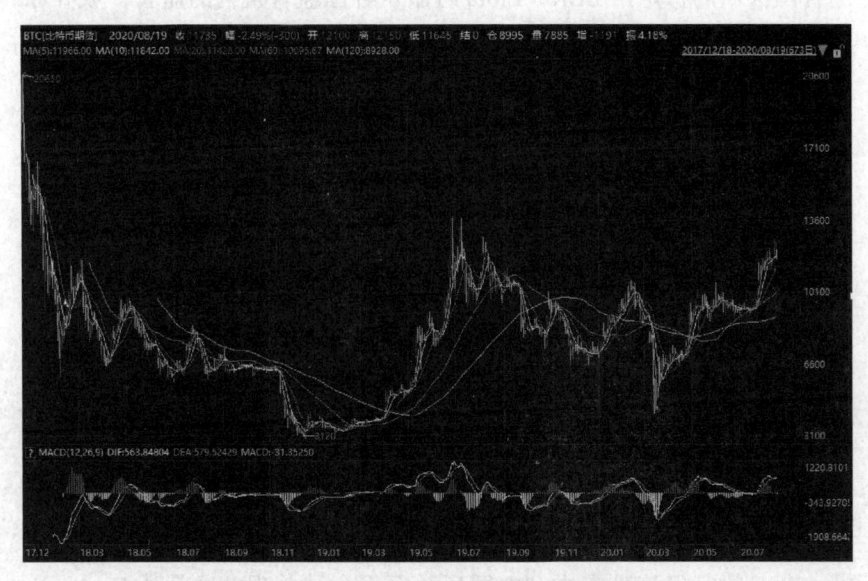

图 10-3　比特币期货 BTC.CME 近年价格走势

数据来源：万得资讯。

但是，Libra 的发展很快就遭遇了麻烦。2019 年 10 月 23 日，美国国会直接传唤 Facebook 首席执行官扎克伯格就 Libra 作证。而就在听证会的前一周，PayPal、Visa、eBay 和 MasterCard、Booking Holdings（缤客）等支付界巨头纷纷退出 Libra 协会。国会议员质疑的问题包括：Libra 的性质是货币、证券、商品，还是第二个比特币？Libra 协会能否被视为银行？Libra 应否接受美国证券交易委员会监管？Libra 愿意遵从美国监管批准，但钱包 Calibra 却是在瑞士注册的，这背后牵扯一系列资产安全和管理问题，难以监管，为何不把 Libra 带回美国？Facebook 有泄露支付数据信息和隐私的前科，如何保证不再发生类似事件？主要的美国付款处理商都退出了 Libra 协会，如何建立一个遵守 AML（反洗钱）、BSA（《银行保密法》）的合规制度？为了能顺利过审，2020 年 4 月 17 日，Facebook 发布了 Libra 2.0 版白皮书，主要调整包括：新增锚定各国法币的稳定币 LBR，Libra 将服从各国监管机构的监管，放弃原定的向无许可系统的过渡，建立更加强大的资产保护措施。虽然调整后的 Libra 2.0 更容易通过审查，但在很大程度上背离了其去中心化的初衷，因而受到加密领域"自由主义者"的猛烈抨击。

那么 Facebook 如此积极地推进数字货币的目的又是什么呢？数字资产研究院孟岩、邵青认为，其第一层目的是获得新的赢利模式，即通过切入规模庞大的支付业务，让 Libra 成为 Facebook 固有业务和金融服务业务的入口。其第二层目的是成为全球数字经济的中央银行。尽管短期内 Libra 是以法币为抵押发行的，但在 Libra 稳定运行多年以后，Facebook 繁荣的电商、游戏、服务、金融等数字经济生态中，会有大量的产品、服务以 Libra 计价和支付，这意味着有大量的 Libra 在 Facebook 数字经济生态中"内循环"而不会被兑现，这就让 Facebook 掌握了事实上的"铸币权"。其第三层目的是建立 Facebook 数字经济帝国。Facebook 在成为数字经济央行后，将与 100 个盟友建立一个涵盖 27 亿用户的虚拟经济体，这个数字经济帝国的 GDP 可能超过世界上大多数国家，并能逐渐建立自己的一整套治理制度。不管 Facebook 是否能最终实现其数字经济帝国的愿景，Libra 至少在逻辑上已经非常接近货币的概念：以法币作为储备与许多国家采用外汇占款方式发行货币的做法比较类似，Facebook 及其盟友以 Libra 计价和支付的产品与服务也为 Libra

提供了背书，这两点为 Libra 的价值和币值的稳定提供了保障。

但是，真正完全具有货币属性的数字货币，应该是主权货币的数字化。而在这一领域影响最大、进展最迅速，经常被拿来和 Libra 做对比的，当属中国的央行数字货币。2020 年 8 月 14 日，商务部发布《商务部关于印发全面深化服务贸易创新发展试点总体方案的通知》，通知明确在京津冀、长三角、粤港澳大湾区及中西部具备条件的试点地区开展数字人民币试点。事实上，中国央行早在 2014 年就开始研究数字货币，并于 2016 年成立了数字货币研究所。与已知的数字货币不同，央行数字货币就是人民币的数字化，属于央行负债，具有国家信用，与法定货币等值，其功能属性与纸钞完全一样。在金融属性上，央行数字货币代替的是 M0（流通中的现金），而不是 M1（M0+ 可开支票进行支付的单位活期存款）或 M2（M1+ 居民储蓄存款 + 单位定期存款 + 单位其他存款 + 证券公司客户保证金）。央行数字货币采用双层运营模式：第一层是人民银行对接商业银行，商业银行需要向人民银行支付 100% 准备金，人民银行给予商业银行等额；第二层是商业银行对接用户，用户通过现金或存款向商业银行兑换央行数字货币。

根据目前已知资料，央行数字货币并没有完全采用区块链技术，而是采用了区块链中部分核心技术的混合技术路线。央行数字货币的技术特征包括安全性、防止"双花"、可控匿名性、不可伪造性、公平性、兼容性。其大多数概念与一般数字货币概念相同，个别概念有区别：安全性是指防止更改或非法使用数字货币，体现的是对使用央行数字货币的监管要求；可控匿名性是指除了央行数字货币发行方（也就是人民银行），其他机构无法追踪用户的购买行为；兼容性是指央行数字货币的发行流通环节要尽可能参照现金。央行数字货币系统的核心要素包括一种币、两类库和三个中心。"一种币"指的是央行发行的经央行私钥签名的法定数字货币。央行数字货币系统中只能转移这种数字货币，用户电子钱包中会内置央行的公钥来验证数字货币是否由央行发行。"两类库"是指发行库和商业银行库这两个数据库。央行发行的数字货币存放在发行库中；商业银行在提取一定数量数字货币时，就将数字货币从发行库转移到商业银行库；用户从商业银行提取数字货币时，再将数字货币从商业银行库转至用户的数字钱包。"三个中心"指的是登记中心、认证中心和大数据分析中心。登记中心负责管理数字货币的整个生命周期，包括印制、转移、销毁、回笼等过程；认证中心对授权投放机构以及客户身份信息进行集中管理，建立客户身份与其持有的数字钱包之间的映射关系，并用加密技术为其分配密钥；大数据分析中心依据数字货币的整个生命周期数据，分析货币运行规律，为货币政策、监管提供支持。

央行数字货币有对内和对外两个方面的作用。在对内方面，由于央行数字货币可以有效降低货币发行、交易成本，提高征信效率，强化支付便利，提供资金流动详细信息，央行可以实现流动性精准投放，加强货币政策的直达性，加速普惠金融的深化。此外，在流动性紧缺的情况下，央行能够根据回收时点的经济信息调整金融机构的数字货币归还利率，对捂币惜贷的金融机构实施惩罚性利率，从而削弱流动性陷阱。在对外方面，央行数字货币有利于抢占国际数字货币发展这一"新赛道"，形成跨国家、跨地区的数字货币区，有利于降低国际贸易对美元结算体系的依赖，推动人民币国际化进程。1973 年，来自美国、加拿大等 15 个发达国家的 239 家银行成立了"环球银行金融电信协会"（Society for Worldwide Interbank Financial Telecomm，缩写为 SWIFT），建立了世界各国银行间结算计算机网络。美国对环球银行金融电信协会有绝对的话语权和控制权，是"美元霸权"的重要支柱。数字货币的出现，对以环球银行金融电信协会为代表的结算体系形成了挑战。正如 Libra 1.0 中所描述的愿景那样，27 亿用户（约占世界互联网用户 3/4 的人口）将摆脱对美元结算的依赖。但是，在美国国会、美联储、欧盟各国政府的打压下，Libra 2.0 已经放弃了 Libra 1.0 中的大部分理想。而央行数字货币有 Libra 不具备的优势，那就是中国作为一个主权国家、世界第二大经济体，如果抓住历史机遇实现国际结算中的货币代替，那么将会深刻地改变国际金融和贸易格局。

回到多层次资本市场的话题上，对于那些适合基于区块链技术构造交易基础设施的场外市场，央行数字货币显然是替代传统支付手段的最理想方式。在此前各章的讨论中，涉及结算过程中的资金支付环节，在传统条件下只能通过智能合约调用存管银行提供的支付接口。在技术上，智能合约必须实现与所有存管银行的支付系统对接，才能完成上述工作。如果采用央行数字货币，智能合约只需要对接交易双方的数字钱包就可以完成支付，这将大幅提高交易支付的效率。在存在跨市场对冲交易的情况下，用户在两个市场之间划拨资金时不必再进行烦琐的银证转入、转出。同时，由于央行很容易监控央行数字货币的资金流向，这也有利于加强监管穿透，防止操纵市场、内幕交易和利益输送等行为。

而在资本市场采用央行数字货币作为支付手段，对于央行数字货币实现货币替代，确立央行数字货币的国际地位也有重要作用。一种货币的价值和普遍被接受的程度，取决于其背后代表的资产、产品、服务和市场。对美元结算体系有重要支撑作用的是石油输出国组织（Organization of the Petroleum Exporting Countries，缩写为 OPEC）采用美元进行结算。数字货币中的稳定币，之所以被称为"稳定"，并不是因为其本身价格稳定，而是因为其挂钩的资产是稳定的。在 Libra 1.0 愿景中，Facebook 数字经济央行的梦想其实也是依托 Facebook 及其盟友化数字经济生态中的产品、服务和市场。如果光是依靠 Libra 挂钩的准备金，那么 Libra 至多能够实现支付便捷，不能进入 Facebook 的循环体系，无法帮助 Facebook 获得"铸币权"。因此，在多层次资本市场体系中，逐步推进基于区块链的交易基础设施建设，并以央行数字货币作为支付手段，一方面可以实现资本市场生态系统的优化，使中国资本市场成为更具价值的市场；另一方面，中国资本市场的价值又会反过来对央行数字货币的国际地位形成有利的支撑，形成资本市场与央行数字货币双向促进的态势。

后　记

　　自21世纪以来，信息技术实现了突飞猛进的发展，引发了社会生态深刻的变革。在2010年前后，几项重要技术被应用到对信息最敏感的金融行业，那就是被称为"ABCD"的人工智能、区块链、云计算、大数据，并且诞生了"金融科技"这样一个名词。当前，人工智能、云计算、大数据在金融领域的应用已经越来越成熟，从投资到金融服务创新，落地场景越来越多。虽然区块链技术的诞生时间不算晚，但是传统金融领域尚未出现"杀手级"应用。我们认为，这与区块链技术本身的复杂性以及金融和信息技术两个领域的工作者缺乏相互了解是分不开的。然而，相比其他三项技术，区块链给金融领域带来的改变可能更具革命性，甚至颠覆性。这是因为区块链技术的核心价值是构建去中心化信任机制，而传统金融体系是完全依赖信用中介组织起来的。在金融领域应用区块链技术，将对金融生态产生深刻的影响。

　　如果不是机缘巧合，也许我们根本就不会涉足有关区块链的研究。本书的创作团队有长期在证券、期货行业担任高管的职业经理人王一军先生，也有深耕证券投资、精通公司行业研究的应晓明先生，而我虽然出身于计算机专业，却一头扎进量化投资领域，梦想着有一天能够一边悠闲地喝着咖啡，一边笑眯眯地看着昨晚写出来的程序正在帮我打败市场。不管怎样，我们好像都和"链圈"沾不上一点关系。

　　本书的创作动机来自中国证券业协会2019年重点课题研究，而真正给我们选题灵感的是东海期货负责场外期权业务的曾凯先生。在一起聊天的时候，他时而憧憬场外衍生品市场未来巨大的空间，时而又担心客户会不会违约，还经常告诉我们一些同行之间的逸事。"用区块链啊！都什么年代了，还要在纸上盖章吗？"我经常这样半认真半调侃地说。到真正申报课题的时候，我们就把这个一时兴起的想法向王总和应总汇报了。王总的反应非常迅速，当我的话还没讲到三分之一的时候，王总就说："我知道了，在交易所市场，交易是价格的函数；场外市场要多一个参数，交易是价格和信用的函数。"应总在旁边笑了："一句话就说完了。"

既然这样，那就干吧！由东海证券研究所、东海期货期权部、东海投教基地组成的课题组很快就成立起来，并向中国证券业协会申报了课题，即"区块链在场外衍生品市场组织中的应用研究"（编号：2019SACKT066）。课题研究的过程不可谓不辛苦，好在技术问题比起变幻莫测的证券市场来说，至少是确定的。同时，我们也获得了来自不同行业不同领域的朋友的帮助，有微众银行区块链技术专家张龙先生、众安科技总经理李侃先生、上海大学计算机学院的宋安平教授等。在课题研究中，我们不仅仅关注理论，还基于 Hyperledger Fabric 开发了一个名为"OTC Chain Broker"（以下简称 OTCCB）的场外衍生品仿真交易平台。OTCCB 麻雀虽小，五脏俱全，包括权威认证共识机制、链上广播询价、智能衍生品合约、交易对手方信用风险计量模型和基于交易行为的信用评级等，具备场外衍生品交易的核心功能。

功夫不负有心人，经过学术不端检测、专家网上在线初审和现场答辩终审等环节，我们的课题得到了中国证券业协会评审专家们的肯定，获得了中国证券业协会 2019 年优秀重点课题奖。在课题获奖后，经中国证券业协会、中国人民银行江苏分行推荐，课题组在《证券市场导报》《传导》《中国证券》《金融纵横》等刊物发表了相关学术论文。在

后 记

这里，我们还要感谢深圳证券交易所综合研究所所长何基报先生和《证券市场导报》编辑部主任胡耀亭先生给予的指导与帮助。学术刊物的推广也引起了业内人士的关注。兴业银期商品贸易有限公司（兴业银行）场外期权业务部负责人徐宏先生主动联系我们进行交流。让我们感到惊喜的是，徐宏先生正在推动期货业与保险业合作，利用区块链技术实现"农险+场外期权"的创新业务模式。

在对区块链技术的理解日益深刻之后，我们意识到多层次资本市场体系中还存在着许多与场外衍生品市场具有相似痛点的场景，包括银行间债券市场、大宗商品市场、区域性股权市场等。同时，我们看到，一些从事区块链技术研发的金融科技公司，对多层次资本市场中不同市场层级的功能定位、运行机制、监管要求、风险管理还没有非常清晰的认识，在推动区块链技术落地时，还存在场景选择不准确、解决方案不切实际的问题。我们认为自己有必要在金融和科技两个领域之间扮演一个沟通者的角色，同时把区块链技术推广到更多的适用场景中，对行业生态的演进提出一些自己的思考。于是，我们启动了本书的创作。非常幸运的是，在本书的创作过程中，我们得到了中国人民银行上海总部党委委员、副主任刘兴亚先生的指导和帮助，并为本书作序。在此，我们表示非常感谢！

当前，国际金融市场的格局正在发生重要的改变。在这种情况下，在资本市场的适当场景应用区块链技术，实现多层次资本市场生态系统的进化，促进中国资本市场更安全、更有效率、更具价值、更有国际竞争力，意义非常重大。作为金融工作者，我们希望本书的观点能够引发金融、信息技术领域以及其他关心资本市场发展的读者和朋友的思考，并在这一重要进程中发挥些许作用。

丁竞渊

2020 年 8 月 21 日

术　语

非对称加密

　　非对称加密是指加密算法需要两个密钥分别进行加密和解密：一个是公开密钥，简称公钥；一个是私有密钥，简称私钥。如果用公钥加密、私钥解密，那么这主要用于向对方发送加密信息；如果用私钥加密、公钥解密，那么这主要起到签名认证的作用。

耦合

　　在计算机软件工程中，耦合表示两个子系统（或类）之间的关联程度。当一个子系统（或类）发生变化并对另一个子系统（或类）的影响很小时，我们称它们是松散耦合的；反之，如果变化的影响很大，则称它们是紧密耦合的。耦合的强弱取决于模块间的复杂性、引用模块的位置和数据的传送方式等。设计时，我们应尽量缩小模块间的耦合度，模块间的耦合度直接影响系统的可理解性、可测试性、可靠性和可维护性。

数据仓库

　　数据仓库之父比尔·恩门在1991年出版的《建立数据仓库》（*Building the Data Warehouse*）一书中对数据仓库所提出的定义被广泛接受：数据仓库是一个面向主题的、集成的、相对稳定的、反映历史变化的数据集合，用于支持管理决策。数据仓库是一个过程，而不是一个项目；数据仓库是一个环境，而不是一件产品。数据仓库提供用户用于决策支持的当前和历史数据，这些数据在传统的操作型数据库中很难或不能得到。数据仓库技术是为了有效地把操作型数据集成到统一的环境中，以提供决策型数据访问的各种技术和模块的总称。

有向图

一个图 G 定义为一个偶对 (V, E)，记为 $G=(V, E)$，其中 V 是顶点的非空有限集合，E 是边的有限集合。在有向图中，E 中的顶点偶对 $<v_i, v_j>$ ($v_i, v_j \in V$) 是有序的。

耗散系统

耗散系统是指一个远离热力学平衡状态的开放系统，此系统和外环境交换能量、物质和熵而继续维持平衡。对这种结构的研究，解释了许多自然界以前无法解释的现象。

弹性

软件工程中的弹性是指软件模块设计中的灵活性，也就是满足多种变化的需求的复用能力。

形式语言理论

形式语言理论是用数学方法研究自然语言（如英语）和人工语言（如程序设计语言）的语法的理论。它只研究语言的组成规则，不研究语言的含义。形式语言理论在自然语言的理解和翻译、计算机语言的描述和编译、社会和自然现象的模拟、语法制导的模式识别等方面有广泛的应用。

图论

图论是以图为研究对象的一个数学分支，是组合数学和离散数学的重要组成部分。图论中的图是由若干给定的点及连接两点的线构成的图形，这种图形通常用来描述某些事物之间的某种特定关系。图论中的点代表事物，连接两点的线表示相应两个事物间具有这种关系。

逐日盯市

所谓逐日盯市制度，即每日无负债制度、每日结算制度，是指在每个交易日结束之后，交易所结算部门先计算出当日各期货合约结算价格，核算出每个会员每笔交易的盈亏数额，以此调整会员的保证金账户，将盈利记入账户的贷方，将亏损记入账户的借方。若保证金账户中的贷方金额低于保证金要求，那么交易所会通知该会员在限期内追加保证金以达到初始保证金水平，否则不能参加下一交易日的交易。逐日盯市制度一般包含计算浮动盈亏、计算实际盈亏两个方面。

做市商

做市商制度是一种市场交易制度，由具备一定实力和信誉的法人充当做市商，不断向投资者提供买卖价格，并在该价位上接受投资者的买卖要求，以其自有资金和证券与投资者进行交易，从而为市场提供即时性和流动性，并通过买卖价差实现一定利润。简单来说就是，做市商报出价格，买卖双方不必等到交易对手的出现，就能按这个价格买入或卖出。

马太效应

马太效应出自圣经《新约·马太福音》中的一则寓言："凡有的，还要加倍给他，叫他多余；没有的，连他所有的也要夺过来。"马太效应是指强者愈强、弱者愈弱的现象，广泛应用于社会心理学、教育、金融以及科学领域。

挖矿

比特币矿工通过解决具有一定工作量的工作量证明机制问题来管理比特币网络，确认交易并防止双重支付。由于哈希运算是不可逆的，查找到匹配要求的随机调整数非常困难，我们需要一个可以预计总次数的不断试错过程。

蒙特卡洛模拟

蒙特卡洛模拟又称统计模拟法、随机抽样技术，是一种随机模拟方法，是以概率和统计理论方法为基础的一种计算方法，也是使用随机数（或更常见的伪随机数）来解决很多计算问题的方法。这一方法将所求解的问题同一定的概率模型相联系，用电子计算机实现统计模拟或抽样，以获得问题的近似解。为象征性地表明这一方法的概率统计特征，这种随机模拟方法借用赌城蒙特卡洛来命名。

纳维-斯托克斯方程

纳维-斯托克斯方程是描述黏性不可压缩流体动量守恒的运动方程。黏性流体的运动方程首先由纳维在1827年提出，只考虑了不可压缩流体的流动。泊松在1831年提出可压缩流体的运动方程。圣维南和斯托克斯在1845年内独立提出黏性系数为一常数的形式，即纳维-斯托克斯方程，简称N-S方程。

相空间

相空间在数学与物理学中，是用以表示一个系统所有可能状态的空间。系统每个可能的状态都有一个相对应的相空间的点。系统的相空间通常具有极大的维数，其中每一点代表了包括系统所有细节的整个物理态（如系统每个粒子的位置和动量坐标）。

状态机

状态机可以分为有限状态机和无限状态机。有限状态机可以用来接收字符串。有限状态机拥有有限多个状态，每个状态可以迁移到零或多个状态，输入的字符串决定状态的迁移。无限状态机则包含无限多个状态，相当于图灵机。

股票收益互换

股票收益互换是指客户与券商根据协议约定，在未来某一期限内针对特定股票的收益表现与固定利率进行现金流交换，是一种重要的权益衍生工具交易形式。这一创新业务于 2012 年年底启动试点，首批获得试点资格的有中信证券、中金公司、中信建投证券、银河证券、招商证券、光大证券六家券商。

时间复杂度

在计算机科学中，算法的时间复杂度指的是算法运行时间和问题规模之间的函数。时间复杂度将算法的运行速度和具体的计算设备、编程语言等计算环境脱离开来，以度量算法本身的性能。

拓扑结构

拓扑是研究几何图形或空间在连续改变形状后还能保持不变的一些性质的一个学科。它只考虑物体间的位置关系，而不考虑物体的形状和大小。在图论中，拓扑结构研究各个顶点相互连接的方式、形式和几何形状。

图灵机

　　图灵机又称图灵计算、图灵计算机，是由数学家艾伦·麦席森·图灵提出的一种抽象计算模型——将人们使用纸笔进行数学运算的过程进行抽象，由一个虚拟的机器替代人们进行数学运算。所谓的图灵机就是指一个抽象的机器，它有一条无限长的纸带，纸带分成了一个一个的小方格，每个方格有不同的颜色。有一个机器头在纸带上移来移去。机器头有一组内部状态，还有一些固定的程序。在每个时刻，机器头都要从当前纸带上读入一个方格信息，然后结合自己的内部状态查找程序表，根据程序将信息输出到纸带方格上，并转换自己的内部状态，然后进行移动。

参考文献

［1］约翰·S.戈登.伟大的博弈：华尔街金融帝国的崛起[M].祁斌，编译.3版.北京：中信出版社，2019.

［2］林建.大交易场：美国证券市场风云实录[M].北京：机械工业出版社，2007.

［3］熊维强.从次贷危机看金融衍生品的创新与监管[J].中国浦东干部学院学报，2008，2（6）：61-66.

［4］刘晨，书洋.海外场外衍生品市场监管与发展对我国场外衍生品市场的启示[J].中国证券，2016，（5）：8-14.

［5］Nakamoto S. Bitcoin: A Peer-to-Peer Electronic Cash System[OL]. 2008 [2019-07-29]. https://bitcoin.org/bitcoin.pdf.

［6］Wittrock D. Self-organization, Decentralization and Blockchain Technology[OL]. 2017[2019-08-30]. https://medium.com/encode-org/bitcoin-com-interview-about-encode-org-16b01aec387c.

［7］Buterin V. Ethereum Whitepaper: A Next-Generation Smart Contract and Decentralized Application Platform[OL]. 2018[2020-03-27]. https://whitepaper.io/document/5/ethereum-whitepaper.

［8］Szabo N. The Idea of Smart Contracts[OL]. 1994 [2020-03-27]. https://www.fon.hum.uva.nl/rob/Courses/InformationInSpeech/CDROM/Literature/LOTwinterschool2006/szabo.best.vwh.net/smart_contracts_ idea.html．

[9] Flood M D, Goodenough D R. Contract as Automaton: The Computational Representation of Financial Agreements[OL]. 2015[2019–08–19]. https://www.financialresearch.gov/working-papers/files/OFRwp-2015-04_Contract-as-Automaton-The-Computational-Representation-of-Financial-Agreements.pdf．

[10] 中国证券监督管理委员会．中国资本市场发展报告[M]．北京：中国金融出版社，2008．

[11] 胡桦，鄢黎．系统视角下的多层次资本市场[C]．创新与发展：中国证券业 2012 年论文集．北京：中国证券业协会、上海证券交易所、深圳证券交易所、中国证券登记结算有限责任公司、中国证券投资者保护基金有限责任公司，2012：1-4．

[12] 上海证券交易所．上海证券交易所战略规划（2011—2020 年）[OL]．2010[2020–06–14]. http://finance.eastmoney.com/news/7788，20101213110043026.html．

[13] Christie W G, Schultz P H. Why Did NASDAQ Market Makers Stop Avoiding Odd-Eighth Quotes?[J]. Journal of Finance，1994，49（5）：1841-1860．

[14] 埃德加·E. 彼得斯．分形市场分析：将混沌理论应用到投资与经济理论上[M]．储海林，殷勤，译．北京：经济科学出版社，2002．

[15] Starlander I. Counterparty Credit Risk on the Blockchain[D]. STOCKHOLM，SWEDEN：Kungliga Tekniska Högskolan，2017．

[16] 迈克尔·刘易斯．大空头[M]．何正云，译．北京：中信出版社，2011．

[17] 钱卫宁，邵奇峰，朱燕超，等．区块链与可信数据管理：问题与方法[J]．软件学报，2018，29（1）：150-159．

[18] Yaga D, Mell P, Roby N, et al. Blockchain Technology Overview [OL]. National Institute of Standards and Technology U.S. Department of Commerce. 2018 [2019-07-29]. https://doi.org/10.6028/NIST.IR.8202.

[19] Merkle R C. Secrecy, Authentication, and Public Key Systems[M]. UMI Research Press, 1982.

[20] Lamport L, Shostak R, Pease M. The Byzantine Generals Problem[J]. ACM Transactions on Programming Languages and Systems, 1982, 4 (3): 382-401.

[21] Buterin V. Chain Interoperability[OL]. 2018[2020-03-30]. https://www.r3.com/wp-content/uploads/2018/04/Chain_Interoperability_R3.pdf.

[22] Lacity M, Steelman Z, Cronan P. Towards Blockchain 3.0 Interoperability: Business and Technical Considerations[OL]. 2019[2020-04-04]. https://cpb-us-e1.wpmucdn.com/wordpressua.uark.edu/dist/5/444/files/2019/05/BCCoEWhitePaper012019Open.pdf.

[23] Treat D, Giordano G, Schiatti L, et al. Connecting Ecosystems: Blockchain Integration, Accenture White Paper[OL]. 2018[2020-04-01]. https://www.accenture.com/cn-en/insights/blockchain/integration-ecosystems.

[24] Thomas S, Schwartz E. A Protocol for Interledger Payments[OL]. [2020-04-02]. https://interledger.org/interledger.pdf.

[25] 巴曙松，朱元倩，王珂. 区块链新时代：赋能金融场景 [M]. 北京：科学出版社. 2019.

[26] Fischer M J, Lynch N A, Paterson M. Impossibility of Distributed Consensus with One Faulty Process[J]. Journal of the ACM, 1985, 32 (2): 374-382.

[27] Gilbert S, Lynch N. Brewer's Conjecture and the Feasibility of Consistent, Available, Partition-tolerant Web Services[J]. ACM SIGACT News,

2002, 33（2）: 51-59.

[28] Ongaro D, Ousterhout J K. In Search of An Understandable Consensus Algorithm[C]. USENIX ATC, 14. Philadelphia: USENIX, 2014: 305-320.

[29] De Angelis S, Aniello L, Baldoni R, et al. PBFT vs. Proof-of-Authority: Applying the CAP Theorem to Permissioned Blockchain[C]. ITASEC17. Venice: ITASEC, 2018.

[30] Wood G. A Secure Decentralised Generalised Transaction Ledger Byzantium Version[OL]. 2019[2019-08-27]. http://ethereum.github.io/yellowpaper/paper.pdf.

[31] Curran B. What is Proof of Authority Consensus? Staking Your Identity on The Blockchain[OL]. 2018[2019-08-27]. https://blockonomi.com/proof-of-authority/.

[32] Legal Guidelines for Smart Derivatives Contracts: Introduction [OL]. 2019[2019-08-28]. https://www.isda.org/a/MhgME/Legal-Guidelines-for-Smart-Derivatives-Contracts-Introduction.pdf.

[33] Farrell S, Warren C. Smart Derivatives Contracts: From Concept to Construction[OL]. 2018[2020-07-13]. https://www.isda.org/2018/10/03/smart-derivatives-contracts-from-concept-to-construction.

[34] The Standardized Approach for Measuring Counterparty Credit Risk Exposure[OL]. 2014[2020-07-16]. https://www.bis.org/publ/bcbs279.htm.

[35] 王胜邦. 交易对手信用风险资本计量：原理、演进和影响[C]. 中国银行业监督管理委员会工作论文. 北京：中国银行业监督管理委员会，2014.

[36] Silver F. Modern Banking. Commercial and Credit Paper[M]. The

Commercial and Financial Institute of America. 1920.

[37] Colendi. Blockchain-Based Credit Scoring Outshines "The Big Three" [OL]. 2018[2020–07–26]. https://medium.com/colendi/blockchain-based-credit-scoring-outshines-the-big-three-cc169701ebb0.

[38] 纳西姆·尼古拉斯·塔勒布. 黑天鹅：如何应对不可知的未来 [M]. 万丹，刘宁，译. 4版. 北京：中信出版社，2019.

[39] 米歇尔·渥克. 灰犀牛：如何应对大概率危机 [M]. 王丽云，译. 北京：中信出版社，2017.

[40] Weisstein E W. Lorenz Attractor.[OL]. [2020–07–29]. https://mathworld.wolfram.com/LorenzAttractor.html.

[41] Lorenz E N. Deterministic Nonperiodic Flow[J]. Journal of the Atmospheric Sciences. Sci. 1963，20（2）：130–141.

[42] Sayah M. Counterparty Credit Risk in OTC Derivatives under Basel III[J]. Journal of Mathematical Finance，2017，7：1–38.

[43] Cont R. Measuring Default Contagion and Systemic Risk: Insights from Network Models[OL]. 2019[2020–08–02]. https://www.epfl.ch/schools/cdm/wp-content/uploads/2019/02/Cont_talk.pdf.

[44] Neveu A R. A Survey of Network-based Analysis and Systemic Risk Measurement[J]. Journal of Economic Interaction and Coordination，2018，13（2）：241–281.

[45] 中央结算公司中债研发中心. 中国债券市场概览（2019版）[OL]. 2020[2020–08–08]. https://www.chinabond.com.cn/cb/cn/yjfx/zzfx/nb/20200608/154540283.shtml.

[46] 黄河，谢玮，任翔. 全球大宗商品定价机制及其对中国的影响：结构性权力的视角：以铁矿石定价机制为例 [J]. 外交评论（外交学院学报），2013，30（02）：17–29.

[47] Rizzo P. Hands On With Linq, Nasdaq's Private Markets Blockchain Project[OL]. 2015[2020-08-17] https://www.coindesk.com/hands-on-with-linq-nasdaqs-private-markets-blockchain-project.

[48] 郭建龙. 中央帝国的财政密码[M]. 厦门：海峡出版发行集团，2017.

[49] 孟岩，邵青. Libra：Facebook布局数字货币缘起、意义及后果[OL]. 2019[2020-08-20]. https://www.iyiou.com/p/103512.html.